뮤지컬의 탄생

일러두기

- 작품, 인물, 용어 등 외국어 표기는 국립국어원에서 펴낸 외래어 표기법을 원칙으로 하되, 국내에서 널리 사용되는 명칭은 관행에 따랐다. 국내 제작사가 정한 한글 작품명 등도 수용했다.
- 무대용 뮤지컬의 작품명을 쓸 때는 〈 〉 표시를 이용하여 한글 작품명에 원어명을 병기하고 브로드웨이 초연 연도를 ( )안에 표기했다. 예 〈오클라호마! Oklahoma!〉(1943). 뉴욕 외의 도시에서 초연한 경우는 연도 앞에 도시를 표시했다. 한 작품이 책 안에서 여러 번 언급되면 처음 등장할 때만 한글, 영문, 초연 연도의 전체 구조를 따르는 것을 원칙으로 했다.
- 무대용 뮤지컬 외 영화, 오페라, 연극 등 작품의 제목은 〈 〉 표시를 이용하여 영문명 없이 한글로만 썼다. 다만 뮤지컬 영화는 괄호 안에 출시 연도를 병기했다. 시, 소설, 희곡 등은 『 』, 미술 작품은 「 」 안에 작품명을 썼다.
- 이 책에 등장하는 예술가와 작품은 부록 '찾아보기'에 모아두었다. 인명 및 작품명으로 구분한 리스트는 한글 가나다순이다. 인명은 한글, 원어, 생몰 연도, 직업, 언급된 페이지 순으로, 작품명은 한글, 원어, 초연 연도, 언급된 페이지 순으로 정리했다.
- 사진 저작권 출처는 해당 사진에 표시했다. 약어로 표시한 저작권 출처 중 ©LOC는 미국 국회도서관 Library of Congress, ©V&A는 영국 빅토리아 앤드 알버트 뮤지엄 Victoria and Albert Museum, ©NYPL은 뉴욕 공공도서관 New York Public Library을 말한다.

뮤지컬의 탄생

The Birth of Musical

변화를 두려워하지 않는
뮤지컬 150년의 역사

고희경 지음

뮤지컬은 세상의
변화를 삼키며
확장했다!

마인드빌딩

기획의 글

고희경 선생님이 흥미로운 뮤지컬 책을 쓰고 있다는 이야기를 듣고 원고를 받아본 것이 2년 전이었다. 뮤지컬사를 다룬 책이 없지는 않지만 이 기획이 흥미로웠던 것은 사회경제적인 측면에서 뮤지컬사를 훑어본다는 점이다. 연극은 동시대성을 중요하게 생각한다. 그리스 시대 연극이나 셰익스피어 작품을 올리더라도 공연하는 당시의 고민과 감각을 담아 각색하거나 연출하기 마련이다. 마피아 대부의 가족사로 바꾼 <리어왕>이나 현대 정치극으로 각색한 <줄리어스 시저>가 가능한 이유다. 그러나 뮤지컬은 시대와 호흡한다는 느낌을 받기 힘들었다. 1986년 만들어진 <오페라의 유령>이 40여 년이 가까워지는 지금 예전 모습 그대로 박제된 공연을 올린다. 이런 뮤지컬이 시대의 고민을 담아 낼 수 있을까.

현실의 고민을 반영하지 않는 것이 대중물의 속성이라고 주장할 수도 있겠으나 드라마와 영화 같은 다른 대중물을 보면 꼭 그렇지 않다. 대중물은 나름의 방식대로 현실을 반영한다. 사회극이 현실의 문제를 직접적으로 드러내고 비판하는 방식으로 현실의 문제에 개입한다면, 대중물은 그것을 우회적인 욕망으로 드러낸다. 혼란기에 영웅물이 유행하고, 정권 교체기에 정치 드라마가 활기를 치는 것을 보면 대중물은 민감하게 대중들의 심리를 반영하고 있다. 그런데 대표적인 엔터테인먼트 장르인 뮤지컬이 현실과 무관할 수 있을까. 그렇지 않을 것 같았다. 그런 생각을 하던 차에 이 책의 기획 방향은 무척 흥미로웠다.

저자가 경륜과 경험이 많았지만 단행본을 기획하고 만드는 작업은 또 다른 일이다. 이 주제에 흥미를 느꼈던 차라 기획 일을 자처했다. 그때만 해도 이 작업이 이렇게 지난한 과정을 겪게 되리라고는 생각지 못했다. 초고의 큰 방향은 '사회의 흐름 속에서 발전하며 진화하는 뮤지컬'이었다. 이 전체 콘셉트를 유지하며 목차를 보완하고 정리하는 과정이 꽤 걸렸다. 사전 원고도 이 기획을 살리는 방향에서 새롭게 보완되고 삭제되었다. 책의 정체성을 명확히 하는 과정에서 그리스 시대의 글이 통째로 날아갔고 오페라에 대한 챕터도 대부분 삭제됐다. 2000년대 작품은 정보가 많아 상세한 작품 소개글을 완성했으나 전체 책의 콘셉트를 살리는 방향에서 상당 부분을 걷어냈다. 이렇게 걷어낸 분량이 아마 별도의 책 한 권이 될 것이다.

저자가 힘겹게 조사하고 완성한 원고를 잘라내는 일은 쉽지 않았다. 말하기가 어려웠지만 선생님이 편하게 의견을 말할 수 있게 분위기를 만들어 주셔서 큰 마찰 없이 진행됐다. 이점에 대해서는 선생님께 감사를 드린다.

뮤지컬이란 장르가 등장하는 시점부터 미국의 부흥기와 1960년대 뮤지컬의 황금기, 베트남 전쟁과 오일 쇼크로 인한 경제 침체와 위축된 분위기 속에서 연출가의 창의성이 빛났던 작품이 쏟아졌던 1970년대, 그리고 글로벌 시대로 나아가는 성장기와 대형 글로벌 프로젝트가 만들어졌던 1980년대 메가뮤지컬 시대, 그리고 영화나 음악 등 인접 장르 산업이 뮤지컬로 넘어오면서 시장의 확장이 일어나는 1990년대까지만 해도 대략적으로 사회적인 이슈와 뮤지컬계의 흐름을 엮어낼 수 있었다.

그러나 2000년대로 넘어오면 1990년대의 반복이라는 느낌을 많이 받았다. 2020년대에도 1980년대 메가뮤지컬, 1990년대 히트한 디즈니 뮤지컬, 그리고 한 축에 히트 뮤지컬을 리바이벌한 뮤지컬이 건재했고, 1990년대 싹트기 시작한 주크박스 뮤지컬과 무비컬이 지금도 가장 중요한 뮤지컬 트렌드로 자리 잡고 있다. 최근 20년 동안 사회문화적으로는 엄청난 변화를 겪었지만 뮤지컬계는 여전히 반복되고 있다는 인상을 지울 수 없다. 현대로 올수록 '뮤지컬은 동시대성에 둔감하다'라는 명제가 힘을 얻는 것 같았다. 시대적 변화에 반응하며 발전하는 뮤지컬이라는 전제가 잘못된 것인지, 아니면 해답을 찾지 못한 것이었는지 이 질문을 명확히 해결하지 못한 것이 이번 프로젝트의 아쉬움이다.

그러나 전혀 성과가 없는 것은 아니다. 이 책에서도 명확히 언급되지만 최근 뮤지컬에서는 이전과 다르게 성적, 인종적, 장애·비장애를 넘어서는 다양성을 추구하는 작품들이 등장하기 시작했다. 적어도 2000년대 이후 국경과 성별, 인종 등 경계가 흐려지는 시대적 소명 속에서 뮤지컬에서도 '다양성'이란 흐름은 명확하게 드러났다.

이 책은 뮤지컬사를 그 시대의 정치 사회사와 연결시키려고 시도한 첫 책이다. 매우 시사적이고 중요한 화두를 던지고 했다. 그 지난한 과정을 놀라울 정도의 성실함과 열정으로 책을 완성해낸 고희경 선생님께 진심 어린 박수를 보낸다. 이번에 책에 담아내지 못했던 많은 원고들은 선생님의 제2, 제3의 저서로 태어나지 않을까 하는 낙관적인 생각을 해본다.

박병성 뮤지컬 칼럼니스트

서문

뮤지컬은 어떻게 공연예술의 대표선수가 되었을까

우리나라에서 뮤지컬은 21세기 장르라 할 만하다. 2001년 <오페라의 유령> 서울 공연 이후 뮤지컬은 무서운 기세로 성장했다. 뮤지컬 전용극장들이 생기고 공연시장에서 뮤지컬이 차지하는 비중이 다른 장르를 압도했다. 2022년 우리나라 뮤지컬 티켓 판매액만 4천억 원 이상, 공연 매출의 76 퍼센트를 차지했다. 브로드웨이로 상징되는 뮤지컬은 20세기 격동의 역사와 함께 탄생하고 성장했다. 과장된 연기와 느닷없는 춤에 오글거리다가도 넘버 하나에 눈물을 쏙 빼는 장르가 뮤지컬이다. 뮤지컬이 우리 공연시장에서도 놀라운 입지를 갖게 된 것은 20세기 후반의 격동을 지나 어렵게 확보한 사회 민주화와 다양성의 확산과도 무관하지 않을 것이다.

질문이 개인의 실존과 닿는 순간 의미가 달라진다. 뮤지컬의 격변 과정을 겪는 지난 36년 내내 필자는 공연과 교육현장에 있었다. 문학을 전공하고 예술의전당에서 오페라와 클래식 공연을 주로 제작하던 내가 대학에서 주로 뮤지컬을 가르치는 교수가 된 것은 '뮤지컬이 공연 세상을 두루 지배하게 된 것'과 무관하지 않다고 생각한다. 세계적인 오페라의 주연급 성악가가 <팬텀 싱어>에 출연하여 스타가 되고 <오페라의 유령>의 진짜 팬텀으로 공연하는 시대, 국립창극단이 웹툰을 소재로 판소리 뮤지컬을 만드는 시대를 사는 덕분이다.

내가 본격적으로 브로드웨이 뮤지컬 제작에 참여한 작품은 2000년 예술의전당 오페라극장에서 초연한 <렌트>였다. <렌트>는 예술의전당이 신시컴퍼니와 공동으로 제작한 작품이다. 베르디 오페라와 말러 콘서트, 셰익스피어와 최인훈 연극을 제작하던 예술의전당 기획자에게 뮤지컬 장르는 다소 낯선 장르였다. 예술성보다는 대중적인 인기에 영합하는 장르라는 편견도 한쪽에 자리하고 있었다. 푸치니 오페라 <라보엠>을 20세기 뉴욕을 배경으로 번안한 뮤지컬이 <렌트>였다. 오페라 속 뮤제타의 아리아가 어떻게 바뀌었을지 궁금증을 갖고 뮤지컬 리허설 룸에 들어갔다. 그날 나는 <렌트>의 넘버들에 완전히 매혹되었다. 콜린이 '산타페'로 떠나자고 할 때 정말 그곳으로 떠나고 싶어 어깨가 들썩였고, 등장인물 전원이 합창하는 '시즌스 오브 러브'에서는 1년의 시간이 얼마나 엄숙하고 소중한지 계산하고 있었다. 뮤지컬과 어느 정도 거리를 두었던 나는 <렌트>로 뮤지컬의 팬이 되었다.

이후 나는 디큐브 아트센터 건립 책임자로 자리를 옮겼다. 디큐브 아트센터는 뮤지컬 전용극장을 지향했다. 3개월 이상 한 편의 뮤지컬만을 담아야 하는 맞춤형 극장을 완성하기 위해 현장을 누볐다. 스태프와 배우가 편하게 공연할 수 있는 환경은 무엇인지, 세계적인 뮤지컬 레퍼토리들을 제약 없이 수용할 수 있는 극장의 무대 깊이와 높이, 기술 요건은 무엇인지, 관객들은 어떤 시청각적 경험을 기대하는지 연구하며 공사했다. 뮤지컬의 다양한 이해 당사자들의 요구를 입체적으로 파악하게 된 것이다. 2011년에 디큐브 아트센터가 샤롯데 씨어터에 이어 서울에서 두 번째 뮤지컬 전용 극장으로 문을 열었다. 같은 해 블루스퀘어도 문을 열어 서울에 3개의 뮤지컬 전용극장이 생겼다. 이듬해 나는 대학로에 뮤지컬 극장을 하나 더 지었고 공연예술대학원 교수가 되었다.

뮤지컬의 도도한 흐름이 내 삶에도 깊게 흘러들었다. 이 시대 가장 주목받는 장르의 한복판에서 뮤지컬이 어떤 과정을 겪으며 완성되었고 지금의 자리를 얻게 되었는지 궁금했다. 전통이 깊지 않은 미국이 유럽의 문화를 받아들이며 발전시킨 이 장르가 이제는 뉴욕과 런던을 넘어 21세기 동아시아의 서울과 도쿄, 남아프리카의 요하네스버그에서 무한 인기를 누리는 이유는 무엇인가. 우리 공연시장에서 출발한 질문의 답을 찾느라 미국 뉴욕의 브로드웨이 언저리를 탐색하게 되었다. 이 책은 그 질문에 대한 나의 답안지다.

뮤지컬이란 무엇인가?

실질적으로 이 책은 지난 8년간 대학원과 학부 수업을 위해 공부한 발자국의 정리이기도 하다. 뮤지컬 수업은 나에게 새로운 공부를 요구했다. 무대에서 보았고 직접 제작에 참여해서 익숙하다고 생각했던 작품도 새로운 시각으로 보기 위해 국내외 책과 자료를 열심히 찾았다. 직접 보지 못한 작품들은 영상과 음반을 찾으며 공부했다. 그동안 무심히 관람하거나 제작하면서 놓쳤던 작품의 존재 이유와 가치를 새롭게 발견하는 재미가 쏠쏠했다. 교재용으로 『뮤지컬 학습서(워크북)』를 번역하기도 했다.

뮤지컬 변천사는 시대 배경에 대한 설명이 필수였다. 제2차 세계대전이나 68혁명은 물론 9.11 테러, 2002 한일월드컵까지도 학생들에게는 '근현대사'의 한 장면이었다. <명성황후>가 링컨센터 무대에 올랐던 1997년, 고등학생이던 정선아 배우가 선발된 2002년 <렌트> 재연 스토리를 듣는 학생들은 텔레비전의 인기 프로그램 <꼬리에 꼬리를 무는 그날 이야기>를 떠올렸다. 뮤지컬을 정치사회와 연결시켜 설명하면 변화의 이유를 잘 이해하는 것이 흥미로웠다. 물론 우리 역사도 아닌 미국 중심의 근현대사와 브로드웨이 이야기를 통시적으로 풀어내는 것은 만만한 작업이 아니었다. 수업 자료를 책으로 정리하면서 "브로드웨이 뮤지컬의 꼬꼬무"가 될 수 있다면 바람직하겠다는 야무진 꿈도 가져봤다.

역사를 수업의 중심에 놓게 된 것은 뮤지컬 정의와도 무관하지 않았다. 개념을 정의하는 것은 언제나 만만치 않은 작업이다. '뮤지컬'도 마찬가지다. 우리말 '뮤지컬'은 춤과 노래가 생생한 어떤 공연 형태를 떠올리는 데 큰 문제가 없다(우리말에는 원어가 형용사인 단어를 명사처럼 받아들인 사례가 꽤 많다. '클래식'이라는 단어도 마찬가지다). 하지만 영어 'musical'로 쓰면 상황이 달라진다. '음악적인'이라는 의미의 형용사 'musical'만으로 단독 장르의 예술을 상정하거나 어떤 동질 집단을 가리킬 수 없기 때문이다. 이 단어의 고향인 영미권에서도 'musical'의 용례와 의미는 한결같지 않았다. 그렇게 길지 않은 역사에 상당한 의미 변화를 확인할 수 있다. 뮤지컬 등장 초기에는 'musical' 다음에 theater, play, comedy와 같은 여러 가지 종류의 공연 형식을 붙여 사용했다. 'musical'이라는 한 단어로 어떤 경향의 예술작품 뭉치를 가리키지 않았던 것이다. 뮤지컬 씨어터, 뮤지컬 플레이, 뮤지컬 코미디라는 복합명사가 현재 우리가 생각하는 뮤지컬을 가리키는 단어였다. 뮤지컬 역사가 래리 스템펠은『쇼타임』서문에서 1960년대까지는 뮤지컬을 뮤지컬 코미디라고 부르는 일이 흔했고 이후에 가서야 영어권에서도 다른 명사의 도움 없이 뮤지컬만 쓰는 것을 자연스럽게 받아들였다고 적고 있다.

20세기 중반까지 musical이 지금의 장르를 설명하는 단어가 아니었다. 현재 영미 사전에는 musical을 지금의 극 형식을 가리키는 '명사'로 정의하고 있다. 캠브리지 사전은 뮤지컬을 '이야기의 일부가 음악에 맞춰 노래로 전달되는 연극이나 영화'라고 정의했다. 20세기 후반에 정착된 개념인 '뮤지컬'은 오페레타, 뮤직홀, 카바레 등 지난 세기 장르로부터 긴 시간 꾸준하게 탄생되어 온 셈이다.

뮤지컬의 연대기

『뮤지컬의 탄생』은 뮤지컬의 변화를 역사의 흐름 속에서 파악해 보려고 시도한 책이다. 책이 다루는 범위는 지역적으로 미국과 영국 그중에서도 뉴욕 브로드웨이가 중심이다. 시기적으로는 19세기 후반 유럽과 미국에서 유행한 다양한 프리 엔터테인먼트 양식부터 2020년대 뉴욕과 런던의 뮤지컬까지 약 150년을 다뤘다. 뮤지컬은 현실도피나 노스탤지어의 대표 상품으로 인식되는 장르여서 시대와 무관한 듯 보일 수도 있다. 그러나 이 책은 20세기 이후 뮤지컬 역사를 살피면서 그 시대의 사회상, 정치·경제적인 상황이 작품에 어떤 영향을 주었으며 그로 인하여 어떠한 트렌드가 생겨나고 사라졌는지 밝혀보려 했다.

책은 7개의 장과 맺음말로 구성되어 있다. 본문은 브로드웨이의 뮤지컬의 중요한 변화 시점을 기준으로 7개의 장으로 나누었다. 뮤지컬 이전의 프리 엔터테인먼트 시기(1장)에서 출발하여 미국이 세계 최대의 산업국가로 부상하며 뮤지컬이 대중문화 전반을 지배하는 황금기를 맞이한 시기인 20세기 초반부터 제2차 세계대전까지를 2장과 3장에서 다루었다. 사회 변동 속 침체와 변혁을 거듭했던 1970년대(4장), 신자유주의와 메가뮤지컬이 지배한 1980년대(5장), 1990년대는 산업화가 가속되던 디즈니의 뮤지컬계 등장을 의미 있게 살폈다(6장). 본문의 마지막 7장은 점차 다양해지는 뮤지컬의 흐름을 살핀 21세기 현재를 조명했다. 맺음말은 미국과 영국 너머 전 세계가 만드는 뮤지컬 현상에 대한 소회와 기대를 담았다.

이러한 시대 구분은 기존의 저작물을 참조하기는 했지만 저자인 나의 선택이다. 역사의 흐름 안에서 뮤지컬의 내적인 혁신이 일어나는 시점을 기준으로 단위를 나누어 보았다. 그 안에서 주목할 만한 혁신 요인과 그 시기를 대표하는 작품을 중심으로 서술하여 기계적인 연대 구분으로 인한 어색함을 덜고자 했다. 7개 장별 기간의 길이가 일정하지 않다는 한계도 있고, 어느 시기에 포함시킬지 어려운 사례들이 있었다. 예를 들면 스티븐 손드하임(1930~2021)이 대표적이다. 그는 이런 시대 구분을 뛰어넘는다. 어려서는 오스카 해머스타인 2세 밑에서 뮤지컬을 공부했고 1957년 <웨스트 사이드 스토리> 작사가로 데뷔하여 70년 가까이 작사, 작곡가로 활동했다. 이 책이 다룬 대부분 시대를 걸쳐 활약했다고 봐도 과언이 아니다. 스타일의 변화도 다양했기 때문에 특정 시기에 완전히 맞춰 설명하기 힘들다. 다만 그의 가장 혁신적인 작품인 <컴퍼니>, <폴리스> 등이 시작된 1970년대의 작업을 중심으로 소개하기 위해 이 책에서는 제4장에 손드하임을 배치하였다. 그는 1980-1990년대에도 <조지와 함께 일요일 공원에서>나 <숲 속으로> 등의 많은 문제작들을 내놓았지만 큰 틀에서 <컴퍼니>와 같은 1970년대 콘셉트 뮤지컬의 연장으로 보았다. 손드하임 사례와 같은 난감한 상황은 시대를 구분하여 서술하는 방식의 어쩔 수 없는 한계였다. 인위적인 구분이기 때문이다.

또한 이 책은 기존의 미국 역사서들과 비중을 달리 서술한 부분도 있다. 우리 관객에게 친숙한 작품과 우리 뮤지컬 시장에서 중요하게 다루는 이슈에 지면을 좀 더 할애했다. 독자가 한국인임을 감안한 선택이다. 저자인 나로서도 정서적으로 그것이 자연스럽다. 예를 들어 미국 뮤지컬 역사서에서 상세하게 다루지 않는 <오페라의 유령>이나 <레미제라블> 등을 집중 소개한 메가뮤지컬 장이 그러하다. 나의 편협한 독서 탓인지 메가뮤지컬만을 집중적으로 다룬 제시카 스턴필드의 저술 외에 1980년대를 런던발 메가뮤지컬의 시대로 다룬 책을 보지 못했다. 『쇼타임』의 저자 래리 스템펠은 메가뮤지컬을 브로드웨이와 '다른 곳(그는 런던 외에도 오프와 같은 소극장 지역, 황금시대와 같은 과거의 시간도 '다른 곳'으로 언급했다)'에서 온 뮤지컬 중 하나로 소개했고 『뮤지컬: 하나의 역사』를 쓴 존 켄릭도 메가뮤지컬을 매우 간략하게 다뤘다. 미국의 장르이자 브로드웨이의 대표 상품이라고 자부하는 뮤지컬에 대한 애정과 자존심을 드러낸 것이다. 그렇지만 이들이 한목소리로 동의하는 것은 죽어가던 1980년대 브로드웨이를 메가뮤지컬이 살렸다는 사실이다. 물론 손드하임의 문제작들, <브로드웨이 42번가>, <드림걸즈>, <라카지> 등 미국산 화제작도 많았지만 이 시대를 대표하는 작품은 메가뮤지컬임을 미국 역사가들도 인정한 셈이다.

한국에서 <오페라의 유령>을 브로드웨이 뮤지컬로 여기는 것은 어찌 보면 당연하다. 세계가 쉽게 연결된 2023년 서울은 런던이나 빈, 프라하와 뮤지컬을 직거래 하고 있지만 1980년대와 1990년대 메가뮤지컬 국제화의 발신지는 브로드웨이였다. 메가뮤지컬이 왜 그렇게 넓은 지역에서 오랜 시간 뮤지컬 시장을 지배했는지 그 영향과 문제점을 주목하여 설명해 보았다. 우리의 주요 관심사라고 봤기 때문이다.

또한 <애비뉴 Q>부터 <스프링 어웨이크닝>, <해밀턴>, <하데스타운>에 이르는 2000년대 오프에서 시작한 도발적인 흥행작을 주목하였다. 학교나 소규모 워크숍에서 출발한 작은 아이디어를 발전시켜 브로드웨이까지 가는 긴 여정과 창작자 면면을 별도의 지면으로 소개했다. 21세기 브로드웨이를 움직이는 주요 플레이어이며 우리 시장에서 가장 많이 소개되는 작품들임에도 창작진에 대한 관심이 다소 부족하다는 생각이 들었기 때문이다. 이들이 어떤 과정과 누구의 도움을 거쳐 브로드웨이와 글로벌 시장을 장악하게 되었는지, 살펴보는 것은 왕성한 창작열을 보여주는 한국의 젊은 뮤지컬 시장에 생생한 시사점을 던져줄 것이다.

시대정신과 뮤지컬

뮤지컬은 세상 변화에 민감한 상업적인 장르다. 그 관계를 세밀하게 읽어낼 수 있다면 뮤지컬을 보다 충실하게 이해할 수 있을 것이다. 시장의 성숙은 정치경제적으로 문화를 즐길 수 있는 계층이 확대되는 것을 의미하기 때문이다. 공연 시장과 문화 산업을 구성하는 다양한 사람과 요소들이 장르의 탄생에 영향을 주었다. 귀족사회가 무너지고 권위주의 사회가 변화되며 대중이 문화의 주체로 등장한 19세기 후반부터 서서히 모습을 드러내던 뮤지컬은 20세기 세상과 밀접하게 연결되며 변화했다. "뮤지컬은 민주주의가 완성되고 성숙하는 시간과 함께 발전해간 장르"라는 캐나다 뮤지컬 작가 맬 애트키의 지적은 그런 의미에서 흥미롭다. 21세기까지 지속적으로 확대된 세계화의 과정도 뮤지컬 탄생의 의미 있는 변수였다. 이런 배경을 토대로 이 책은 뮤지컬의 변화에 따라 구분한 각 장의 서두에 당시의 중요한 정치, 사회, 문화적인 사건이나 배경을 소개하였고 관련 연표도 덧붙였다.

모든 뮤지컬이 자신이 속한 시대의 정치, 사회, 경제, 문화적인 사건과 직접 연관되어 있지는 않다. 물론 1968년 작 <헤어>와 같이 시대정신이 바로 반영되는 특별한 경우도 있다. 대다수의 뮤지컬은 시대 변화보다 더 늦게 세상에 반응하거나 때로는 먼저 나타나기도 한다. 그럼에도 뮤지컬과 무관해 보이는 정치, 사회적인 사건들이 작품에 반영되는 것을 확인하는 것은 흥미로웠다.

1975년 토니상 시상식 예를 보자. 토니상은 브로드웨이 승자의 가늠자로 언제나 관심의 대상이다. 최대 경쟁작은 마이클 베넷이 연출한 <코러스 라인>과 밥 포시의 <시카고>. 지금의 인기로 보자면 당연히 <시카고>가 승자가 될 것이라고 예상하겠지만 결과는 12개 부문을 수상한 <코러스 라인>의 완승이었다. 1970년대 석유파동과 워터게이트 사건, 그로 인한 브로드웨이 침체가 작용했기 때문이다. 이스라엘을 지지하는 서방세계에 불만을 가지고 있던 아랍 산유국들은 미국을 비롯한 서방세계에 석유 수출을 전면 금지한다고 선언했다. 갑작스럽게 닥친 석유파동은 전 세계에 인플레이션과 경기침체를 가져왔다. 한편 미국의 베이비붐 세대는 1970년대 닉슨 대통령이 터뜨린 워터게이트 사건으로 국가와 거대 이데올로기에 걸었던 혁명적 열망을 버렸다. 1960년대 시민운동과 히피문화로 과격한 운동을 주도하던 그들은 대통령의 부정부패가 폭로된 정치 사건에 크게 좌절했다. 그들은 사회적인 책무나 가치에 대한 기대를 버리고 개인의 소소한 행복을 추구하는 삶의 양식을 선택했다. '미 제너레이션 Me Generation'의 등장이었다.

이 시절 브로드웨이도 인플레이션에 시달리며 극장 여럿이 문을 닫았다. <코러스 라인>은 무대를 잃고 아르바이트를 하며 시간을 보내던 배우들이 함께 만나 서러운 이야기를 나누던 워크숍에서 출발했다. 대단한 세트도, 의상도 없고 코러스 단원들 각자가 일자리를 찾으며 겪었던 서러운 에피소드를 나눈 뮤지컬은 대성공했다. 코러스 구성원으로 일자리를 얻는 소박한 희망이 <코러스 라인>의 메시지였다. 뮤지컬 황금시대의 아메리칸 드림은 흘러간 옛 노래였다. <코러스 라인>이 인기를 끌자 배우들이 무대에서 착용했던 워머가 인기 패션 아이템이 됐다. 돈이 없어 멋진 무대의상도 만들지 못하고 댄스 리허설 복장으로 뮤지컬을 만든 것이 오히려 트렌드가 된 것이다. 경제적인 난관에 아메리칸 드림을 포기한 '미 제너레이션'의 등장은 전통의 뮤지컬 양식에도 변화를 불러왔다. 구체적인 플롯도 거창한 무대 디자인도 없는 <코러스 라인>은 브로드웨이 침체가 만든 신상이었다.

뮤지컬은 탄생 중

새로운 뮤지컬로 세상을 바꿔보려는 작곡가, 작가들과 배우의 투쟁, 오로지 돈을 벌기 위해 야비한 술책도 서슴지 않던 프로듀서들의 행태, 예측불가능한 사업의 성공을 위해 실험과 위험을 감수하는 무모함과 용기, 생존을 위해서 익숙한 것을 버려야 했던 사람들의 좌절과 성공의 순간들은 놀랍기도 했지만 현장을 겪은 내게는 매우 익숙한 장면들이기도 했다. 현대 사회의 예술은 자본의 시스템 안에서 탄생되고 유통된다. 수많은 이해 당사자들이 협업이라는 명분, 비즈니스라는 이름 아래서 매일매일 겪어야했던 길항의 과정이 뮤지컬 장르의 생존과 혁신의 씨앗이었으며 뮤지컬의 탄생 여정이었다.

뮤지컬은 허름한 술집이나 비까번쩍한 뮤직홀에서 돈을 내고 출입한 손님들을 지루하지 않게 만들려고 고안해 낸 수많은 노래와 쇼의 장치들이 혼재되어 발전했다. 한 번 들으면 바로 따라 부를 수 있는 곡과 신나는 댄스를 연결하는 것이 중요한 시대가 있었다면, 작곡가, 작가의 협업을 통해 더 길고 우아하게 만들어 비싼 값을 지불해야 하는 뮤지컬이 필요한 시대도 있었다.

뮤지컬은 새로운 시장을 개척하기 위해서라면 무엇이든 먹어치웠다. 장터의 저질스러운 요구뿐 아니라 오페라의 기법, 연극적인 실험도 마구 끌어들였다. 음악의 범주도 넓었다. 서아프리카 흑인 음악부터 유럽의 오페라까지, 가스펠송부터 로큰롤, 힙합까지 거침없이 소화해냈다. 술집에서 도시 노동자들이 막무가내로 즐기던 뮤직홀과 카바레 음악부터 구노의 오페라까지 담아낼 줄 아는 무한한 수용성과 잡식성이 뮤지컬 탄생의 비밀이다.

뮤지컬의 수용성과 잡식성이 지향하는 곳은 변하는 세상과 새로운 관객이다. 초연 당시 1975년 토니상을 <코러스 라인>에게 바쳤던 <시카고>는 그로부터 20년이 지난 1996년 리바이벌에서 훨씬 더 큰 인기를 누렸다. 미디어가 기승을 부리던 20세기 말에 와서 그 의미는 아주 명료해졌다. 1994년 미국에서 벌어진 OJ 심슨 사건은 <시카고>의 현실 버전이었다. 유명 여배우가 대저택에서 살해되고 사건의 유력한 용의자로 유명 풋볼 선수 출신 흑인 배우 심슨이 지목되었다. 경찰 출두를 거부하고 도주하던 심슨의 모습이 생방송으로 보도되는 등 수사와 재판 전 과정이 언론의 큰 이슈였고 비싼 변호사 팀을 고용한 심슨은 형사재판에서 승소했다. 1930년대 금주법 시대를 그린 <시카고>는 OJ심슨들이 흔해지고 미디어의 지배력이 더 강력해지고 있는 현재도 인기가 높다.

요즘 브로드웨이 뮤지컬에서 두드러지는 이슈는 다양성과 정치적 올바름이다. 다양한 인종과 젠더 정체성을 가진 출연진은 더 이상 소수가 아니다. 2023년 초 방문한 브로드웨이에서 백인 남성이 주인공인 뮤지컬은 황금시대 작품 <뮤직맨> 리바이벌과 <스위니 토드>, <비틀쥬스> 정도였다. 마이클 잭슨 음악 기반의 주크박스 뮤지컬 <MJ>, 흑인 게이 소년이 주인공인 <스트레인지 루프>의 출연진은 거의 전부가 아프리카계 미국인 배우들이었고, 미국 독립전쟁을 다룬 황금시대 뮤지컬 <1776> 리바이벌에는 조지 워싱턴, 벤자민 프랭클린 배역에 다양한 인종의 여성 배우가 출연했다. 2023년 토니상 작품상과 음악상을 받은 <킴벌리 아킴보>의 주인공 킴벌리 역에는 1959년생 배우 빅토리아 클라크, 이모 역은 '플러스 사이즈' 배우 보니 밀리건이 맡았다. 나이든 여성배우뿐 아니라 '플러스 사이즈' 배우 캐스팅은 브로드웨이 큰 뉴스였다. 평범한 이모 역할을 뽑는 배역 오디션에서 연기와 노래 실력으로 선발된 플러스 사이즈 배우의 출연은 브로드웨이의 또 다른 경계를 깨뜨린 사건이었다.

브로드웨이가 다양한 소수자(단순히 인종의 문제나 젠더의 문제를 넘어서는)들에게 목소리를 주는 것은 정치적인 이유, 진보진영이 지배하는 미국 대중문화계의 속성도 있겠지만 무엇보다 흥행 때문이다. 인구 분포나 글로벌 시장에서의 지배력 측면에서 과거와 같은 백인 중심의 작품이 한계를 드러내고 있다는 것의 반증일 수도 있다. 무엇보다 뮤지컬을 영어만의 장르라고 여기던 브로드웨이의 자부심이 변하고 있다. 뮤지컬이 브로드웨이와 웨스트엔드를 넘어선 지 오래다. 뮤지컬은 남아공의 수도 요하네스버그에서 대한민국 서울까지 수십 개의 언어와 예술형식을 소화하며 새롭게 탄생하고 있다. 언제나 '지금 여기'에 충실했고 변화를 적극 수용해 온 뮤지컬을 연대기로 다룬『뮤지컬의 탄생』이 대한민국의 뜨거운 뮤지컬 창작 열기에 작은 도움이 되었으면 한다.

감사의 기록

많이 보고 직접 제작에도 참여하고 따로 공부도 했지만 알면 알수록 어려운 뮤지컬, 살아본 적 없는 남의 나라 이야기를 더듬느라 고생 좀 했다. 많은 정보가 담긴 책을 내느라 꼼꼼히 살핀다고 살폈지만 오류가 없을 수 없다. 이는 모두 저자의 잘못이니 과감하게 지적해 주시기 바란다.

본격적으로 책을 쓰기 위해 팔을 걷어 붙인 지 4년이 되었다. 간단치 않은 날들이었다. 건강검진 과정에서 뜻밖의 병을 발견했고 서둘러 수술하고 열심히 잘 관리하는 중에 코로나19 세상을 맞았다. 아무런 장벽 없이 오가던 세상이 갑자기 닫혔다. 당연하던 것들이 모두 새로웠다. 대부분의 일들이 비대면 상황으로 전환되었다. 수업은 온라인으로, 공연은 객석 거리두기를 해야만 했다. 9.11 테러에도 이틀 만에 막을 올렸던 브로드웨이는 2년 이상을 쉬었다. 대한민국만이 공연을 쉬지 않고 올렸다. 앤드루 로이드 웨버가 한국을 배우라고 여러 번 외칠 정도였다.

온라인 수업은 대면수업보다 많은 준비가 필요했기에 덕분에 공부를 많이 할 수 있었다. 이 책을 쓰면서 많은 분들의 도움을 받았다. 먼저 세상에 나온 저작물들은 좋은 스승이었다. 조용신, 이수진의 『뮤지컬 이야기』부터 박병성의 『뮤지컬 탐독』, 원종원의 『뮤지컬』, 지혜원의 『브로드웨이, 브로드웨이』, 김미혜의 『브로드웨이를 넘어』, 스티븐의 『뮤지컬』(정재왈, 정명주 옮김)과 사진 자료가 풍부한 『세계의 뮤지컬』 등은 저술의 기본이 된 참고자료였다. 원서로 어렵게 읽어가던 레이먼드 냅의 『미국 뮤지컬과 국가정체성의 형성』(백현미, 최승연, 이진주 옮김)은 이 책을 준비하고 공부하는 과정에 번역되어 많은 도움을 받았다. 존 켄릭의 『Musical Theater: A History』, 제럴드 보드만의 『American Musical Theatre : A Chronicle』 덕분에 시간 순으로 뮤지컬을 이해할 수 있었고 래리 스탬펠의 『Showtime』과 여러 논문을 편집한 『The Cambridge Companion to the Musical』, 제시카 스턴필드의 『Megamusical』은 비평적인 시각에서 시기별 주제를 명쾌하게 이해하는 데 도움이 됐다.

21세기 브로드웨이 최신 뮤지컬 이야기는 마이클 리델의 『Singular Sensation』, 밀리 테일러의 『Musical Theatre Histories: Expanding the Narrative』 등 신간 덕을 봤다. 뮤지컬 장르의 특성상 책을 읽어도 알 수 없는 개념이나 사건들은 BBC에서 만든 두 편의 장편 다큐멘터리가 큰 도움이 되었다. 미국 뮤지컬 역사를 다룬 6부작 다큐멘터리 <BROADWAY: AMERICAN MUSICAL>과 영국 뮤지컬 역사를 다룬 9부작 다큐멘터리 <STORY OF MUSICALS>가 그것이다. 이들 저작물을 포함하여 수많은 책과 자료들이 내게 크고 결정적인 도움이 되었고 자극이 되었음을 고백한다.

수업 시간에 재미난 의견과 질문을 던져주었던 홍익대학교 공연예술대학원 '뮤지컬 역사' 수강생들, 홍익대학교 학부 '뮤지컬 개론' 수업을 지난 8년간 수강한 다양한 전공 학생들께 감사드린다. 영상, 사진 등 자료 수집에 도움을 준 제자 이지은, 박정하, 정효재에게 감사드린다.

인터넷에는 수많은 사진들이 올라와 있었지만 출판용으로 자유롭게 쓸 수 있는 것은 드물었다. 위키미디어 커먼스, 미국 국회도서관, 백악관, 영국 빅토리아 앤드 알버트 뮤지엄 등에서 무료로 공개된 뮤지컬 관련 사진 자료들이 있어 일부를 책에 담을 수 있었다. 1960년대까지 브로드웨이 뮤지컬 사진 자료는 뉴욕공공도서관이 다수 소장하고 있다. 적절한 사진을 선택하여 유료로 사용했다. 일부 사진은 뉴욕과 런던 등에서 직접 촬영한 것을 사용했다. 1980년대 이후 뮤지컬 중 <오페라의 유령>부터 <마틸다>, <하데스타운>까지 국내에 소개된 라이선스, 오리지널 투어 공연과 관련된 사진은 국내 뮤지컬 제작사의 도움을 받았다. 사진을 제공해준 신시컴퍼니, 에스엔코㈜, ㈜쇼노트에 감사드린다.

책을 출판하는 일은 만만치 않았다. 책 쓰기를 주저하던 내게 과감하게 쓰라고 종용하며 박수쳐 준 황정원 작가에게 감사드린다. 복잡하고 두꺼운 책의 출판을 기꺼이 맡아주시고 아이디어를 제공해 주시며 긴 시간 기다려주신 마인드빌딩의 서재필 대표님과 멋진 책을 선사해 주신 디자이너께 감사드린다. 2년 이상 원고를 쓰고 고치고 좌절하는 과정을 함께해 주신 박병성 편집장님께 진심으로 감사드린다. 글을 꼼꼼히 읽어주시면서 시대를 분류하고 이름을 정하는 과정, 잔뜩 써놓은 원고를 과감히 버리자는 주문도 아끼지 않은 조언 덕분에 여기까지 왔다. 박편집장님께서 마지막 교정까지 책임져 주셔서 든든했다.

코로나 기간 문을 열었다 닫았다 반복하면서 극장을 든든히 지켜준 아트센터 직원들과 2020년 신설된 학부를 안정시키고 온라인과 대면 수업으로 바빴던 지난 4년간 학교를 함께 지켜주신 교수님들의 노고와 배려 덕분에 극장장과 대학원장직을 수행하면서 책을 쓸 수 있었다. 극장 스태프와 동료 교수님들께 감사드린다.

36년간 극장에서 일하느라 밤낮도 없고 주말도 없는 일상을 보낸 워킹맘을 언제나 묵묵하게 도와주신 친정어머니와 딸에게 감사드린다. 공연일, 학교일에 책까지 쓴다고 요란을 떨었다. 평생 동료로 든든한 지원군이었고 책 마지막 작업 때문에 브로드웨이를 가야겠다면 함께 길을 떠나주고 공연 감상을 나누며 두꺼운 원고를 마다하지 않고 끝끝내 꼼꼼한 교열과 아이디어를 내어준 남편 이승엽에게 마지막 감사 인사를 전한다.

차 례

제5장 메가뮤지컬의 시대 : 1980년대

제6장 다시 서는 브로드웨이 : 1990년대

● 길버트-설리번의 코믹 오페라 〈군함 피나포어〉 ©LOC

제1장

대중음악극의 등장

19세기 후반 - 1910년대

19세기 후반 유럽은 오페라, 오페레타, 카바레와 뮤직홀까지 다양한 음악극이 빠르게 대중화되었다. 파리와 빈에서 유행하던 오페레타는 런던 사보이 극장을 중심으로 활동한 길버트와 설리번 콤비가 만든 코믹 오페라로 발전했다. 오페레타부터 민스트럴쇼, 보드빌, 벌레스크 등 제1차 세계대전 이전의 다양한 프리 엔터테인먼트는 서로 섞이고 교류하면서 뮤지컬 장르의 탄생으로 이어졌다.

연표1. 뮤지컬과 세계 역사(19세기 후반~1910년대)

역사적인 중요 사건	연도	뮤지컬의 중요한 사건과 작품
	19세기초~19세기 후반	미국의 민스트럴쇼 대유행
	1852	런던에 700석 뮤직홀 켄터베리 홀 개관. 이후 웨스트엔드의 뮤직홀 붐
	1858	오펜바흐의 오페레타 〈지옥의 오르페우스〉 파리 초연
미국의 남북전쟁. 북군의 승리로 미국에서 노예제 종식	1861~1865	
	1866	미국 뮤지컬의 원천, 엑스트라버간자 〈블랙 크룩〉 초연
미국 대륙횡단 열차 개통	1869	
프랑스-프로이센 전쟁(보불전쟁)	1870~1871	
유럽의 벨 에포크. 제국주의 전성시대(1871~1914)	1871~1914	
	1871	런던 설리번과 길버트 콤비 첫 오페라 〈테스피스〉 초연
	1874	요한 시트라우스2세 오페레타 〈박쥐〉 빈 초연
	1875~1885	런던의 설리번과 길버트 팀의 코믹 오페라(사보이 오페라) 시리즈 대유행 〈군함 피나포어〉(1878), 〈펜잔스의 해적〉(1879, 뉴욕 초연), 〈미카도〉(1895)
알렉산더 그레이엄 벨 전화기 발명	1876	
미국에서 토마스 에디슨 축음기 발명	1877	
토마스 에디슨 백열등 발명	1879	
	1880~1889	파리 카페 콩세르와 카바레 대유행. 1885년에 파리에만 360개 카페콩세르 존재
	1881	토니 패스터의 건전한 버라이어티쇼로 보드빌 뉴욕 등장 런던 사보이 극장 백열등 조명 시설 활용
	1882	브로드웨이 39번가 카지노극장 개관
파리 에펠탑 완공(파리 국제 박람회 행사중)	1889	카바레 물랑루즈 개관
	1880년대~1890년대	뉴욕의 음악출판단지 틴팬앨리 번성
	1894~1930	미국에서 보드빌 대유행. 조지 레더러의 〈패싱 쇼〉(1894~1924)
	1892	브로드웨이 34번가 메트로폴리탄 오페라하우스 개관
영화 매체 발명. 뤼미에르 형제가 유료 관객 대상으로 필름 상영	1895	브로드웨이 44번가에 올림피아 극장 개관 이후 주변 지역 신축극장 붐
	1896~1912	6명의 공연 제작자가 주도하여 미국 극장 신디케이트 결성
1900년 파리 국제 박람회 미국 뉴올리언즈에서 재즈 탄생	1900	
	1903	브로드웨이 뉴암스테르담 극장 개관
뉴욕 지하철 개통. 뉴욕타임스 본사 부근 타임스퀘어 역 개장	1904	타임스퀘어 시대 시작. 브로드웨이 42번가 극장지역 본격화
분당 78회전 양면 음반 도입, 생산	1904	조지 M 코핸 보드빌 쇼 〈리틀 조니 존스〉 초연

공연의 시작, 뮤지컬

뮤지컬은 언제부터 시작되었을까. 100년? 150년? 뮤지컬이라는 이름이 등장한 것은 그 정도의 시간으로 거슬러 올라가지만 노래와 춤 그리고 드라마가 혼재된 종합 공연예술은 꽤 오랜 역사를 가지고 있다. 음악극이라는 의미에서 르네상스 시대에 이탈리아에서 시작된 오페라를, 코미디 중심의 드라마라는 측면에서는 중세 시대 포교를 위해 만든 신비극과 코믹한 막간극, 코메디아 델라르테 등을 떠올릴 수 있지만 가장 오래된 뮤지컬의 뿌리는 고대 그리스 비극이다.

서양연극사의 출발로 기원전 5세기경 시작된 고대 그리스 아테네의 디오니소스 축제에서 우리는 뮤지컬의 원형을 찾아볼 수 있다. 매년 봄 열렸던 축제에서는 수십 명의 그리스 시민 코러스가 등장하여 정해진 극의 내용에 따라 대사를 하거나 춤을 추고 노래를 부르며 술과 풍요의 신 디오니소스를 숭배하고 축하했다. 이런 식으로 고대 그리스에서 공연되었던 소포클레스나 아이스킬로스의 희곡은 현재까지도 전해진다. 기록이 남아 있기 때문이다. 연극사가 희곡사이고 문학사인 것은 기록이 가능한 문자 덕분이었다. 우리는 <오이디푸스>와 <안티고네>를 책으로 읽을 수도 있고 연극 무대에서 만날 수도 있지만 디오니소스 축제에서 코러스들이 어떤 음악에 맞춰 어떻게 춤을 추고 노래했는지는 알 수 없다. 고대 그리스 시대에는 현대의 악보와 같은 음악적인 선율을 기록하는 도구가 없었기 때문이다. 하지만 분명한 사실은 고대 그리스 디오니소스 축제에는 음악과 춤이 사용되었다는 점이다. 공연의 역사는 서사시로 표현된 희곡 혹은 문학에서 시작된 것이 아니라 춤과 음악이 함께 어우러진, 뮤지컬과 같은 종합예술에서 출발했다.

16세기 말 이탈리아 르네상스 아카데미가 오페라를 만들어 낸 것은 그리스 시대의 공연이 가지고 있던 종합예술의 원형을 되살리기 위함이었다. 르네상스 아카데미는 고대 그리스극을 원래대로 복원하려면 문자로 전해 내려온 희곡과 함께 음악이 필요하다고 보았다. 여러 분야에서 고대 그리스의 인문정신을 복원하려던 르네상스 시대에 피렌체 음악 아카데미 회원들은 시나 대사에 선율을 붙여 이것을 오페라라고 불렀다. 일종의 연구 성과물, 발명품이었던 셈이다. 오페라는 아카데미 회원들의 학문적인 관심에서 출발했고 최초의 오페라인 <오르페오와 에우리디체>가 메디치 가문의 결혼식에서 초연될 만큼 귀족 계층의 후원이 중요했다. 그런 이유로 오페라는 대중이 접근하기 어려운 장르로 간주되기 십상이다. 하지만 17세기부터 19세기, 20세기 초까지 300년 이상 오페라는 대중적인 인기를 누렸다. 익숙한 이야기와 아름다운 음악의 힘 덕분이었다. 아리아에 실린 가사와 오케스트라의 웅장한 선율이 전달하는 감정의 진폭은 연극을 통해 전달되는 것과는 사뭇 달랐다. 하지만 19세기 후반부터 오페라는 자신의 위치를 '고급 예술'로 자리매김하려 했고 대중들과 조금씩 멀어져 갔다. 게다가 대중들도 훨씬 편하게 음악을 즐길 수 있는 장소와 장르가 생기면서 굳이 오페라하우스를 찾을 필요가 없었다. 그럼에도 음악과 춤, 문학, 무대미술이 혼합된 종합예술 오페라의 긴 역사가 뮤지컬에 끼친 영향은 무시할 수 없다. 음악극의 정서적인 폭발력이라는 면에서 오페라는 뮤지컬의 가장 중요한 선배이다.

오페라는 학술적인 이유로 발명된 장르였지만 뮤지컬은 혼란 속에서 자연스럽게 형성된 음악극이었다. 수많은 대중오락과 공연이 뒤섞였고 과거 어느 시대보다 다양하고 넓은 계층들이 새 장르를 즐기며 발전에 기여했다. 귀족사회가 무너지고 소수의 돈 많은 부르주아지 권력이 다수의 민중들에게 분산되기 시작한 19세기 유럽과 미국에서는 수많은 대중극, 대중오락이 등장하며 인기를 끌었다. 카바레와 뮤직홀, 오페레타와 왈츠가 흥청거리던 19세기 후반 유럽의 도시에서 뮤지컬의 본격적인 여정이 시작된다.

유럽의 대중음악극

벨 에포크와 카바레

1789년 프랑스는 대혁명으로 왕정을 무너뜨렸지만 19세기 내내 혼란이 계속되었다. 나폴레옹의 등장에 이어 혁명과 반동, 전쟁이 반복되는 시기였다. 급격하게 변하던 19세기가 모처럼 안정을 찾은 것은 프랑스와 프로이센 사이의 전쟁이 종료된 후였다. 프랑스는 제2제국이 무너지고 제3공화정이 세워졌으며 프로이센 제국은 연방을 통일하여 단일 국가 독일이 등장하였다. 프랑스와 프로이센 양국의 전쟁이 끝난 1871년부터 제1차 세계대전이 발발하던 1914년까지 유럽 대륙은 평화와 발전의 시절을 구가했다. 유럽 문명이 세계 정치에서 가장 큰 힘을 발휘했고 유럽 안팎의 사람들에게 최대의 영향력을 행사했다. 이 시기를 '벨 에포크 Belle Epoque(아름다운 시절)'라고 불렀다.[1] 유럽의 벨 에포크는 낙관주의, 지역 평화, 경제적 번영, 식민지 제국, 그리고 기술, 과학, 문화적인 혁신의 시기였다.

벨 에포크 시대의 파리는 국가의 경제 성장과 함께 유럽의 중심, 예술의 중심 도시로 완성되었다. 파리는 개선문을 중심으로 방사형 도로가 뻗어나가며 오페라하우스와 국립도서관, 그리고 이전까지 왕궁으로 쓰이던 공간을 미술관, 박물관과 같은 공공시설로 바꿔 예술에 대한 시민들의 접근성을 높였다. 1889년 국제박람회를 개최한 파리는 당대 최고의 혁신 도시였으며 예술의 중심지였다. 하지만 역사학자이며 예술사회학자인 아르놀트 하우저가 날카롭게 비판했듯이 파리는 유럽의 수도 자격을 되찾았지만 과거와 같이 예술과 문화의 중심지가 아니라 쾌락의 수도로서 예술 중심 도시의 지위를 얻게 되었다.[2] 번영하는 사회에서 사람들은 가벼운 형태의 오락에 더 쉽게 이끌렸다. 도시의 노동계급은 오페라에는 거의 관심이 없었고 갑자기 부자가 된 부르주아들도 편하고 즐거운 공연을 원했다. 프랑스 아카데미가 공인한 라신과 몰리에르의 연극 대신 파리 시내의 대중극장에서 하는 대중극인 불바르극 Boulevard Theatre이 큰 인기를 끌었다.

도시화와 산업화로 도시 노동자들은 급속히 늘어났고 이들은 저녁 시간에 가벼운 여흥, 즐거운 쇼를 원했다. 이러한 수요를 감당하기 위해 벨 에포크 시절 파리에서 급속하게 카바레, 댄스홀, 카페 콩세르 Café Concert 등의 시설이 늘어났다. 카바레는 술과 음식, 노래와 춤, 서커스 등 다양한 쇼를 즐길 수 있는 대중적인 유흥 장소였다. 초기 샹송의 명인이라 불리며 화가 툴루즈 로트렉이 초상화를 그렸던 아리스티드 브뤼앙이 운영했던 카바레 '검은 고양이 Le Chat Noir', 프렌치 캉캉으로 유명한 '물랑 루즈 Moulin Rouge' 등이 벨 에포크 시대 파리 몽마르트르 언덕에 세워진 대표적인 카바레였다.

파리 대중 공연장의 하나였던 카페 콩세르는 런던의 뮤직홀과 유사한 장소였고 카바레와 같이 샹송이 많이 불렸던 곳이다. 카페 콩세르에서 대중들은 외우기 쉬운 노래를 가수와 함께 흥얼거리거나 춤추기 좋은 선율을 즐겼다. 교육받지 않아도 금방 이해할 수 있는 곡은 대중을 즐겁게 했으며 벨 에포크 시대 카바레나 카페 콩세르의 가수

● 에두아르 마네, 「폴리 베르제르 바에서」(1882). 런던 코톨드 갤러리 소장. 벨 에포크 시대를 풍미했던 19세기 말 파리의 대표적인 카바레였다. Public domain, via Wikimedia Commons

와 댄서들은 파리의 유명인사가 되었다. 카바레와 카페 콩세르에는 가벼운 오페라부터 오페레타, 샹송, 서커스 등 다양한 공연이 올라갔으며 지금의 나이트클럽과 같이 술과 여흥을 함께 즐기는 장소였다. 마네의 그림 「폴리 베르제르 바에서」로 익숙한 카바레 '폴리 베르제르 Folies Bergère'*도 파리의 대표적인 카바레였다.

---

* 폴리 베르제르는 1910년부터 1930년대까지 뉴욕에서 보드빌 유행을 주도했던 지그펠트 폴리스 쇼의 원천이 된 곳이다.

벨 에포크 시대 성행했던 또 다른 대중 음악극이 '오페레타 Operetta'였다. 오페레타는 '작은 오페라', '가벼운 오페라'라는 의미로 전통적인 오페라와 카바레, 카페 콩세르의 중간쯤 되는 장르이다. 19세기 중반에서 20세기 초반까지 가벼운 촌극, 로맨틱 코미디, 시대를 풍자하는 코미디를 오페라 스타일로 만든 대중음악극이 오페레타이다. 오페라의 음악적인 정취는 즐기고 싶지만 당시 유행하던 프랑스의 그랜드 오페라가 다루던, 어렵고 무거운 이야기를 원치 않는 중산층이 오페레타를 선호했다. 카바레가 지나치게 음침하다고 여기던 중산층이 늘어나면서 오페레타의 인기는 수직 상승했다.

오페레타는 코미디 오페라인 오페라 부파 Opera Bouffa의 코미디 전통을 이어받아 희극 서사를 근간으로 했다. 오페라의 아리아를 음악의 기본으로 삼았지만 레치타티보*의 경우는 대사를 사용하여 관객들이 쉽게 이해할 수 있게 만들었다. 레치타티보 대신 말로 하는 대사를 넣는 방식은 독일식 오페라 징슈필 Singspiel이나 오페라 부파에서 이미 나타났으므로 새로운 스타일은 아니었지만, 징슈필이나 오페라 부파보다 더 가볍고 즐거운 오페레타는 대중에게 쉽게 다가설 수 있는 음악극이었다. 벨 에포크 시대 최고의 예술 도시였던 파리와 빈을 중심으로 발달했던 오페레타는 20세기 초반 영국과 미국에서 뮤지컬의 중요 형식으로 흡수되어 발전되었다. 20세기 이후 오페

---

* 레치타티보 Recitativo 서창. 오페라에서 대사를 노래하듯이 부르는 대목. 독창곡 중 선율을 아름답게 부르는 아리아 Aria가 인물의 감정을 표현한다면 레치타티보는 이야기를 전개하고 주변 상황 등을 설명한다.

레타는 점차 고급예술의 대접을 받으며 오페라극장으로 주 무대를 옮겼다.

파리와 빈의 오페레타, 오펜바흐와 슈트라우스 2세

파리 오페레타를 대표하는 작품은 자크 오펜바흐가 작곡한 <지옥의 오르페우스 Orphée aux Enfers>(1858)였다. 작품에 등장하는 여성 코러스들이 겹겹의 긴 스커트를 입고 다리를 쭉쭉 뻗어 올리며 추는 캉캉 춤이 유명하다. 유대계 독일 출신의 첼로 연주자였던 오펜바흐는 프랑스에서 인기가 대단했다. 전통적인 고전극을 공연하는 코메디 프랑세즈의 음악감독에 위촉되었지만 그만두고 오래지 않아 샹젤리제 근처에 부프 파리지엥 극장을 열고 극장장이 되었다. 그는 19세기 파리 오페라하우스에서 유행하던 마이어베어 식의 프랑스 그랜드 오페라는 너무 비싸고 어려워서 흥행에는 도움이 되지 않는다고 생각했다. 오펜바흐는 작품의 규모도 줄이고 음악

작곡가 자크 오펜바흐 캐리커쳐. 토마스 네스트 그림 1876년. ©LOC

도 쉽게 이해될 수 있는 대중적인 오페라를 제작했고 모차르트나 로시니의 희극 오페라 가운데 유명한 곡을 돋보이게 편곡하여 관객이 오페라를 즐기기 편하게 만들었다. 로시니는 오펜바흐를 샹젤리제의 모차르트라고 불렀다.[3]

<지옥의 오르페우스>는 음악의 신 오르페우스와 에우리디케 사이의 순수한 사랑을 그렸던 그리스 신화를 19세기 프랑스 귀족 정치와 부패한 사회에 비유하여 각색한 오페레타이다. 오페레타에서 오르페우스와 에우리디케는 권태기에 빠진 부부이다. 신화 속 이야기처럼 아내가 죽어 지하 저승세계로 떠나게 되자 오르페우스와 에우리디케는 서로 기뻐하며 헤어진다. 하지만 신화 속 이야기를 따라야 한다는 여론이 형성되고 오르페우스는 어쩔 수 없이 아내를 찾으러 지하에 간다. 오페레타에 등장하는 주피터, 플루토와 같은 그리스 신들은 술과 여흥에만 빠져 사는 한심한 귀족으로 그려졌다. 그리스 신화를 완전히 비틀어버린 오펜바흐는 음악도 다양하게 패러디하여 재

● 오펜바흐의 〈지옥의 오르페우스〉 '지옥의 갤럽' 캉캉춤 캐리커쳐. 당시 파리 카바레 댄서들이 자주 추었다. 뮤지컬 〈물랑루즈〉 오프닝에도 등장한다. Bonnot, Public domain, via Wikimedia Commons

미를 더했다. 글루크의 오페라* <오르페우스와 에우리디케>에서 오르페우스가 지상으로 올라가다 뒤를 돌아보는 실수를 저지르고 아내를 잃은 비탄에 빠져 부르는 유명 아리아 '나는 에우리디케를 잃었네'를 코믹하게 바꿨고, 프랑스 혁명 당시 민중들이 불렀던 노래 '라 마르세예즈'를 신들에게 저항하는 곡으로 삽입하여 폭소를 자아냈다. 아리아는 후렴구가 반복되도록 단순화하여 대중의 이해를 도왔다. 절대 권력을 가진 그리스 신들은 한심한 부패 귀족, 제우스신은 프랑스 나폴레옹 3세를 풍자하는 인물로 만들어 당시 관객들의 큰 박수를 받았다. 오펜바흐는 귀족뿐 아니라 신흥 부자와 대중도 비판했다. 부르주아에게 진실한 사랑이란 웃음거리일 뿐임을 노골적으로 드러냈고 대중의 속물근성까지도 파고들었다. 초연부터 현재까지 가장 큰 박수를 받는 장면은 부도덕한 신들의 집합소인 올림포스 궁전의 신들이 함께 추는 '지옥의 갤럽', '천국과 지옥'으로 불리는 캉캉 춤이었다.

<지옥의 오르페우스>의 인기는 빈과 런던으로 번졌다. '아름답고 푸른 도나우 강', '빈 숲 속의 이야기' 등으로 빈의 왈츠 유행을 주도하던 요한 슈트라우스 2세는 빈의 연말 무도회 분위기로 만든 오페레타 <박쥐 Die Fledermaus>(1874)를 써서 히트했다. <박쥐>는 빈의 무도회를 둘러싼 완벽한 코미디 플롯에 슈트라우스 2세의 왈츠 춤곡

---

* 에우리디케는 그리스어 Ευρυδικη로 우리나라 외래어 표기법에 따라 '에우리디케'로 표기한다. 다만 이탈리아어로 쓰여진 글룩의 오페라에서 에우리디케는 '에우리디체'로 발음되어 오페라의 경우는 〈오르페오와 에우리디체〉로 소개되지만 이 책에서는 에우리디케로 통일했다.

과 화려한 오케스트레이션을 기본으로 듣기 좋은 아리아들이 이어졌다. 평소에는 서로 관심도 없던 부부가 교도소에 들어가야 한다며 부르는 이별의 노래 3중창은 가식과 위선으로 관객의 웃음을 자아냈다. 로잘린데가 남편 몰래 참석한 파티에서 헝가리 귀족부인처럼 보이기 위해 부르는 '차르다슈-고향의 노래', 하녀 아델레가 귀족들을 놀리는 아리아 '나의 후작님' 등은 코믹하면서도 아름다운 <박쥐>의 대표 아리아이다.

벨 에포크 시대 중부 유럽 예술의 중심 도시 빈에는 헝가리나 체코 출신 작곡가의 오페레타도 많이 제작되었다. 그 중 두드러진 작품이 헝가리 출신 프란츠 레하르가 쓴 <유쾌한 미망인 Die Lustige Witwe>(1905)이었다. 젊고 아름다운 미망인 한나의 막대한 재산을 둘러싼 정치적 책략과 사랑을 코믹하게 다룬 오페레타 <유쾌한 미망인>은 폴로네즈, 마주르카, 왈츠 등 다양한 동유럽 춤곡으로도 유명했다. 독일어 오페레타였던 이 작품은 영어 <메리 위도우 Merry Widow>로 번안되어 20세기 초 영국과 미국에서 크게 유행했다.

런던의 뮤직홀과 길버트-설리번의 코믹 오페라

16세기 르네상스 셰익스피어 시대의 글로브 극장을 중심으로 시작된 런던의 공연 문화는 런던 중심부 서쪽 끝 웨스트엔드에 호텔과 레스토랑, 나이트클럽, 술집과 극장이 밀집되면서 확대되었다. 웨스트엔드에서 가장 오래된 극장은 1663년 설립된 드루리레인 극장이다. 화재와 재건을 거치며 여러 이름으로 바뀌었지만 드루리레인은 현재

1663년 설립된 드루리레인 극장. 런던 웨스트엔드에서 가장 오래된 극장이다. ©V&A

도 웨스트엔드 중심의 큰 극장으로 남아 있다. 1720년에 헤이마켓 극장, 1732년에는 코벤트 가든 왕립 오페라하우스 등 다양한 극장이 들어서며 현재의 런던 극장가 웨스트엔드를 완성했다.

18세기에 들어서자 영국에서는 오페라와 같은 유럽 대륙의 음악극과 대중들이 흔하게 부르는 노래를 자유롭게 혼합하여 만든 발라드 오페라가 인기를 누렸다. 레치타티보 대신 대사를 사용하고 음악은 대중적인 선율을 따랐다. 소재나 등장인물도 대중의 취향에 맞추었다. 이탈리아 오페라가 추구하던 도덕적인 가치나 고귀한 인물 대신 범죄자와 같은 평민이나 하층민이 주인공을 맡는 등 오페라의 진입장벽을 대폭 낮추었다. 영어로 쓰인 발라드 오페라는 저속한 구어

존 게이의 발라드 오페라 〈거지 오페라〉(1728) ©V&A

체를 사용했고 대중들이 따라 부르기에 편한 곡이 많았다. 최초의 발라드 오페라 <거지 오페라 The Beggar's Opera>(1728)는 초연부터 큰 인기였다. 60회를 넘기며 장기 공연된 <거지 오페라>는 이미 잘 알려진 곡조에 존 게이가 새로운 가사를 붙여 만든 코미디 오페라, 일종의 주크박스 오페라였다. 귀족과 정치인에 대한 풍자, 잘 알아듣지 못하는 이탈리아 오페라에 대한 풍자를 담은 <거지 오페라>를 보며 관객은 즐거워했다. 같은 시기에 헨델이 런던에서 대형 오페라를 무대에 올렸는데 <거지 오페라>의 인기에 밀려 흥행에 실패하고 빚더미에 오를 정도였다.

찰스 1세 이후 청교도들이 정권을 잡으면서 크롬웰의 혁명정부는 교회 내 연주를 금지하고 모든 연극과 음악 모임을 불허했다. 그 후

1737년 면허법 Licensing Act*이 제정되어 런던 내의 단 두 개 극장인 코벤트 가든과 드루리레인에서만 진지한 연극이 허용되었다. 나머지 극장은 문학적이고 예술적인 연극을 포기할 수밖에 없었다. 이런 상황은 역으로 음악과 무용, 연극이 대중 속으로 깊이 들어가게 된 기회가 되었다. 제작자와 극장 소유주들은 코미디와 노래, 춤이 뒤섞인 대중음악극이나 판토마임 공연에만 집중했다. 1843년 이 법이 해제되고 진지한 연극을 자유롭게 공연할 수 있게 되었지만 오락 중심의 공연 문화를 바꾸기는 어려웠다. 관객 다수는 즐거운 음악극으로 취향이 굳어졌고 새로운 문화 공간 뮤직홀 Music Hall을 즐기기 시작했다. 연주가 금지된 교회에서 버려진 오르간이 선술집으로 흘러들어가 반주에 이용되면서 술과 노래를 자유롭게 즐기는 뮤직홀은 대중의 인기를 끌었다.

뮤직홀은 19세기 음악극 자체, 혹은 그 공연이 열렸던 장소로 영국의 산업화, 도시화의 문화적 상징이었다. 빅토리아 시대 영국인들은 농촌에서 도시로 대거 이주하기 시작했으며 철도가 발전함에 따라 도시 근교의 시민들도 뮤직홀이라는 화려하고 즐거운 장소를 이용하기가 쉬워졌다. 영국은 무역과 공업으로 빠르게 부를 축적하게 되었고 교육을 받는 계층도 늘어나면서 시간과 돈의 여유를 가지는 '중산층'이 늘어났다. 임금을 받는 도시 노동자들도 뮤직홀에서 술을 마시고

---

* 1737년 엘리자베스 1세 때 제정된 공연 허가에 관한 법령. 1843년 개정된 이후 공연장 선택에 대한 기준은 느슨해졌지만 희곡에 대한 검열은 200년 이상 지속되었다. 1968년 뮤지컬 〈헤어〉 런던 공연을 불허하자 반발이 거세졌고 이 법의 존폐를 논하게 되었다. 결국 225년간 유지되었던 영국의 면허법은 〈헤어〉 이후 전면 폐지되었다.

• 켄터베리 뮤직홀. 19세기 영국의 음악극, 도시화, 산업화의 상징이었다. 1856년 ©V&A

음악을 듣는 데에 월급 일부를 쓸 정도로 경제적인 여유가 생긴 것이다. 가수들이 무대에서 노래를 하면 테이블에 앉은 손님들이 술 마시고 떠들며 함께 노래를 부르던 술집에서 시작된 뮤직홀은 공연과 음주가 공존하는 곳이었다.

관객이 늘어나자 런던의 뮤직홀은 변화를 모색했다. 음식과 술보다는 춤과 노래를 즐길 수 있는 공연에 집중했고 규모도 커졌다. 1852년 런던의 템스 강 남쪽에 지어진 700석 규모의 켄터베리 홀을 시작으로 이후 5년 동안 런던에만 300개가 넘는 뮤직홀이 지어졌다. 빅토리아 시대에 시작된 뮤직홀은 제1차 세계대전이 일어나기 전까지 영국 유흥의 중심이었으며 엔터테인먼트 사업의 출발지였다. 중산층과 노동자 계급을 위한 뮤직홀은 단순 엔터테인먼트 이상의 풍자와 교감의 장이기도 했다. 뮤직홀은 가벼운 음악과 코미디, 마임, 서커스 등 다양한 볼거리를 제공했는데 여기서는 새로운 음악이 많이 필요했다. 노래와 반주 음악을 위한 작곡가들의 활동이 활발해졌다. 유럽 전체를 휩쓴 제1차 세계대전, 그리고 영화나 라디오와 같은 새로운 미디어와 오락의 발전은 런던 뮤직홀 운영을 어렵게 했지만 뮤직홀의 송 앤 댄스 전통은 뮤지컬 코미디, 뮤지컬 플레이, 뮤지컬 시어터에 직접적인 영향을 주었다.

파리와 빈에서 유행하던 오페레타는 런던에서도 인기가 많았다. 게이어티 극장장 존 홀링스헤드는 작곡가 아서 설리번과 유머 작가 W. S. 길버트에게 영국식 오페레타 작곡을 요청했다. 영국 상류사회 출신으로 독일에서 유학한 클래식 작곡가 설리번은 왕립음악원 교수를 지냈지만 쇼 비즈니스에 관심이 많았고 길버트는 코믹한 대본과 가사에 탁월한 작가였다. 홀링스헤드가 크리스마스 시즌 공연을 위해 설리번에게 작곡을 요청한 영국식 오페레타 <테스피스 Thespis>(1871)는 길버트의 대본을 만나 날개를 달았다. 길버트의 계급의식과 특권의식에 대한 날카롭고 예리한 풍자와 언어 유희를 통한 '뒤죽박죽' 유머가 대중의 인기를 끌게 된 것이다. 흥행사 리처드 도일리 카트는 오펜바흐의 오페레타 <페리콜 La Perichole> 런던 오프닝 공연에 덧붙일 단막 코믹 오페라를 길버트-설리번 콤비에게 요청했다. 덧대기 쇼로 시작된 그들의 단막극 <배심판사 Trial by Jury>(1875)는 폭발적인 인기를 끌었다. 관객들은 오펜바흐의 본 공연보다 길버트-설리번 콤비의 <배심판사>를 훨씬 더 좋아했다. 카트는 이들의 작업을

극작가 W.S.길버트(좌)와 작곡가 아서 설리번(우) Ellis & WaleryElliott & Fry, Public domain, via Wikimedia Commons

'라이트 오페라 Light Opera'라고 불렀다. 오페라의 우아함과 즐거움이 모두 담긴 이름이었다. 라이트 오페라가 인기를 끌자 도일리 카트는 런던 최초로 전기 조명을 설치한 사보이 극장을 지어 코믹 오페라 전용극장으로 사용했다. 런던 코믹 오페라를 라이트 오페라, 사보이 오페라라고 부르는 것은 그런 이유에서였다.

길버트-설리번 콤비는 <군함 피나포어 H.M.S. Pinafore>(1878), <펜잔스의 해적 The Pirates of Penzance>(1879), <미카도 The Mikado>(1885) 등 흥행작을 줄줄이 선보였다. 일본 문화가 한창 유행하던 19세기 말 런던에서 <미카도>의 인기는 엄청났다. 사보이 극장에서 약 2년간 장기공연을 한 <미카도>는 영국 코믹 오페라의 대명사가 되었다. <군함 피나포어>는 런던과 뉴욕에서 동시에 공연되었는데 저작권 개념이 미약하던 당시 극장가에는 무허가 공연이 남발했다.

길버트-설리번 콤비의 작업 스타일은 작곡을 먼저 하고 가사나 대본을 입히는 당시 곡 쓰기 방식과 달랐다. 유머 작가 출신의 길버트가 대본과 가사를 완성하면 설리번이 거기에 맞는 곡을 썼다. 길버트는 연출가의 시각에서 배우의 연기, 무대 디자인 등에도 깊이 관여하여 작품의 통일성을 만들어 냈다. 이와 같은 뮤지컬 쓰기는 반세기 후에 등장할 로저스와 해머스타인 2세 등 브로드웨이 황금시대를 장식한 뮤지컬 콤비의 창작 모델이 되었다.

신생국가 미국의 음악극

문화수입국 미국의 변화

1776년 독립한 미국은 19세기 중반까지 세계사, 문화사에서 존재감이 없는 신생국가였다. 농업국가로 주로 식량 수출에 집중하던 미국은 20세기에 들어서자마자 세계에서 가장 광범위한 철도망을 구축하고 세계 최초로 철강을 생산하며 제조업에서 중심국가로 떠오르기 시작했다. 산업의 발전과 함께 인구도 크게 늘었다. 20세기 초반 미국인은 9천만 명에 육박하여 당시 산업국가 중 가장 많은 인구수를 기록했다. 출산율도 높아졌지만 유럽의 이민자들이 급격하게 늘어난 것이 인구 증가의 중요한 이유였다. 1840년부터 1918년까지 미국으로 이주한 인구가 3천만 명에 이르렀고 이민자의 90퍼센트가 독일, 이탈리아, 아일랜드 등 유럽 출신이었다. 대부분의 이민자들이 뉴욕 항을 통해서 입국하면서 뉴욕 등 동부 대도시에는 유대인, 아일랜드인과 이탈리아인 다수가 거주하였다.[4)]

20세기 이전까지 미국은 문화와 예술을 일방적으로 수입하는 나라였다. 영국이 유럽 대륙에 비하여 음악적 자원이 부족했다면 미국은 전무한 상태였고 오페라나 오페레타와 같은 음악극도 마찬가지였다. 귀족 계급도, 고급문화의 전통도 없던 미국 문화는 대중의 성장과 함께 시작되었다. 유럽을 비롯한 세계에서 유입된 이민자와 다양한 문화적 전통을 미국이라는 거대한 용광로 속에 녹여내면서 그것을 미국만의 문화로 발전시켜 나갔다.

19세기 초반 미국 공연장에서는 프랑스식 멜로드라마가 인기를 끌었다. 극의 감정을 고조시키기 위해 짧은 음악을 삽입한 멜로드라마는 교육을 많이 받지 않아도 이해할 수 있었고 공연 중간에 발레가 등장하는 등 볼거리가 많은 공연이었다. 배우나 무용수도 많지 않았던 미국은 프랑스 출신 스타 발레리나나 가수들이 순회공연을 하는 경우가 많았다. 19세기 중반에 들어서자 도시와 마을이 형성되고 지역별로 극장과 함께 레퍼토리 극단이 만들어졌다. 늘어나는 극장에서는 유럽에서 들여온 여러 가지 공연과 함께 미국 자체에서 형성된 다양한 양식의 공연들이 올라가기 시작했다.

뮤지컬이라는 장르가 공식적으로 등장하기 전 미국에는 유럽에서 수입한 공연과 미국 자체에서 발전시킨 오락물이 뒤섞이며 빠르게 성장했다. 여러 이름으로 불리는 당시 미국 종합 공연물은 크게 두 가지 갈래로 나눌 수 있다.[5] 하나는 오페라보다 가벼운 유럽의 오페레타를 미국식으로 발전시킨 음악극 형식이었으며 또 다른 하나는 미국 흑인문화에서 시작된 민스트럴 쇼나 보드빌과 같은 오락성이 강한 쇼였다.

19세기 말에서 제1차 세계대전 이전까지 대중 공연의 형식은 다양한 이름으로 불렸고 경계도 애매했다. 이 시기의 작곡가, 극작가, 배우, 댄서 등은 버라이어티, 뮤지컬 영화, 벌레스크, 레뷰, 보드빌, 판토마임, 북 뮤지컬 사이를 손쉽게 넘나들며 창작하고 활동했다. 다양한 쇼와 음악극을 자유롭게 왕래하고 소비한 경험은 20세기 뮤지컬 장르를 완성하는 데 중요한 원천이 되었다.

현실 도피의 상징, 오페레타

19세기 중반 유럽에서는 오페라가 낡은 형식으로 치부되는 장르였지만 신생국 미국 상류층에게 오페라는 상당히 융숭한 대접을 받았다. 부자들은 대도시마다 오페라하우스를 짓고 베르디와 모차르트 오페라를 공연하며 유럽 귀족 문화를 즐겼다. 하지만 저녁의 여흥을 원하는 중산층에게 메트로폴리탄 오페라하우스는 콧대가 높고 가격은 비싼 곳이었다.

반면 빈이나 파리의 오페레타를 수입하여 영어로 번안한 공연은 미국의 중산층에게도 쉽게 받아들여졌다. 특히 독일, 아일랜드, 이탈리아를 떠나 신대륙에 도착한 이민자들에게 오페레타는 고향인 유럽의 향수를 전해주면서도 고단한 현실을 잊게 해주는 즐거운 장르였다.

파리나 빈의 오페레타가 귀족 사회나 부르주아의 이면을 파헤치고 그들의 위선을 신랄하게 풍자하는 재미로 인기를 누렸다면 미국에서는 귀족과 궁정문화가 남아 있는 이국적인 유럽 풍경과 그리스 신화 속 유토피아를 그려내는 식의 현실 도피 취향으로 인기를 끌었다. 미국에서 인기 있는 오페레타의 로맨스는 젊은 남녀의 러브스토리가 아니라 왕자가 집시 여인을 만나거나 공작이 백작부인을 유혹하는 비현실적인 관계가 대부분이었다. 대표적인 작품이 <메리 위도우>였다. 1907년 런던에서 영어로 각색한 레하르의 오페레타 <메리 위도우>는 호평을 받았다. 뉴욕 브로드웨이에서 시작된 <메리 위도우>는 400회가 넘는 장기공연을 지속하며 하나의 문화현상을 만들어 냈다. 오페레타에 등장하던 모자, 담배, 칵테일 등 관련 상품들의 인기도 치솟았고 발칸 반도의 문화가 충분히 소개되지 않은 상황에서 원작 오페라에 나오는 민속 무용이나 현악기 등이 영국과 미국의 관심을 끌었다. 런던과 뉴욕으로 옮겨간 오페레타는 지역과 문화의 풍자의 칼날은 무뎌졌고 그저 즐겁고 아름다운 코미디만 남았다.

길버트-설리번 콤비의 런던발 라이트 오페라도 인기였다. 번역이 필요하지 않고 길버트의 유머를 바로 이해할 수 있었던 미국인들은 이 콤비의 많은 작품을 사랑했다. <군함 피나포어>나 <펜잔스의 해적>의 인기에 편승한 무허가 공연, 복제품들이 전국적으로 난립했다. <펜잔스의 해적>은 런던보다 뉴욕에서 먼저 공연이 올라갈 정도로 인기가 높았다.

유럽산 오페레타의 복제품이 인기를 끄는 상황에서 빅터 허버트의 등장은 미국식 오페레타의 시작을 알렸다. 더블린 출신 이민자로 메트로폴리탄 오페라극장의 첼로 주자였던 허버트는 길버트-설리번 콤비의 라이트 오페라를 지켜보면서 오페레타를 학습했고 자기만의 브로드웨이식 오페레타를 쓰기 시작했다. <말괄량이 마리에타 Naughty Marietta>(1910), <점쟁이 Fortune Teller>(1898) 등 허버트의 작품은 20세기 초반 브로드웨이에서 큰 인기를 끌었다. 금관 밴드의 행진곡으로 미국 행진곡 유행을 이끈 작곡가 존 필립 수자의 오페레타도 인기가 많았다.

미국식 오페레타는 1920년대 루돌프 프리믈의 <로즈 마리 Rose-Marie>(1924), 지그문트 롬버그의 <황태자의 첫사랑 Student Prince>(1924)이 등장하면서 한 번 더 인기를 누렸다. 뮤지컬 영화로 대히트를 한 <황태자의 첫사랑>은 전쟁 이전의 로맨틱 코미디와 유럽 왕정

지그문트 롬버그의 오페레타 〈황태자의 첫사랑〉의 1927년 흑백 영화 포스터. 1954년 리메이크 영화가 더 큰 인기를 누렸다. Metro–Goldwyn–Mayer (MGM), Public domain, via Wikimedia Commons

에 대한 향수, 신데렐라 스토리와 같은 현실 도피 취향이 어우러져 큰 인기를 끌었다. 1940년대 활동한 리차드 로저스와 오스카 해머스타인 2세 콤비의 많은 작품에서 재등장한 오페레타 스타일의 음악은 황금 시대 뮤지컬에도 중요한 영향을 끼쳤다.

초기 대중음악극, 민스트럴 쇼부터 엑스트라버간자까지

19세기부터 20세기 초반까지 미국에서 발생했거나 유럽에서 건너온 엔터테인먼트 양식은 여러 이름으로 불렸다. 다양한 쇼 스타일은 사실상 지금의 기준에서는 다소 인위적이며 오해를 불러일으킬 수도 있다. 조엘 카플란이 20세기 후반의 시각에서 제1차 세계대전 이전의 프리 엔터테인먼트의 가장 두드러진 특징은 형식과 장르의 상호작용[6]이라고 규정했듯이 다음의 오락 양식들은 서로 섞이고 교류하면서 뮤지컬 장르의 탄생으로 이어졌다.

미국 대중문화의 뿌리, 민스트럴 쇼

미국 내에서 발생한 가장 오래된 음악극, 쇼 비즈니스의 뿌리는 아프리카에서 노예로 팔려온 흑인 문화가 진하게 반영된 민스트럴 쇼 Minstrel Show였다. 영국으로부터 독립한 미국의 농업 경제를 뒷받침하던 중요한 노동력은 흑인이었다. 흑인의 독특한 문화는 백인 사회로부터 흥미를 끌어내면서 하나의 공연 양식으로 발전해 나갔다. 백인 배우가 자신의 얼굴에 검은 칠을 한 흑인 캐릭터로 등장하여 흑인 말투를 흉내 내고 우스꽝스러운 몸짓을 하며 아프리카 분위기가 담긴 노래를 하거나 춤을 추는 공연이 민스트럴 쇼였다. 민스트럴 쇼의 코미디는 흑인을 조롱하고 비하하는 것이 핵심이었다. 다른 인종을 차별함으로써 즐거워한 전형적인 공연이었던 셈이다. 그런 이유로 민스트럴 쇼는 미국 뮤지컬의 역사, 대중문화 역사에서 가장 부끄러운 공연 양식의 하나로 비판받는다. 불편한 역사에도 불구하고 유럽에서 수입되지 않은 미국만의 독특한 문화인 민스트럴 쇼는 19세기의 가장 보편적인 대중공연의 형태였고 인기도 엄청났다. 민스트럴 쇼의 영향은 뮤지컬뿐만 아니라 미국 대중문화 전반에 오래 지속되었다.

민스트럴 쇼가 본격적인 공연 형태를 갖추게 된 것은 1836년 토머스 다트머스 라이트라는 백인 배우가 등장한 이후부터였다. 그는 흑인 분장을 하고 빠른 템포의 코믹송인 패터 송 Patter Song*을 부르며 슬랩스틱 코미디를 선보였다. 그의 민스트럴 쇼는 짐 크로우 Jim Crow라는 흑인 배역이 이끌어가는 스탠딩 쇼 형식이었다. 이후 시골뜨기 짐 크로우와 약삭빠른 사기꾼 집 쿤 Zip Coon은 민스트럴 쇼 캐릭터의 대명사가 되었다.

● 얼굴에 검은 칠을 하고 만돌린을 연주하는 짐 크로우 캐릭터의 모습. 민스트럴 쇼의 블랙 페이스 전통을 보여준다. 브로드웨이 뮤지컬 박물관에서 촬영. ©고희경

---

* 패터 송 Patter Song. 코믹 오페라인 오페라 부파 등에서 단조로운 가사와 리듬으로 빠르게 부르는 익살스러운 노래. 길버트-설리번 팀의 라이트 오페라, 손드하임의 뮤지컬에서도 많이 사용되었다.

민스트럴 쇼에는 미국 흑인의 방언, 춤, 노래 등 독자적인 문화가 진하게 반영되었다. 반주 악기도 반조, 만돌린, 현악기, 탬버린, 트럼펫 등 다양하게 구성되어 오락 요소가 강했다. 미국 대중들에게 아프리카에서 온 춤과 노래는 오페라나 발레와 같은 유럽식 공연에 비해 접근하기가 훨씬 쉬웠으며 리듬과 움직임이 다양하고 흥미로운 요소가 풍부하여 인기가 많았다. 민스트럴 쇼에는 코믹한 노래 외에도 감상적인 흑인 영가가 항상 포함되었다. '스와니 강', '켄터키 옛집', '오! 수잔나' 등 미국 민요로 알려진 스티븐 포스터의 곡 대부분이 민스트럴 쇼에 등장한 음악이었다.

노예 해방 이후 흑인과 백인이 함께 무대에 설 수 있게 되자 상황이 바뀌었다. 흑인들이 무대에 설 자격이 생기자 민스트럴 쇼는 흑인 배

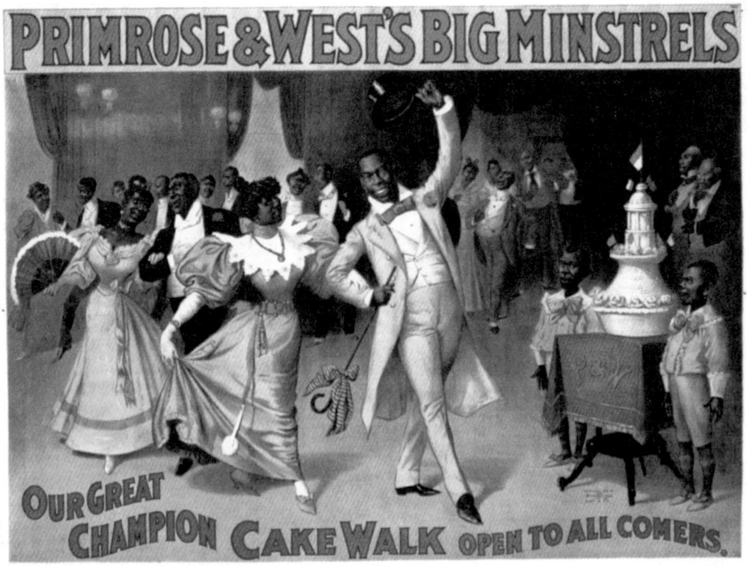

케이크워크가 담긴 프림로즈와 웨스트의 빅 민스트럴 음반 표지. ©LOC

우들이 큰 무대에서 활동할 수 있는 중요한 기회였다. 그들은 자신의 얼굴에 태운 코르크를 발라 더 검게 칠하고, 입술은 희고 두텁게 분장하여 짐 크로우 캐릭터를 과장되게 연기했다. 이 공연에서 연주된 래그타임*과 딕시랜드**의 사운드는 백인들을 열광시켰고 파워풀한 흑인 춤 케이크워크***의 인기도 대단했다. 흑인 스타들의 등용문으로 인기를 누렸던 민스트럴 쇼는 인종 차별과 인권에 대한 의식이 높아지면서 점차 공식 무대에서 사라져갔다.

흑인 엔터테인먼트가 지닌 유럽의 공연예술과 다른 호흡, 자유로운 박자와 소울 등은 뮤지컬뿐만 아니라 로큰롤과 리듬 앤 블루스와 같은 현대 대중예술의 중요한 뿌리가 되었다. 19세기 후반 미국 중하층 백인 남성들은 음악과 춤을 여성적인 행위로 치부했고 분장을 하고 무대에 오르는 일은 남성성을 포기하는 일이라고 보았다. 그런 이유로 백인 남성 배우가 검게 분장을 한 다른 모습으로 무대에서 노래하고 춤추는 민스트럴 쇼는 그들에게 또 다른 자유를 주는 통로였다. 여성 배우가 아닌 남성만이 구현할 수 있는 음악과 춤 형식을 부담 없이 즐기며 받아들일 수 있었다. 남성들이 무대에서 노래하고 춤추는 것을 존중받을 만한 가치가 있는 행위로 수용하는 문화를 대중에게

---

* 래그타임 Ragtime. 19세기 후반부터 시작되어 20세기 초까지 인기 끌던 피아노곡을 말한다. Rag는 일그러졌다는 뜻이며 Time은 악보의 한 마디를 가리킨다. 일정한 강세를 가진 피아노 반주에 맞춘 멜로디 속에 강한 싱코페이션이 특징인 리듬으로 재즈의 시초가 되었다.

** 딕시랜드 Dixieland. 초기의 재즈 형식으로 독주나 앙상블의 즉흥연주를 특징으로 한다.

*** 케이크워크 Cakewalk. 흑인들의 걸음걸이를 우스꽝스럽게 과장한 춤이다. 흑인 노예 농장에서 '프라이즈 댄스'라는 경연대회를 열어 백인 주민이 우승자에게 '케이크'를 상으로 주었다는 데서 비롯되었다.

인식시킨 것은 민스트럴 쇼가 미국 뮤지컬을 형성하는 과정에서 이룩한 뚜렷한 성과 중 하나였다.[7)]

보드빌 Vaudeville

보드빌은 춤과 노래, 서커스, 마술, 텀블링, 저글링, 스탠딩 코미디를 엮어 놓은 화려한 공연 형식으로 19세기 중반부터 20세기 초반까지 유행했다. 19세기 파리의 장터나 소극장에서 펼치던 대중극 보드빌은 미국으로 건너가 민스트럴 쇼와 만나 새롭게 확장되었다. 흑인을 조롱하며 즐거워하던 민스트럴 쇼의 인기가 점차 수그러들면서 보드빌은 인종 차별과는 상관없는 공연 형식으로 자리를 잡기 시작했다. 술집에서 다양한 형식으로 발전하던 보드빌은 1890년부터 1930년까지 미국 전역에서 전성기를 누렸다.

초기에는 술을 파는 식당과 고급 사창가를 겸하던 장소에서 공연되던 보드빌의 주관객은 도시의 성인 남성이었다. 한동안 보드빌 쇼를 관람하던 남성 관객과 젊은 여성 배우들의 '만남'은 공공연하게 지속되었고 제작자도 그러한 분위기를 조성했다. 중산층이 두터워지면서 남녀노소가 함께 그럴듯한 극장에서 즐길 수 있는 공연의 수요가 늘어났다. 보드빌은 화려하고 재미있으면서도 음침하지 않고 온 가족이 관람할 수 있는 오락 시장의 성장과 함께 전성기를 맞았다. 민스트럴 배우이자 발라드 가수였던 토니 패스터가 1881년 뉴욕에 있는 자신의 극장에서 '건전한 버라이어티 쇼'를 표방한 것이 대표적이었다. 패스터는 관객 중 누구라도 여성에게 부적절한 행위를 하면 쫓아냈고 극장 안에서 술과 담배를 금지했다. 건전한 버라이어티 쇼로 입소문이 난 보드빌은 모든 계층, 연령, 성별을 막론하고 함께 즐길 수 있는 쇼였다. 마티네에는 엄마와 아이들이 함께 오기도 했다. 패스터와 함께 네드 해리건 등은 시어터 코믹에서 성공적으로 보드빌 쇼를 이어갔다.[8] 이후 보스턴 출신의 벤자민 프랭클린 키스와 애드워드 프랭클린 올비가 만든 보드빌 쇼단 '키스 & 올비'는 미국 동부 지역을 순회하며 인기를 누렸다.

• 브로드웨이 39번가에 1882년 개관한 카지노 극장. 당시 외곽이었던 지역에 보드빌 극장을 지어 이후 42번가를 중심으로 한 브로드웨이 극장 시대를 시작하였다. 1900년 1월의 브로드웨이 풍경이다. ©LOC

● 브로드웨이 타임스퀘어 광장에 서 있는 조지 M 코핸 동상. '양키 두들 보이'와 '브로드웨이에 안부를 전해주오'는 미국 뮤지컬과 브로드웨이를 상징하는 곡이다. ©고희경

보드빌 쇼는 다양한 공연 형식 속에서 뮤지컬 코미디의 기초를 닦은 장르로 평가받는다. 스토리가 전개되는 '정극' 형식을 띠면서 노래와 춤을 중심에 두고 다양한 스펙터클을 배치하는 방식이 그러했다. 저속한 농담이나 언어와 음란한 쇼를 삭제하고도 건전한 쇼를 만들기 위해서는 관객의 집중을 유지하기 위한 공연의 본질적인 문제를 고민해야만 했다. 공연 전체를 관통하는 어떤 주제나 흐름을 유지하는 연출, 배우의 역할이 중요해졌으며 다양한 음악 요소가 필수적이 되었다. 노래와 춤의 구성이 중심으로 떠오르자 좋은 작곡가와 뛰어난 가수, 댄서의 역할이 주목받게 된 것이다. 전국을 강타한 보드빌 쇼의 인기는 노래와 춤이 뛰어난 스타를 만들어냈고 주당 2회에서 6회 공연을 하는 보드빌 쇼는 앙상블 배우에게도 큰 일자리였다. 1919년 당시 평균 노동자 연봉이 1,300달러일 때 소도시에서 공연하는 배우 연봉이 3,100달러, 대도시의 스타들은 주급이 3천 달러를 넘을 정도였다. 키스와 올비 보드빌 쇼는 배우들을 학대하

기로 악명 높았지만 일반 노동자에 비해 월등히 높은 수입 덕분에 재능 있는 젊은이들은 보드빌 쇼에 몰려들었다. 배우들은 하루에 두 번씩 공연하면서 관객의 관심을 어떻게 이끌어 낼지를 학습했다. 무성영화 시대의 스타 버스터 키튼이나 뮤지컬 영화 시대를 주도한 프레드 아스테어와 아델 콤비는 보드빌 최고의 남매 댄서로 명성이 자자했다.

보드빌 가문 출신으로 유명한 조지 M 코핸은 이 장르를 더욱 정교하게 발전시켰다. 15분짜리 토막극을 이어가던 보드빌 쇼의 단위를 확대하여 한 편의 공연으로 만들어 냈다. 그가 만든 <리틀 조니 존스 Little Johnny Jones>(1904)는 3막의 경쾌한 송 앤 댄스 작품으로 미국 뮤지컬 코미디의 기초를 놓은 작품으로 평가받는다. 코핸은 작곡도 하고 출연도 했는데 그의 히트곡 '양키 두들 보이 The Yankee Doodle Boy'와 '브로드웨이에 안부를 전해주오 Give My Regards to Broadway'는 미국 뮤지컬과 브로드웨이를 상징하는 곡이 되었다. 타임스퀘어 광장에 동상이 세워진 유일한 인물 코핸은 '위대한 흰 불빛의 거리 The Great White Way'*라는 브로드웨이 신화를 열었다. 그가 완성한 보드빌 쇼는 브로드웨이 뮤지컬에 가장 가까운 미국 음악극이었다. 또 다른 보드빌 쇼인 조지 W 레더러의 <패싱 쇼 Passing Show>는 1894년부터 1924년까지 30년간 계속됐다. 레더러와 코핸 이후에 브로드웨이 문화, 뮤지컬의 길을 본격적으로 연 지그펠트 폴리스가 정례화한 '폴리스' 시리즈도 전형적인 보드빌 쇼였다.

---

* Great White Way 브로드웨이 극장가를 가리키는 별명으로 밤에 밝게 빛나는 쇼의 거리라는 뜻.

유성영화와 본격적인 뮤지컬이 등장하고 대공황이 닥치면서 브로드웨이의 보드빌 시대는 막을 내렸다. 티켓 한 장에 3달러 이상을 지불해야 하는 지방 소도시 보드빌 쇼는 25센트짜리 영화가 등장하면서 경쟁이 불가능해졌다. 하지만 보드빌의 영향은 여러 형태로 오랫동안 지속되었다. 보드빌이 배출한 스타들은 20세기 초·중반까지 브로드웨이 뮤지컬뿐 아니라 스크린과 브라운관을 주름잡았다. 빙 크로스비 등 보드빌 스타가 불렀던 많은 곡들은 '스탠더드' 명곡으로 남아 있으며 이브 몽탕 같은 영화계 거물들이 1960년대까지도 파리 보드빌 무대에 올랐다. 가족 관객을 극장으로 끌어들이며 공연 시장을 확대한 보드빌은 20세기를 주도할 예술가들과 배우, 코미디언 등을 배출하며 대중문화의 중심으로 들어갔다. 보드빌 쇼에 필요했던 음악의 수요는 대중음악의 산업화를 위한 길을 열어주었다. 유럽 출신의 오페라, 오페레타 작곡가들이 미국 무대에서 가장 활발하게 활동한 무대가 보드빌 쇼였다.

벌레스크 Burlesque

벌레스크는 보드빌과 함께 민스트럴 쇼의 전통을 이어받은 미국의 버라이어티 쇼의 일종이다. 벌레스크는 1840년경, 보드빌보다 일찍 시작되어 20세기 초반 사라지게 된 버라이어티 쇼를 말한다. 19세기 중반까지 벌레스크는 풍자와 유머가 본질인 드라마였는데 점차 저속한 방향으로 타락해 갔다. 노래와 춤, 가벼운 촌극으로 구성된 면에서는 보드빌과 유사했지만 벌레스크는 격이 더 낮으면서 거창한 무대를 보여주는 엑스트라버간자의 특징이 가미된 버라이어티 쇼였다. 또

벌레스크 스타 니나 수소브가 클럽에서 공연하는 모습. ©NYPL

한 벌레스크는 다른 작품들을 패러디한 작품을 가리키기도 한다. 예를 들어 뮤지컬 <키스 미 케이트>의 넘버 '분더바 Wunderbar'는 비엔나 왈츠로 장식된 미국 오페레타에 대한 벌레스크라고 지칭할 수 있다. 또한 벌레스크는 젊은 여성들이 타이즈를 신고 남자 역을 맡는 '바지 역할*' 장치를 말하기도 한다.[9]

---

* 바지 역할(Trouser's Role). 원래는 오페라에서 카스트라토가 사라지면서 그 자리를 대체한 남장 여성 가수의 역할을 말한다. 모차르트 오페라 〈피가로의 결혼〉에서 미소년인 케루비노를 소프라노가 맡는 것이 대표적이다. 보드빌 쇼에서 '바지 역할'은 여성 배우가 무릎까지 오는 남성의 '브리치' 의상을 입으면서 다리를 공개적으로 드러내 또 다른 성적 매력을 보여주려는 의도로 활용되었다.

벌레스크가 보드빌과 다른 또 한 가지는 서커스나 저글링 같은 오락물이 빠지고 배우들의 춤과 노래, 동작만으로 쇼를 진행했다는 점이었다. 벌레스크는 다른 퍼포먼스는 배제한 채 질펀한 성적인 코드를 이용하여 기존의 오페라나 오페레타, 발레, 연극, 보드빌을 패러디하거나 배우 개인의 스탠딩 코미디 형식으로 공연되었다. 보드빌이 서커스와 같은 다른 볼거리를 가미하여 즐거움을 주었다면 벌레스크는 배우의 연기만으로 공연이 구성되었다. 공연의 수준을 떠나 배우의 노래와 춤, 연기의 역량만으로 공연을 완성한다는 의미에서 벌레스크도 뮤지컬 코미디로 가는 길목에 있는 중요한 장르였다. 1940년대 <팔 조이>, 1960년대 <집시>는 벌레스크 스타의 이야기를 다룬 대표적인 뮤지컬이었다.

벌레스크의 전통은 자극적인 풍자 코미디로서 상당히 오래 유지되었다. 20세기 말 미국 NBC 텔레비전이 제작한 코미디 쇼 <새터데이 나이트 라이브 SNL>는 벌레스크 쇼를 계승한 대표적인 프로그램이다. 여성의 노출 쇼는 20세기 후반까지 텔레비전의 버라이어티 쇼에 여러 양상으로 구현되었고 무대 공연물로는 여러 형태의 스트립쇼로 존재했다. 현재 라스베가스 리도쇼에서도 벌레스크의 흔적을 찾아볼 수 있다.

판토마임 Pantomime

판토마임은 18세기 후반 영국의 노래, 춤, 스토리, 코믹 턴, 서커스 기술을 결합한 대중오락에서 시작되었다. 음악을 배경으로 사용하는 판토마임은 무언극의 특징이 뚜렷한 장르로 그 뿌리는 이탈리아 전통 코미디 양식인 코메디아 델라르테까지 올라간다. 코메디아 델라르테의 등장인물은 인물의 성격이 변하지 않는 전형적인 캐릭터가 특징이다. 어릿광대이지만 영리한 아를레키노, 하녀이지만 젊고 똑똑한 콜롬비나, 돈은 좀 있지만 어리석은 노인 판탈로네 등 한결같은 인물의 성격이 특징이다. 판토마임도 늘 일정한 인물이 등장한 코믹 음악극이었다. 판토마임 속 인물의 성격은 바뀌지 않았지만 다양한 이야기와 음악이 변주되었고 이후 가족물로 확대되면서 동화를 주요 스토리로 다뤘다. 20세기 초반 판토마임의 변화된 모습은 찰리 채플린이 등장하는 무성영화에서 분명하게 확인할 수 있다. 판토마임은 코메디아 델라르테의 캐릭터처럼 인물의 성격이 변하지 않는 뮤지컬 코미디 전통에 강한 영향을 끼쳤다.[10)]

● 크리스마스 시즌 판토마임 포스터 (1899/1900) ©V&A.

1950년대 이후 판토마임은 관객 참여를 유도하는 장치가 개발되어 한 번 더 인기를 누렸다. 특정 배우와 관객이 사전에 약속을 하고 다른 배우를 놀리는 장치가 그것이었다. 악당이 몰래 관객 뒤에 숨으면 '뒤를 조심해요!' 하면서 관객에게 소리를 지른다든지, 객석 한

구석에 우산을 놓아두면서 쉿! 하는 제스처를 하고 관객에게 모른 척 하라는 등의 장치는 판토마임이 개발한 코믹 코드였다.[11] 극장에서의 판토마임은 뮤지컬과 유성영화의 흥행 이후 크게 위축되었지만 크리스마스 휴가 시즌 공연으로 오늘날에도 무대화되고 있고 영화나 텔레비전 코미디에서도 판토마임의 전통을 흔히 볼 수 있다.

엑스트라버간자 Extravaganza

엑스트라버간자는 보드빌이나 벌레스크의 일종인데 좀 더 화려하고 거창한 무대가 중심인 공연, 즉 막대한 extravagant 비용을 써서 만든 무대라는 뜻이다. 초기에는 '스펙터클'이라고 불리던 엑스트라버간자는 스펙터클로 관객들의 눈길을 끌고 인기몰이를 하는 공연 스타일을 통칭했다. 이 용어를 처음 사용한 공연은 미국 최초 뮤지컬이라고 불리기도 하는 <블랙 크룩 Black Crook>(1866)이었다. 이 공연을 브로드웨이에 소개할 때 홍보용 문구로 썼던 '엑스트라버간자 뮤지컬'이라는 용어에서 시작된 것으로 알려져 있다. <숲 속의 그대>라는 프랑스 발레 작품을 미국으로 초청하여 공연하기로 되어 있었는데, 극장 화재로 공연이 취소될 위기에 처하게 되었다. 그러자 <블랙 크룩>의 제작자가 작품에 발레단을 출연시키면서 기존 작품보다 훨씬 화려해진 것을 광고하기 위해 썼던 표현이 엑스트라버간자였다. 구노의 오페라 <파우스트>와 베버의 오페라 <마탄의 사수>를 적당하게 섞어 프랑스 발레와 독일 멜로드라마 형식으로 만든 <블랙 크룩>은 대형 오케스트라의 음악과 대규모 발레, 대형 소파가 날아다니는 거창한 세트 등으로 큰 화제가 된 작품이었다. 뮤지컬 역사에서 '본격 뮤

엑스트라버간자 〈블랙 크룩〉(1866) 공연 포스터. ©LOC

지컬의 최초'라고 언급되기도 하는 작품이지만 음악이나 표현 형식에서는 미국의 대중문화와는 다소 거리가 있는 작품으로 평가받기도 한다.[12)] 이런 유형의 쇼들은 노래, 춤, 무대 특수효과를 보여주기 위한 수단으로 이야기를 끌어들였고 작품이 성공하자 '엑스트라버간자'라는 장르명을 붙이기 시작했다. <에반젤린 Evangeline>(1874)이나 <브룩 The Brook>(1879) 등은 19세기 후반 크게 흥행한 엑스트라버간자였다. 거창한 무대와 엄청난 물량 공세라는 측면에서 엑스트라버간자는 20세기 말 메가뮤지컬의 형식으로 다시 한번 등장하게 된다.

● 뮤지컬 〈쇼보트〉 초연 포스터. 1928년. ©NYPL

제2장

뮤지컬의 시작

1910년대 - 1930년대

재즈로 흥청이던 위대한 개츠비의 시대 막바지, 제롬 컨과 오스카 해머스타인 2세는 뮤지컬 〈쇼보트〉를 선보였다. 쇼걸들의 합창으로 흥행몰이를 하던 폴리스 쇼의 대부 플로렌스 지그펠트가 진지한 뮤지컬에 과감한 투자를 한 덕분이었다. 최초의 북 뮤지컬 〈쇼보트〉는 뮤지컬 황금시대를 예고했다.

연표2. 뮤지컬과 세계 역사(1910년대 ~ 1930년대)

역사적인 중요 사건	연도	뮤지컬의 중요한 사건과 작품
	1907~1930	브로드웨이에서 지그펠트 폴리스 쇼 매년 개최
	1913	뉴욕에서 배우조합 결성.신디케이트와 대립 시작
제1차 세계대전	1914–1918	ASCAP(미국작곡가, 작가, 출판인협회) 설립
	1915	슈베르트 형제 미국 내 신디케이트 극장 다수를 인수
러시아 볼셰비키 혁명	1917	미국에서 군가 유행. 'Over There', 'God Bless America'
스페인 독감	1918–1920	
파리 평화회의	1919	미국 배우조합 파업. 표준계약 시행
라디오 방송 시작/ 미국 여성 참정권 획득	1920	
영국방송공사 설립	1921	흑인 뮤지컬 〈셔플 얼롱〉 초연. 대히트
	1924	거슈윈의 교향곡 '랩소디 인 블루' 발표
	1924–1929	재즈열풍과 뮤지컬 코미디 인기. 〈게릭 명랑 시리즈〉, 〈코네티컷 양키〉 등
마이크 도입과 전기 녹음 시작 피츠 제럴드 소설 〈위대한 갯츠비〉 발표	1925	
최초의 유성영화 〈재즈 싱어〉 출시	1927	최초의 북뮤지컬, 진지한 뮤지컬 〈쇼보트〉 초연, 대히트
스탈린 소비에트 러시아 권력 장악. 소련 시대 개막	1928	브레히트와 바일의 좌파스타일 뮤지컬 〈서푼짜리 오페라〉 베를린 초연
미국에서 대서양을 횡단하는 최초의 텔레비전 방송	1929	
대공황(1929~1939)	1929–1939	〈무엇이든 괜찮아〉 등 대공황기 코미디의 재유행 뮤지컬 코미디 영화 제작 붐. 〈톱 햇〉, 〈점보〉, 〈스윙타임〉, 〈쉘위댄스〉
	1930	극장주, 공연 제작자 연합체인 브로드웨이 리그 발족
	1931	거슈윈 형제의 정치적인 뮤지컬 〈조국찬가〉 초연
뉴딜 정책	1933	
	1935	미국식 포크 오페라, 흑인 문화, 음악을 다룬 〈포기와 베스〉 초연
영국 BBC에서 상업 텔레비전 방송 시작	1936	노동문제를 다룬 뮤지컬 〈요람은 흔들리리라〉 초연 주디 갈란드 주연의 영화 〈오즈의 마법사〉 출시

미국의 부상과 대중문화 시대의 개막

제1차 세계대전과 변방국의 부상

19세기 후반 유럽의 강대국들은 큰 전쟁 없이 아름다운 시절, 벨 에포크를 누렸다. 좋은 시절이라고 했지만 사실은 불안한 시절이었다. 영국의 역사학자 데이비드 스티븐슨은 『1914년 이전의 유럽』에서 세계화, 민주화, 군사 분야의 혁신, 국제기구를 통한 협력 등을 당시 유럽의 특징으로 서술하면서 이러한 유럽 내 여러 국가들의 힘의 균형이 언제까지 유지될 수 있을지에 대한 불안과 기대가 충만한 시대였다고 말했다.[13] 유럽 열강들은 아프리카와 아시아에 식민지를 확장하며 다투고 있었다. 유럽은 세계 무역의 3분의 2를 차지했으며 19세기 말부터 1차 세계대전 이전까지 국가 교역량은 30배 이상 증가하였다.

유럽 대부분의 국가에서 왕정체제는 무너지고 대의민주주의가 제도화 되었다. 보통의 남성 시민은 선거권을 가지고 자신의 정치적 의사를 대신할 의원을 선출하였다. 신문 보급이 늘어나고 언론의 자유가 보장되는 등 오늘날 민주주의 국가의 형태가 갖춰졌다. 하지만 무한 확장하는 유럽 열강은 국가주의와 민족주의 충돌을 노골적으로 드러내기 시작했다. 뒤늦게 통일국가가 된 독일은 전 세계로 뻗어나가는 영국과 프랑스를 상대하기 위해 오스트리아-헝가리 제국, 이탈리아와 3국 동맹을 맺었다. 이에 대하여 영국, 프랑스, 러시아가 3국 협상을 맺고 대응했다. 유럽의 긴장은 높아졌고 불안한 평화는 1914년 제

1차 세계대전 발발로 깨어졌다. 평화의 시대를 구가하던 유럽 전체는 전쟁의 화마에 크게 휩쓸렸다. 대서양 건너편에서 유럽의 거대한 전쟁을 조심스럽게 지켜보던 미국은 뒤늦게 연합국 일원으로 참전했다.

전쟁이 터지자 브로드웨이 분위기는 바뀌었다. 보드빌이나 뮤지컬 코미디는 애국적인 내용을 담아 군인의 사기를 높였다. 코핸이 작곡한 노래 '그곳에서 Over There'는 벤조를 치며 전쟁터에서 부르는 미군 군가로 1910년대를 풍미했으며 보드빌의 쇼걸들도 장갑차 위에서 코러스 댄스를 보여주어야 했다. 전쟁의 여파도 있었지만 스페인 독감이 1918년부터 1년간 미국 전역을 휩쓸자 브로드웨이를 비롯한 전국의 극장들이 문을 닫는 위기를 맞기도 했다.

제1차 세계대전은 유럽 중심의 세계 질서를 끝내고 변방국 미국이 강대국으로 떠오르는 분기점이 되었다. 유럽이 4년 이상 전쟁의 포화에 신음하는 동안 미국은 눈부시게 발전했다. 뒤늦게 참전한 미국은 전쟁을 승리로 이끈 주역으로 부상하였고 무한 성장하는 미국은 꿈의 나라로 보였다. 20세기 초반만 해도 부유한 소수만이 가지던 자가용이 수백만 가구에 보급되었으며 중산층 가정에는 전화기도 놓였다. 마이크의 발명과 전기녹음 기술의 발달은 메가폰을 이용한 어쿠스틱 녹음보다 원음에 가까운 소리를 재현했고 1920년 상업 방송국의 설립을 통한 라디오의 보급은 음악과 엔터테인먼트 산업에 엄청난 변화를 가져왔다.[14)]

1927년 <재즈싱어>가 보드빌 스타 알 졸슨이 출연하여 보드빌 노래 몇 곡을 소리로 전달하면서 할리우드에 유성영화 시대가 시작되었다. 19세기 말부터 가십 기사 등으로 인기를 끌던 타블로이드 신문의 보급 역시 미국 전역의 대중들을 하나의 관심사로 모으는 계기를 마련하였다. 신세대 인기 연예인들은 뉴욕과 같은 대도시는 물론 소도시와 시골 마을까지 알려지게 되며 전국을 지배하는 대중문화 시대가 시작됐다.

전쟁 이후 미국은 19세기의 낡고 친숙한 삶의 방식을 빠르게 벗어났다. 1920년 인구조사에서 처음으로 도시 인구가 농촌 인구를 넘어섰다. 산업화는 도시화를 초래했고 도시 노동자는 급증했다. 파리와 빈에서 전쟁을 경험하고 돌아온 병사들은 더 이상 애리조나 촌뜨기 소년이 아니었다. 참전 병사들은 고향의 시골 농장을 떠나 도시로 이주했다. 도시로 몰려간 젊은이들과 늘어난 일자리, 기술의 보급으로 1920년대 미국은 대중문화의 발달에서 결정적인 시기를 맞이하였다. 이들이 재즈 시대의 주역이었다.[15)]

재즈와 댄스 열풍, 1920년대 뉴욕

아무런 예술 전통도 없는 국가라고 폄하되던 미국은 20세기에 들어서서 드디어 자신의 음악 형식을 만들었다. 재즈를 완성하고 유행시킨 것이다. 재즈는 이민자 국가 미국을 상징하는 음악이었다. 노예로 끌려 온 흑인의 정서와 유럽에서 이주한 백인의 대중음악이 혼합되어 만들어진 음악이 재즈였다. 미국 남부 루이지애나주 뉴올리언즈에서 시작된 재즈는 아프리카, 프랑스, 남아메리카와 프랑스, 스페인계 백인과 흑인 혼혈인 크레올 문화 등에서 들어온 다양한 음악 전통의 결합체였다. 재즈는 래그타임과 행진 악대, 사순절 축제인 마디 그라 Mardi Gras, 장례 행렬 등에서 특별하게 사용되는 리듬과 음악을 통칭했다. 4분의 4박자나 4분의 3박자와 같은 기본 리듬을 벗어난 재즈는 엄격한 형식미 대신 즉흥성을 중요한 미학으로 삼았다. 딕시랜드의 자유로운 재즈 리듬은 육체를 깨우고 흔드는 욕구를 자극했고 댄스 열풍을 몰고 왔다.

재즈가 발생한 곳은 뉴올리언즈였지만 대중화된 도시는 뉴욕과 시

"Jazz Stunts Are Shattering Our American Nerves"

So Prof. Dykema Declares as He Deplores the Rhythmic Attack on Morals and Health, and Likens the Trap-Drummer to a Voodoo Worshipper.

● 더 모닝 털사 데일리월드 신문의 1922년 12월 3일 기사. 미국 전역을 휩쓸고 있는 재즈 열풍에 대한 우려를 담은 기사를 신문 전면에 소개하였다. ©LOC

카고였다. 20세기 초의 뜨거웠던 재즈 열풍은 미국 백인 내부에서 발생한 최초의 청년문화였다.[16] 전쟁의 공포와 청교도의 엄격한 도덕률에 불만을 가졌던 20대는 부모 세대와 다르다는 것을 과시하기 위해 재즈와 댄스 열풍에 더 빠져들었다. 재즈는 관능, 자유, 즐거움의 상징으로 지역이나 인종, 계급을 넘어 보편적인 미국 청년들에게 매력을 선사했다. 1920년대를 재즈의 시대, '위대한 개츠비'의 시대라고 하는 것은 최신 유행이나 소일거리에 투자할 수 있는 돈과 시간, 사회적 지위를 가진 청년들이 늘어났다는 증거였다.

재즈 열풍은 흑인 문화가 주류 문화에 적극적으로 도입된 중요한 계기였다. 이 시기에 만들어진 뮤지컬 <셔플 얼롱 Shuffle Along>(1921)은 재즈와 흑인 문화 열풍의 상징이었다. 작사가 노블 시즐과 작곡가 유비 블레이크가 모두 흑인이었고 주연 배우도 흑인이 맡아 공연된, 최초의 브로드웨이 성공작이었다.[17] 재즈 스타일 넘버 '나는 해리에게 미쳐있어요. I'm Just Wild About Harry'는 흑인을 비하했던 당시 고정관념을 따르지 않고 등장인물 사이의 로맨틱한 관계를 그려낸 혁신적인 곡이었다. 극장 환경도 바뀌고 있었다. 이전까지 백인에게만 사전 예약을 받던 발코니 석을 흑인에게도 개방하여 화제가 되었다.

하지만 한계도 뚜렷했다. 오케스트라의 흑인 단원 모두 글과 악보를 읽을 수 있음에도 마치 연주를 귀로 익힌 것처럼 행세해야 했다. 작곡가 블레이크는 "백인은 흑인이 악보를 읽을 수 있다는 사실을 믿으려 하지 않았다"면서 "그들은 흑인 연주자들의 능력을 타고난 것으로 생각하고 싶어 했다"고 당시를 회고했다. 1920년대에는 흑인 스타도 많이 배출되었는데 대표주자가 알 졸슨이었다. '재치의 시대, 위트의 시대'라고 불리던 1920년대는 공연의 메시지와 형식이 미국 본연의 감성으로 전환되는 시기였다. 재즈의 리듬과 호흡은 미국식 음악의 기초가 되었다. 조지 거슈윈의 노래 '아이 갓 리듬 I Got Rhythm'은 싱코페이션의 도시 뉴욕, 미국을 상징했다.

여성의 지위도 변하기 시작했다. 치마 길이가 짧아지고 여성들이 술 담배를 공개적으로 즐길 수 있게 되었다. 자유로운 여성에 대한 호감이 높아졌고 여성의 사회적인 지위가 상승되는 분위기였다. 하지만 뮤지컬 코미디의 결말은 신데렐라와 같은 가난한 여주인공이 멋진 남자를 만나 결혼해서 행복하게 살았다는 낙관주의의 한계에 갇혀 있었다. 뮤지컬 작곡가 스티븐 손드하임은 1920년대를 '웃기는 애기, 비꼬는 애기, 스타 탄생' 등 뮤지컬 코미디의 원천이 가장 활발하게 만들어진 시기였다고 평했다.[18)]

재즈 시대의 자유로운 분위기는 타임스퀘어를 중심으로 한 뉴욕의 성장과도 깊은 연관이 있었다. 이민자의 항구도시 뉴욕은 세계 최대의 시장이었고 맨해튼은 대표적인 계획도시였다. 1860년대 후반 고가철도를 건립하고 1904년 10월 맨해튼을 남북으로 이어주는 지하철도는 42번가와 브로드웨이가 만나는 지점에 새로운 지하철역, 타임스퀘어를 개통했다. 원래 그 지역은 롱 에이커 스퀘어라고 불렸는데 근처에 뉴욕타임스 본사가 들어서면서 역사 이름이 타임스퀘어가 되었다. 1902년 '뉴욕타임스'의 소유자이며 발행인인 아돌프 옥스는 7번 애비뉴와 브로드웨이가 만나는 지점의 작은 삼각형 모양의 땅을 구입해서 신문사의 사옥을 지으려고 했다. 하지만 이 땅은 신문사 건물로는 너무 길쭉한 삼각형 모양이어서 사옥은 포기했지만 특별한 모양의 114미터 높이의 뾰족탑 같은 건물을 지어 '타임스 타워'라고 불렀다. 높은 첨탑같은 타임스 타워는 맨해튼의 웬만한 지역 어디에서나 눈에 잘 띄었고 건물주는 뉴욕 시장을 설득하여 새로 생긴 42번가 지하철 역 이름을 '타임스퀘어'라고 지었다.

브로드웨이 42번가, 타임스퀘어의 시작은 이때부터였다. 19세기부터 빠르게 늘어나던 노동자들이 브로드웨이 극장가의 주요 고객으로 떠올랐다. 보드빌 시대 스타로 활동했던 키스와 올비 콤비는 20세기 초까지 전국의 극장 다수과 브로드웨이 주요 극장을 소유한 극장주로도 유명했다. 소수의 극장주들은 미국 전역에 있는 700개 극장들이 연합한 공동 회사 신디케이트를 만들어 시장을 독점하였다. 신디케이트는 배우나 스태프와 불평등 계약을 맺고 뒷돈을 챙기며 사업하는 등 악명이 높았다. 수십 년간 신디케이트의 횡포에 시달리던 배우들은 1913년 노동조합 Actor's Equity을 세웠고 파업에까지 이르렀

20세기 초 브로드웨이 타임스퀘어. 이 시대부터 도로는 그레이트 화이트 웨이라 불릴 만큼 불빛이 환했다. ©NYPL

다. 극장주 신디케이트와 배우 조합 사이의 분쟁은 격렬했다. 이때 슈베르트 형제가 등장하여 배우 조합과 개선된 근로 조건을 협의했고 신디케이트는 무너졌다. 1915년 신디케이트의 극장을 인수한 슈베르트 형제는 브로드웨이와 미국의 전 지역 극장을 사들였다. 흥행을 위한 극장주로서 슈베르트 형제도 배우나 스태프, 군소 제작자에게는 악명이 높았지만 배우 노조를 파트너로 인정하고 협약을 공식화하여 합법적인 경영 체제를 갖추었다.* 1914년에는 미국 작곡가, 작가, 출판사가 저작권을 공통으로 관리하는 협회(ASCAP. American Society of Composers, Authors and Publishers)를 만들어 창작자의 자산 가치를 보호하기 시작했다.

1910년대 10년간 브로드웨이는 공연의 중심으로서 성장했다. 1910년대 초반 20편의 공연이 올라가던 브로드웨이는 1920년대 중반에 이르자 매년 200여 편의 신작이 올라갔다.[19] 미국 문화의 중심은 뉴욕, 그중에서도 브로드웨이 타임스퀘어였다.

1920년대 뉴욕 관객들은 매우 진지한 공연부터 쾌락적인 공연까지 폭넓은 문화를 자유롭게 즐겼다. 타임스퀘어에서 공연하는 상업적인 작품들도 진지한 비평의 대상이 되었고 난해하기로 유명한 유진 오닐의 <지평선 너머>가 100회 이상을 공연했다. 오닐은 1920년대 10년

---

* 미국의 극장 신디케이트를 깨뜨린 슈베르트 형제는 이후 미국 내 72퍼센트 극장을 지배하는 공룡 조직이 되었다. 극장 권력이 다시 집중된 슈베르트 그룹에 대한 공연계의 반발이 심해지자 이 그룹은 1950년에 뉴욕 외의 지역 극장에 대한 권한을 포기했다. 그럼에도 불구하고 지금까지도 슈베르트 그룹은 브로드웨이에서 40퍼센트 이상의 극장을 소유한 최대의 극장주로 가장 큰 영향력을 행사하고 있다.

간 스무 편에 가까운 작품을 쏟아냈다. 품위 있는 공연과 동시에 섹스와 향락도 브로드웨이에는 넘실거렸다. 극장식 레스토랑 공연과 극장 루프탑 공원에서 벌어지는 음란한 쇼가 폭발적인 인기를 누리는 곳이 바로 1920년대 타임스퀘어였다.

틴 팬 앨리, 대중음악 산업의 발신지

재즈 열풍과 보드빌의 인기 덕분에 새로운 음악의 수요가 급증했다. 시장의 음악 수요를 감당하기 위하여 19세기 말부터 맨해튼 다운타운 지역에 음악출판사들이 모여들었다. 출판사들은 음악가를 직접 고용했고 빠른 시간 안에 많은 곡을 써낼 것을 요구했다. 출판사 안에는 업라이트 피아노가 들어 있는 쇼룸이 있었는데 여기에서 음악가들은 매일 신곡을 작곡해야 했다. 한 신문사 기자가 하루 종일 연주되는 피아노 소리로 시끄럽던 이 지역을 '마치 양철 냄비 Tin Pan의 시끄러운 소리가 나는 골

● 틴 팬 앨리. 뉴욕 다운타운에 위치한 이곳에서 20세기 초 미국 대중음악 산업이 시작되었다. Public domain, via Wikimedia Commons

목 Alley' 같다고 기사를 쓰면서 '틴 팬 앨리'라는 명칭이 생겼다. 틴 팬 앨리가 확장되고 한 곡 당 100만 부의 악보가 팔리는 베스트셀러가 등장하며 음악사업은 돈이 되는 대형 비즈니스로 성장하였다. 소속 피아니스트들은 신곡 악보를 알리는 홍보맨 송 플러거 Song Plugger로 활동했다. 악보를 판매하는 음악 매장이나 우편 배송업체, 백화점에는 송 플러거들이 신보 더미를 올려놓고 연주하곤 했는데 실제로 연주를 듣고 악보를 사가는 사람들이 많았다.

보드빌 쇼의 인기가 뉴욕을 넘어 전국을 강타하게 되자 틴 팬 앨리는 늘어나는 공연 음악을 쏟아내느라 바빴다. 민스트럴 쇼부터 쓰였던 곡들, 오페라, 오페레타, 그리고 카바레에서 불리던 많은 곡들은 본격적인 음악 비즈니스의 원천이 되었다. 공연의 장면을 위한 연결곡도 필요했고 무엇보다 듣고 바로 따라 부르거나 춤을 출 수 있는 노래의 수요가 폭발했다. 1840년 스티븐 포스터가 민스트럴 쇼를 위해 작곡했던 이른바 미국 민요 스타일은 틴 팬 앨리 작곡가들에 의해 더욱 정교해졌다.

팝송의 기본이라고 하는 AABA 형식이 민스트럴 쇼에서 완성되었다면 스탠더드 팝의 구조는 틴 팬 앨리에서 시작되었다. 20세기 초반 음악 산업이 녹음 기술의 발전과 라디오, 영화 등 새로운 매체와 함께 폭발적으로 성장하면서 히트송의 형식을 완성시켰다. 잘 팔리는 노래 한 곡의 단위가 '32마디 곡'으로 정해진 것이다. 웬만한 대중음악은 32마디에서 출발했고 작곡가들은 어떤 스타일로든 32마디를 채우는 것이 중요했다. 물론 그 틀 안에서는 자유롭게 변주할 수 있었다. 중심 악절을 반복해 감정을 강하게 전달하는 스탠더드 팝은 히트곡

● 틴 팬 앨리가 낳고 키운 대표 작곡가인 제롬 컨 ©LOC

의 전형이 되었다.[20)]

작곡가 조지 거슈윈과 작사가 아이라 거슈윈 형제가 만든 뮤지컬 <걸 크레이지 Girl Crazy>(1930)에서 쓰였던 '아이 갓 리듬 I Got Rhythm'이나 어빙 벌린이 쓴 '화이트 크리스마스White Christmas'가 대표적인 스탠더드 팝이다. 빙 크로스비가 달콤한 목소리로 부르는 '화이트 크리스마스'는 현재까지도 크리스마스 시즌에 가장 흔하게 들을 수 있는 곡으로 32마디 AABA 형식이며 첫 마디부터 귀에 걸리는 후크가 있다.

틴 팬 앨리 초창기에는 곡을 먼저 쓰고 그에 맞는 가사를 입히는 방식이 보편적이었다. 가사를 먼저 쓰고 작곡을 하는 일은 드물었다. 노래 안에 담긴 특별한 서사를 음악이 비껴가거나 무시해도 상관없었다. 중요한 것은 공연자와 관객 사이의 교감이었다. 하지만 본격적인 줄거리가 중요하고 캐릭터가 드러나야 하는 뮤지컬 코미디, 뮤지컬 시어터에 필요한 음악은 기존의 틴 팬 앨리 작곡과는 조금 달랐다. 뮤지컬에 쓰일 음악은 서사와 드라마틱한 구조를 담아야 했으며 공연 전체의 내러티브 안에서 한 순간을 변화시키는 테크닉을 가진 노래가 담겨야 했다.

틴 팬 앨리에서 만들어진 음악은 20세기 중반 로큰롤이 등장하기 전까지 미국의 유행가 장르를 대표하였다. 어빙 벌린, 조지 거슈윈, 제롬 컨은 틴 팬 앨리가 낳고 키운 스타 작곡가였다. 이후 황금시대 뮤지컬을 담당할 젊은 음악가들도 이곳에서 송 플러거를 하거나 오케스트라 멤버로 활동하면서 커리어를 쌓았다. 스탠더드 팝과 발라드 원형의 발상지인 틴 팬 앨리는 좁은 의미로는 맨해튼 28번가 주변의 음악 산업 현장을 의미했지만 넓게는 미국의 대중음악이 산업으로 성장한 시절을 통칭했다. 음악 전통이 풍성하지 못했던 미국이 전 세계 음악과 음악가들을 흡수하여 만든 최초의 음악 발전소이자 산업 기지가 틴 팬 앨리였다. 틴 팬 앨리를 대표하는 음악은 오늘날까지도 재즈와 팝 음악의 필수 레퍼토리로 남아 있다.

뮤지컬의 시작

흥행사 지그펠트의 폴리스

코핸이 보드빌 스타, 제작자, 창작자로 활약하며 1910년대 브로드웨이를 풍미했다면 오늘날의 화려한 극장 거리로 완성시킨 또 다른

● 플로렌스 지그펠트의 타임지 표지 사진. 1928년 〈쇼보트〉를 제작한 후의 모습이다. 그는 브로드웨이 42번가 뉴암스테르담 극장에서 1907년부터 1931년까지 자신의 이름을 딴 '지그펠트 폴리스' 시리즈를 지속했다. ©Time magazine archive

제작자는 플로렌스 지그펠트였다. 독일계 유대인으로 클래식 음악가 집안 출신인 지그펠트는 터무니없는 이벤트라도 돈만 된다면 관심을 가지는 전형적인 흥행사였다. 그는 근육질의 남자 유진 샌도우를 섹스 심벌로 만들어 큰돈을 벌었다. 1910년대 브로드웨이에서 가장 인기 있는 쇼는 개별 살롱에서 열리는 은밀한 살롱 콘서트와 같이 오락을 가장한 매춘행위이거나 가수와 댄서, 코미디언, 노출이 심한 의상을 입은 쇼걸들이 노래하고 춤추는 풍자극 레뷰 Revue가 주류였다. 지그펠트는 이런 음란한 쇼를 정통 극장으로 옮겼다. 지그펠트는 파리 최고의 카바레인 '폴리 베르제르 Folies Bergère'에서 유행하던 레뷰보다 훨씬 더 화려하고 그럴듯한 쇼를 만들어 브로드웨이에 선보였다. 이 쇼에 자신의 이름을 붙여 '지그펠트 폴리스 Ziegfeld Follies'라고 명명했다. 폴리스 쇼 복제품들이 브로드웨이에 넘쳐났지만 지그펠트의 쇼는 단연 돋보였다.

'지그펠트 폴리스'는 1907년부터 1931년까지 매년 흥행작을 내놓았다. 폴리스 쇼가 열렸던 42번가 타임스퀘어 중심에 위치한 뉴 암스테르담 극장은 라이브 공연의 명소가 되어 20세기 초반 브로드웨이를 장악했다. 폴리스 쇼는 대중문화의 첨병으로 당시 최고의 스타일과 패션을 주도했다. 쉬크하며 세련된 폴리스 걸들은 당시 여성들의 워너비였다. 여성들의 사회 진출이 늘어나고 패션에 대한 관심이 높아진 시대에 맞춤한 기획이었다.

'지그펠트 폴리스 쇼'는 코미디와 조크, 노래와 춤을 놀라운 무대기술 아래서 펼치는 쇼걸들의 화려한 행진에서 끝나지 않고 최고의 안무가, 극작가, 작사가, 작곡가들을 고용하여 수준 높은 '예술 장르'

로 변모를 꾀했다. 틴 팬 앨리의 송 플러거였던 어빙 벌린, 조지 거슈윈, 제롬 컨 등이 20세기를 대표하는 작곡가로 성장한 것도 지그펠트 폴리스 쇼를 통해서였다. 러시아에서 이민 온 소년 어빙 벌린은 카페에서 피아노를 치고 노래하면서 보드빌과 레뷰 무대에 바쁘게 불려 다녔고 거슈윈과 컨은 클래식에 기초한 곡들로 인기를 누렸다.

<지그펠트 폴리스>의 영향력은 20세기 브로드웨이와 할리우드를 망라했다. 수많은 작곡가들을 배출한 것 외에도 폴리스 걸 스토리는 여러 작품에서 중요한 소재로 등장했다. 바브라 스트라이샌드가 주연을 맡은 영화 <화니 걸>(1968)은 폴리스 쇼를 통해 스타덤에 오른 패니 브라이스의 일대기를 다뤘으며 손드하임의 뮤지컬 <폴리스 Follies>(1970)는 한물 간 폴리스 걸들의 씁쓸한 추억을 되새겼다. 폴리스 쇼와 함께 20세기 초반 브로드웨이를 상징했던 뉴 암스테르담 극장은 20세기 중반 폴리스 쇼 몰락과 함께 부침을 거듭하다가 1990년대 디즈니의 과감한 리노베이션으로 명성을 되찾으며 브로드웨이를 되살린 상징적인 장소가 되었다.

연극 평론가 셀데스는 제작자 플로렌스 지그펠트를 "완벽함이 가져다주는 진정한 희열"의 상징이라고 평가했다. "그는 철저히 매끄럽게 표현함으로써 모든 것을 완벽하게 보이게 만들었다. 그는 기름 친 연접봉이 돌아갈 때의 매끄러움이 아니라 반죽에 모든 재료가 신속히 들어가고 빈틈없이 섞일 때의 매끄러운 표현을 추구했다. 지그펠트가 제작한 공연이 끝나면 이게 바로 제대로 된 쇼라고 기립박수를 칠 수밖에 없다." 지그펠트는 위대한 사람으로 기억되기보다는 관객에게 즐거움을 주는 제작자, 흥행사가 되고자 했다. 진지한 뮤지컬

<쇼보트>에 과감히 투자한 것도 같은 이유였다. 그런 면에서 진정 브로드웨이의 화신이었다.[21]

최초의 진지한 뮤지컬 〈쇼보트〉

1905년부터 송 플러거와 브로드웨이 연습 반주자로 활동하던 제롬 컨은 유럽 이민자 출신 음악가가 다수이던 틴 팬 앨리에서는 보기 드문 미국 출신 젊은 음악가였다. 영국 흥행사 찰스 프로맨은 1913년 런던에서 히트하던 뮤지컬 코미디 <유타의 소녀 The Girl From Utah>를 브로드웨이에서 공연하기로 계획하였다. 그는 브로드웨이 흥행을 위해 미국적인 감각이 필요하다고 판단하여 그동안 눈여겨보았던 컨에게 신곡을 의뢰했다. 컨은 영국 뮤지컬 버전에 없던 '그들은 날 믿지 않았어요. They Didn't Believe Me'를 새로 넣었는데 신곡이 크게 히트했다. 이전의 레뷰나 보드빌에서 중심이 되는 스타일은 왈츠였는데 컨은 새롭게 4박자 폭스트롯 춤곡을 도입했다. 컨의 발라드는 스토리를 잘 전달하고 캐릭터를 분명하게 보여주면서 뮤지컬 음악의 흐름을 바꾸었다.[22] 이 곡은 앞으로 시대를 이끌어갈 뮤지컬 쇼튠*의 특징을 담고 있었고 20세기 중반까지 뮤지컬 러브송의 기본 패턴이 됐다.

이후 제롬 컨은 오토 하바크와 함께 <샐리 Sally>(1920), <써니 Sunny>(1925) 등 다수의 뮤지컬 코미디를 히트시키며 최고의 작곡가

---

* 쇼튠 Showtune은 공연(쇼)에 쓰이는 극음악으로 일반적으로는 뮤지컬의 노래와 연주곡을 통칭한다.

• 〈쇼보트〉(1928년) 브로드웨이 공연. Theatre Magazine Company; White Studio, photographer, Public domain, via Wikimedia Commons

로 주가를 올렸다. 하지만 그는 브로드웨이의 뮤지컬 코미디에 점차 싫증을 느끼기 시작했다. 뮤지컬 코미디는 자신이 살아가는 현실과 너무 달랐기 때문이었다. 작곡 스타일에 변화를 모색하던 제롬 컨이 1927년 오스카 해머스타인 2세를 만난 것은 행운이었다.

보드빌과 벌레스크 형식에만 매달려 있던 뮤지컬 코미디와는 다른 이야기에 관심이 있던 작가 해머스타인의 아이디어는 컨이 생각하던 뮤지컬의 방향과 일치했다. 미국의 현재 이야기를 사실적으로 다룬 뮤지컬을 만들어야 한다고 생각한 두 사람은 1926년 발간된 에드나 피버의 소설 『쇼보트』에서 그 모습을 발견했다. 흑인이 등장하고 유색인종 여주인공이 백인 남성과의 로맨스로 겪는 인종차별과 그로 인한 불행한 결혼의 이야기는 그때까지 브로드웨이 뮤지컬에서 보기 어려웠던 소재와 내용이었다. 제롬 컨과 오스카 해머스타인 2세가 함께 만든 <쇼보트 Show Boat>(1927)는 완성된 대본을 토대로 음악을 작곡한 최초의 북 뮤지컬이며 진지한 소재를 다룬 첫 뮤지컬이었다. 많은 역사가들이 미국 뮤지컬 역사를 <쇼보트> 이전과 이후로 나눌 만큼 근본적인 변화를 가져온 작품이다.

<쇼보트>는 19세기 말 유랑 연예선인 쇼보트를 타고 미시시피 강을 오르내리며 도시를 순회하는 극단 내부의 이야기를 다룬 백스테이지 뮤지컬*이다. 극단의 프리마돈나인 줄리는 선장의 딸 매그놀리아와 친자매처럼 가까운 사이이다. 어느 날 줄리를 짝사랑하여 치근덕거리다가 남편인 스티브에게 혼쭐이 난 선원이 부부의 비밀을 폭로하여 줄리와 스티브는 배를 떠나게 된다. 백인인 줄 알았던 줄리가 사실은 흑인 혼혈이라는 사실이 탄로 난 것이다. 당시 미국 대부분의 주에서 흑인과 백인 사이의 결혼은 불법이었기 때문에 줄리와 스티브는 추방명령을 받게 된 것이다.

<쇼보트> 워싱턴 초연은 4시간 30분이나 지속되었다. 오프닝부터 흑인 노동자가 나오고 막이 내려갈 때는 아주 조용한 비극으로 마무리된 <쇼보트>는 관객들을 당황시켰다. 왁자지껄한 합창으로 끝나던 기존 뮤지컬 코미디와는 전혀 달랐기 때문이었다. 하지만 주춤하던 관객들은 이내 어둡고 사실적인 뮤지컬에 환호했다. <쇼보트>는

---

* 백스테이지 뮤지컬 Back Stage Musical은 극장과 공연인의 삶을 다루거나 그 안에 공연이 들어있는 뮤지컬이다. 〈쇼보트〉, 〈키스 미 케이트〉, 〈브로드웨이 42번가〉 등이 대표적이다.

3주간의 트라이아웃*을 끝내고 뉴욕 지그펠트 극장에서 성황리에 개막하여 2년간 공연을 지속했다.

목화솜을 짊어진 흑인 노동자들이 부르는 합창으로 시작한 <쇼보트>는 폴리스 쇼의 상징인 '쇼걸들의 합창'에 익숙한 관객들에게는 놀라운 뮤지컬이었다. 당면한 미국 사회의 문제를 정면에서 비극적인 이야기로 다룬 뮤지컬이 관객들의 감동을 얻어낸 데에는 음악의 힘이 컸다. 컨의 발라드 곡은 뮤지컬 '쇼튠'이 무엇인가를 제대로 보여주었다.

공연 초반 매그놀리아가 줄리에게 스티브와 어떻게 사랑에 빠지게 되었는지 묻자 줄리는 노래를 하며 첫사랑의 기분을 설명해 준다. '어떻게 그런 남자를 사랑하지 않을 수 있어? Can't Help Lovin' Dat Man?'라는 줄리의 넘버는 블루스 풍으로 흑인 사회에서 전승되는 민요로 설정되어 있다. 사랑에 빠진 흥분 상태를 신나게 노래하는 줄리를 보고 흑인 요리사 퀴니는 그녀의 정체성에 의문을 품는다. 이 노래는 흑인이 아니면 알 수 없는 곡이기 때문이다. 잠시 위기감이 조성되던 노래는 이내 배 안의 다양한 피부색의 사람들이 신나게 합창하며 마무리된다. 이 곡은 아름다운 선율에 인종 화합의 메시지를 담은 힘 있는 넘버였다. 그 외에도 '노인의 강 Ol' Man River', '믿게 해 주오 Make Believe' 등 컨의 쇼튠은 공연 시작과 동시에 주목을 받았고 뉴욕을 넘

* 트라이아웃 Tryout은 사전 테스트 공연을 의미한다. 브로드웨이 대극장 뮤지컬의 경우 뉴욕 바깥의 다른 도시에서 시험적으로 몇 주간 공연을 하며 수정작업을 거치는 과정을 트라이아웃이라고 부른다.

어 런던 등 미국 밖에서도 폭발적인 인기 몰이를 했다. 1929년 갑작스레 닥친 대공황 속에도 <쇼보트>는 전국 순회를 성공적으로 마쳤고 1936년과 1951년에 두 차례나 영화로 제작되어 인기를 누렸다. 뮤지컬 역사를 공부하면서 텍스트로 가장 먼저 찾아보는 <쇼보트>는 브로드웨이와 웨스트엔드에서 여러 차례 리바이벌 되었으며 1990년대 해롤드 프린스가 리바이벌한 작품은 토니상 5개 부문을 수상하였다.

1927년 당시로서는 혁신적인 작품이었지만 <쇼보트> 역시 시대적인 한계가 있었다. 인종차별적인 법을 어겼다는 이유로 배를 떠나야 하는 줄리를 보내면서 흑인 조가 무기력한 자신들의 신세를 한탄하며 저음으로 노래하는 '노인의 강'은 <쇼보트>의 대표곡이다. 부당한 현실을 목격하고도 어떤 저항도 하지 못하고 체념하며 받아들여야 하는 흑인의 현실을 자조적으로 부르는 슬픈 곡이었다. 폴 롭슨이 불렀던 '노인의 강'은 아름다운 곡조와 롭슨의 묵직한 목소리 덕분에 큰 인기를 누렸다. 20세기 초 최고의 흑인 배우였던 롭슨은 이후 가수, 운동선수, 인권운동가로 활동 영역을 넓혔다. 그는 1960년대 흑인 인권 운동 현장에서 자신의 히트곡 '노인의 강'의 "나는 지쳤어, 사는 것도 지쳤지만 죽는 것도 두려워."라는 원곡의 가사를 "울지 않고 웃을 거야, 나는 죽을 때까지 싸워야 해."라는 투쟁적 가사로 바꿨다. 그는 1920년대 시대적인 한계에 갇혀있던 <쇼보트>의 인종차별적인 시선을 정면으로 비판하며 용기 있는 인권운동가의 모습을 보여주었다.

제롬 컨과 오스카 해머스타인 2세가 시도한 진지한 뮤지컬은 흥행사 플로렌스 지그펠트의 등장으로 완성되었다. 1920년대 후반 브로드웨이의 흐름이 바뀔 것임을 직감하던 지그펠트는 새롭고 진지한 작품에 과감히 투자했다. 공연이 오르기 전 지그펠트는 <쇼보트>가 비평가들만 좋아하고 대중들은 외면할 것이라며 걱정했지만 작품은 흥행에도 성공했다. 1920년대 브로드웨이는 말도 안 되는 슬랩스틱 코미디와 현실도피적인 이야기만이 넘쳤지만 이 시기에도 브로드웨이에는 다양한 취향을 가진 관객들이 존재하며 정말 자신들이 이야기를 들려줄 작품을 기다리고 있다는 사실을 감지한 지그펠트의 선택은 옳았다. 브로드웨이에서 유진 오닐이나 테네시 윌리엄스의 연극이 갈채를 받은 것처럼 뮤지컬에서도 그러한 분위기가 만들어지고 있었던 것이다.

황금시대의 여명

대공황과 뮤지컬의 변화

1920년대 연평균 225편의 공연을 하던 브로드웨이는 1928-1929년 시즌에만 264편을 무대에 올리며 정점을 찍었다. 전설의 야구선수 베이브 루스는 60번째 홈런을 쳤고 찰스 린드버그는 대서양 비행횡단에 성공했다. 한없이 성장하던 주식시장은 계층을 가리지 않고 부자로 만들어 주었다. 피츠제럴드는 그의 소설 『잃어버린 나의 도시』에서 대공황을 예견하듯 이렇게 서술했다. "1920년의 불안감은 안정적인 황금빛 포효에 가려 더 이상 들리지 않았고 파티는 더 크게, 공연은 더 거창하게, 건물은 더 높게, 도덕규범은 더 느슨하게, 술은 더 싸게 변해갔다."

1920년대 세계에서 가장 번성했던 나라 미국은 1929년 10월 24일 주식시장이 붕괴하며 갑작스레 대공황의 블랙홀에 빠졌다. 주식시장 붕괴는 불황과 대량 실업으로 이어졌고 사람들은 일자리를 찾으러 거리를 헤맸다. 진지한 뮤지컬 <쇼보트>까지 성공시키며 1928년 정점을 찍은 브로드웨이 극장가는 순식간에 무너졌으며 틴 팬 앨리 출판업자들도 회사 문을 닫고 할리우드의 대형 영화사에 편입되었다.

1928-1929년 시즌에 264개 브로드웨이 프로덕션이 만들어졌지만 대공황의 시기가 지난 1935-1936년 시즌에는 138개 프로덕션만이 남았다. 7년 사이에 절반이 줄어든 셈이었다. 문제는 생존이었다. 기존

● 1929년 10월. 주식 시장의 급락으로 미국에 닥친 대공황은 엄청난 숫자의 실업자를 양산했고 그들은 거리에서 무료 급식이라도 얻기 위해 긴 줄을 섰다. 1931년 시카고 모습. ©LOC

의 폴리스 쇼 시리즈나 소수의 뮤지컬 코미디가 명맥을 겨우 이어갈 뿐이었다. 영화 보급이 늘어나면서 브로드웨이 극장 24곳은 영화 개봉관으로 개조되었다.

정부에서는 대공황 일자리 창출을 위한 뉴딜 정책의 일환이었던 연방 연극 프로젝트를 통해 직업극단을 지원했다. 대표적인 사례가 식량 배급이나 실업 증가와 같은 사건을 다뤘던 리빙 뉴스페이퍼 Living Newspaper였다. 하지만 1939년 이 정책은 공산주의자들을 지원한다는 일부 국회의원들의 반발로 폐지되었고 공연은 침체의 늪을 벗어나기 어려웠다. <재즈 싱어>의 성공 이후 영화산업은 말과 음악을 이미지에 입히는 기술을 빠르게 성장시켰다. 유성영화가 도입되자 공연 음악 시장은 큰 위기를 맞았다. 무성영화에 맞춰 연주하던 영화관 반주 음악이 사라졌고 오케스트라는 물론 라이브 반주를 하던 피아니스트도 연주할 무대가 없었다.

대공황은 브로드웨이 창작자들에게 상반된 과제를 안겨준 시기였다. 자유로웠던 1920년대와 달리 1930년대 미국은 대중문화에 대한 검열이 심화되었다. 경제적인 어려움과 함께 정치적인 현실도 만만치 않았다. 1917년 러시아 혁명으로 소련이 공산국가를 세우며 미국과 대립하게 되자 사회주의자, 공산주의자로 자유롭게 발언하던 미국 내 좌파에 대한 비판이 공개적인 검열로 변질되었다. 연극이나 영화 등 모든 장르에서 현실 도피나 사랑 노래는 허용되었지만 사회에 대한 비판이나 풍자는 자유롭지 않았다. <쇼보트>에서 인종문제를 다뤘던 제롬 컨도 <고양이와 바이올린 The Cat and the Fiddle>(1931)과 같은 로맨틱 코미디로 되돌아갔다. 콜 포터는 영국 상류사회를 소재로 만든 코미디 <행복한 이혼 Gay Divorce>(1932), <무엇이든 괜찮아 Anything Goes>(1934) 등 히트작을 계속 발표했다. 리처드 로저스와 로렌스 하트 콤비의 <발끝으로 On Your Toes>(1936)나 영국인 작가 노엘 카워드의 <달콤씁쓸 Bitter Sweet>(1939) 등 로맨틱 코미디들이 브로드웨이 뮤지컬을 주도했다.

현실도피형 뮤지컬 코미디가 대세인 상황에서도 일부 창작자들은 무거운 주제를 뮤지컬 소재로 다루려는 시도를 멈추지 않았다. <쇼보트>의 성공으로 사회적인 발언을 하는 진지한 뮤지컬에 대한 가능성에 눈을 떴기 때문이었다. 거슈윈 형제는 전쟁을 비판하는 <스트라이크 업 더 밴드 Strike Up the Band>(1930)와 미국 대통령 선거를 풍자한 정치 코미디 <조국 찬가 Of Thee I Sing>(1931)를 통해 시대적인 발언을 계속했고 <조국 찬가>는 뮤지컬 코미디 최초로 퓰리처상을 수상했다. 마크 블리츠슈타인이 쓴 <요람은 흔들리리라 The Cradle Will Rock>(1938)는 미국 공업도시에서 일어난 노사갈등을 다룬 뮤지컬로 민스트럴 쇼 음악부터 왈츠, 가스펠 송 등 다양한 장르가 포함된 작품이었다. 1938년 뉴욕타임스가 <요람은 흔들리리라>를 미국 역사상 가장 전투적인 좌파가 만든 최고의 작품이라 평했다. 해롤드 롬의 <핀과 바늘 Pin and Needle>(1937)은 국제여성봉제노조가 제작한 흥미로운 작품이었다. 자본주의의 문제점과 노동조합의 역할을 역설한 정치적인 뮤지컬이었지만 코믹한 터치로 흥행에도 성공했다.

<쇼보트>가 열어 둔 북 뮤지컬의 전통은 대공황에 들어서면서 새로운 동력을 얻기 시작했다. 뮤지컬 코미디든 뮤지컬 플레이든 이야기를 먼저 완성한 후 작곡가와 작사가, 희곡 작가가 협업하는 것이 자연스러워진 것이다. 레뷰나 보드빌과 같이 눈요깃거리와 달콤한 노래의 연결이 아니라 어떤 메시지를 음악적 효과와 함께 전달할 것인가가 중요한 문제가 되면서 '이야기'의 존재는 점차 중요한 위치를 차지했다. 조지 거슈윈과 아이라 거슈윈, 리처드 로저스와 로렌스 하트 등 작가와 작곡가 콤비의 작업은 이야기를 어떻게 음악으로 만들어 낼 것인가를 고민하는 협업의 모델이었다.

포크 오페라 〈포기와 베스〉

1920년대를 거치며 재즈는 주류 음악이 되었지만 '즉흥'과 '흑인 비트'라는 이유로 클래식 분야에서는 콘서트홀과 교향악단을 쉽게 내어주지 않았다. 이때 조지 거슈윈이 등장했다. 부유한 러시아계 유대

〈포기와 베스〉를 작곡한 조지 거슈윈(좌)과 작사를 맡은 아이라 거슈윈(우). public domain, via wikimedia commoms.

인 가정에서 태어난 조지 거슈윈은 형 아이라 거슈윈과 함께 가정교사로부터 악기와 화성법 등 클래식 교육을 정식으로 받으며 차이코프스키, 드뷔시, 스트라빈스키 등을 공부했다. 형은 대학에 진학하여 문학을 공부했지만 조지 거슈윈은 흑인 음악, 재즈, 라틴 음악 등 다양한 세계 음악에 관심이 많아 대학 진학 대신 틴 팬 앨리의 송 플러거로 일을 시작했다. 어빙 벌린, 제롬 컨의 영향을 받은 그는 '스와니 Swanee'를 작곡했는데 <재즈 싱어>의 스타 알 졸슨이 불러 히트했다. 폴 화이트먼 밴드가 의뢰하여 그가 1924년 작곡한 '랩소디 인 블루 Rhapsody in Blue'는 재즈와 클래식 음악을 적절하게 조합한 교향곡으로 콘서트홀 무대에 소개돼 미국 음악계의 화제가 되었다. '랩소디 인 블루'는 현재까지도 미국 클래식을 대표하는 교향곡으로 자주 연주된다.

형 아이라는 작사와 대본을 맡고 동생 조지는 음악을 맡은 거슈윈 형제는 브로드웨이 최고의 팀을 이루었다. 틴 팬 앨리의 대중적인 코드로 <레이디 비 굿! Lady Be Good!>(1924) 등 뮤지컬 코미디 히트작을 내던 형제는 아론 코플랜드, 프로코피에프 등 당대 클래식 연주자들과 자주 교류하며 가장 미국적이면서도 혁신적인 음악극을 준비했다. <스트라이크 업 더 밴드>, <조국 찬가> 등의 가사를 쓰며 시대에 대한 비판정신과 문학적인 감수성이 충만했던 형 아이라는 뒤보스 헤이워드의 소설 『포기』를 읽고 동생에게 오페라를 쓰자고 제안했다. 마침 메트로폴리탄 오페라하우스의 이사회 의장 오토 칸이 조지 거슈윈에게 미국만의 오페라를 작곡해 보라고 제안을 한 상태였고 헤이워드의 소설은 흑인 배우가 출연하는 연극 <포기>로 브로드웨이에서 장기간 흥행 중이었다. 형제는 가장 미국적인 오페라 <포기와 베스 Porgy & Bess>(1935)를 완성했다.

소설은 미국 남부 사우스 캐롤라이나주 찰스턴 빈민가에 사는 흑인들의 비극적 사랑 이야기였다. 부두에서 일하는 하역 인부 크라운의 애인인 베스는 장애인 포기와 몰래 사랑하고 있다. 폭력적이고 소유욕이 강한 크라운과 마약상인 스포팅라이프의 손아귀에서 벗어나지 못하는 베스를 구하려던 포기는 뜻하지 않게 살인을 저지르게 된다. 포기는 혐의를 벗고 출소하지만 베스는 마약상과 함께 뉴욕으로 떠났고 포기도 그녀를 찾으러 떠난다.

거슈윈 형제는 소설의 비극성과 미국 남부의 에너지를 담은 특별한 오페라를 완성했지만 바로 메트로폴리탄 오페라하우스에는 오르지 못했다. 당시 오페라극장에는 흑인 배우가 출연할 수 없다는 규정이 있기 때문이었다. 거슈윈은 백인 가수가 분장을 하고 출연해야 한다는 메트로폴리탄의 요청을 단호하게 거절했다. 그는 민스트럴 쇼에서 보였던 블랙 페이스 페인팅 전통은 시대착오적인 문화라고 판단했다. 원작 소설가 헤이워드 역시 오페라 <포기와 베스>에 흑인 가수가 출연하는 것이 당연하다고 여겼다.

결국 그들은 메트로폴리탄 오페라하우스에서의 공연은 포기하고 브로드웨이로 갔다. 1935년 브로드웨이 엘빈 극장에서 <포기와 베스>는 6개월간 124회 공연됐다. 오페라로서는 나쁘지 않은 성적표였지만 뮤지컬로서는 썩 좋은 편이 아니었다. 흑인 문제를 진지하게 다루려고 여러 난관을 무릅쓰며 제작했지만 전문가나 객석의 평가 역시 작품을 전적으로 지지하는 분위기가 아니었다. 등장인물들이 백인 시

〈포기와 베스〉 1941년 프로덕션. 토드 던컨과 앙상블. ©NYPL

각에서 본 흑인의 전형 캐릭터라는 비판도 이어졌다. 흑인 여주인공 베스는 우유부단하며 순진하기만 하고, 포기와 주변 흑인 남성 인물들은 게으르거나 폭력적으로 그려졌다는 것이었다. 클래식 음악계에서는 정통 클래식 음악 학위를 가지지 않은 조지 거슈윈의 작품을 오페라로 인정하려고 하지 않았다. 이후 브로드웨이를 떠나 할리우드 영화음악에 몰입하던 조지 거슈윈은 <포기와 베스> 초연 2년 후인 1937년 38세의 젊은 나이에 세상을 떠났다.

<포기와 베스>는 조지 거슈윈 사후인 1941년 연극 <포기>의 제작자 셰릴 크로포드가 뮤지컬로 개작하여 흥행에 성공했다. 레치타티보를 대사로 바꾸거나 삭제하고 출연진과 오케스트라 규모를 축소하여 2시간 이내의 전형적인 뮤지컬 스타일로 완성한 것이다. '섬머타임 Summertime' 등 히트곡이 워낙 많아 음반 판매, 영화 흥행, 유럽 투어도 성공적이었다. 프로덕션에 따라 스코어를 자유롭게 취사선택할 수 있었던 <포기와 베스>는 초연 이후 다양한 스타일로 여러 차례 리바이벌되었다.

오페라 <포기와 베스> 원곡 악보는 클래식 분야에서 40년 이상 공연되지 못하다가 1976년 지휘자 로린 마젤이 최초로 클리블랜드 오케스트라와 함께 콘서트 버전으로 공연했고 이후 휴스턴 오페라극장에서 정식 무대에 올랐다. <포기와 베스>가 메트로폴리탄 오페라하우스에서 정식 공연된 것은 1985년, 거슈윈이 작곡한 지 50년만이었다. 베스 역을 맡았던 흑인 소프라노 그레이스 범브리는 이 작품을 '미국을 그대로 인정하는 오페라'라고 평했으며 이후 미국을 대표하는 위대한 '포크 오페라'라는 명칭을 얻었다.

오페라 <포기와 베스>가 무대에 오르기까지 오랜 시간이 걸렸지만 작품의 영향력은 넓고 깊었다. 리얼리즘에 충실한 세련된 메시지의 전달이라는 측면에서 <어둠 속의 여인 Lady in the Dark>(1941)이나 흑인 성악가들이 대거 출연하여 흥행에 성공한 오페라로서 <카르멘 존스 Carmen Jonse>(1943)가 <포기와 베스>의 후예들이었다. 두 작품 모두 오페라와 뮤지컬의 경계가 모호한 진지한 작품이며 현재도 오페라 극장과 뮤지컬 극장을 넘나들며 공연되고 있다.

<어둠 속의 여인>은 독일 작곡가와 미국 작가의 협업에서 출발했다. 독일에서 활동하다 미국으로 건너온 유대인 작곡가 쿠르트 바일은 극작가이자 연출가인 모스 하트가 쓴 희곡 『어둠 속의 여인』을 만났다. 모스 하트는 어빙 벌린, 콜 포터 등과 함께 히트작을 쓰는 유능한 뮤지컬 코미디 작가였지만 새롭고 진지한 작품을 쓰고 싶었다. 하트는 <포기와 베스>의 성공을 보며 어둡고 진지한 스토리도 훌륭한 음악극이 될 수 있다는 기대감을 갖게 되었다. 하트는 여배우의 화려한 삶과 극적으로 대비되는 어두운 심리상태나 환각 등을 다룬 『어둠 속의 여인』을 썼다. 그는 주인공의 심리나 환상 세계를 극으로 다루기 위해서는 음악이 반드시 필요하다고 생각했고 작곡가 바일, 작사가 아이라 거슈윈과 만나 해결의 실마리를 찾았다. 이렇게 뮤지컬 플레이 <어둠 속의 여인>은 완성되었다. 쿠르트 바일은 반 나치, 사회주의 진영의 대표적인 음악가로 <서푼짜리 오페라 Three Penny Opera>(1928년 독일 초연. 미국 초연은 1956년), 오페라 <마하고니 시의 흥망과 성쇠 Rise and Fall of the City of Mahagonny>(1930)와 같은 작품으로 유럽에서는 널리 알려진 작곡가였다. 말러, 스트라빈스키의 영향

을 받은 그는 교향곡이나 협주곡 등 클래식 작품도 많이 썼지만 독일식 오페라 징슈필에도 탁월한 역량을 보였다. 유대인에 대한 나치의 핍박이 심각해지면서 바일은 미국으로 이주했고 브로드웨이에서도 <어둠 속의 여인> 이전에 세 편의 뮤지컬을 쓰며 활발하게 활동했다.

아프리카 미국인의 음악적 재능과 유산이 브로드웨이의 중요한 자산임에도 불구하고 여전히 흑인 배우와 창작자들을 무대 전면에 세우는 일은 쉽지 않았다. 1920년대 <셔플 얼롱>과 같은 히트작이 있었지만 1930년대 만들어진 <포기와 베스>까지도 여전히 '시도'에 머물러야 했다. 이런 상황에서 공연기획자 빌리 로즈와 오스카 해머스타인 2세는 흑인 배우 출연의 장벽을 무너뜨리는 히트작을 준비했다. 인기 아리아가 가득한 비제의 오페라 <카르멘>을 미국 배경으로 각색한 뮤지컬 <카르멘 존스>를 준비한 것이다.

19세기 말 스페인 세비야의 담배공장을 제2차 세계대전 당시 미국 남부의 낙하산 공장으로 바꾸고 '투우사의 노래'를 '스탠드업 파이트 Stan'Up Fight'로, '하바네라'를 '그게 사랑이야 Dat's Love'로 번안하여 큰 성공을 거두었다. 오리지널 프로덕션은 2년 가까이 브로드웨이에서 공연하고 수년간 전국 투어를 다녔다. 주인공 카르멘 역을 맡은 뮤리엘 스미스는 커티스 음대를 졸업한 최초의 아프리카계 미국인 소프라노로 이후 뮤지컬과 오페라 무대에서 크게 활약한 스타가 되었다.

● 〈오클라호마!〉 초연 포스터. 브로드웨이 뮤지컬 박물관에서 촬영. ⓒ고희경.

제3장

뮤지컬의 황금시대

1940년대 - 1960년대

뮤지컬 역사에서 가장 많은 작품이 만들어지고 뮤지컬이 대중문화의 중심에 섰던 시기가 도래했다. 브로드웨이 황금시대 Golden Age가 열린 것이다. 제2차 세계대전이 끝나갈 무렵인 1940년대부터 1960년대 말까지 약 30년을 뮤지컬의 황금시대라고 한다. 대공황이 끝나고 유럽이 두 번의 전쟁을 치르는 동안 미국은 세계에서 가장 잘사는 나라가 되었다. 브로드웨이와 할리우드가 경쟁적으로 뮤지컬을 제작했고 관객들은 열광했다.

연표3. 뮤지컬과 세계 역사(1940년대 ~ 1960년대)

역사적인 중요 사건	연도	뮤지컬의 중요한 사건과 작품
제2차 세계대전	1939–1945	
	1940	ASCAP의 음악저작권 독점에 대항하여 BMI 설립
미국의 제2차 세계대전 참전	1941	뉴욕에서 배우조합 결성.신디케이트와 대립 시작
	1943	황금시대 뮤지컬의 시작, 로저스&해머스타인 콤비 〈오클라호마!〉 초연.대히트
	1944	번스타인의 첫 뮤지컬 〈온 더 타운〉 초연
제2차 대전 종전. 유엔 설립	1945	
	1945–1959	로저스&해머스타인 〈회전목마〉, 〈남태평양〉 〈왕과나〉, 〈사운드오브뮤직〉 할리우드 뮤지컬 영화 제작 대유행, 브로드웨이 히트작 대다수 영화화
	1946	어빙 벌린 작곡, 로저스&해머스타인 제작의 〈애니여 총을 잡아라〉 초연
트루먼 독트린	1947	제1회 토니상 시상식 개최, 브로드웨이 연극과 뮤지컬에 대한 시상제도
제1차 중동전쟁(아랍, 이스라엘) 전쟁	1948	콜 포터의 뮤지컬 〈키스 미 케이트〉 초연
독일 분단 결정	1949	배우조합 1949년 계약에서 오프 브로드웨이를 법적으로 명시하여 구분
	1950	뉴요커의 욕망을 그려낸 뢰써의 〈아가씨와 건달들〉 초연
한국 전쟁	1950–1953	
샐린저 소설 『호밀밭의 파수꾼』 출간	1951	
제임스딘 영화 〈이유없는 반항〉 출시	1955	제1회 드라마 데스크 시상식 개최 (오프브로드웨이 연극,뮤지컬)
엘비스 프레슬리 음반 「Heartbreak Hotel」 출시	1956	줄리 앤드류스가 브로드웨이에 데뷔한 〈마이 페어 레이디〉 초연
비틀즈 결성	1957	1950년대 문제작 〈웨스트 사이드 스토리〉 초연
종전후 미국의 '베이비 붐'으로 출산율 정점에 도달	1958	
소련 가가린 인류 최초 우주 여행	1960	
	1960–2022	최장 뮤지컬 〈판타스틱스〉 오프브로드웨이 개막
베를린 장벽 설치	1961	뮤지컬 창작 교육 시스템 BMI 뮤지컬 워크숍 개설
쿠바 미사일 위기	1962	손드하임 첫 작곡 뮤지컬 〈법정으로 가는 길에 생긴 우스꽝스러운 일들〉
케네디 대통령 암살 워싱턴 행진	1963	영국 뮤지컬로 미국에서도 화제가 된 〈올리버!〉 런던 초연
비틀즈 워싱턴 공항 도착	1964	황금시대 후반 대표작 〈헬로, 돌리〉, 〈화니 걸〉, 〈지붕 위의 바이올린〉 초연(1964)
베트남전쟁	1964–1975	
	1965	돈키호테 이야기를 뮤지컬로 만든 〈맨 오브 라만차〉 초연
	1966	연출의 시대를 예고한 〈카바레〉 초연
비틀즈 콘셉트 앨범 「Sgt. Pepper's Lonely Hearts Club Band」 출시	1967	토니상 시상식 TV 중계 시작

아메리칸 드림과 뮤지컬의 완성

제2차 세계대전과 미국의 성장

1차, 2차 세계대전을 겪은 미국은 산업과 금융 등 경제와 군사, 정치, 사회의 모든 면에서 세계 제일 국가로 부상했다. 전쟁 이후 자유 진영과 공산 진영은 팽팽하게 대립했지만 표면적으로는 안정된 국제질서를 만들어냈다. 1950년대 이후 농업 생산력의 급증, 산업 기술의 발전은 무한한 것처럼 보였다. 전쟁 중 과학기술은 크게 발전하였고 전쟁이 끝나자 놀라운 발명품을 만들어냈다. 소련의 유인 우주선 스푸트니크호 성공에 이은 미국의 아폴로 11호 달 착륙 등은 냉전 시대 양 진영이 펼쳤던 무한경쟁의 긍정적인 결과물이었다. 역사학자 에드워드 로스 디킨슨이 20세기를 전 세계가 현재의 모습으로 만든 '고도 근대'가 시작된 때라고 정의했다. 그는 20세기 여러 시기 가운데서도 가장 빠르고 광범위하게 발전을 가져온 1950년-1960년까지의 냉전 초기를 특정하여 '거대 가속기의 시대'라고 불렀다.[23] 이 시대 발전의 속도는 엄청나게 빨랐고 그 가능성은 끝없이 열려있는 것처럼 보였다.

세계 발전의 중심에 선 미국은 문화예술에 있어서도 주도적인 국가였고 뉴욕은 세계 최고의 예술 도시가 되었다. 전쟁 기간 내내 다수의 유럽 예술가들이 이주했고 자유와 풍요는 예술 활동의 큰 활력소였다. 20세기 예술의 형식은 끝없이 확장되었다. 뉴욕으로 모여든 세계의 예술가들은 다양한 실험을 계속했다. 전쟁의 폭력을 경험한 이후 인간은 어떤 예술을 할 수 있는가의 질문이 작품의 중요한 주제였다. '개인이 사회 집단에서 발생한 문제에 대하여 얼마나, 어떻게 책임을 질 수 있는 것인가'라는 문제는 모든 장르의 예술가들에게 근본적인 고민거리였다. 이런 예술의 움직임은 표현주의, 미래주의, 다다와 같은 반사실주의, 아방가르드 운동으로 이어졌고, 연극 분야에서는 앙토냉 아르토의 잔혹연극과 베르톨트 브레히트의 '서사극' 형태로 나타났다.

예술계의 철학적인 고민과는 별개로 2차 대전을 참전한 경험은 미국인의 일상적인 삶의 태도와 구조를 바꾸었다. '위대한 개츠비' 시대의 개인주의는 사라졌고 국가, 기업, 학교와 같은 조직의 소속감과 애

● 일본의 항복 선언으로 제2차 세계대전이 끝났음을 축하하는 미국의 전승기념 행사. 1945년 8월 15일 뉴욕 타임스퀘어에 모인 인파. ©National Archives at College Park

국심이 중요한 가치로 등장했다. 참전 군인과 가족, 유럽 이민자들의 친인척을 통해 얻은 전쟁에 대한 직간접적인 경험은 국가가 얼마나 소중하며 세계를 리드하는 초강대국 국민이라는 사실이 얼마나 자랑스러운지 느끼게 했다. 몰개성과 소시민의 사회가 되었다는 비판 속에서도 가장 부유한 나라에 살고 있는 중산층 미국인들은 스스로 행복하다고 믿었고 아메리칸 드림이 실현되고 있다고 자부했다. 획일화된 대중사회에서 안전과 소속감을 느끼며 행복했던, 순응의 시대였다.[24] 삶의 안정과 가치는 이상적인 기독교인의 원칙에 따르는 연애와 결혼에서 시작되었다. 여성의 역할은 가정주부와 어머니로서 규정되며 남자의 성공은 프론티어 정신으로 무장한 자수성가를 의미했다. 전쟁 후 20년을 아우른 황금시대 뮤지컬이 다루어야 하는 삶의 공식은 이러한 '아메리칸 드림'이었다.

전쟁은 대중문화를 지지하는 계층도 바꿔 놓았다. 아버지와 형들을 전쟁터로, 어머니와 누이를 군수 공장으로 보낸 십대 청소년은 가장이 되었고 문화 소비의 주체가 되었다. 음반 회사나 주크박스 회사들은 이들을 겨냥했다. 1940년대는 청소년들이 처음으로 자신의 정체성을 인식하며 공공연하게 드러내고 표현하던 시대였다. 프랑크 시나트라 같은 스타에 열광하는 십대 소녀 바비 삭서*들이 처음 등장했다. 그들을 위한 잡지가 창간되었고, 신문들도 저마다 십대를 위한 지면을 할애했다.

---

* 바비 삭서 Bobby Soxer. 1940년대 팝 가수에 열광하던 십대 소녀들을 일컬었던 말이다. 이 명칭은 발목까지 오는 흰 양말인 바비 삭스를 신었던 모습에서 유래됐다.

대중문화의 확산은 미국의 순수예술에도 영향을 끼쳤다. 로이 리히텐슈타인과 같은 팝 아티스트를 비롯한 잭슨 폴록, 앤디 워홀 등 미국의 현대 미술가들은 대중문화 수용에 적극적이었다. 유진 오닐의 희곡과 같은 정통 연극에만 관심을 갖던 시어터 길드 Theatre Guild와 같은 단체도 뮤지컬을 적극적으로 제작했다. 전쟁이라는 가혹한 현실에서 도피처를 만들어주는 일이 절실했기 때문이었다. 물론 사회적인 대변동을 직접 반영하는 정치 활동이나 정치적인 저항의 수단으로서의 예술은 유의미했고 역사의 변신과 파괴에도 불구하고 이런 작품들이 살아남았지만 목소리는 예전 같지 못했다.

1950년대의 평화로운 미국에서는 아이러니하게도 다양함이 사라졌다. 소련과 대치하는 미국은 더 이상 사회주의나 공산주의와 같은 이념들을 하나의 담론이나 철학으로 용인하지 않았다. 사회가 안정되자 보수화는 가속화되었고 냉전시대 반공 이데올로기는 빠르게 확산되었다. 공화당의 조지프 매카시 상원의원이 주도한 좌파 색출을 위한 무자비한 조사와 횡포가 용인되었다. 매카시즘 McCarthyism의 광풍은 정치가들이나 학자들뿐 아니라, 할리우드와 브로드웨이에도 몰아쳤다. 체제 전복을 노리는 공산주의자들이 예술계 곳곳에 숨어있다며 대대적인 청문회와 조사가 시작되었다. 찰리 채플린은 공산주의자로 몰려 미국을 떠났고 가장 미국적이라고 평가받는 뉴욕 필의 지휘자 레너드 번스타인, 안무가 제롬 로빈스까지 사상 검증을 받았다. '블랙리스트'가 공공연히 만들어졌고 누구라도 검증의 무대에서 자유로울 수 없었으며 생존을 위한 밀고와 거짓이 횡행했다. 냉전시대의 지나친 국수주의는 때로는 은밀하게, 때로는 노골적으로 브로드웨이와 할리우드 표현의 자유를 억압했다.

재치 있는 현실 비판 코미디가 빛났던 1920년대 브로드웨이 공연들은 힘을 잃었다. 음악적으로도 재즈 시대의 즉흥이나 래그타임은 사라지고 오페레타 스타일의 세미클래식이 뮤지컬 쇼튠의 기본이 되었다.

대중문화의 중심, 뮤지컬

20세기 중반 브로드웨이 히트곡은 전 세계 대중문화 산업을 지배했다. 당시 미국에서는 어디선가 익숙한 노래가 들리면 사람들은 누가 작곡했는지, 가수가 누구인지를 묻기 전에 이렇게 물었다고 한다. "어떤 뮤지컬에 나왔던 곡이지?" 브로드웨이는 쇼 비즈니스의 주류였고 정교하게 통합된 뮤지컬은 모든 것을 조화롭게 이뤄내는 시대 예술이었다.

할리우드에서도 뮤지컬에 대한 관심이 빠르게 높아졌다. 1930년대부터 워너 브라더스, ROK 영화사, 파라마운트, 골드윈 등 대형 영화사들은 다양한 뮤지컬 영화를 출시하였다. 제롬 컨이 작곡한 <스윙 타임>(1936), 거슈윈 형제가 작곡한 <쉘 위 댄스>(1937) 등에 진저 로저스와 프레드 아스테어, 진 켈리 등 보드빌 스타가 출연하여 춤과 음악이 등장하는 신나는 뮤지컬 영화를 성공시켰다. 워너 브라더스가 1933년 제작한 영화 <42번가>는 뮤지컬 제작을 소재로 한 히트 영화로 필름 제작 40년이 훌쩍 넘은 1980년대 브로드웨이 뮤지컬로 제작되어 미국 뮤지컬을 상징하는 작품이 됐다. MGM은 아예 뮤지컬 부서를 독립시켰는데 어린 배우 주디 갈란드가 출연한 <오즈의 마법사>(1939)

뮤지컬 영화의 황금시대를 대표하는 〈사랑은 비를 타고〉 "Copyright 1952 Loew's Incorporated", Public domain, via Wikimedia Commons

는 넘버와 영화 모두 전설적인 흥행 기록을 세웠다.

1940년대 유성영화와 총천연색 필름으로 화려해진 할리우드 영화는 뮤지컬 영화에 더욱 큰 관심을 가졌다. 전통의 MGM은 <애니여 총을 잡아라>(1950), <파리의 미국인>(1951), <사랑은 비를 타고>(1952), <7인의 신부>(1957) 등으로 존재감을 드러냈다. 20세기 폭스나 파라마운트 등 대형 영화사 대부분이 뮤지컬 영화에 투자를 집중하던 1950년대에서 1960년대는 할리우드 뮤지컬이 가장 빛난 시기였다. 브로드웨이에서 성공한 작품들은 바로 할리우드 영화가 되었다. <사운드 오브 뮤직>(1956), <웨스트 사이드 스토리>(1961), <마이 페어 레이디>(1964) 등은 뮤지컬의 고전을 넘어 영화의 고전으로 남았다.

뮤지컬 영화는 스타 탄생의 산실이기도 했다. 뮤지컬 배우 하면 가장 먼저 떠올리게 되는 주디 갈란드, 줄리 앤드루스는 물론 트럼펫 같은 목소리와 여장부 스타일로 관객을 사로잡았던 에델 머먼, 귀여운 매력의 메리 마틴 등이 이 시대의 대표적인 여배우들이다. 남자 배우는 춤과 노래 양쪽으로 유명했던 진 켈리, 프레드 아스테어, 밥 포시와 스탠더드 팝 '마이 웨이'로 유명한 프랑크 시나트라, '화이트 크리스마스'로 유명한 빙 크로스비 등이 대표적인 뮤지컬 배우였다. 뮤지컬 영화와 음반을 통해 배우들은 브로드웨이나 할리우드를 넘어서는 세계적인 스타로 등극했다.

브로드웨이 뮤지컬 산업은 할리우드 영화의 위협을 느꼈지만 음반산업과 영화산업 양쪽을 두루 장악하면서 미국 문화, 나아가 대중문화 전반을 휩쓸며 문화산업의 주역이 되었다. 1950년대 등장한 20인치 흑백 텔레비전은 많은 가정의 거실에 들어가서 세상의 소식을 전해주었다. 대중매체의 중심이 라디오와 영화에서 텔레비전으로 옮겨갔다. 주로 생방송으로 진행되었던 초창기 텔레비전 화면을 책임지는 장르 역시 라이브에 강한 뮤지컬이었다. 할리우드, 브로드웨이, 보드빌 스타들은 대거 텔레비전으로 옮겨갔고 리처드 로저스와 오스카 해머스타인 2세는 라이브 쇼에 자주 등장했다. 음악 버라이어티 쇼의 시작이며 이제는 텔레비전 버라이어티 쇼의 대명사가 된 '에드 설리반 쇼'의 초기 프로그램은 유명한 뮤지컬 곡을 소개하는 것이 주요 내용이었다. 웬만한 뮤지컬 스타들이 이 쇼를 통해 텔레비전에 데뷔했다.

광고주는 모든 스타들을 조그만 화면에 집중시켜야 자신의 상품을 판매할 수 있었다. 1953년 포드사는 창사 50주년 기념으로 거대한 예산을 들여 텔레비전 쇼를 제작했다. 제롬 로빈스가 안무하고 에델 머먼과 메리 마틴이 출연하여 뮤지컬 메들리를 불렀던 이 쇼를 6천만 명이 시청했다.[25] 적어도 1960년대 초반까지 뮤지컬은 영화, 음반, 텔레비전 등을 장악한 대중문화의 중심이었다.

• 작곡가 리처드 로저스(좌)와 에드 설리반(우). 1952년 모습. 초기의 '에드 설리반 쇼'는 유명한 뮤지컬 곡을 소개하는 것이 주요 프로그램이었다. CBS Television, Public domain, via Wikimedia Commons

협업하는 종합예술, 뮤지컬

음악극은 작가와 작곡가가 함께 작업하는 대표적인 장르이다. 오페라부터 뮤지컬까지 그래왔다. 그럼에도 불구하고 오페라 장르의 대표 예술가는 작곡가였다. 보마르셰의 희곡이 센세이셔널하고 혁명적이었다 하더라도, 다 폰테의 리브레토가 완벽했다 하더라도 우리는 <피가로의 결혼>을 모차르트 오페라로 기억한다. <지옥의 오르페우스> 역시 자크 오펜바흐의 것이다. 음악을 누가 썼느냐가 중요했고 음악가가 음악극의 대표 예술가가 되었다.

20세기 초반 뮤지컬도 상황은 비슷했다. 히트곡 제조기가 누구인가가 중요했다. 개략적인 이야기 구조가 나오면 작곡을 먼저 하고 이후에 작가나 작사가가 붙어 작업을 진행했다. 지그펠트 폴리스 시리즈를 통해 발굴된 중심 창작자는 극작가가 아니라 작곡가였다. 제롬 컨이 스타 작곡가로서 <유타의 소녀> 이후 탄탄대로를 걷고 있을 때 오스카 해머스타인 2세를 만나 소설을 토대로 쓴 <쇼보트>는 작가와 작곡가의 새로운 협업을 공식화한 첫 사례였다. 물론 영국의 코믹 오페라를 대표하는 길버트와 설리번 콤비가 있었지만 미국 뮤지컬에서는 컨과 해머스타인 2세 콤비가 처음이었다. 역사가들이 <쇼보트>를 최초의 뮤지컬이라고 평가하거나 뮤지컬 역사의 분기점으로 평가하는 것은 바로 이러한 이유 때문이다.

전쟁이 막바지에 이르자 코미디 일색이던 브로드웨이 뮤지컬은 변화를 모색했다. 뮤지컬도 웃음 이상의 진실한 감정을 불러일으키는 이야기를 담고자 했다. 진지한 드라마를 만들겠다는 욕망은 음악, 가사, 이야기로 구성된 통합적인 장르로서 뮤지컬을 들여다보게 했다. 음악과 이야기, 춤이 통합적이고 유기적으로 연결된 종합예술로서의 뮤지컬, 오늘날 생각하는 '뮤지컬'의 모습을 갖추기 시작했다. 뮤지컬 창작이 문학과 음악, 무용이 함께 작업하는 예술임을 인식하고 본격적으로 실천에 돌입했다. 아름다운 노래와 신나는 춤을 엮은 송 앤 댄스 코미디가 아니라 주어진 이야기를 어떻게 음악과 춤이라는 예술 형식으로 전개할 것인가가 중요하게 된 것이다.

이와 같이 황금시대를 만든 주역은 작곡가 개인이 아니라 작가와 작곡가 콤비들이었다. 아이라 거슈윈과 조지 거슈윈 형제, 로렌스 하트와 리처드 로저스, 오스카 해머스타인 2세와 리처드 로저스, 알란 제이 러너와 프레드릭 로우, 베티 컴든과 아돌프 그린, 레너드 번스타인 등등 많은 작가, 작곡가 콤비가 등장했다. 물론 어빙 벌린이나 콜 포터와 같은 틴 팬 앨리 출신 스타 작곡가들이 단독으로 완성한 작품들도 있었지만 문학과 음악의 협업이 본격적으로 이루어지면서 음악극의 기초를 단단하게 만든 때가 바로 이 시기였다.

황금시대 이후 작가와 작곡가의 팀워크는 뮤지컬 제작의 기본 틀이 되었다. 1960년대의 제리 복과 셸던 하닉, 존 칸더와 프레드 엡, 1970년대 앤드루 로이드 웨버와 팀 라이스, 1980년대 미셸 쇤베르그와 알랭 부블릴 등이 20세기 후반을 대표하는 콤비로 뮤지컬 창작 전통을 이어갔다.

또 하나의 협업 파트너는 안무가였다. 황금시대부터 뮤지컬의 춤은 음악, 이야기와 함께 드라마의 중요한 요소로 거듭났다. 이야기 중심의 '북 뮤지컬' 시대가 시작되면서 춤도 스토리와 상관없이 분위기를 돋우고 흥미를 유발하는 '쇼스타퍼 Show Stopper*' 이상의 역할을 맡게 되었다. '완결된 이야기와 정서를 전달하는 움직임'이라는 뮤지컬 안무의 중요성이 대두된 것이다. 음악과 가사, 대본이 나온 후에 안무가가 등장하던 방식에도 변화가 생기기 시작했다. 춤으로 줄거리를 전달하고 캐릭터를 완성하기 위해서는 창작 초반부터 안무가가 참여하게 되었다. 연출가 조지 애보트가 뮤지컬 <발끝으로 On Your Toes>(1936)에 모던 발레의 대표 안무가인 조지 발란신을 협력자

---

* 쇼스타퍼 Show Stopper. 뮤지컬의 이야기가 전개되는 것을 방해할 정도로 흥겨운 쇼 장면으로 이 장면이 끝나면 관객들이 자연스럽게 박수를 치게 되는 노래와 춤으로 구성되었다.

로 초청한 것이 안무가를 뮤지컬 창작 파트너로 공식 인정한 첫 사례였다. <오클라호마!>의 아그네스 드 밀은 춤이 어떻게 뮤지컬 안에서 스토리를 만들어내는지 더 분명하게 보여주었다. 이후 <웨스트 사이드 스토리>의 제롬 로빈스는 안무가가 전체 작품을 지휘하는 연출자로서 참여했고, 배우이자 댄서였던 밥 포시도 <스위트 채러티 Sweet Charity>(1966)를 안무하면서 춤의 스토리텔러로 성장하기 시작했다.

황금시대 황금 콤비, 로저스와 해머스타인 2세

뮤지컬 창작의 모델 〈오클라호마!〉

프로듀서 테레사 헬번은 오클라호마 태생의 젊은 작가 린 릭스의 희곡 『초록이 라일락을 키우다』를 읽고 이 작품이 훌륭한 뮤지컬 소재라고 생각했다. 오클라호마 주에 편입될 예정인 인디언 보호구역을 배경으로 농장 일꾼 컬리와 야비한 일꾼 저드, 그리고 농장 주인의 조카딸 로리의 삼각관계를 다룬 소설이었다. 티격태격하던 컬리와 로리는 저드의 위협 속에 오히려 서로의 사랑을 확인한다는 줄거리로, 떠

● 〈오클라호마!〉 초연 1막 초반 장면. 관심을 보이는 컬리에게 새침한 모습을 보이는 로리 ©NYPL

돌이 카우보이들이 농장에 정착하며 마을 공동체를 형성하는 모습을 담은 개척시대 미국의 생생한 모습을 담았다. 릭스의 희곡은 당시 미국 사회의 현실을 있는 그대로 보여주면서 아름다운 정서를 담고 있었다. 프로듀서 헬번은 리처드 로저스와 로렌스 하트에게 이 작품을 뮤지컬로 각색할 것을 요청했다.

작곡가 리처드 로저스와 작사가 로렌스 하트는 브로드웨이와 할리우드를 오가며 20년 가까이 히트 뮤지컬을 만들어낸 대표적인 콤비였다. 1920년대에는 브로드웨이에서 <게릭 명랑 시리즈 Garrick Gaieties>(1925)와 <코네티컷 양키 Connecticut Yankee>(1927)를 히트시켰고 할리우드에서는 뮤지컬 영화 <점보>(1935)로 인기를 끌었다. 1930년대 브로드웨이 경기가 좀 나아지자 조지 발란신이 안무한 <발끝으로>를 통해 재즈, 클래식, 모던 발레가 어우러진 세련된 뮤지컬을 완성했다. 컬럼비아 대학 출신의 로저스와 하트 콤비는 브로드웨이에서 거슈윈 형제와 함께 주목받는 창작 팀이었기에 이들에게 신작 뮤지컬을 의뢰하는 것은 당연했다. 하지만 로렌스 하트가 알코올 중독이 심해져 작품을 쓰지 못하게 되자, 오스카 해머스타인 2세에게 기회가 왔다. <쇼보트> 이후 제롬 컨이 할리우드로 무대를 옮기고 나서 적절한 음악 파트너를 만나지 못한 해머스타인 2세는 전쟁과 대공황 기간 동안 이렇다 할 작품을 내놓지 못한 채 브로드웨이를 떠나 있었다. 고향에 내려가 <카르멘 존스> 작업에만 매달리던 해머스타인 2세에게 새로운 뮤지컬 제작 요청은 반가운 소식이었다. 해머스타인 2세와 로저스는 뮤지컬 <오클라호마! Oklahoma!>(1943)를 새로운 방식으로 쓰기 시작했다.

황금시대 뮤지컬의 방식인 '리릭 퍼스트'를 완성한 오스카 해머스타인 2세(좌)와 리처드 로저스(우), 1949년 ©NYPL

첫째는, 뮤지컬 창작 방식이 변했다. 기존에는 곡을 쓰고 가사를 입혔던 뮤지컬 창작 스타일을 가사를 먼저 쓰는 '리릭 퍼스트 Lyric First' 방식으로 바꾼 것이다. 해머스타인 2세가 가사를 먼저 쓰면 로저스가 곡을 입혔다. 완성된 이야기에 붙여진 음악 덕분에 캐릭터는 드라마 안에서 관계를 형성해나가며 구체화되고 생생해졌다. 이러한 캐릭터 구성이나 이야기 구조는 과거의 뮤지컬에서는 하지 않았던 방식이었고 혁신이었다.[26] 당시 유행하던 뮤지컬 코미디는 전형적인 우스갯소리와 신나는 댄스가 펼쳐지는 쇼스타퍼, 공연 시간을 연장하고 이야기를 질질 끌게 하지만 듣기 좋은 노래가 적당하게 연결되기만 하면 끝이었다. 드라마를 중요하게 여겼던 리차드 로저스도 이전의 로렌스 하트와 작업할 때는 먼저 곡을 쓰는 전통의 방식을 따라야 했다. 하트의 가사는 항상 늦게 나오거나 완성되지 않은 채 로저스에게 전달되었기 때문이었다. 해머스타인 2세와 만나면서 로저스도 자신이 원하던 방식으로 작품을 쓸 수 있어 만족스러웠다. 해머스타인 2세는 "나는 때로 글자 몇 자 쓰는데 3주의 시간을 들이기도 하지만 로저스는 한두 시간이면 곡을 써냈다"[27]며 작곡가의 능력을 높이 평가했는데 그만큼 둘의 협업은 순조로웠다.

둘째, 음악 스타일의 변화였다. 20세기 초반 대중음악의 주류는 재즈와 스탠더드 팝이었다. 대본을 먼저 쓰게 되면서 드라마의 기승전결에 맞는 뮤지컬 음악은 장중한 클래식 오케스트레이션을 바탕으로 한 오페레타 스타일로 바뀌었다. 해머스타인 2세의 일상 대화체 가사나 리처드 로저스의 유려한 선율에 로버트 러셀 베넷의 관현악법이 더해져 뮤지컬의 기본 형식을 완성했다. 주인공 컬리가 등장하며 부르는 오프닝 넘버 '오 얼마나 아름다운 아침인가 Oh What a Beautiful Mornin'', '내 꿈으로부터 Out of My Dreams', 코믹 캐릭터인 애니가 부르는 '나는 거절을 못해요 I Can't Say No', 마지막 장면에 마을 사람들이 부르는 합창곡 '오클라호마!'까지 많은 곡들이 인기를 끌었다. 뉴욕이나 시카고와 같은 대도시가 아닌 전형적인 미국 농촌 풍경을 배경으로 한 프로덕션 넘버* '오클라호마'는 뮤지컬의 본고장 미국을 상징하는 노래가 되었다.

셋째, 스타 시스템을 약화시켰다. 탄탄한 이야기의 힘은 캐스팅에도 자유를 주었다. 알려진 배우, 이미지가 고정된 배우가 아니어도 노래와 연기의 기본을 갖추고 배역에 적합하다면 누구라도 캐스팅이

---

* 프로덕션 넘버 Production Number. 작품을 대표하는 넘버로 출연진 다수가 함께 부르는 곡을 말한다. 〈오클라호마!〉에서 전 출연진이 등장하여 합창하는 '오클라호마'가 프로덕션 넘버이다.

가능했다. 제작사가 제시한 캐스팅 명단에는 당시 가장 잘 나가는 스타들이 가득했는데 해머스타인 2세와 로저스는 이를 거부하고 새로운 얼굴을 찾았다. 스타 시스템이 강력하게 작동하던 브로드웨이에서 오로지 작품의 힘만을 믿고 도전한 로저스와 해머스타인 콤비는 정면 승부를 했다.

넷째, 춤이 이야기 안으로 깊숙이 들어왔다. 클래식 발레를 전공한 안무가 아그네스 드 밀은 뮤지컬에서 춤을 눈요깃거리, 엔터테인먼트 요소로만 받아들이는 것을 용납할 수 없었다. 뮤지컬은 노래, 이야기와 함께 춤이 중요한 드라마의 요소가 되어야 한다고 믿었다. 군무나 프로덕션 넘버의 안무는 스퀘어댄스를 기본으로 하여 미국의 전형적인 농촌 풍경을 담아내며 이야기 배경을 만들어 냈다. 드 밀 안무의 핵심은 1막 엔딩에서 여주인공 로리가 꿈을 꾸는 '드림 발레' 장면에서 빛을 발했다. 11분 동안 지속되는 긴 발레 장면은 로리가 표현하지 못했던 진심을 꿈으로 표현했다. 꿈 속에서 로리와 컬리, 저드의 삼각관계는 분명하게 드러났다. 로리의 불안과 두려움을 무의식으로 표현한 드림 발레 장면은 주인공들이 노래를 하지 않고 오직 춤으로만 캐릭터의 심리적 변화를 보여주며 스토리 전개에 결정적인 역할을 하였다. 로리가 컬리에 대한 사랑의 확신이 없을 때 자신의 꿈인 드림 발레 장면을 통해 자신의 무의식을 확인하고 마음을 결정한 것이다. 드 밀은 뮤지컬 제작 과정에서 무용수를 직접 캐스팅한 최초의 안무가이기도 하다. 뮤지컬 속 무용수는 아름다운 몸매와 예쁜 의상을 입은 눈요기 대상, 쇼걸이 아니라 이야기와 인물을 제대로 표현할 수 있는 전문가여야 한다는 것이 그녀의 생각이었다. 드 밀 이후 뮤지컬 안무가의 역할은 점점 중요해졌다. 그녀 이후에 제롬 로빈스, 마이클 베넷, 밥 포시, 수잔 스트로만 등 스타 안무가가 줄줄이 등장했고 작품 전체를 총괄하는 연출가로 성장해 나갔다.

다섯째, 이야기의 사실성을 음악으로 완성했다. 서사가 천천히 쌓여 올라가는 뮤지컬에서 남녀 주인공이 만나자마자 초반부터 사랑을 고백하는 발라드를 부르기는 쉽지 않다. 부자연스러운 로맨틱 코미디가 아니고서는 불가능한 방식이다. 하지만 공연 초반에 관객들의 마음과 귀를 붙잡아 둘 만한 달콤한 발라드는 뮤지컬에서 중요한 요소였다. 이를 해결하기 위해 해머스타인 2세는 일종의 '조건부 발라드'라는 아이디어를 냈다. '만일 사랑한다면' 혹은 '사랑한다고 한 번 믿어보자'는 일종의 사랑의 역할놀이 같은 내면의 소리를 노래로 표현하는 것이다. <오클라호마!> 초반 컬리와 로리는 바로 사랑에 빠지지 않는다. 컬리는 로리를 좋아하지만, 로리는 또 다른 남자 저드의 고백은 부담스럽고 컬리에 대한 마음도 혼란스럽다. 1막 중간쯤 컬리와 로리가 함께 '사람들이 우리가 사랑에 빠질 거라고 말할 거야 People Will Say We're in Love'라는 이중창을 부른다. 두 남녀는 지금 사랑할 생각이 없지만 남들이 그렇게들 생각한다면서 마치 사랑에 빠진 것 같다며 역할놀이를 노래로 표현한다. 로맨틱한 발라드를 뮤지컬 초기에 배치함으로써 드라마가 본격적으로 전개되기 전에 음악을 통하여 두 남녀의 스토리를 예견하게 해주며 극의 분위기도 달콤하게 만드는 효과적인 장치였다.

<오클라호마!>는 이야기를 중심으로 음악과 춤이 통합되면서 무대 디자인이나 연출 라인까지 협업하는 뮤지컬 창작과정의 모델을

만들어냈다. <오클라호마!>가 이뤄낸 뮤지컬 혁신은 북 뮤지컬, 통합뮤지컬 Integrated Musical을 완성하며 황금시대 뮤지컬의 교과서가 되었다.

이런 평가가 나온 것은 <오클라호마!>의 성공적인 흥행 결과가 뒷받침되었기에 가능했다. <쇼보트>나 <포기와 베스>도 진지한 북 뮤지컬, 흑인 캐스팅의 포크 오페라 등의 의미 있는 혁신 모델을 만들었지만 <오클라호마!>의 파급력과는 비교할 수가 없었다. <오클라호마!>의 막이 오른 1943년은 제2차 세계대전이 한창이었고 브로드웨이는 썰렁했다. 제작사는 해외 전쟁터에서 막 귀국한 병사들을 극장으로 초대했다. 그들은 <오클라호마!>를 보면서 전쟁 중에 그리워했던 가족과 조국, 고향을 떠올렸고 하염없이 눈물을 흘렸다.[28] 군인들을 통한 입소문의 힘은 컸다. <오클라호마!> 초연은 5년간 2천 회를 넘기며 길게 이어졌다. 미국 국내 순회공연은 두 팀이 동시에 가동되었고 태평양전쟁이 벌어지는 현장까지 순회공연을 떠났다. 1947년 시작한 런던 투어도 3년 반을 이어갔으며 1955년 영화로도 개봉되었다.

<오클라호마!>는 음반 시장에도 기록을 세웠다. 뮤지컬 최초로 오리지널 캐스트가 전원 참여해 녹음한 음반은 80만 장을 판매하여 큰 수익을 남겼다. 브로드웨이 무대의 생생한 감동을 가정에서 재현할 수 있는 첫 기록물이었다. 이후 황금시대에 만들어진 대부분의 뮤지컬은 오리지널 캐스트 음반을 출시했고 뮤지컬 장르가 음악 시장의 주요 플레이어가 되었다. 미국 농촌을 배경으로 공동체의 삶에 대한 가치와 전형적인 미국의 이상을 그려낸 <오클라호마!>는 전형적인 미국 뮤지컬의 모태로 간주된다. 2015년 발표한 코믹뮤지컬 <섬씽

로튼 Something Rotten>에서 16세기 셰익스피어 시대에 미래 히트 장르로 뮤지컬을 소개하는 장면에서 등장하는 작품이 바로 <오클라호마!>이다.

황금 콤비의 히트작들

로저스와 해머스타인 2세의 두 번째 작품은 <회전목마 Carousel>(1945)였다. <오클라호마!>의 대성공으로 두 사람은 최고의 자리에 올랐다. <회전목마>는 1921년 브로드웨이에서 흥행한 헝가리 작가 페렌츠 몰나르의 연극 <릴리옴 Liliom>의 배경을 부다페스트에서 미국의 뉴잉글랜드로 옮긴 작품이다. 이 연극을 뮤지컬로 각색하려는 시도는 많았지만 뮤지컬 코미디를 싫어하던 원작자 몰나르는 뮤지컬 각색을 허락하지 않았다. 몰나르가 뮤지컬 제작을 허락한 것은 <오클라호마!>를 보고 난 후였다. 자신의 희곡을 훼손하지 않으면서도 멋진 뮤지컬이 만들어질 수 있다는 가능성을 <오클라호마!>에서 확인한 것이었다.[29)]

공원에 놀러온 순진한 여인 줄리 조던은 회전목마의 호객꾼 빌리 비글로에게 반한다. 빌리는 아내에게 함부로 하는 무능한 남자였지만 그녀가 임신했다는 소식을 듣자 책임감을 느끼게 된다. 그는 태어날 아기를 위해 돈을 마련하려고 강도짓을 하다 실수로 죽게 된다. 빌리는 사후에 이승에 내려가 모든 것을 바로잡고 15세 소녀가 된 딸을 볼 수 있는 기회가 주어진다.

남편 빌리가 초반에 달콤한 목소리로 부르는 러브송 '내가 당신을 사랑한다면 If I Love You'은 해머스타인 2세와 로저스 팀이 발명한 '조건부 발라드' 형식이다. 빌리는 아내를 때리는 거친 남자이지만 자신이 괜찮은 남자가 되어 아내를 사랑하고 그 아름다운 시간을 기억한다면 뭔지 괜찮은 사람이 될 것 같다는 희망을 노래한다. 관객들은 처음부터 빌리가 못된 남자임을 알고 있지만 그가 부르는 러브송을 듣고 있으면 달콤한 분위기에 젖어 든다. 빌리의 노래 때문에 그의 나쁜 성격을 잠시 잊은 관객들은 부부의 사랑이 잘 되었으면 하는 희망을 품게 된다. '조건부 발라드'는 원작 희곡이 가졌던 비극성을 완화시키며 관객들이 다소 편하게 뮤지컬을 즐기는 효과를 얻어냈다.

<회전목마>의 또 다른 중요한 음악적 시퀀스는 빌리가 7분간 홀로 부르는 독백송이다. 아내가 임신했다는 소식을 들은 빌리는 태어날 아기를 생각하며 자신의 계획을 솔로 곡으로 표현한다. 노래가 시작될 때에는 무능하고 폭력적인 남자였지만 아이를 생각하면서 빌리는 책임감을 가진 아버지로 바뀐다. 아들을 낳으면 용감한 소년으로, 딸을 낳으면 아내와 같이 아름답고 노래를 잘하는 소녀로 키우겠다며 결심하는 빌리는 듬직한 아버지 캐릭터로 변화된다. 현재는 능력이 없지만 아기를 위해서는 돈을 벌어야겠다는 결심을 하는 것이다. 하지만 강도짓을 하고 도망치던 길에 그는 실수로 자신의 칼에 찔려 죽게 되고 비극은 절정에 달한다. 독백송이 시작되기 전까지 나쁜 남자 빌리에 대해 마음이 오락가락하던 관객들은 7분의 노래가 끝날 무렵 빌리와 가족들의 미래를 걱정하며 작품에 깊이 빠져들게 된다. 해머스타인 2세의 집 근처에 살았던 손드하임은 어린 시절 관람했던 <회전목마>를 잊지 못했다. 특히 그는 이 독백송이 끝날 때 눈물을

흘리지 않을 수 없었다고 한다. 손드하임은 이 독백송 장면이야말로 뮤지컬만이 할 수 있는 멋진 장면의 하나라고 극찬했다. 로저스도 "해머스타인 2세의 가사 중 가장 의미 있고 감동적이며 이제껏 내가 썼던 어떤 곡보다 만족스럽다"고 말했다.[30)]

<회전목마>에서 가장 대중적으로 알려진 곡은 빌리가 죽은 이후에 영혼으로 등장하여 딸을 지키겠다며 부르는 넘버 '널 절대 혼자 걷게 놔두지 않을 거야 You Will Never Walk Alone'이다. 넘어지고 쓰러지더라도 희망을 잃지 말고 함께 걷자는 이 노래는 뮤지컬 가수 외에도 루이 암스트롱, 안드레아 보첼리, 루치아노 파바로티 등이 불러 널리 알려졌다. 9.11 테러 이후 바브라 스트라이샌드도 이 곡을 불러 시민들을 위로했다.

로저스와 해머스타인 2세 콤비가 쓴 <남태평양 South Pacific>(1949), <왕과 나 King & I>(1951)는 이국적인 정서가 풍부한 뮤지컬이다. 로맨틱 코미디 <남태평양>은 태평양전쟁에 참전한 미군과 섬 주민 사이의 문화적인 갈등을 다룬 제임스 미치너의 단편 『남태평양 이야기』를 각색했다. 미국 남부 출신의 간호사 넬리는 태평양 섬에서 농장을 경영하는 프랑스인 중년 신사 에밀과 사랑에 빠진다. 그녀는 에밀이 원주민과 결혼했었고 그 사이에 혼혈아가 있다는 사실을 알고는 인종에 대한 편견과 사랑하는 마음 사이에서 갈등한다. 사랑을 포기하는 결심을 하면서 부르는 넘버 '그 남자를 내 머리에서 지워버릴 거야 I'm Gonna Wash That Man Right Out of My Hair'는 여주인공의 귀여움과 철없음이 잘 드러난 곡이다.

뮤지컬의 서브플롯으로 원주민 섬 처녀와 젊은 미군 장교의 러브

스토리도 등장한다. 당시 관객들은 필라델피아 청년이 원주민과 사랑에 빠진다는 것을 받아들이지 못했다. 로저스와 해머스타인 2세는 젊은 장교가 부르는 '그것(인종에 대한 생각)은 학습된 것일 뿐이에요 You've Got to Be Taught' 넘버를 통해 미국 사회의 인종적인 편견을 지적했다. 인종에 대한 편향된 생각은 타고나는 것이 아니라 교육받은 것이라고 말하며 당시 미국 사회의 시각을 고쳐보려 했지만 쉽지 않았다. 관객들은 공공연하게 이 노래를 뮤지컬에서 빼달라고 요구할 정도였다. 뮤지컬 서브플롯 캐릭터의 사랑은 해피엔딩이 일반적인데 <남태평양>에서는 마지막에 가서 섬 처녀가 죽게 된다. 로저스와 해머스타인 2세는 인종차별에 대한 비판적인 의식을 가지고 <남태평양>을 썼지만 한계도 뚜렷했다. 백인 남자와 원주민 여성의 사랑은 이루어질 수 없다는 비극적인 결말과 돈벌이에만 매달린 원주민 여자의 왜곡된 모습 을 그리는 등 그 역시 편향된 시각을 드러냈다. <남태평양>의 인기 있는 남성 합창곡 '여자만한 것은 없다 There is Nothing Like a Dame'도 신나는 넘버지만 현대의 젠더 감성으로는 비판의 소지가 있는 곡이기도 하다.

<왕과 나>는 아시아 지역을 배경으로 한 흔치않은 뮤지컬이었다. 태국의 옛 이름인 시암국 왕가 소속의 가정교사로 일했던 19세기 영국인 애나 레오노웬스의 실화를 다룬 소설 『애나와 시암의 왕』을 원작으로 한 뮤지컬이다. 20세기 초반 유럽에서는 아시아에 대한 관심이 높았고 이국적인 취향이 유행처럼 번졌다. 인상파 미술은 일본 판화 '우끼요에'로부터 결정적인 영향을 받았다. 푸치니는 <나비부인>, <투란도트> 등 일본이나 중국을 상상하며 만든 오페라로 큰 인기를

얻었다. 길버트-설리번 콤비의 <미카도>에 이은 이국 취향 히트 뮤지컬이 <왕과 나>였다. 러시아 출신 무명 배우였던 율 브리너는 이 뮤지컬과 영화로 세계적인 스타가 되었다. 초연부터 1980년대 리바이벌까지 총 4,600회를 출연했고 영화까지 흥행하면서 오스카상과 토니상을 모두 거머쥐었다.

뮤지컬의 중심 플롯은 사랑의 갈등이 아니라 동서양의 문화충돌이다. 애니는 서양의 자유사상을, 왕은 엄격하고 전통적인 가부장적인 체제를 상징하며 갈등한다. 갈등의 정점에서 왕과 가정교사의 그 유명한 '춤출까요? Shall We Dance?' 장면이 등장하는데 이들의 러브 라인은 잠시 서로에게 매력을 느끼는 선에서 멈춘다. 빅토리아 시대 여성 가정교사와 태국 왕 사이의 갈등을 희망과 관용, 공명정대함을 주제로 한 <왕과 나>는 남녀의 사랑 이야기가 없이도 흥행에 성공한 뮤지컬이었다.

<왕과 나>는 브로드웨이를 넘어 런던 웨스트엔드, 유럽의 각 지역, 호주, 일본까지 투어를 할 만큼 세계적인 인기를 끌었고 아시아 배우들이 브로드웨이 무대 출연의 기회를 얻게 된 초기 뮤지컬에 속한다. <명성황후>로 우리에게 익숙한 이태원 배우가 줄리어드를 졸업하고 브로드웨이에서 데뷔한 작품이 <왕과 나> 리바이벌 공연이었다. 호주 출신 연출가 크리스토퍼 랜쇼가 1991년 리바이벌한 <왕과 나>는 등장인물의 아시안 캐스팅 원칙을 표방하며 화제가 되었다. 내용도 서구 편향적인 오리엔탈리즘을 극복하여 '정치적으로 올바른 <왕과 나>'라는 호평을 받으며 브로드웨이와 웨스트엔드에서 롱런했다.

<남태평양>과 <왕과 나>는 영화로 워낙 큰 인기를 누렸고 사운드 트랙도 자주 연주된다. 하지만 현재 시점에서 두 작품은 인종이나 문화적인 편견을 많이 담고 있다는 비판을 받는다. '대상으로서 아시아인'을 바라보는 전형적인 이미지가 강하게 반영된 영화 <왕과 나>는 태국에서는 수입이 금지되어 상영되지 못했다.

브로드웨이와 할리우드 양쪽에서 최고의 엔터테이너로 떠오른 로저스와 해머스타인 2세 콤비는 <왕과 나> 이후 전작을 능가할 작품을 내놓지 못했다. <파이프 드림 Pipe Dream>(1955), <신데렐라 Cinderella>(1958) 등 서너 편을 함께했지만 평범한 수준에 머물렀다. <남태평양>에서 매력을 한껏 발산한 메리 마틴은 로저스와 해머스타인 2세에게 새로운 작품을 제안했다. 1930년대 오스트리아를 배경으로 나치 지배를 피해 고향을 떠난 마리아 폰 트랩의 자전적 이야기를 토대로 한 작품이었다. 뮤지컬을 전혀 모르는 사람도 '도레미 송'이나 '에델바이

브로드웨이에서 공연된 〈사운드 오브 뮤직〉 광고 사진. 메리 마틴이 마리아 역을 맡았다.1959년. ©LOC.

스'는 알고 있는 뮤지컬 영화의 대명사 <사운드 오브 뮤직 Sound of Music>(1959)이 이렇게 탄생했다.

아름다운 넘버가 넘쳐났지만 초연 당시 작품의 평가는 엇갈렸다. 황금 콤비의 절정, 재능의 완성이라는 긍정적인 평가도 많았지만 뉴욕타임스는 <사운드 오브 뮤직>을 <오클라호마!>가 이룩한 뮤지컬의 발전을 후퇴시킨 작품이라고 혹평했다. 진보적인 뮤지컬 스타일은 사라지고 오페레타의 클리셰만 가득하다는 평이었다. 하지만 관객들은 환호했고 영화는 대단한 흥행을 했다. 마리아의 타이틀 곡 '사운드 오브 뮤직'과 '내가 좋아하는 것 My Favorite Things', 아이들이 부르는 '도레미 송', '외로운 염소치기 The Lonely Goatherd', '열일곱 살이 되었어요. Sixteen, Going on Seventeen' '안녕, 안녕 So Long, Farewell' 등 사랑스러운 넘버가 많이 수록되었다. 원장 수녀가 부르는 '모든 산에 올라보라 Climb Ev'ry Mountain'는 인생에 대한 낙관적이며 희망적인 메시지로 자주 연주되는 곡이다. 음악을 싫어하던 폰 트랩 대령이 읊조리듯 부르는 '에델바이스 Edelweiss'는 오스트리아에 대한 애국심과 함께 희망을 담은 곡이다. '에델바이스'는 오스트리아 민요로 오해하기 쉬운데 사실 로저스와 해머스타인 2세가 만든 뮤지컬 넘버이다. 위암 말기로 고생하던 해머스타인 2세는 '에델바이스'로 팬들에게 마지막 인사를 건넸다. 그는 <사운드 오브 뮤직> 브로드웨이 공연이 시작되고 9개월 뒤 사망했다.

<사운드 오브 뮤직>이 지금의 인기를 얻게 된 데에는 1965년에 로버트 와이즈가 감독을 맡고 줄리 앤드루스가 마리아로 출연한 영화가 결정적이었다. 1964년 디즈니 영화 <메리 포핀스>에서 주역을 맡아

급부상하던 줄리 앤드루스는 알프스 풍광을 담은 잘츠부르크를 배경으로 아름다운 노래를 들려주며 전 세계인을 사로잡았다. 2014년 말까지 전 세계적으로 2억 8천 6백만 달러를 벌어들였고 RCA가 녹음한 영화 사운드트랙은 1965년 빌보드 팝 앨범 차트에서 1위를 차지했다. 물가상승률을 고려해 흥행수익을 계산했을 때 뮤지컬 영화 중 최고의 흥행을 기록한 영화이며 영화만으로도 세계에서 5위의 수익을 창출한 메가 히트작이다.[31] 텔레비전 매체에서도 흥행이 지속되었다. 1976년 미국 ABC가 방송 최초로 뮤지컬을 중계하여 최고 시청률을 기록했고 NBC에서는 1979년부터 21년간 매년 방영했다. 2002년 이후에는 ABC 패밀리 채널에서 매년 방송하였다. 한국에서의 영화 흥행 기록도 놀랍다. 1969년 서울의 대한극장에서 개봉하여 두 달 만에 30만 명이 관람하여 화제가 되었다. 이후 1980년대까지 여러 차례 재개봉되면서 한국 누적 관객 60만 명을 기록했다.[32]

<사운드 오브 뮤직>은 브로드웨이와 할리우드를 넘나들며 뮤지컬의 황금기를 누리던 로저스와 해머스타인 2세 콤비의 마지막 작품이었다. 리처드 로저스는 해머스타인 2세 사후 다른 여러 작가들과 작품을 시도했지만 크게 성공하지 못했다.

다양한 뮤지컬 코미디

틴 팬 앨리 스타들의 건재, 어빙 벌린, 콜 포터

어빙 벌린은 브로드웨이와 할리우드를 왕래하는 스타 작곡가였다. 벌린은 <조심해! Watch Your Step>(1913)를 시작으로 수많은 뮤지컬을 쓰고 작곡했다. 할리우드에서도 진저 로저스와 프레드 아스테어 주연의 <톱 햇>(1935), <파리의 황금 캐는 사람들>(1937) 등 뮤지컬 영화에 참여하며 인기를 누렸다. 러시아에서 온 가난한 이민자 출신 벌린은 자신에게 기회를 준 미국에 애국심이 충만했다. 그는 1차 대전 중에는 미군 병장으로 근무했고 애국적인 노래도 많이 작곡했다. 뮤지컬 <입 얍 행크 Yip Yap, Hank>(1918)의 대표 넘버 '신이여 미국을 축복하여 주소서 God Bless America'*는 미국인들이 애국가 이상으로 사랑하는 노래이다. 제2차 세계대전 발발 후에는 뮤지컬 <이것이 군대다 This is Army>(1942)를 써서 군부대 순회공연을 펼치기도 했다.

작사가 도로시 필즈는 여자 명사수 애니 오클리에 대한 전설적인 이야기를 뮤지컬 코미디로 구상했다. 필즈는 리차드 로저스에게 작곡을 의뢰했지만 로저스는 이 작품에서는 작곡 대신 제작을 하겠다고

* 9.11 테러 직후 브로드웨이를 살리자는 캠페인에서 배우들이 어빙 벌린의 이 곡을 합창했다.

● 〈애니여 총을 잡아라〉를 제작한 리차드 로저스(좌), 작곡가 어빙벌린(가운데), 주인공 에델 머먼(우). 1966년 ©NYPL

말했다. <애니여 총을 잡아라 Annie Get Your Gun>(1946)에서 제작 프로듀서를 맡은 로저스와 해머스타인 2세 콤비는 뮤지컬의 주인공은 무조건 트럼펫 같은 강렬한 목소리를 가진 여배우여야 한다고 판단했고 작곡은 유쾌하고 편안한 음악을 잘 쓰는 음악가여야 한다고 보았다. 그들은 뮤지컬 여주인공은 파워풀한 목소리를 가진 여장부 스타일 에델 머먼, 작곡가는 어빙 벌린을 추천했다.

어빙 벌린은 캐릭터에 맞는 곡을 쓰고 스토리 전개가 핵심인 북 뮤지컬이 대세인 시대에 그런 뮤지컬 음악을 만드는 데는 별 관심도, 자신도 없었다. 하지만 남녀 명사수의 로맨틱 코미디와 쇼 비즈니스에 대한 이야기라는 점은 매력적으로 보였다. 20세기 초의 쇼 비즈니스라면 벌린에게 익숙한 이야기였기 때문이다. 벌린이 써온 곡들은 역시나 훌륭했다. 대본을 가져가서는 첫 주말 동안 멋진 넘버 세 곡을 써냈고, 연출가가 2막에 남녀 주인공을 위한 노래가 하나 더 필요하지 않겠느냐고 요청하자 미팅 후에 호텔로 돌아가는 택시 안에서 15분 만에 곡을 써서 보냈다고 한다.[33]

<애니여 총을 잡아라>는 <오클라호마!>나 <회전목마>에 비해 퇴보한 작품이라는 평가가 있었지만 관객들은 좋아했고 브로드웨이에서 3년간 흥행을 이어갔다. <애니여 총을 잡아라>에 히트 넘버가 많았지만 그 가운데서도 오래 살아남은 명곡은 쇼스타퍼 '쇼 비즈니스 같은 사업은 없지 There's No Business Like Show Business'였다. 이 곡은 브로드웨이 뮤지컬, 엔터테인먼트 업계의 찬가로 유명했다. 벌린은 그 이후에도 <부활절 퍼레이드 Easter Parade>(1948)로 흥행을 이어가면서 황금시대에도 오래 건재했다.

틴 팬 앨리의 또 다른 스타 콜 포터는 예일대 출신으로 하버드 법대를 다니다 포기하고 음악계에 진입한 부잣집 도련님이었다. 포터는 제1차 세계대전 중에는 프랑스로 떠나 파리 사교계에서 다양한 예술가들과 교류했다. 우디 앨런의 영화 <미드나잇 인 파리>에서 장 콕토의 파티에 나와 카페에서 피아노를 치며 '그렇게 하자 Let's Do It'를 노래하는 인물이 포터이다. 경제적인 어려움 없이 자유롭게 음악을 할 수 있었던 사교계의 신사 포터는 미국으로 돌아가 <무엇이든 괜찮아

● 예일대 출신의 사교계의 신사 콜 포터. 〈무엇이든 괜찮아〉로 1930년대를 주름잡던 그는 황금시대에도 히트작 〈키스 미 케이트〉로 인기를 이어갔다. ©LOC

Anything Goes>(1934)를 뉴욕 엘빈 극장에서 올렸다. <무엇이든 괜찮아>는 불황의 1930년대에 최고로 흥행한 뮤지컬이었고 동명의 뮤지컬 영화에는 빙 크로스비와 에델 머먼이 출연하여 영화도 성공했다.

1930년대를 주름잡던 콜 포터도 가사를 먼저 쓰는 북 뮤지컬이 대세인 1940년대가 되자 시대에 뒤떨어진 음악가로 비쳐졌다. 작사, 작곡을 혼자 맡아 하는 콜 포터는 로저스와 해머스타인 2세 두 사람이 뮤지컬 한 편을 쓴다는 것을 우습게 여기기도 했다. 1948년 포터는 셰익스피어의 <말괄량이 길들이기>를 극중극 형식으로 만든 <키스 미

케이트 Kiss Me, Kate>를 발표했다. 이 작품은 셰익스피어 연극을 올리는 볼티모어 한 극단에서 벌어지는 소동을 그린 코미디였다. 셰익스피어 원작처럼 거친 여주인공을 남자 주인공이 길들이다가 서로 사랑에 빠진다는 이야기이다. 이탈리아 배경의 연극을 공연하는 극중극 형식은 다양한 음악을 담을 좋은 그릇이 되었다. 르네상스 시대의 합창곡인 마드리갈, 블루스 음악을 기반으로 유럽의 느린 춤 파반느, 나폴리의 빠른 춤곡 타란텔라, 빈 왈츠 스타일의 분더바 Wunderbar까지 다양한 형식을 활용했다. 고전적인 음악 스타일에 본격적인 성인들의 사랑 이야기를 세련되면서도 적나라하게 표현한 '너무 뜨거워 Too Darn Hot' 같은 넘버는 새로웠고 자연스러웠다. <키스 미 케이트>는 초연에도 큰 흥행을 했고 이후에도 자주 리바이벌 되었다. 1987년 런던의 올드빅 극장 리바이벌, 1999년 브로드웨이 리바이벌 모두 화제였다. <키스 미 케이트>는 뮤지컬 원작인 셰익스피어의 <말괄량이 길들이기>보다 더 많이 상연되었고 원작보다 혁신적인 쇼라고 평가받기도 했다. 포터가 쓴 <캉캉 Can Can>(1953), <실크 스타킹 Silk Stocking>(1955)은 브로드웨이와 할리우드에서 계속 히트했다.

북 뮤지컬 시대에 낡은 코미디 전통에 매달린다며 비난받던 어빙 벌린과 콜 포터는 결국 자신만의 장기로 새로운 뮤지컬을 만들었고 오래 사랑받는 고전을 남겼다. 제롬 컨이 "미국 음악사에 어빙 벌린의 자리는 없다. 그가 미국 음악이다"라고 평했을 만큼 미국 내에서 어빙 벌린의 음악적 영향은 컸다. 콜 포터 역시 여러 편의 뮤지컬 외에도 수많은 명곡들이 '그레이트 아메리칸 앤솔로지'에 등록되어 역사가 인정하는 작곡가가 되었다.

뉴욕, 뉴욕 〈온 더 타운〉과 〈아가씨와 건달들〉

이 시절 뉴욕은 혁신과 번영의 상징이었다. 마차부터 지하철, 버스, 승용차가 넘쳐났고 박물관과 미술관이 들어섰으며 맨해튼에는 고층빌딩이 하루가 다르게 치솟았다. 남자들은 전쟁에 참전했고 여자들이 운전기사나 공장 노동자로 일을 했다. 일본이나 중국 등 아시아 이민자들도 뉴욕에서는 흔하게 볼 수 있었다.

<온 더 타운 On the Town>(1944)은 전쟁 중에 24시간 휴가를 얻은 세 명의 해군이 뉴욕 곳곳을 돌아다니며 여인들과의 만남을 즐긴다는 단순한 스토리의 뮤지컬이다. 재치 있는 극작가이며 레뷰 연기자인 베티 컴든과 아돌프 그린이 대본을 함께 쓰면서 두 명의 클래식 아티스트에게 참여를 제안했다. 뉴욕 필하모닉 오케스트라 지휘자로 막 데뷔한 레너드 번스타인, 아메리칸 발레 시어터 출신 안무가 제롬 로빈스를 뮤지컬 작업에 끌어들인 것이다. 당시 네 명의 예술가는 모두 20대 젊은이였다.

번스타인과 로빈스는 <팬시 프리 Fancy Free>라는 소규모 발레 작품을 함께 했는데 이 발레를 컴든과 그린이 뮤지컬로 발전시킨 경험이 있었다. 네 명의 젊은 예술가들은 당시 유행하던 '통합적 뮤지컬'을 만들기 위해 창작 초기부터 회의를 거듭하며 작품을 함께 써나갔다. 대표 넘버인 '뉴욕, 뉴욕 New York, New York'*은 군함에서 막 내려 새로운 도시 탐험을 기대하는 해군 세 명의 합창곡으로 1940년대 뉴욕 풍경을 엿볼 수 있다. 주인공은 군인이지만 흥미로운 캐릭터는 상대 여성들이다. 힐디는 전쟁 중에 택시운전을 하며 생활전선에 뛰어든 여성이며, 오지는 인류학자이다. '내가 사는 곳으로 올라와요 Come Up

● 베티 컴든과 아돌프 그린, 레너드 번스타인, 제롬 로빈스의 공동 창작 〈온 더 타운〉 포스터. 1959년 카네기홀 플레이 하우스 공연이다. ©NYPL

★ 베티 컴든과 레너드 번스타인이 쓴 'New York, New York'은 프레드 엡과 존 칸더의 'New York, New York'(1955)과 다른 곡이다. 둘 다 뉴욕을 상징하는 유명한 넘버이며 우리에게 더 익숙한 곡은 엡과 칸더의 곡이다.

to My Place'라며 남자와의 관계를 주도하는 힐디나 지적인 오지는 당시 뮤지컬에서는 낯선 여성 캐릭터였다. <오클라호마!>의 로리도 자존심이 강한 여성이었지만 <온 더 타운>의 여성은 한 발 더 나아갔다. 당시 뉴욕은 유럽뿐 아니라 아시아, 아프리카로부터 온 여러 인종이 살고 있었기에 이 작품 앙상블에는 다양한 인종의 배역이 등장했다. 젊은 뉴요커 예술가들의 패기와 에너지가 넘친 <온 더 타운>은 캐릭터를 춤으로 표현하는 등 <웨스트 사이드 스토리>의 등장을 예고한 흥미로운 작품이었다.

뉴욕을 주제로 한 황금시대 대표적인 뮤지컬은 <아가씨와 건달들 Guys and Dolls>(1950)이었다. 안무가 밥 포시가 '미국 역사상 최고의 뮤지컬'[34]이라고 극찬한 <아가씨와 건달들>은 뉴욕 도심에 살고 있던 문제적 인물들을 뮤지컬 우화로 그려낸, 브로드웨이에 의한, 브로드웨이를 위한, 브로드웨이 뮤지컬이다.

작품은 1950년대 만들어졌지만 배경은 1930년대 브로드웨이였다. 대공황 이후 어두워진 브로드웨이를 점령한 사람들은 매춘부와 폭력배, 도박사, 쇼걸들이었다. 데이먼 러니언의 단편을 시나리오 작가 에이브 버로우즈가 각색했다. 음악은 당시 할리우드 음악에 전념하던 작사가 출신 프랭크 뢰써가 맡았다. 러니언이나 뢰써 모두 뉴욕 토박이들로 1920년대에서 1930년대 뉴욕의 모습을 정확히 알고 있었고 뢰써는 캐릭터에 맞는 가사와 음악을 쓰는 재능이 뛰어났다.

사기 도박꾼인 네이선 디트로이트는 불법 도박을 벌일 장소를 구할 돈을 마련하기 위해 친구 도박사 스카이 마스터슨에게 자신이 지목한 아가씨를 하바나에 데려가면 돈을 주겠다는 내기를 건다. 아가씨는 구세군 선교사 사라 브라운. 순진한 선교사 사라는 스카이의 꼬임에 넘어가 여행을 떠나고 사라와 스카이는 사랑에 빠지게 된다. 결국 스카이와 네이선을 비롯한 도박사들은 사라의 뜻에 따라 신앙을 갖게 되고 커플은 결혼한다. 서브플롯인 도박사 네이선과 쇼걸 애들레이드의 얽히고설킨 사랑싸움은 뮤지컬의 웃음 코드였다.

<아가씨와 건달들>에 나오는 인물들은 사기꾼이지만 어둡고 두려운 존재가 아니라 애니메이션 주인공들처럼 귀엽고 활기찬 뉴요커들이었다. 재치 있고 세련된 뢰써의 넘버는 캐릭터들의 분위기를 만들어주고 그들의 행동과 성격을 드러냈다. 경마에서 이기는 방법을 들려주는 오프닝 곡 '허풍쟁이들을 위한 푸가 Fugue for Tinhorns'는 경쾌하고 고급스러운 느낌으로 관객을 뉴욕 도심으로 이끈다. 주제를 자유롭게 모방하며 변주하는 푸가 기법은 고전주의 음악 양식으로 <아가씨와 건달들>을 세련미 넘치는 뮤지컬로 만들어주었다. 블루스 형식의 '애들레이드의 탄식 Adelaide's Lament'이나 '나는 전에 사랑해 본 적이 없어요 I've Never Been in Love Before', 네이선의 고백 송 '나를 고소해 Sue Me' 등은 큰 박수를 받았다. 이 넘버들은 캐릭터와 드라마에 완벽하게 통합되어 있어 음악만 들으면 그 맛이 온전히 살아나지 않을 정도이다. 뢰써는 로저스와 해머스타인 2세 팀과는 달리, 유쾌하면서도 고전적인 동시에 현대적인 맛을 살린 통합 뮤지컬을 완성해냈다.

초연 연출을 맡은 조지 S. 코프먼과 함께 안무가 마이클 키드는 <아가씨와 건달들>에서 춤이 서사를 반영하는 통합 뮤지컬의 전통을 잘 보여주었다. 오프닝 푸가의 춤 장면도 인상적이지만, 2막 도박

장면은 도박사들의 심리를 춤으로 흥미롭게 표현했다. 대사나 넘버 없이 춤으로 심리적인 변화를 시각화했다. 돈을 딴 한 명이 손을 추켜세우면 무리들이 한쪽으로 쏠리는 식의 움직임들은 도박판이 어떻게 흘러가고 있는지를 명쾌하게 보여주었다. <아가씨와 건달들>은 영화로도 흥행을 했고 배우들이 직접 부른 음반도 유명했다. 영화의 주연은 프랑크 시나트라와 말론 브란도가 맡았고 당시에는 무명이었던 진 시몬스가 이 영화로 스타덤에 올랐다.

<아가씨와 건달들>로 히트한 프랭크 뢰써와 에이브 버로우즈 콤비가 뉴욕의 이야기로 성공한 또 다른 작품이 <성공시대 How to Succeed in Business Without Really Trying>(1961)였다. 프랭크 뢰써와 에이브 버로우즈 콤비는 뮤지컬 <성공시대>로 또 다른 뉴욕의 모습을 다뤘다. 쇼 비즈니스의 엄혹한 세상에서 돈을 위해서라면 배신도 서슴지 않는 인물을, 거칠지 않으면서도 냉소적인 어조로 비판하는 뮤지컬이었다.

뮤지컬 신데렐라의 탄생 〈마이 페어 레이디〉

조지 버나드 쇼는 1913년 그리스 신화에 나오는 고집스러운 독신주의 조각가 '피그말리온' 이야기를 토대로 희곡을 썼다. 여자를 싫어하는 피그말리온이 자신이 만든 작품과 사랑에 빠진다는 신화를 20세기 런던으로 무대를 옮긴 희곡 『피그말리온』은 뮤지컬로 여러 차례 각색이 시도되었지만 쉽지 않았다. 해머스타인 2세도 각색을 포기한 희곡이었다. 주인공 남녀의 러브라인이 분명하지 않은 이야기를 뮤지컬로 만드는 일은 불가능해 보였다.

작가 알란 제이 러너와 작곡가 프레드릭 로우는 <브리가둔 Brigadoon>(1947), <마차를 칠해요 Paint Your Wagon>(1951) 등으로 브로드웨이 히트작을 만들어낸 콤비였다. 『피그말리온』의 뮤지컬 각색이 이 팀에게 넘어갔다. 빈에서 클래식 음악 교육을 받고 대공황 시절에 뉴욕으로 건너온 프레드릭 로우는 재즈 바 피아니스트로 일하던 중 알란 제이 러너를 만났다. 그들은 동명의 할리우드 영화에서 힌트를 얻어 이야기를 단순화했다. <마이 페어 레이디 My Fair Lady>(1956)는 힘든 상황에 굴하지 않고 훈련을 거듭하여 성공하게 된다는 일종의 '아메리칸 드림'을 담은 뮤지컬로 구상한 것이다.

언어학자 히긴스 박사는 코크니* 사투리를 심하게 쓰는 꽃 파는 처녀 일라이자를 런던 코벤트 가든에서 만나게 된다. 그는 자신만의 언어 훈련법으로 일라이자를 세련된 귀부인을 만들겠다고 장담하고 친구와 내기를 건다. 특별 훈련 끝에 일라이자는 교양 넘치는 숙녀가 되고 박사는 내기에서 이기지만 정작 일라이자는 자신의 겉모습 과 내면의 격차에서 심리적인 부조리를 겪는다. 히긴스 박사는 혼란스러워하는 일라이자를 바라보며 그녀가 자신의 삶의 중요한 부분을 차지하고 있음을 알게 되고 서로를 다시 생각하게 된다.

사용하는 언어로 드러나는 계급의 차이를 정면으로 다룬 이야기는

---

* 영국인들은 어투와 언어 습관으로 계층과 지역을 파악할 수 있다고 한다. 코크니(Cockney) 사투리는 런던 동부에 사는 하층민의 사투리로 일라이자의 신분과 거주지를 드러낸 언어였다. 'My Fair Lady'라는 제목은 영국 민요 '런던 다리 무너졌다…'라는 돌림노래 마지막에 등장하는 라임이었는데 하층민에서 상류층 여성으로 변한 일라이자를 가리키는 말이다.

〈마이 페어 레이디〉의 꽃파는 처녀 일라이자 역으로 브로드웨이에 데뷔한 줄리 앤드루스.
Richard Maney–Photo by Friedman–Abeles, NYC, Public domain, via Wikimedia Commons

현대의 시각에서 보면 비판의 대상이 되기도 한다. 하지만 당시로서는 브로드웨이가 다루지 않았던 철학적인 주제를 뮤지컬로 성공시킨 특별한 사례였다. <마이 페어 레이디>는 토니상 6개 부문을 휩쓸었고 브로드웨이에서 6년간 롱런했다. 영국 출신 줄리 앤드루스가 18세에 브로드웨이 무대에 데뷔한 작품이 <마이 페어 레이디>였다. '스페인 들판에 비가 내려요. The Rain in Spain'를 밤새 연습한 후 교양 있는 언어를 쓰게 된 일라이자 역의 신인 앤드루스가 부르는 '밤새도록 춤

● 영화의 주인공 오드리 햅번. 교양교육을 받아 상류층 여인으로 변모한 일라이자의 모습.
國際情報社, Public domain, via Wikimedia Commons

출 수 있어요 I Could Have Danced All Night' 는 브로드웨이 뮤지컬 신데렐라 탄생을 알렸다.

1964년 제작한 동명의 영화도 오스카상을 휩쓸며 엄청난 인기를 끌었다. 영화가 워낙 유명해서 <마이 페어 레이디>는 줄리 앤드루스보다는 오드리 헵번을 떠올리게 된다. 긴 챙 모자를 쓴 오드리 헵번은 영화의 상징이었다. 어린 줄리 앤드루스가 이 뮤지컬로 브로드웨이에 성공적으로 데뷔했지만 영화의 주역은 할리우드 스타 오드리 헵번에게 맡겨졌다. 영화 <마이 페어 레이디>는 오스카상 거의 전 부문을 휩쓸었지만 여우주연상은 영화 <메리 포핀스>에 출연한 줄리 앤드루스에게 넘어갔다. 영화의 상징이었던 헵번이 배우상을 수상하지 못하자 다른 사람이 노래를 더빙했다는 소문이 무성했다. 사실 헵번도 노래를 잘하는 배우였지만 영화 속 노래는 무명의 뮤지컬 전문 배우가 더빙하여 출시했다. 더빙을 맡았던 마트니 닉슨은 이 사실을 철저하게 비밀로 지키겠다는 계약을 전제로 녹음했고 영화가 출시된 지 수십 년이 지난 후에야 비밀이 드러났다.[35)]

황금시대의 혼란과 종언

1950년대 미국은 마치 영국 빅토리아 시대의 도덕과 품위를 리바이벌하는 것 같은 보수주의 시대였다. 황금시대의 주류 뮤지컬이 오페레타 양식을 따르는 것은 시대 분위기와 무관치 않았다. 백인 중년들이 지지하던 황금시대의 화려한 브로드웨이 불빛은 1950년대에도 여전했다. 1950년대 말부터 1960년대까지도 흥행 대작들이 줄을 이었고 할리우드 뮤지컬 영화의 성공은 끝나지 않을 것 같았다.

화려한 성장 아래로 변화의 움직임이 생겨나고 있었다. 10대가 된 베이비붐 세대는 어른들의 일방적인 사고에 의문을 품기 시작했다. J.D. 샐린저의 소설 『호밀밭의 파수꾼』은 이 세대가 등장했음을 알린 신호탄이었다. 아이비리그에 진학하기 위한 예비학교에서 낙제하고 자유로이 학교를 떠나는 주인공 홀든 콜필드는 물질적으로 풍요로운 미국사회에 정신적 빈곤을 고발하는 새로운 세대가 등장하고 있음을 보여주었다.

인종과 세대의 충돌 〈웨스트 사이드 스토리〉

<로미오와 줄리엣> 뮤지컬 버전을 구상하던 안무가 제롬 로빈스는 작곡가 레너드 번스타인, 극작가 아서 로렌츠와 함께 당시의 뉴욕 이민자 사회의 문제로 셰익스피어 원작을 각색하기로 논의하였다.

● 〈웨스트 사이드 스토리〉의 창작진. 왼쪽부터 손드하임, 로렌츠, 프린스, 그리피스, 번스타인, 로빈스. 1957년. ©NYPL

처음에는 나치 치하 홀로코스트에서 살아남은 유대계 이민자 집안과 독실한 가톨릭 신자 집안의 갈등을 그린 가칭 <이스트 사이드 스토리>라는 작품을 준비했다. 작가인 아서 로렌츠가 남미 계통의 이민자와 10대 청소년 갱단의 폭력 사건 뉴스를 보고 생각을 바꾸었다. 뮤지컬의 배경을 맨해튼의 가난한 우범 지대인 웨스트 사이드 헬스 키친으로 옮겨보자는 것이었다. '지금 여기'의 고민을 담는 것이 중요하다고 믿었던 번스타인과 로빈스는 로렌츠의 아이디어에 대찬성이었다.[36] 몬태규 가문의 로미오는 가난한 폴란드 이민자 출신의 토니로, 캐플릿 가문 줄리엣은 푸에르토리코에서 갓 이민 온 마리아로 바뀐 1950년대 뉴욕판 '로미오와 줄리엣' <웨스트 사이드 스토리 West Side Story>(1957)가 완성되었다.

번스타인, 로빈스, 로렌츠 등 정상급 예술가들과 함께 스티븐 손드하임(가사)과 해롤드 프린스(프로듀서) 같은 20대 신예도 참여했다. 손드하임은 작곡을 하고 싶었지만 양아버지격인 해머스타인 2세의 조언에 따라 작사가로서 본격적인 뮤지컬 작업에 데뷔했다. 로렌츠의 대본과 손드하임의 가사는 뮤지컬 역사상 가장 아름답고 간결한 텍스트라는 평가를 받는다. 손드하임은 인터뷰에서 <웨스트 사이드 스토리>의 가사에 대해 이렇게 설명했다. "토니와 마리아는 대사 여덟 마디에서 사랑에 빠진다. 그리고 관객은 그것을 믿게 된다. 그것이 바로 뮤지컬이다."[37] 사실 촘촘한 서사와 캐릭터에 대한 장황한 배경 설명이 필요하다면 소설이나 장편 희곡을 읽으면 된다. 손드하임은 뮤지컬에서는 사랑의 감정을 충실하게 담은 노래 한곡을 부르고 나면 주인공이 순식간에 사랑에 빠지는 것이 가능한 특별한 마법이 있다고 믿었다. 작사, 작곡을 혼자 맡거나 절친인 베티 컴든과의 작업만 신뢰하던 번스타인은 젊은 손드하임이 쓴 가사가 만족스러웠다. 워싱턴 DC 트라이아웃 공연까지도 크레디트 명단에 이름을 올리지 못하던 손드하임은 번스타인의 인정을 받고 브로드웨이 공연부터 정식 작사가로 소개되었다.

1950년대 중반, 로큰롤이 본격적으로 등장하기 전까지 라틴댄스 음악 맘보*의 인기는 미국을 강타하고 있었다. 라틴댄스와 음악을 뮤지컬 스코어에 흡수하자, 번스타인의 클래식, 재즈 중심의 뮤지컬 톤

---

* 맘보 Mambo는 중부 아프리카 언어로 노래 혹은 이야기를 의미하는 단어이다.

1957년 초연된 〈웨스트 사이드 스토리〉 마리아가 부르는 'I'm Pretty'. 마리아 역에 캐롤 로렌스, 프란체스카 역에 엘리자베스 테일러 등이 출연했다. Photo by Fred Fehl, New York., Public domain, via Wikimedia Commons

이 완전히 달라졌다. 토니와 마리아가 솔로나 듀엣으로 부르는 경우는 오페라 아리아 스타일('마리아 Maria', '오늘 밤 Tonight')로 넓은 음역과 성량을 필요로 하는 넘버를, 가난한 백인 청년 갱단 제트파에게는 미국적인 재즈 음악을, 남미 청년 갱단 샤크파에게는 맘보와 쿠바 댄스 차차차(체육관 댄스 대결 장면)와 멕시코 음악 와팡고(여성 코러스가 부르는 '아메리카 America')를 각각 배치했다. 각 집단의 성격에 맞는 음악으로 대결 구도를 보여준 것이다. '마리아' 선율은 뮤지컬 전반을 흐르면서 음악의 통일성을 유지하였다.

<웨스트 사이드 스토리> 혁신의 정점은 춤의 전면 등장이었다. 대사도, 가사도 없이 오로지 음악에 따른 춤으로만 캐릭터와 플롯이 관

객에게 명확하게 전달되는 작품은 드물었다. <오클라호마!>의 '드림 발레'가 춤으로 부분적인 이야기를 전달했다면 <웨스트 사이드 스토리>는 춤으로 뮤지컬 플롯 전체를 완성했다. 유명 배우가 아닌 신인을 캐스팅하고 그들 특유의 몸동작을 연구하여 안무하는 방식으로 젊은이들의 고민과 에너지를 뮤지컬에 담았다.

구상 단계에서 로빈스가 토니 역으로 생각했던 배우는 제임스 딘이었다. 1950년대 반항하는 젊은이의 초상 제임스 딘은 캐스팅만으로 <웨스트 사이드 스토리>의 주제를 확실하게 던져줄 수 있는 카드였다. 하지만 갑작스런 제임스 딘의 죽음으로 계획은 무산되었다. 어차피 춤이나 노래의 실력이 상당히 출중해야 가능한 역할이고 무엇보다 젊음의 기운이 넘쳐야 하는 만큼, 제임스 딘 카드가 사라지자마자 제롬 로빈스는 오디션을 통하여 젊고 새로운 배우를 발굴했다. <웨스트 사이드 스토리>에서 주인공이 사랑에 빠지는 파티 장면 외의 배경이나 사건은 대부분 코러스의 춤으로 전개된다. 오프닝부터 샤크파와 제트파의 특징과 긴장감이 안무로 적절히 드러나다가 체육관 장면부터는 본격적인 춤 대결을 통해 세력 다툼의 상황을 보여주었다. 뉴욕 어퍼 웨스트 사이드 거리에서 펼쳐지는 갱단의 싸움 '럼블 Rumble'은 몸의 움직임으로 처절한 살인과 폭력을 표현해냈다.

브로드웨이 초연 당시 반응은 평단이나 관객 모두 호불호가 엇갈렸다. 전형적인 뮤지컬 코미디 클리셰에 싫증이 나기 시작한 1950년대 브로드웨이에서는 새로운 시도를 높이 평가했지만 남녀 주인공이 죽으며 끝나는 비극적인 러브스토리와 폭력 장면, 가끔씩 들리는 일상적인 욕과 같은 표현은 낯설었다. 반면 후대의 평가는 매우 긍정적이었다. 번스타인, 로빈스, 로렌츠, 손드하임, 프린스는 <웨스트 사이드 스토리>를 통해 그때까지 브로드웨이 쇼를 새롭게 정의했을 뿐만 아니라 성년에 이른 뮤지컬 장르에서 하나의 예술품을 완성시켰다는 평가도 받았다. <웨스트 사이드 스토리>는 음반 시장도 석권했고 1961년 할리우드 영화도 성공을 거두었다. <웨스트 사이드 스토리>의 곡들은 콘서트홀에서 교향악단 연주곡으로도 자주 연주된다. 2021년 스티븐 스필버그 감독은 동명의 리바이벌 뮤지컬 영화를 제작했다.

절정과 종언 〈헬로, 돌리〉와 〈지붕 위의 바이올린〉까지

<웨스트 사이드 스토리>가 혁신 모델로 등장한 해에 토니상을 휩쓴 작품은 메리디스 윌슨의 <뮤직맨 Music Man>(1957)이었다. 미국 아이오와 주의 작은 마을에 들어온 사기꾼 이야기를 다룬 이 작품은 미국 음악의 큰 축을 차지하는 브라스 밴드 행진곡이 중심인 뮤지컬이다. <아가씨와 건달들>이 가장 뉴욕다운 뮤지컬이라면 <뮤직맨>은 가장 미국적인 뮤지컬로 평가받는다. <뮤직맨>은 시대의 변화를 주도하기보다는 따라가는 작품이었는데 이런 흐름은 꽤 오래 유지되었다. 오랜 시간 잊혀졌던 <뮤직맨>은 2021년 리바이벌되었고 휴 잭맨이 주연을 맡아 시즌 최고의 히트작으로 화제를 모았다.

전설적인 집시 아티스트 로즈 리의 회고록을 원작으로 제작한 <집시 Gypsy>(1959)는 북 뮤지컬의 전통을 잇는 황금시대 마지막 대표작 중 하나였다. 아서 로렌츠와 스티븐 손드하임이 대본과 가사를 맡고

1969년 영화로 출시된 〈헬로, 돌리〉. 바브라 스트라이샌드와 루이 암스트롱이 출연했다.
Trailer screen shot, Public domain, via Wikimedia Commons

줄 스타인이 곡을 쓴 <집시>에서 주인공 리는 당대 최고의 스타 에델 머먼이 맡았다. 스타 출신 엄마가 딸을 배우로 키우려는 욕망과 왜곡된 열정을 보여준 <집시>는 초연 당시 2년 이상 롱런했고 이후 여러 차례 리바이벌되었다.

1964년은 황금시대 마지막 꽃을 화려하게 장식한 해였다. <헬로, 돌리>, <화니 걸 >, <지붕 위의 바이올린>등 화제작 세 편이 동시에 개막한 것이다. 토니상 시상식 경쟁도 대단했는데 최종 승자는 작품상을 비롯한 10개 부문을 수상한 <헬로, 돌리 Hello, Dolly!>였다. 손톤 와일더의 <매치메이커>를 원작으로 데이비드 메릭이 제작한 이 작품은 1970년까지 2,844회 공연될 만큼 큰 인기를 누렸다. 제리 허먼이 작곡, 고어 챔피언이 연출과 안무를 맡았으며 캐롤 채닝이 출연했다. <화니 걸 Funny Girl>은 폴리스 쇼의 주역이었던 패니 브라이스의 실제 이야기를 다룬 작품으로 전설의 팝 가수 바브라 스트라이샌드가 주역을 맡았다. 이 작품은 1960년대 뮤지컬 콤비인 작곡가 줄 스타인과 작사가 밥 메릴이 함께 썼다. <헬로, 돌리>, <화니 걸> 모두 영화로도 큰 인기를 누렸고 루이 암스트롱의 '헬로 돌리'와 바브라 스트라이샌드의 '사람들 People'은 전설의 팝 명곡으로 남아있다. 1960년대 중반 뮤지컬의 지속적인 성공은 황금시대가 끝내 사라지지 않을 것 같은 착각을 줄 정도였다.

황금시대의 마지막을 빛내면서 시대를 마무리하는 작품은 젊은 콤비로부터 나왔다. 작곡가 제리 복과 작사가 셸던 하닉은 뉴욕 시장 라 구아디아 피요렐로를 주인공으로 하는 뮤지컬 <피요렐로! Fiorello!>(1959)로 얼굴을 알린 신진이었다. 이 콤비가 쓴 <지붕 위의 바이올린 Fiddler on the Roof>(1964)은 러시아계 작가 숄렘 알라이헴의 단편을 조지프 스타인이 각색한 뮤지컬이었다. 20세기 초 러시아 우크라이나 지방 아나테브카라는 시골 마을에서 유대인의 전통적인 생활이 붕괴되는 과정을 다룬 <지붕 위의 바이올린>은 전통을 고집하는 가난한 낙농업자 테비에 부부와 신세대를 대표하는 다섯 명의 딸이 주인공이다.

브로드웨이의 전설적인 코미디언 제로 모스텔*이 가족과 전통을 지키는 아버지 테비에 역을 맡아 서정적이면서도 코믹한 매력을 보여주었다. 테비에의 넘버 '내가 부자라면 If I Were a Rich Man'은 미워할 수 없는 아버지의 진솔한 철학을 담아 모스텔을 최고의 뮤지컬 스타로 만들어 주었다. 첫째 딸 결혼식에 울려 퍼지는 노래 '선라이즈 선셋 Sunrise, Sunset'은 뮤지컬을 모르는 사람들에게도 익숙한 유명 넘

* 모스텔은 주요 뮤지컬 코미디를 안착시킨 브로드웨이 스타였다. 1967년 멜 브룩스의 코미디 영화 〈프로듀서스〉에서 맥스 역할을 맡았다.

버다. “해는 뜨고 지고/ 날은 빠르게 왔다가 가고”라는 이 노래는 세대가 교체되는 모습을 상징적으로 담은, 슬픔과 기대가 가득한 곡이다. 오프닝 합창곡 ‘전통 Tradition’의 음악과 안무는 ‘무너지는 전통의 불안함’이라는 작품의 주제를 잘 요약해서 보여주었다.

● 〈지붕 위의 바이올린〉에서 테비에 역으로 출연한 제로 모스텔. Graphic House, New York, Public domain, via Wikimedia Commons

1970년까지 3천 회 이상 공연하며 인기를 누렸던 <지붕 위의 바이올린>은 당시 뮤지컬로는 예외적으로 전 세계에서 수많은 언어로 번역되어 공연되었다. 1971년 제작된 영화도 흥행에 성공했으며 국내에서도 관객들이 몰렸다. 러시아 유대인의 작은 마을을 배경으로 하고 있지만 특정 시대나 공간과 상관없이 늘 존재하는 구세대와 신세대의 갈등과 우수를 담아낸 뮤지컬로 시공간을 초월하여 인기를 누렸다. 하지만 세미클래식과 스탠더드 팝 스타일의 <지붕 위의 바이올린>이 만들어진 1960년대 중반은 뮤지컬이 대중문화의 중심에서 밀려나던 시기였다. 1950년대 중반 이미 엘비스 프레슬리가 등장했고 로큰롤은 젊은이들의 음악으로 라디오와 텔레비전을 장악했다. 뮤지컬 쇼튠은 더 이상 대중문화의 중심이 아니었다. 구세대와 신세대의 갈등이 절묘했던 이 작품은 뮤지컬의 운명처럼 보였다. <지붕 위의 바이올린>은 뮤지컬 황금시대의 종언을 알린 대표적인 뮤지컬이었다.*

그 외에도 세르반테스 원작 『돈키호테』를 데일 와써먼과 미치 리가 각색한 <맨 오브 라만차 Man of La Mancha>(1965)는 토니상 작품상을 수상하며 1971년까지 7년간 롱런했다. 라만차의 시골기사 돈키호테가 부르는 '이룰 수 없는 꿈 Impossible Dream'은 대표적인 히트 넘버로 남아있다. 제리 허먼이 쓴 <메임 Mame>(1966), 싸이 콜맨과 도로시 필즈가 쓴 <스위트 채리티 Sweet Charity>(1966)도 전통적인 브로드

---

* 〈지붕 위의 바이올린〉이 당시 최장 공연 기록을 세웠는데 황금시대가 한창일 때 이만한 장기공연이 많지 않았던 것은 워낙 많은 작품들이 등장했기 때문이기도 하다. 1971년부터 1980년까지 공연된 〈그리스〉가 3,388회 공연 기록을 세우며 〈지붕 위의 바이올린〉의 롱런 기록을 깨뜨렸고 그 이후에는 수십 년을 공연되는 뮤지컬이 이어지며 롱런 기록을 갱신하고 있다.

웨이 뮤지컬로 인기를 누렸다. 이처럼 1960년대에도 <헬로, 돌리>, <지붕 위의 바이올린>, <맨 오브 라만차> 등이 장기 흥행을 이어가며 브로드웨이의 황금시대는 끝나지 않을 것처럼 보였지만 도도한 변화의 물결을 막을 수는 없었다.

오프 브로드웨이 히트작들

제2차 세계대전 즈음부터 30년간 브로드웨이와 할리우드가 뮤지컬의 황금시대를 구가했다면 1950년대 말부터는 작은 극장들의 지역인 오프 브로드웨이*에도 주목할 화제작들이 눈에 띄기 시작했다. 1960년대 오프 브로드웨이에는 고전부터 실험작까지 모든 양식들이 공존했다.

제2차 세계대전 이후 공연예술계의 최대 이슈는 아방가르드, 실험극이었다. 하지만 황금시대를 구가하던 브로드웨이는 전통의 프로시니엄 극장 스타일을 고집했다. 뮤지컬은 완결된 스토리와 음악으로 진행되기 때문에 즉흥이나 관객 참여를 유도하기 어려웠고 1천 석 내외의 대극장 환경도 실험극에는 적합하지 않았다. 그런 이유로 중소극장 중심으로 펼쳐진 오프 브로드웨이에서 현대예술의 흐름을 반영

---

* 뉴욕의 극장가는 500석 이상 대극장이 중심인 브로드웨이, 100석 이상 500석 미만의 중소극장을 가진 오프 브로드웨이 Off Broadway, 100석 미만의 오프 오프 브로드웨이 Off Off Broadway로 나뉜다. 대형 투자 중심의 브로드웨이 대극장에서는 실험작을 무대에 올리기 어려운 반면 오프나 오프 오프 브로드웨이에서는 상대적으로 실험적이거나 새로운 작품을 시도하기가 유리하다.

한 뮤지컬의 문제작들이 등장하기 시작했다.

독일에서는 일찌감치 흥행을 했지만 사회주의자의 작품이라는 이유로 미국에는 오랫동안 소개되지 않았던 <서푼짜리 오페라 Three Penny Opera>(1954)가 오프 브로드웨이에서 6년간 공연되었다. 베르톨트 브레히트 극본, 쿠르트 바일 작곡의 <서푼짜리 오페라>는 1928년에 독일에서 시작하여 유럽 여러 도시에서 공연되었다. 음악극의 새로운 역사를 썼다고 평가를 받은 <서푼짜리 오페라>는 18세기 영국 존 게이의 <거지 오페라>를 20세기 독일 카바레 스타일로 각색한 작품이다. 1830년 런던의 소호를 배경으로 사창가 창녀들을 착취하는 노상강도 매키 매서의 시선으로 세상을 그려냈다. 브레히트의 좌파적 관점이 분명한 어두운 색채의 작품이었지만 쿠르트 바일의 대중적인 선율은 관객들을 매혹시키기에 충분했다.

무대와 객석을 완전히 가르는 '제4의 벽'에 강한 회의를 가졌던 브레히트는 이 작품에서도 해설자를 통해 '공연'은 환상임을 각성시키고자 했다. 브레히트는 이것을 '소외효과'라고 불렀는데 당시로서는 상당히 혁명적인 사고였고 브로드웨이 뮤지컬에서는 1960년대까지도 수용하지 못했던 양식이었다. 1954년 오프 브로드웨이에서 영어 버전으로 공연된 <서푼짜리 오페라>는 새로운 예술 양식에 갈증을 느낀 뉴요커들에게 인기였다. 독일 원작에서 다소 음침한 분위기를 자아냈던 넘버 '살인행위 Moritat'가 '맥 더 나이프의 발라드 Ballad of Mack the Knife'로 각색되어 인기를 끌었다. 이 곡은 루이 암스트롱, 엘라 피츠제럴드 등 유명한 재즈가수들이 불러 세계적인 히트곡이 되었다. <서푼짜리 오페라>의 뒤늦은 뉴욕 공연은 이후 뮤지컬 <카바

레>, <시카고>에 큰 영향을 주며 1970년대 새로운 뮤지컬 스타일을 예고했다.

<서푼짜리 오페라> 흥행에 힘입어 등장한 또 다른 오프 브로드웨이 뮤지컬이 <판타스틱스 The Fantasticks>(1960)였다. 소규모 출연진, 두 대의 피아노와 타악기로 시작한 <판타스틱스>는 『시라노 드 베르쥬락』의 작가 에드몽 로스탕이 셰익스피어 소설을 엮어 새롭게 쓴 『로마네스크』가 원작이었다. 톰 존스가 각색하고 하비 슈미트가 작곡한 <판타스틱스>는 '기억해 봐요 Try to Remember' 등 익숙한 넘버로도 유명하다. <판타스틱스>는 1960년 오프 브로드웨이 설리반 스트리트 플레이 하우스에서 초연하여 2002년까지 총 42년간 17,162회를 공연하였다. <판타스틱스>가 세운 42년 롱런은 뮤지컬 역사상 최장기간의 공연 기록이다.

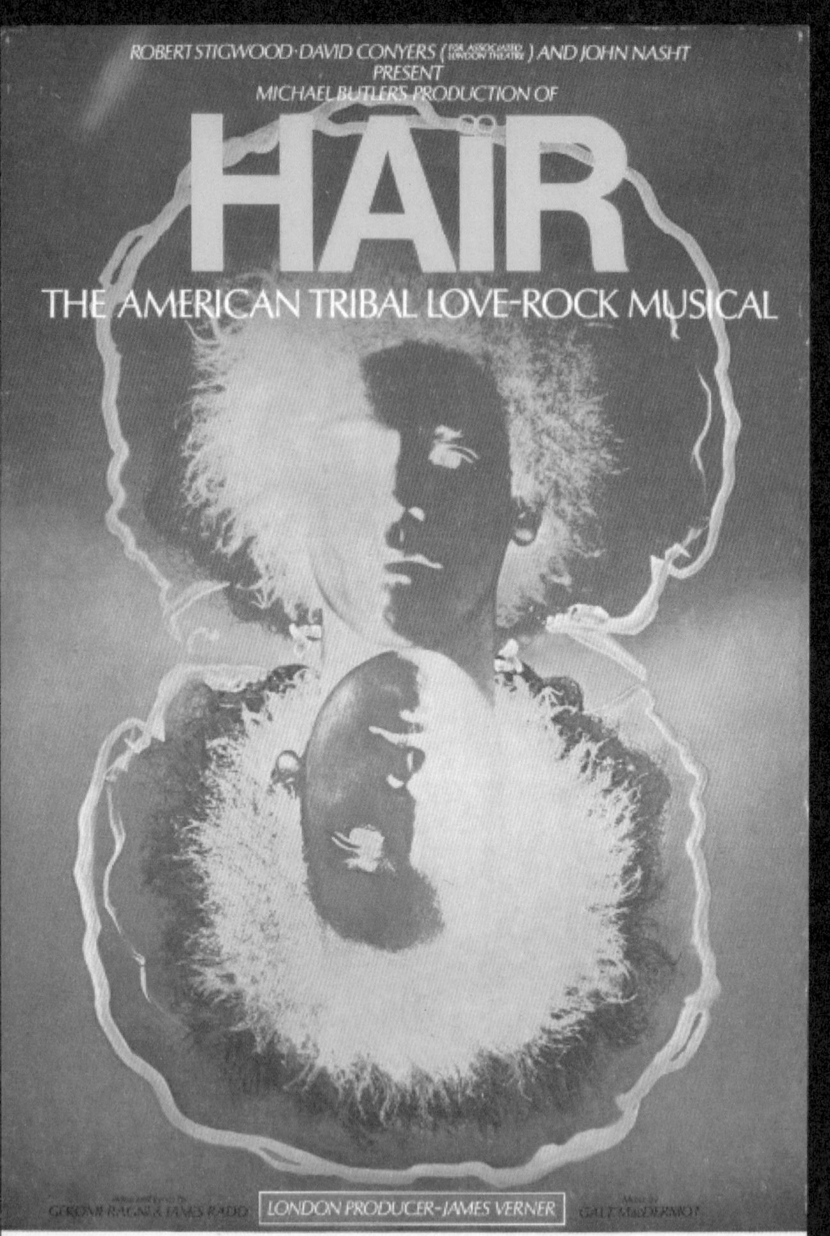

뮤지컬 〈헤어〉 런던 공연 포스터. ©V&A.

제4장

브로드웨이의 침체와 혁신

1960년대 말 - 1970년대

록 뮤지컬 〈헤어〉는 황금시대 쇼튠에 익숙한 기성세대에 저항하던 청년 문화가 바로 반영된 뮤지컬이다. 전후에 태어난 베이비붐 세대는 로큰롤과 베트남 반전운동, 히피 문화를 자신의 문화적 정체성으로 삼아 적극적으로 표현했다.

연표4. 뮤지컬과 세계 역사(1960년대 말 ~ 1970년대)

역사적인 중요 사건	연도	뮤지컬의 중요한 사건과 작품
베트남전쟁	1964–1975	
	1965	돈키호테 이야기를 뮤지컬로 만든 〈맨 오브 라만차〉 초연
	1966	연출의 시대를 예고한 〈카바레〉 초연
비틀즈 콘셉트 앨범 「Sgt. Pepper's Lonely Hearts Club Band」 출시	1967	토니상 시상식 TV 중계 시작
마틴 루서 킹 목사 암살 유럽의 68혁명, 프라하의 봄 등 저항 운동	1968	〈헤어〉 초연 이후 록 뮤지컬 시대 개막 로이드 웨버 & 라이스 콤비 〈요셉과 놀라운 색동옷〉 영국 초연
원조 록페스티벌, 히피문화 상징, 우드스톡 페스티벌 어린이 TV 프로그램 〈세서미 스트리트〉 시작 아폴로 11호 달 표면에 착륙	1969	록 뮤지컬, 선정 뮤지컬로 인기를 모은 〈오! 캘커타!〉 오프 초연
닉슨 대통령 데탕트 정책 선포 비틀스 해체	1970	록 오페라 음반 '지저스 크라이스트 수퍼스타' 출시 손드하임과 프린스의 콘셉트 뮤지컬 〈컴퍼니〉 초연
마이크로 컴퓨터 출현	1970년대	
제1차 석유파동	1971	로이드 웨버&라이스 콤비 록 뮤지컬 〈지저스 크라이스트 수퍼스타〉 초연
	1973	컬트 뮤지컬 〈록키 호러 쇼〉 런던 소극장 초연
베트남전에서 미국 개입 종료	1975	브로드웨이 침체기 히트작 〈코러스 라인〉, 〈시카고〉 초연
	1976	일본 가부키극을 도입한 손드하임의 〈태평양 서곡〉 초연
영화 〈토요일밤의 열기〉 디스코 음악 세계적인 유행	1977	I Love NY 프로젝트 시작
	1978	로이드 웨버&라이스 콤비 〈에비타〉 런던 초연
제2차 석유파동 영국 대처 수상 취임 음악감상의 개인화를 가져온 소니 워크맨 생산	1979	손드하임의 공포 뮤지컬 〈스위니 토드〉 초연
	1981	손드하임과 프린스의 마지막 뮤지컬 〈아름다운 시절〉

젊은이의 함성과 불안

베이비붐, 반전운동, 로큰롤

전쟁이 끝나자 전 세계 출생률이 급증했다. 1946년부터 1964년까지 미국에서만 7천 6백만 명의 아기가 태어났다. 안정과 번영이 기대되는 시기에 태어나 성장한 베이비붐 세대는 문화적으로 부모들과 전혀 다른 세대였다. 아메리칸 드림은 꿈이 아니라 현실이었고 행복한 가정에서 좋은 교육을 받는 것은 자연스러운 일이었다. 베이비붐 세대는 과거 어느 세대보다 고등교육을 많이 받았고 다수가 대학에 진학했다.

전쟁 후 태어난 아이들이 청소년이 되었을 때 새롭게 등장한 로큰롤의 강렬한 사운드와 적나라한 가사, '저질스런 엉덩이춤'은 이들을 매혹시켰다. 텔레비전을 문화 향유의 대표 매체로 삼은 첫 세대인 베이비붐 세대는 자신의 입맛과 정체성에 어울리는 새로운 엔터테인먼트를 적극적으로 즐겼다. 이들이 로큰롤 음반을 사는 것은 부모 취향에 저항하는 비교적 안전한 방식이었다. <웨스트 사이드 스토리>에서 번스타인은 맘보와 같은 라틴 음악으로 젊은이의 정체성을 찾으려고 했지만 1960년대 청소년의 음악은 로큰롤이었다.

로큰롤 Rock'n Roll은 아프리카계 미국인 방언에서 온 단어로 성적인 암시를 담고 있지만 이들에게는 별 문제가 되지 않았다. 전자기타의 굉음과 강력한 드럼 비트, 가사가 들리지 않더라도 마음껏 소리를 지를 수 있는 로큰롤은 청소년만의 특별한 문화였다. 도시에 살든, 시골에 살든, 백인이든 아프리카계이든, 부자이든 가난하든 로큰롤은 미국 청소년을 하나로 연결하는 고리였다. 베이비붐 세대가 청소년이 되었을 때 스스로를 '십대'라고 부르며 문화적 연대를 형성했다. 물론 이러한 십대 문화는 1950년대 대중음악 프로듀서가 상업적인 목적으로 만든 기획 상품이라는 비판도 있었지만 대중문화 주역이 베이비붐 세대로 전면 교체된 것은 분명했다.

로큰롤의 시작은 미국이었지만 전 세계에서 대중적인 인기를 누리게 된 것은 영국 록 그룹 비틀스의 등장 덕분이었다. 엘비스 프레슬리와 흑인 R&B 전통이 강한 미국 대중음악에 등장한 영국 보이 그룹 비틀스에 대한 미국 젊은이들의 열광은 예상치 못한 일이었다. 기성세대는 비틀스와 엘비스 프레슬리에 열광하는 십대를 이해할 수 없었고 세대 갈등은 깊어졌다.

1960년대에 들어서면서 베이비붐의 목소리는 문화 영역을 넘어 정치사회적인 행동으로 확대되었다. 흑인 인권운동, 베트남 전쟁, 케네디 대통령과 마틴 루서 킹 목사 암살 사건 등 역사적인 사건과 진보적인 사회 분위기 속에 아폴로 우주선 달 착륙 등 지구 너머를 꿈꾸던 1960년대는 미국 역사상 가장 문제적인 10년이었다. 이때 스무 살이 된 베이비붐 세대는 베트남 전쟁 참전의 당사자였고 문화의 주역이었다. 전쟁 경험 없이 부유한 미국에서 태어나고 자란 베이비붐 세대는 이상주의적이고 낭만적인 성향이 강했다. 이들은 미국과 소련의 냉전 상황에서 자유민주주의라는 명분을 지키겠다는 미국의 맹목적인 책임감을 이해할 수 없었다. 자신과 친구들이 먼 동남아 전쟁 지역

● 1960년대 워싱턴에서 벌어진 시위 현장. ©LOC

까지 나가 왜 피를 흘려야 하는지 의문을 품기 시작했다. 베이비붐 세대는 당시의 정치, 문화적 사건에 결정적인 역할을 담당하게 되었고 그들 스스로, 혹은 다른 이들에 의해 '로큰롤 세대'로 규정되었다. 로큰롤이 발전과 변화를 거듭해 '록'이 되면서 이 음악은 미국의 정치, 국내의 인종적 분위기, 베트남 전쟁을 바라보는 세대의 희망과 두려움에 대한 표현의 창구로서 더 중요한 역할을 수행하기 시작했다.[38]

한편, 유럽도 시끄러웠다. 1968년 프랑스 파리에서 베트남전에 공식 참전한 미국을 지지하는 샤를 드골 정부에 반대하는 대학생의 시위가 일어났다. 프랑스 대학생들이 촉발한 유럽의 68혁명은 노동자 시위와 결합하여 2차 대전의 승리를 이끈 드골 대통령을 퇴임시켰다. '프라하의 봄'으로 대표되는, 스탈린주의 소련에 대하여 저항하는 동유럽 지식인들의 운동 등 다양한 형태의 체제 비판 운동이 1960년대 말 유럽 전역을 휩쓸었다.

명분 없는 미국의 베트남 참전에 반대하는 분위기가 유럽 각국에서 팽배해지고 미국 내부 사정은 더욱 복잡해졌다. 대학마다 반전 시위가 이어졌고 흑인 인권운동가 마틴 루서 킹 목사가 암살을 당하자 수백만 명이 거리로 쏟아져 나와 저항운동을 펼쳤다. 운동은 다양한 분야로 확대되었다. 대표적인 움직임이 로큰롤과 결합된 히피 문화, 대안문화 Alternative Culture 운동이었다. 대안문화 운동은 정치적 변혁이라기보다는 기성세대의 생활 방식을 바꾸려는 문화혁명을 지향했다. 성 혁명과 페미니즘, 마약과 히피의 부족 생활로 대표되는 대안문화는 물질적 성공을 최고의 목표로 삼는 성취 사회를 거부하고 공동체 의식을 강조했다. 1969년 뉴욕 주에서 열린 우드스톡 페스티벌이

그 정점이었다. 그 곳에 모인 40만 명의 청년들은 로큰롤 음악과 마약에 몸과 정신을 맡기고 4일 동안 평화적이고 협동적인 생활을 실험했다. 그들은 인종과 젠더, 지역과 능력을 배제한 이상적인 공동체 사회의 건설이 가능하다고 믿었다. 하지만 희망은 잠시였다. 1969년 12월 캘리포니아 리버모어의 대규모 록 페스티벌에서 청년들은 폭도로 변했고 '히피'들은 폭력적인 '길거리의 사람들'로 의미가 축소되었다.[39)]

시대 변혁을 뮤지컬로 〈헤어〉

우드스톡 페스티벌과 베트남 반전운동, 비틀스 등장과 유럽 68혁명의 시대적 분위기는 뮤지컬에서 <헤어 Hair>(1968)로 표현되었다. 역사적인 사건과 새로운 뮤지컬의 등장이 동시에 일어나는 일은 매우 드문 일이어서 사건의 영향을 직접 가늠하기는 쉽지 않지만 1960년대 말 급변하는 사회 분위기가 작품에 강하게 반영된 것은 분명했다.

<헤어>는 오프 브로드웨이에서 출발했다. 당시 30대였던 배우 제임스 라도와 제롬 라니는 오픈 시어터 워크숍 Open Theater Workshop에서 뮤지컬 <헤어>를 구상했다. 국가 이념을 위해 전쟁터에 나가라는 명령에 무조건 복종해야 할 필요는 없다는 판단을 처음으로 제시한 세대가 만든 뮤지컬이었다. 2차 세계대전을 겪은 부모는 이해할 수 없는 생각이었지만 인간에게 무엇이 가장 소중한가 하는 문제에 천착한 젊은이들은 새로운 뮤지컬을 탄생시켰다. 브로드웨이 뮤지컬 전통을 계승하려던 제임스 라도는 비교적 온건한 인물이었지만 제롬 라니는 즉흥 연기에 빠져 있던 연극계의 이단아였다. 결이 다른 두 예술가

● 〈헤어〉, 1970년 브로드웨이 초연 공연의 모습. 아프리카계 배우가 핸드마이크를 들고 공연하고 있다. Martha Swope photographs ©NYPL.

는 젊은이들의 생각을 담은 혁신적인 뮤지컬 창작에 합의했고 갤트 맥더모트를 작곡가로 초빙했다. 맥더모트는 클래식을 전공했지만 작품의 새로운 접근방식과 의도에 동의하면서 펑크와 록 스타일을 음악 기조로 잡았다. 전형적인 쇼튠을 버리고 젊은 음악을 선택한 것이다.

짧게 자른 단정한 헤어스타일이 전통적인 남성 패션이라면 대안문화로서 히피의 상징은 장발, 롱 헤어였다. 제목 '헤어'는 그 자체로 히피 문화 뮤지컬임을 선언하였다. 덧붙여진 부제 '미국 부족인의 사랑, 록 뮤지컬 The American Tribal Love Rock Musical'은 히피의 부족성과 사랑과 평화의 정신, 록 음악을 강조했다.

오픈 시어터 워크숍에 선보인 <헤어>를 정식 무대로 데뷔시킨 것은 뉴욕의 대표적인 비영리극장인 퍼블릭 극장의 설립자 조지프 팝이었다. 그는 뉴욕 셰익스피어 페스티벌을 주관하며 상업적인 브로드웨이 연극에 대항하는 대안예술 기획자였다. 우리가 살고 있는 세상을 잘 반영하는 열정적인 작품을 찾고 있던 중 워크숍을 보고 페스티벌 개막작으로 <헤어>를 선택했다. 공연은 성공적이었다. 뮤지컬을 외면하던 젊은 세대의 열광적인 호응을 얻었고 브로드웨이 공연까지 성공으로 이어져 4년간 공연이 지속됐다. 브로드웨이 초연 연출은 아방가르드 연극의 대명사 라마마 극장 출신의 톰 오호건이 맡았다. 오호건은 오프 공연보다 더 과감하고 실험적인 무대를 선보이며 브로드웨이에 센세이션을 일으켰다. 기존의 플롯이나 장면 구성은 완전히 무시하고 즉흥연기를 통해 각자의 역할에 따라 인물의 해석을 배우들에게 자유롭게 맡겼다. 무대와 객석을 자유로이 넘나들며 연기하고 노래하는 배우들은 무선 마이크를 숨기지 않고 오히려 눈에 띄는 핸드마이크를 들고 다녔다. 무대 위의 환상을 깬 작품은 브레히트의 연극 정신을 살렸다. '대본도 없고 춤도 없다. 오직 음악만이 말을 한다'며 강렬한 드럼 비트와 전자기타 소음 가득한 로큰롤의 특징을 극대화하였다.

인종의 융합, 마약, 동성애, 국기 훼손, 프리섹스 등의 내용을 노골적으로 담고 있는 <헤어>는 보수적인 브로드웨이에 큰 충격을 주었고 심지어 공포감을 느끼기까지 했다. 일부에서는 <헤어> 공연에 항의 시위를 벌이기도 했다. 시끄럽게 확성된 전기음향과 거친 사운드, 빠르고 변화무쌍한 리듬은 세대 갈등을 자극했다. 뮤지컬 선배들은 한 목소리로 <헤어>를 공격했다. 리처드 로저스는 '삼류 음악'이라고 혹평을 했고 레너드 번스타인도 더 이상 들을 가치가 없다며 객석을 박차고 나갔다. 하지만 공연은 성황리에 이어졌고 이 시대의 찬가가 된 '물병자리 Aquarius', '굿모닝 스타샤인 Good Morning Starshine' 등의 넘버가 인기를 끌어 음반시장에서도 성공을 거두었다. 1979년에 밀로스 포만이 감독한 영화도 흥행을 했다.

무엇보다 이들의 과감한 시도는 브로드웨이에 신선한 바람을 일으켰다. 보수와 상업의 상징인 브로드웨이에서 <헤어>는 히피 문화와 오프 브로드웨이의 예술적 실험의 결합을 이루어내며 보기 좋게 뮤지컬 전통을 깨부숴다. 톰 오호건이 "변화하는 사회 현상을 폭발적인 에너지와 파워로 잘 표현할 수 있는 공연 형식을 창조할 기회를 얻게 된 것이 행운"[40]이라고 회고한 것은 <헤어>가 얼마나 빠르게 시대정신을 담아낸 작품인지를 이해하게 한다.

<헤어>는 작품 자체의 성공보다 새로운 세대를 정의한 뮤지컬로서 역사에 분수령을 만들었다. 이후 여러 차례의 리바이벌이 있었지만 초연의 파격을 넘어서지 못했다. 뮤지컬 역사가 로버트 브루스타인은 "<헤어>는 뮤지컬 자체로 하나의 혁명을 대표하지는 못했다 해도 새로운 뮤지컬의 길을 제시했다. 이제 더 이상 확신에 차서 리처드 로저스 스타일의 곡을 쓸 수는 없었다"고 지적했다.[41] <헤어>가 보여준 혁명정신은 오래지 않아 브로드웨이와 그 바깥 지역으로까지 확산되었다. 록 오페라 스타일의 <지저스 크라이스트 슈퍼스타>와 <에비타>, 대사와 록 음악이 섞인 뮤지컬 <갓스펠>과 <그리스>가 뒤를 이었다. 구체적인 플롯이 없는 앙상블 뮤지컬 스타일은 <코러스 라인>에서, 무대와 객석의 벽을 허무는 연출방식은 1980년대 <캣츠>에서 다시 확인할 수 있었다.

곧바로 이어진 런던 공연에서는 동성애, 누드 등 사회 문제를 다룬 작품이 영국 정부의 검열에 걸리면서 공연의 성사 여부가 이슈가 되었다. 20세기 중반까지 국가의 공연 검열은 사회 문제였고, 1737년부터 시행되던 면허법은 <헤어> 런던 공연을 계기로 200여 년 만에 공식 폐지되었다.

록 오페라 〈지저스 크라이스트 슈퍼스타〉〈에비타〉

1950년대 엘비스 프레슬리로부터 로큰롤이 시작되었지만 록 음악의 본격적인 시작은 영국 보이그룹부터였다. 비틀스가 록 음악계에서 특별한 위치를 차지한 데에는 젊은 아이돌 밴드라는 음악 외적인 이유도 있지만 '콘셉트 앨범'이라는 새로운 음반 형식의 힘이 결정적이었다. 「페퍼 상사의 론리 하츠 클럽 밴드 Sgt. Pepper's Lonely Hearts Club Band」(1967)는 전기 음향이 강렬한 새로운 사운드를 믹싱한 첨단 스튜디오에서 녹음했을 뿐 아니라 음반을 관통하는 특정 주제를 담고 있었다.

1970년대에 이르러서는 아티스트 자신들의 관심 주제를 노래하는 '콘셉트 앨범'이 보편화되기 시작했다. 콘셉트 앨범에 실린 모든 곡은 일관된 스토리에 관한 가사를 담고 있으며 연속적인 음악을 담았기에 '록 오페라'나 '록 뮤지컬'의 성격을 띠었다. 핵심 주제를 일관되게 담은 록 음반은 쉽게 영화나 무대 공연물로 전환할 수 있었다. 그런 의미에서 진정한 콘셉트 앨범은 영국의 록 그룹 더 후의 「토미Tommy」(1969)였다. 더 후의 리더이자 기타리스트인 피트 타운센드는 자신의 인생 경험과 가족 이야기를 담은 '장애인 소년 토미'에 관한 음반을 출시하며 '록 오페라'라는 타이틀을 사용했다.★ 「토미」는 4인조 록 그룹 편성에 서곡부터 24곡을 담은 음반이었다. 하지만 콘셉트 앨범이 본격 뮤지컬로 무대화 된 최초의 작품은 팀 라이스와 앤드루 로이드 웨버가 쓴 <지저스 크라이스트 슈퍼스타 Jesus Christ Superstar>(1971)였다.

1965년 스무 살의 수습 변호사로 대중가사 작업을 하던 팀 라이스는 십대의 클래식 음악도 앤드루 로이드 웨버에게 "너의 노래에 최신 유행 가사를 붙여주겠다"며 편지를 보냈다. 이 서신은 1968년 학교 공연용 작품을 쓰는 단초가 되었다. 학생들에게 구약 성서를 흥미롭게 이해시키기 위해 제작된 <요셉과 놀라운 색동옷 Joseph Amazing Technicolor Dreamcoat>(1968, 런던)은 정식 뮤지컬이라기보다 '팝 칸타타' 형식이었다. 음악가 집안에서 성장하고 왕립음악원에서 공부한 로이드 웨버는 클래식 음악에서 리처드 로저스 풍의 뮤지컬 쇼튠, 당시 팝음악까지 스펙트럼이 넓은 음악가였다. 라이스는 영국 중산층 출신으로 팝 시장에서 어느 정도 알려진 작사가였는데 풍자적이고 현대적인 가사로 유명했다.

막 스무 살이 된 로이드 웨버와 20대 중반의 라이스는 예수가 죽기 전 7일간의 행적을 본격적으로 다룰 록 오페라를 준비했다. 라이스가 낸 처음의 아이디어는 유다를 주인공으로 한 드라마였다. 주인공으로

★ 콘셉트 앨범 「토미 Tommy」는 1993년에 가서야 브로드웨이 뮤지컬 〈토미〉로 제작됐다.

매력적인 배신자 유다는 기존의 질서를 뒤집고 세상을 바꾸려는 젊은 이들의 욕망에 부응하는 인물을 상징했다. 싱글음반의 타이틀은 '지저스 크라이스트 슈퍼스타'로 예수 그리스도를 내세우며 타협했지만 이야기를 이끌고 가는 인물은 유다였다.

록 음반 시장에서는 '콘셉트 앨범'이 대세였지만 무명인 로이드 웨버와 라이스는 자금 부족으로 싱글 음반 한 장밖에는 출시할 수 없었다. 이 싱글 음반은 시장에 나오자마자 미국과 영국 팝 차트 상위권에 빠르게 진입했다. 전문 음반사 MCA는 대형 오케스트라와 록 밴드의 반주로 1970년 두 장의 정식 콘셉트 앨범을 발매했다. 영국의 공영방송 BBC는 위험한 앨범의 방송을 금지했지만 미국의 빌보드에서는 장기간 상위권을 유지했고 미국 순회 콘서트도 대성황이었다.

영국 출신 앙팡 테리블 Enfant Terrible(무서운 아이들) 로이드 웨버와 라이스의 록 오페라 음반의 인기는 브로드웨이에서 뮤지컬을 올리는 계획으로 이어졌다. 호주 출신 프로듀서 로버트 스틱우드는 음반 출시와 동시에 록 오페라의 공연 저작권 계약을 맺었다. 그리고는 1971년 브로드웨이 마크 헬링거 극장과 계약하는 등 일찌감치 공연을 준비했다. 런던 공연은 브로드웨이 공연보다 한 해 뒤인 1972년 시작되었다. 로큰롤이 미국에서 시작되었고 록 뮤지컬도 브로드웨이 뮤지컬 <헤어>가 문을 열었지만 록 정신을 극대화하고 혁명적으로 사용한 뮤지컬은 영국의 젊은 콤비 팀 라이스와 앤드루 로이드 웨버의 작품이었다. 로이드 웨버는 <올리버!>를 쓴 라이오넬 바트를 영국 모던 뮤지컬의 아버지라고 말했지만 그가 쓰고자 한 뮤지컬은 <올리버!>와 같은 과거의 스타일이 아니었다. 그는 록 음악이 틴 팬 앨리의 정제

된 쇼튠 스타일에 대한 거부임을 잘 알고 있었다. 거친 가사와 요동치는 에너지, 노골적인 감성의 폭발이야말로 자신들의 메시지를 전달할 중요한 매체라는 사실에 주목했다.

<지저스 크라이스트 슈퍼스타>는 성경을 바탕으로 하지만 인물의 성격은 기독교의 가르침에서 벗어나 있었다. 예수가 자신을 의심하는 것으로 괴로워하는 오프닝 넘버 '마음속의 천국 Heaven on Their Minds'이나 유다와 심하게 다툰 예수가 동산에 올라 울부짖으며 부르는 '겟세마네 Gethsemane'는 인간적인 고통과 번민에 사로잡힌 예수의 캐릭터를 리얼하게 보여준다. 막달라 마리아가 예수에 대해 느끼는 사랑의 감정을 마치 연인 간의 사랑처럼 표현한 '그를 어떻게 사랑할까 I Don't Know How to Love Him'와 같은 넘버는 성경에 대한 배반처럼 들렸다. 음악 역시 브로드웨이 취향에 정면으로 도전장을 낸 스타일이었다. '겟세마네'는 고전적인 서정성과 하드록이 섞여있고 '그를 어떻게 사랑할까'는 전형적인 발라드였다. 작품 전체에 흐르는 록 사운드는 브로드웨이를 불편하게 하는 동시에 젊은이를 자극하기에 충분했다. 록 오페라 <지저스 크라이스트 슈퍼스타>는 드라마의 세밀한 전개보다는 음악적 사건들로 작품을 끝까지 밀어붙이겠다는 로이드 웨버와 라이스의 포부를 그대로 담았다.

<헤어>로 뮤지컬에 아방가르드 정신을 강하게 전달했던 연출자 톰 오호건은 <지저스 크라이스트 슈퍼스타>에서 록 음악의 강렬함을 더욱 부각시켰다. 유다, 마리아, 헤롯 왕 등 예수 외의 인물에게도 확고한 캐릭터를 부여하여 연극성을 강화하고 하늘을 나는 천사, 레이저 빔, 금 십자가에 못 박힌 예수 등 엄청난 무대 세트로 관객들을

• 1973년 출시된 영화 〈지저스 크라이스트 수퍼스타〉. 예수역은 테드 넬리, 마리아 역에 이본 엘리먼이 출연하였다. NBC television premiere of the film., Public domain, via Wikimedia Commons

놀라게 했다. 막이 오른 <지저스 크라이스트 슈퍼스타>는 논란의 중심에 섰다. 브로드웨이 극장 밖에서는 메시아를 모독한다는 이유로 보수적인 기독교 신자들이 데모를 했고 유대인들은 헤롯왕이나 사제들이 예수를 죽음으로 몰아간 것으로 보여준 연출에 불만을 가졌다. 한쪽에는 젊은이들이 뮤지컬을 보려고 줄을 서고, 다른 한쪽에서는 신자들이 피켓을 들고 항의하는 장면은 <지저스 크라이스트 슈퍼스

타>의 위상을 그대로 보여주었다. 브로드웨이 기존 관객들은 저항 정신의 상징인 록 사운드가 여러 모로 불편했다. 브로드웨이 쇼튠과 달리 거친 에너지로 고동치고 노골적으로 감성을 노출하는 록 음악, 록 뮤지컬이 한심해 보였다. '하류 계층의 미국 흑인과 백인 음악을 결합하여 만들어진 음악'이라며 폄하받던 록이 1960년대 아웃사이더로 출발하여 대중음악의 주류 지위를 획득한 후였기에 당시 브로드웨이 쇼튠 지지자들의 박탈감은 더 컸다.

언론의 평가는 엇갈렸지만 빌보드 차트의 석권과 연일 뉴스를 장식하는 시위 행렬은 작품 홍보의 최고 요건이었다. 막이 오르기 전에 뮤지컬 티켓 매출은 1백만 달러를 기록했다. 자본이 부족해서 음반을 먼저 출시했고 작품에 대한 시끄러운 논란으로 고통스러웠지만 공연이 성공하자, 스캔들이나 음반 사전 출시는 대단한 마케팅 전략으로 평가되었다. 논란과 열광 속에 브로드웨이 공연은 2년 만에 끝났고 런던에서는 8년 이상 공연하며 대성공을 이루었다.

영화로도 제작된 <지저스 크라이스트 슈퍼스타>는 1990년대와 2000년대 여러 차례 리바이벌되었다. 초연 후 40년이 지난 2012년 런던 밀레니엄 돔 아레나 O2에서 리바이벌 된 <지저스 크라이스트 슈퍼스타>는 당시의 국제 정치 상황을 반영한 연출로 화제를 모았다. 로이드 웨버는 당초에 의도했던 '록 오페라', '록 칸타타'가 드디어 구현되었다고 말했다. 프로시니엄 극장 안의 <지저스 크라이스트 슈퍼스타>는 맞지 않는 구두를 신은 듯 답답했는데 아레나 무대에서 모두 해소되었다며 만족감을 표현했다. <지저스 크라이스트 슈퍼스타>는 1973년 프랑스어 버전을 비롯하여 스페인어, 스웨덴어 등 다양한 언

● 뮤지컬 영화 〈에비타〉의 주인공 에바 페론으로 출연한 마돈나. Public domain, via Wikimedia Commons

어로 각색되어 공연되었다.

두 번째 로큰롤 뮤지컬은 대사 없이 이어진 성스루* 뮤지컬 <에비타 Evita>(1978, 런던)였다. 현대사의 정치 이슈에 관심이 많던 팀 라이스는 아르헨티나의 독재자 후안 페론의 아내 에바 페론의 일대기를 뮤지컬로 썼다. <에비타>는 뉴스 속 인물을 주인공으로 세운 특별한 작품이었다. <에비타>는 <지저스 크라이스트 슈퍼스타>와 마찬가지로 스튜디오에서 녹음한 콘셉트 음반을 먼저 출시하고 공연을 올리는 전략을 구사했다. 영국 가수 줄리 코빙턴이 녹음한 '나를 위해

---

* 성스루 뮤지컬 Sung-Through Musical은 대사 없이 노래로만 공연되는 뮤지컬을 말한다. 〈지저스 크라이스트 슈퍼스타〉, 〈레미제라블〉 등이 대표적이다.

울지마오, 아르헨티나여 Don't Cry for Me, Argentina'는 영국과 미국 팝 차트를 석권하며 1백만 장 판매 기록을 세웠고 2년 후 런던에서 뮤지컬이 초연되었다. 음반 판매 기록은 뮤지컬의 인기로 바로 이어졌다. <지저스 크라이스트 슈퍼스타>가 세계적인 뮤지컬이 되기 위해 브로드웨이 초연을 선택하며 본격 뮤지컬 시장의 주목을 의도했다면 <에비타>는 창작자의 고향 런던에서 초연하는 안정적 개막을 선택해도 충분했다.

뮤지컬 <에비타> 흥행의 중심에는 미국 연출가 해롤드 프린스가 있었다. 손드하임과 함께 콘셉트 뮤지컬의 시대를 연 프린스는 좀더 대중적인 뮤지컬을 연출하고자 손드하임과 결별했다. 그리고 로이드 웨버의 <에비타>를 만났다. 프린스는 체 게바라로 추정되는 인물 '체'를 해설자로 등장시켜 에바의 인생 역정을 따라가는 연출 방식을 택했다. 쿠바 혁명의 대명사로 알려진 아르헨티나 출신 운동가 체 게바라와 에바 페론은 실제로 만난 적이 없었지만 프린스는 체에게 에바 인생과 민중의 행태를 조롱하는 역할을 부여했다. 체의 첫 넘버 '웬 서커스야! Oh, What a Circus!'는 어리석은 민중에 대한 조롱이며 무대에 대한 거리두기 장치였다. 작품의 대표곡 '나를 위해 울지 마오, 아르헨티나여'는 2막 초반, 페론이 대통령에 당선된 후 대중 앞에서 에바가 연설하는 장면에서 불린다. 연출자 프린스는 이 장면에서 단단한 목소리로 국민과 객석의 관객들에게 강렬한 시선을 던질 것을 요구하며 에비타의 존재를 확고하게 부각시켰다.

<에비타>는 로이드 웨버와 라이스가 의도했던 '음악적 사건의 연결'을 잘 보여준 뮤지컬이었다. 음악은 록 음악을 기조로 라틴 음악,

발라드, 고전적인 교향악 편곡 등 다양한 스타일이 포함되었다. 음반으로 인기를 끌었던 줄리 코빙턴이 사고로 출연하지 못하게 되자 웨스트엔드 초연에는 전국적인 오디션으로 주역을 선발했다. 런던 <헤어> 공연에서 조연을 맡았던 무명 배우 일레인 페이지가 에바 역을 거머쥐었다. 페이지는 <에비타> 이후 <캣츠>, <레미제라블> 등의 주역을 맡으며 영국 최고의 뮤지컬 스타로 부상했다. 브로드웨이에서는 페티 루폰이 에바를 맡았고 14년 후 제작된 영화 버전에서는 팝스타 마돈나가 에바를 맡으며 여성 최고 스타들의 역할로 자리매김하였다. 영국 가디언지는 '대담하고 매혹적인 쇼'라고 극찬한 반면 미국의 뉴욕타임스는 '혐오스러운 가공품'이라고 혹평했다. <에비타>는 런던에서 8년, 뉴욕에서 5년간 장기 공연했다. <지저스 크라이스트 슈퍼스타>는 토니상을 하나도 받지 못했지만 <에비타>는 토니상 5개 부문을 수상하여 브로드웨이의 공인을 받았다.

록 뮤지컬의 시도들

<지저스 크라이스트 슈퍼스타>와 같은 해 오프 브로드웨이의 라마마 극장에서 개막한 <갓스펠 Godspell>(1971)도 록 음악을 사용한 뮤지컬이었다. 극작가 존 마이클 테벨락이 마태복음과 옛날 찬송가로 학교 공연으로 발표했던 뮤지컬을 스티븐 슈왈츠가 새롭게 곡을 써서 완성했다. <갓스펠>은 예수 그리스도를 젊은 배우들을 가르치는 선생과 같은 유쾌한 모습으로 그려냈다. '매일 Day by Day' 등 찬송가부터 발라드, 록 음악까지 망라한 슈왈츠의 음악은 이해하기 쉬운

넘버들로 인기를 끌어 오프에서 6년, 브로드웨이에서 1년 이상 공연되었다. 슈왈츠는 안무가 밥 포시와 함께 프랑스 샤를마뉴 대제의 이야기를 다룬 <피핀 Pippin>(1972)도 록과 팝 음악을 위주로 제작했다.

록 뮤지컬 <그리스 Grease>(1972)는 시카고 디스코클럽에서 5시간짜리 공연으로 시작되어 오프 브로드웨이를 거쳐 브로드웨이에 진출했다. 1950년대 로큰롤 문화의 세례를 받으며 청소년기를 보냈던 짐 제이콥스와 워렌 케이시가 성인이 되어 만든 <그리스>는 자신들의 청소년 시절을 추억하며 당시의 음악과 스타일을 살려냈다. 고등학교 졸업반으로 부모의 품을 막 벗어나 세상으로 나갈 준비를 하는 십대들의 꿈과 열정, 사랑을 그렸다. 엘비스 프레슬리 시절 초기 로큰롤 스타일의 다소 촌스러운 사운드와 포마드를 발라 빗어 넘긴 헤어스타일과, 십대 소년들의 괜한 자존심 대결, 과장된 연애 감정이 부담스럽지 않게 구성되어 어른과 청소년 모두에게 인기를 누렸다. 1980년까지 8년간 3,388회를 공연한 <그리스>는 당시까지 브로드웨이 최장 공연 기록을 달성했다. 1978년에는 프로듀서 로버트 스틱우드가 동명의 영화를 제작했는데 당시 아이돌 스타였던 존 트라볼타와 올리비아 뉴턴 존을 캐스팅하여 전 세계 청소년들을 열광시켰다.

영국에서 만든 <록키 호러 쇼 Rocky Horror Show>(1973)는 이색적인 록 뮤지컬이다. 런던 로열코트 극장 2층에 위치한 63석 규모의 소극장에서 시작한 작품은 리처드 오브라이언이 대본과 곡을 쓴 요절복통 호러 쇼였다. <헤어>에서 배우로 출연했던 오브라이언은 그 이상의 대담한 작품을 구상했다. <록키 호러 쇼>는 1950년대 로큰롤 음악을 토대로 하지만 공포영화와 공상과학 텔레비전 프로그램에서 나올 만한 요소들을 얼기설기 엮어 중산층의 위선을 풍자하는 뮤지컬이다. 런던에서는 7년간 롱런했지만 뉴욕 공연은 두 달 만에 막을 내리며 흥행에 실패했다. 하지만 1975년 영화 <록키 호러 픽쳐 쇼>가 히트하면서 컬트적인 지지를 넘어서는 대중적인 인기를 누렸다. 젊은 관객들은 등장인물처럼 괴상한 옷을 입고 극장에 와서 배우와 함께 노래하고 춤을 추기도 했으며 폭풍우 장면에서는 비를 객석에 뿌리며 함께 즐겼다. 록 콘서트처럼 관객들의 참여가 자연스러운 공연이었다.

록 음악은 1960년대 대중음악의 가장 중요한 흐름이었고 뮤지컬에도 충격을 주었지만, 록 뮤지컬은 브로드웨이에서 소수 집단만이 열광하는 컬트적인 공연이거나 대서양 너머에서 건너온 일시적인 공연 정도로 과소평가하는 경향이 있었다. 브로드웨이를 유지하는 것은 여전히 전통적인 뮤지컬 송라이터 세대인 존 칸더, 싸이 콜맨, 스티븐 손드하임, 제리 허먼이었다. 그들은 모두 '30대 이상'이었고 20대 관객의 취향에 익숙하지 않았다. 록 음악에 이방인이었던 그들은 여전히 어른 음악에 매달렸다. 대중음악 산업은 20대 이하를 목표로 하고 있었고 브로드웨이 창작자들은 록 문화를 외면했다. 칸더는 당시 브로드웨이를 이렇게 평했다. "팝 음악은 공연 음악에 관심을 가지지 않았고, 공연 음악을 쓰는 사람은 시장을 포기해야 했다."[42]

침체 속 새로운 경향

석유파동과 브로드웨이의 침체

베트남 전쟁에 참전한 미국을 둘러싼 국내외의 반전 운동과 미국의 패전은 자유 진영 최고의 리더 미국의 위상에 큰 상처를 남겼다. 아프리카와 남아메리카, 아시아 등 제3세계 국가들이 연합하고 미국과 소련 외에도 영국, 프랑스, 중국 등 핵보유국이 늘어나면서 양극 체제로 뚜렷했던 국제 질서가 무너지기 시작했다. 자유주의와 공산주의라는 큰 이데올로기보다는 자국의 이익을 우선하는 분위기가 팽배해졌다.

닉슨 대통령은 1970년대 초 미국 대통령으로는 처음으로 소련, 중국과 대화했고 냉전의 긴장은 서서히 완화되기 시작했다. 승승장구하던 닉슨 대통령은 1972년 워터게이트 사건으로 임기 도중 사임하게 되었다. 공화당 소속 닉슨 대통령의 재선을 주도하던 비밀공작반인 민주당 전국위원회가 입주한 워터게이트 빌딩에 도청장치를 설치하려다 발각된 워터게이트 사건은 민주주의의 리더로 부상하던 미국의 입지를 크게 약화시켰다. 미국 대통령이 불명예로 중도 사임한 이 사건은 베이비붐 세대가 걸었던 사회 변혁의 열망에 찬물을 끼얹었다. 그들은 이상주의적인 정치에 환멸을 느끼며 거대 담론에 냉소적인 태도를 가지기 시작했다. 1960년대 히피의 문화적 변혁을 꿈꾸며 거친 발언을 서슴지 않던 베이비붐 세대는 1970년대 '미 제너레이션

Me Generation'(자기중심세대)로 변했다. 공동체의 목표와 이상보다는 개인의 행복만을 추구하는 나르시시즘이 팽배했고 국가에 대한 충성심은 물론 회사나 단체에서의 존경심도 사라지기 시작했다.

냉전 체제 초반에 강력하게 작동되던 미국의 리더십은 경제적인 위기로 또 다른 타격을 입었다. 중동에서 발발한 석유파동은 무한 발전을 기대하던 세계 경제에 급제동을 걸었다. 1967년과 1973년 두 차례의 중동전쟁에서 미국과 서방 자유진영은 이스라엘 편에 서며 이슬람 아랍국가의 적이 되었다. 1973년 아랍 지역의 산유국 협의체인 석유수출국기구 OPEC는 유가를 두 달 만에 4배로 인상하고 미국, 서유럽, 일본 등에 석유 수출을 금지했다. 예상치 못한 1차 오일쇼크는 전 세계 경제를 급격한 충격으로 몰아넣었다.

관객층의 변화와 음악 스타일의 변화, 뉴욕 도심의 공동화 현상이 뮤지컬의 성지 브로드웨이의 영향력을 약화시키는 내부적인 요인이었다면 1970년대 오일쇼크와 경기 침체는 외부의 강력한 타격이었다. 연극사가 잭 포기는『미국 연극의 경제적 영향』에서 1960년대 뉴욕시에 거주하는 배우 중 3%만이 공연으로 생활하고 있으며 나머지는 식당에서 웨이터를 하거나 활동을 포기하고 있다고 지적했다.[43] 황금시대가 끝난 1970년대 브로드웨이의 실상은 더 심각했다. 중산층은 도시를 떠나 교외로 나갔고 도심은 텅 비었다. 브로드웨이는 도심 몰락의 상징이었다. 거대한 흰 불빛의 거리로 휘황찬란했던 브로드웨이는 섹스 숍과 창녀촌이 가득한 어둠의 거리로 몰락했다. 프리섹스를 내세우며 히피 문화에 편승한 것처럼 보였던 <오 캘커타 Oh! Calcutta>(1969)는 내용의 혁명성 때문이 아니라 배우들의 전라 연기로 관심을 끌어 롱런했다. 인플레이션이 심각해졌고 뮤지컬 제작비도 급격하게 상승했다. 티켓 가격도 동반 상승하면서 관객도 빠르게 줄어들었다.

브로드웨이의 열악한 환경은 역설적으로 뮤지컬이라는 매체를 다양한 방식으로 실험할 수 있는 공간을 만들어주었다. 뮤지컬 제작에 있어서 '성공의 방정식'이 분명했던 황금시대에는 새로운 시도가 들어설 자리가 없었다. 좋은 송라이터나 창작 팀을 찾기만 하면 투자도, 흥행도 자연스럽게 따라왔다. 황금시대가 막을 내리면서 브로드웨이 흥행의 왕도는 사라졌고 뮤지컬 시장은 고전했지만 뮤지컬 장르를 실험할 수 있는 공간은 넓어졌다. 전반적으로 뮤지컬 시장이 어려운 상황이었기에 오프의 실험작이 거둔 작은 성공이라도 크게 부각되었다.

전통적인 뮤지컬은 '아메리칸 드림'의 무대였지만 1970년대의 중요 작품들은 이런 신화 자체에 도전하고 질문하거나(<시카고>, <카바레>), 쇼 비즈니스의 익숙한 길에 대한 의문(<코러스 라인>)을 제기했다. 뮤지컬과 쇼 비즈니스에 대한 문제를 다루는 '메타뮤지컬'* 은 스스로를 반성적인 시각으로 살펴보거나 매스미디어가 주도하는 대중문화의 과잉을 비판하는 경향을 보였다. 침체된 브로드웨이를 타개하는 방식은 화려한 과거나 미지의 세계에 대한 그리움을 자극하는 방식이 아닌 시대의 어둠을 비판적인 시각으로 바라보는 일이었다.

* 메타뮤지컬 meta-musical. 뮤지컬을 바깥에서 바라보며 뮤지컬의 관습과 본질이 무엇인지 질문하며 탐색하는 대안적인 뮤지컬. 21세기에 뉴 뮤지컬의 형태로 다시 등장하게 된다.

새로운 경향, 연출·안무가의 시대

20세기 들어서면서 연극에서는 희곡 텍스트가 아닌 공연 자체에 대한 가치를 새롭게 생각하자는 시도가 크게 늘어났다. 수천 년 동안 극 텍스트는 문자로 쓰인 희곡과 동격이었고 연극의 작가는 극작가였다. <오이디푸스>는 소포클레스의 작품이었고 <햄릿>은 셰익스피어의 것이었다. 희곡을 재해석하고 배우에게 등장인물의 성격을 부여하고 시각화할 것인가를 책임지는 연출가라는 역할이 공식적으로 인정된 것이 19세기 중반부터였다. 20세기 들어서서는 주어진 희곡을 어떻게 해석하여 무대화하는가에 따라 다른 연극 작품으로 받아들여지기 시작했다. 극작가 안톤 체호프나 아서 밀러와 함께 콘스탄틴 스타니슬랍스키나 피터 브룩과 같은 연출가의 역할이 중요해졌다. <햄릿>의 작가는 셰익스피어지만 누가 연출하는가에 따라 다른 연극으로 이해하게 되었다. 주어진 희곡을 해석하는 연출의 '의도'와 무대화는 공연의 핵심으로 부각됐다. 연출의 시대가 온 것이다.

<오클라호마!>에서 연출가 루벤 마물리안은 좋은 연출 작업을 보여주었지만 그의 역할은 로저스-해어스타인 2세의 텍스트를 해석하는 수준에 머물러야 했다. 아그네스 드 밀이 '드림 발레'로 스토리 통합에 춤이 어떠한 역할을 할 수 있는가를 보여주었지만 뮤지컬 전체를 '춤' 시각에서 관통하는 아이디어로 발전시키지는 못했다. 연출과 안무로 뮤지컬 분야에서 최초로 작가 대접을 받은 인물은 <웨스트 사이드 스토리>의 제롬 로빈스였다. 번스타인의 악보와 아서 로렌스의 대본, 손드하임의 가사가 있었지만 <로미오와 줄리엣>을 1950년대 말 뉴욕의 이야기로 생생하게 만들어낸 공은 연출(안무)의 힘이었다.

연출의 역할이 중요해지면서 1920년대와 30년대를 풍미했던 뮤지컬 코미디 시대 송앤댄스의 가치를 재조명하게 되었다. 완전한 이야기 구조와 무관하게 무대 위의 퍼포먼스나 변화 가능성에 큰 의미를 두었고 춤이나 무대 동선, 디자인과 같은 공연의 재현 양식이 중요해졌다. 제롬 로빈스의 잇따른 성공은 춤을 기본으로 한 연출의 가치가 인정받기 시작한 분위기와 무관하지 않았다. 손드하임의 <컴퍼니>를 안무한 마이클 베넷은 1970년대 최고의 흥행작 <코러스 라인>을 통해 뮤지컬에서 춤의 존재를 새롭게 조명했다. 댄서와 가수로 출발하여 황금시대 <파자마 게임>, <댐 양키스>, <스위트 채리티>, <피핀> 안무가로 작품을 성공시킨 밥 포시는 뮤지컬 안무의 대표 예술가가 되었다. 그는 <시카고 >(1974)와 <올 댓 재즈 All That Jazz>(1979)를 통해 '밥 포시' 스타일을 각인시키며 뮤지컬을 '안무의 시각'으로 보게 만든 장본인이다. 그 외에도 토미 튠과 고어 챔피언 등이 안무의 시대를 이어갔으며 1990년대 이후에도 수잔 스트로만 등 발군의 안무 겸 연출가가 등장하며 뮤지컬에서 안무의 예술적 존재감이 커졌다.

연출 자체로 대중들이 이름을 기억하게 된 것은 <헤어>가 특별했다. 퍼블릭 극장 초연 당시 예술감독 제럴드 프리드만이 연출한 오프 버전과 톰 오호건이 연출한 브로드웨이 버전은 전혀 다른 작품이었고 이것이 화제였다. 같은 텍스트로 상당히 다르게 접근한 <헤어>는 뮤지컬 장르에서도 작가로서의 연출가를 공식화했다. 톰 오호건은 브로드웨이가 침체의 늪에서 허덕이며 만들어놓은 새로운 공간에 오프와 오프 오프의 아방가르드 실험적인 연출 방식을 성공적으로 안착시켰다.

연출의 존재감은 손드하임과 협력한 해롤드 프린스의 등장으로 확실해졌다. 2차 대전 전후 베를린의 엄혹한 분위기를 현대적으로 해석한 <카바레>는 '작가주의' 연출의 시대를 예고했다. 프린스는 손드하임과 만나면서 <컴퍼니>와 <폴리스>, <스위니 토드>를 통해 황금시대 이후 줄곧 브로드웨이를 지배했던 통합 뮤지컬과 전혀 다른 '콘셉트 뮤지컬'이라는 새로운 영역을 개척했다. 프린스는 손드하임의 <폴리스>를 연출하면서 "대본은 블로킹을, 악보는 안무를 요구한다"며[44] 문서화된 텍스트 이상의 해석이 뮤지컬 창작에 필수적인 요소임을 피력했다. 그는 손드하임과 의기투합하여 뮤지컬 특유의 무대화 작업에 대한 아이디어를 콘셉트 뮤지컬로 완성해냈다. 그 후 프린스는 손드하임을 떠나 앤드루 로이드 웨버와 함께 <에비타>, <오페라의 유령>을 만들면서 흥행과 작품성 모두를 거머쥔 최고의 뮤지컬 연출가로 등극했다.

연출과 안무가 주도하는 뮤지컬의 무대 재현방식이 중요해지면서 작품을 쓰는 방식도 달라졌다. 스토리와 플롯으로부터 어느 정도 자유로워지자 콘셉트 뮤지컬은 '뮤지컬'이라는 매체의 고유한 특성을 탐색하기 시작했다. 콘셉트 뮤지컬이라는 새로운 종류의 쇼는 텍스트보다 퍼포먼스가 우위에 있었다. 퍼포먼스의 완성도를 높이기 위해 대본의 비중을 낮췄고 문학이 원작일 경우라도 서사의 전개보다는 어떤 재현양식으로 뮤지컬을 전개할 것인가를 고민했다.

이 과정에서 연출가와 안무가들은 과거에 '쇼'를 구성했던 방법들을 탐색했다. 그들이 역사를 통해 재발견한 재현 형식은 다양했다.

<피핀>은 '코메디아 델라르테'의 양식을 차용했고 손드하임의 <폴리스>는 레뷰, <바넘>은 서커스 양식을 도입했다. <카바레>는 이름 그대로 20세기 초반의 카바레 문화를 뮤지컬로 가져왔으며 <시카고>는 보드빌 쇼 형식을 취했다. <코러스 라인>은 브로드웨이 뮤지컬 자체를 패러디하거나 오마주하는 재현 형식을 보여주었다. 손드하임과 프린스가 추구한 '콘셉트 뮤지컬'은 플롯과 연출 스타일 사이의 긴장으로부터 작품의 의미를 표현하고자 했다. 모던한 형식 안에 뮤지컬을 재구축하기 위하여 전통적인 브로드웨이 뮤지컬의 구조나 주제를 타파하면서도 즐거움이라는 기능은 잃지 않고 목표를 성취해 내려는 시도였다.

연출과 안무가의 시대는 포스터의 메인 카피에도 변화를 가져왔다. 황금시대에는 로저스와 해머스타인 쇼, 어빙 벌린의 쇼와 같이 작가와 작곡가를 포스터 정면에 내세웠지만 1970년대 뮤지컬 포스터에는 밥 포시의 쇼, 베넷의 쇼, 프린스의 쇼, 고어 챔피언의 쇼와 같이 연출과 안무가를 전면에 내세웠다. 뮤지컬 역사가 제럴드 보드만은 1970년대에 연출과 안무가 주목을 받게 된 데 대하여 다음과 같은 솔직한 평을 내놓았다. 이 시대에 뛰어난 연출가와 안무가들이 등장하기도 했지만 그보다 더 중요한 점은 브로드웨이에서 더 이상 과거와 같은 훌륭한 작곡가들을 배출하지 못했기 때문이라는 것이었다. 황금시대를 장식했던 리처드 로저스, 어빙 벌린, 프레드릭 로우는 노쇠했고 1970년대에는 그들을 능가할만한 신진 음악가들이 충분하게 등장하지 못했다.[45)]

침체의 돌파구 〈코러스 라인〉

브로드웨이 침체가 지속되자 무명 배우들의 삶은 피폐해졌다. 그들은 햄버거 가게에서 아르바이트를 하거나 육체노동자로 일해야 했고 몇 안 되는 오디션에 필사적으로 임했다. 이런 이야기를 진솔하게 다룬 작품이 <코러스 라인 Chorus Line>(1974)이다. 황금시대 신데렐라 스토리는 동화 속 낡은 이야기로 치부되었고 화려한 조명 뒤, 코러스라도 선발되기 위해 고달픈 인생을 살아가는 무명 배우들의 이야기는 오일 쇼크와 경기 침체로 고통 받는 관객들의 공감을 얻었다. 일자리를 찾아 헤매는 자신들의 일상을 뮤지컬 무대에서 만난 것이다.

● 〈코러스 라인〉의 피날레를 장식한 'One'. 이 장면은 황금시대 브로드웨이 뮤지컬을 오마주하면서도 뮤지컬 프로덕션의 주인공은 스타가 아니라 앙상블이라고 역설한, 브로드웨이 전통에 대한 날카로운 코멘트였다. ©NYPL.

● 퍼블릭 극장 극장장 조지프 팝. 1960년대 말부터 오프 브로드웨이에서 〈헤어〉, 〈코러스 라인〉 등 문제작을 만들어낸 제작자 겸 예술감독. Gotfryd, Bernard, photographer, Public domain, via Wikimedia Commons

1974년 퍼블릭 극장에서 8명의 배우가 출연한 워크숍 형태의 <코러스 라인>은 화제였다. 극장장 조지프 팝은 댄서 출신 젊은 연출가 마이클 베넷의 작업을 유심히 지켜보고 있었다. 베넷은 해롤드 프린스와 함께 <컴퍼니>와 <폴리스>에서 안무가로서 공동 연출에 이름을 올렸고 <시소 Seesaw>(1973)를 연출한 브로드웨이의 떠오르는 안무가였다. 그는 과감한 연극 실험으로 브로드웨이 상황을 타개하려 했다. 베넷은 18개월 동안 '댄서 프로젝트' 워크숍을 통해 배우들의 실제 이야기를 끌어냈다. 특별한 세트도 없이 배우들의 개인사만으로 어떤 뮤지컬을 만들지 고민하던 베넷은 무대 바닥에 긴 줄을 하나 긋고는 배우들을 그 위에 나란히 서게 했다. 앞선 사람도 뒤에 오는 사람도 없이 모두 하나의 라인 위에 있는 그들은 같은 동지이면서 경쟁자였다. 나란히 서있는 줄이 코러스 라인이었다. 이 라인은 모든 사람들이 세상에 나가기 위한 출발선이기도 했다. 줄을 긋는 순간 작품은 댄서나 배우의 이야기가 아니라 세상 사람들 모두의 이야기가 되었다. 배우 각자가 무대에 서기 위해 오디션을 준비하고 붙고 떨어지는 과정은 보통 사람들이 일자리를 찾고 세상에 나아가는 과정과 같았다. 처음 세상에 나와 어찌할 바를 모르는 신출내기, 이제는 나락으로 떨어져 코러스 자리라도 얻으려는 왕년의 스타가 흘리는 땀방울은 각자의 자리에서 희망을 찾아가는 보통 사람들의 삶의 여정으로 비쳐졌다.

워터게이트 사건 이후에 정치적 신념을 포기한 베이비붐 세대가 '미 제너레이션'으로 변모하면서 자기 연민, 나르시시즘에 빠지게 된 시대 상황도 <코러스 라인>이 주목받게 된 배경이었다. 그들은 더 이상 <오클라호마!>에서와 같이 농부와 카우보이가 친구가 되어 마을 공동체를 지켜야 할 필요도 없고, <사운드 오브 뮤직>의 마리아처럼 꿈을 이루기 위해 모든 산에 올라볼 필요도 없다는 것을 알게 되었으며 <헤어>의 소란도 무의미하다는 것을 알았다. 공동체를 대표하는 주인공의 승리가 곧 나의 성공이 아니라는 것을 아는 '자기 중심 세대' 관객들은 무명의 코러스 단원 개개인의 이야기를 있는 그대로 전달하는 이 뮤지컬에 열광했다.

오디션 과정에서 각자의 재능을 한껏 선보이며 아름다운 넘버와 신나는 춤을 보여주는 <코러스 라인>은 즐거움과 볼거리가 잘 배치된 작품이었다. 줄리어드 음대 출신의 마빈 햄리시는 <스팅>, <추억> 등 1970년대 영화음악으로 주목받는 젊은 작곡가였다. 그는 <코러

● 뉴욕 다운타운에 위치한 오프 브로드웨이이의 퍼블릭 극장. 〈헤어〉와 〈코러스 라인〉을 개발하면서 오브 브로드웨이의 실험정신으로 브로드웨이 침체기를 극복한 중요한 장소가 되었다. ⓒ고희경

스 라인>에서 황금시대 뮤지컬 쇼튠부터 소프트 록까지 다양한 음악을 선보였다. 전 출연진이 합창하는 '하나 One', 팝 발라드 '사랑을 위해 내가 한 것 What I Did for Love'은 브로드웨이를 대표하는 넘버가 되었다. 공연 마지막에 전 출연진이 황금빛 의상과 실크 햇을 착용하고 전형적인 브로드웨이 킥 라인을 보여주는 장면은 <코러스 라인>의 트레이드마크이다. 거울로 반사되는 이 장면은 황금시대 브로드웨이 뮤지컬에 대한 오마주인 동시에 뮤지컬 프로덕션의 주인공은 스타가 아니라 앙상블이라고 역설한, 브로드웨이 전통에 대한 날카로운 코멘트였다.

퍼블릭 극장에서의 성공을 토대로 브로드웨이에 진출한 <코러스 라인>은 1975년 토니상 작품상과 안무상 등을 휩쓸며 화제가 되었다. <코러스 라인>은 슈베르트 극장에서 1975년부터 1990년까지 15년간 6,137회 공연을 이어가며 1970년대와 1980년대 브로드웨이를 지켰다. 영국에서 브로드웨이로 진출한 <캣츠>가 1997년 기록을 깨기 전까지 <코러스 라인>의 15년 롱런은 브로드웨이 최장기 공연 기록이었다. 무엇보다 브로드웨이 침체기를 소재로 정면 승부를 걸었던 오프 브로드웨이의 승리였다.

현대를 은유한 과거 〈카바레〉와 〈시카고〉

제작자로 활동하던 해롤드 프린스는 라이프 잡지에 실린 한 장의 사진을 보고 뮤지컬을 연출해야겠다고 생각했다. 나치 잔당으로 보이는 극우 남성이 노골적으로 흑인 여성을 비웃는 사진은 프린스가 2차 대전 직후 군인으로 방문했던 베를린에서의 씁쓸하고 우울한 기억을 상기시켰다. 전쟁이 끝났고 인종문제가 어느 정도 해결되었다고 믿었던 1960년대 미국에서도 극우의 인종차별 시선이 노골적으로 공개되는 모습은 놀라웠다. 프린스는 나치가 등장하던 2차 대전 직전의 베를린이 어떤 모습이었는지 뮤지컬로 조명해야겠다고 생각했다.[46)]

1930년대 베를린을 다룬 크리스토퍼 이셔우드의 소설 『굿바이 투 베를린』과 소설을 각색한 희곡 『나는 카메라』를 기초로 만든 뮤지컬이 <카바레 Cabaret>(1966)였다. 배경은 2차 세계대전이 일어나기 직전 나치가 권력을 얻으며 유대인에 대한 노골적 혐오를 드러내던 바

1975년 노르웨이에서 공연된 〈카바레〉 주인공 샐리 보울즈 역을 맡은 앤 비트 오들랜드 Bcso, CC BY-SA 3.0, via Wikimedia Commons

이마르 공화국이다. 조 마스터로프가 뮤지컬 극본을 쓰고, 존 칸더와 프레드 엡 콤비가 작곡, 작사를 맡았다. <카바레>는 1930년대 베를린 킷캣 클럽의 여가수 샐리와 젊은 미국 작가 클리프의 비극적 사랑이 줄거리이다. 둘은 결혼을 약속하지만 나치의 폭정이 심화되어 커플의 미국행이 좌절되자 샐리는 아이를 낙태하고 베를린에 혼자 남기로 한다.

칸더와 엡은 쿠르트 바일 스타일의 음악에 브로드웨이 감수성을 더하여 독일 카바레에 관한 뮤지컬을 만들었다. 일탈과 퇴폐가 넘치는 카바레는 흥겹지만 불안하다. 악마인지 선한 비판자인지 알 수 없는 묘한 분위기의 사회자 엠씨도 어두운 시대를 상징한다. 엠씨가 클럽 손님을 환영하며 부르는 '환영합니다 Willkommen'나 '돈 Money'의 의미도 명쾌하지 않다. 황금시대의 행복한 결말이나 완전히 닫힌 대단원에 익숙해진 관객들은 샐리와 클리프의 어정쩡한 이별, 미소인지 조롱인지 알 수 없는 묘한 얼굴로 사라지는 엠씨의 피날레에 당황하지 않을 수 없었다.

<카바레>는 단선적인 플롯과 선악이 분명한 인물이 등장하는 전형적인 뮤지컬 구조를 따르지 않았다. 인물의 모호한 성격과 열린 결말은 러시아 출신의 구성주의 디자이너 보리스 아론슨이 만든 추상적인 무대와 잘 어울렸다. 프린스가 연출한 <카바레>는 1970년대 손드하임과 함께 만들게 되는 '콘셉트 뮤지컬'의 단초를 보여주었다. 인간의 끔찍한 양면성에 대한 <카바레>의 고발은 오늘날까지도 유의미하다. 1990년대 영국 연출가 샘 멘데스가 리바이벌한 <카바레>는 원작이 지닌 희비극적인 가치를 분명하게 전달하여 흥행에도 성공했다.

<카바레>에서 특유의 시니컬하고 섹시한 안무를 보여준 밥 포시는 브로드웨이의 베테랑 안무가였다. 보드빌 댄서로 활동을 시작한 밥 포시는 배우이자 가수, 안무가, 연출가, 시나리오 작가로 뮤지컬의 전 분야를 망라하며 토니상, 오스카상, 에미상을 휩쓴 뮤지컬 크

리에이터였다. 손가락을 튕기는 동작과 삐딱하게 기울여 쓴 중절모, 흰 장갑, 엉덩이 춤 등 밥 포시만의 춤 동작은 누구라도 알아볼 수 있는 트레이드마크였다. 그는 자신의 안무 스타일에 대하여 이렇게 말했다. "무언가를 꽤 오랜 시간 반복하면 스타일이라고 불리나 봐요. 젊어서부터 머리숱이 적어 모자를 사용했고, 항상 어깨가 굽어 있어서 그걸 과장했죠. 그리고 발레 댄서들이 하는 턴 아웃을 배우지 않아서 턴 인을 했어요. 그게 스타일이 된 것 같아요."[47)]

포시는 데뷔작 <파자마 게임 Pajama Game>(1954)과 <댐 양키스 Damn Yankees>(1955) 두 편에서 연거푸 토니상 안무상을 받으며 브로드웨이 기대주로 떠올랐다. <댐 양키스>에서 만난 아내 그웬 버든은 대표적인 '포시 댄서'로 <스위트 채리티>(1966)를 비롯한 5편의 작품을 함께했다. 1970년대는 포시의 전성기였다. <피핀>(1972)은 토니상에서 안무와 연출 두 부문을 수상했고 영화 <카바레>(1972)에서는 아카데미상 감독상을 받았다. 그는 <시카고>와 <올 댓 재즈>(1979)를 통해 '밥 포시' 스타일이 무엇인지를 분명하게 보여주었다.

<시카고 Chicago>(1975)는 모린 달라스 왓킨스가 1926년 쓴 희곡과 시나리오로 만든 동명의 무성영화와 1942년 출시된 유성영화 <록시 하트>를 각색한 뮤지컬이다. 정부 情夫를 죽인 록시 하트와 남편을 죽인 벨마 켈리가 감옥 안에서 변호사와 언론을 통해 스타가 되고 무죄판정을 받는다는 내용이다. 금주법 시대의 시카고 스토리는 포시에게 익숙한 소재였다. 포시는 그로테스크하고 기괴하며 섹시한 분위기가 비슷한 <카바레>의 칸더와 엡 콤비를 파트너로 불렀다. 작사가 엡은 이 쇼를 보드빌 형식으로 구성하기로 제안하고 보

드빌 역사의 실존 인물을 연구하여 록시 하트와 벨마 켈리 캐릭터를 완성했다.

<시카고>는 이전의 밥 포시 연출과 다른 스타일이었다. 칸더와 엡 콤비의 어둡고 섹시한 보드빌 음악, 사실적인 무대와 형이상학적인 무대의 대비, 과거와 현재, 감옥의 안팎을 넘나드는 무대의 전개, 상상 속 보드빌 쇼와 현실을 교차시킨 현대적인 연출기법이 빛났다. 밥 포시의 에로틱하고 과감한 안무는 <시카고> 작품 전체를 아우르며 그 자체가 하나의 장르가 되었다. 개막 후 평론가들의 반응도 나쁘지 않고 박스 오피스 성적도 괜찮아서 3년간 흥행이 지속되었고 런던 투어에서도 좋은 성적을 냈다. 하지만 <시카고> 개막 닷새 후에 올라간 <코러스 라인>의 인기에 가려져 토니상은 단 한 부문도 수상하지 못했다.

<시카고>의 진가는 1996년 리바이벌을 통해 드러났다. 이 때 시작한 <시카고>의 리바이벌 공연은 2023년 현재 브로드웨이에서 여전히 공연되며 리바이벌 뮤지컬로는 최장기간 공연 기록을 갱신하고 있다. 2002년 롭 마셜이 감독한 동명의 영화는 수십 년 만에 뮤지컬 영화로 아카데미상을 휩쓸었고 메가 히트를 기록했다.

<카바레>와 <시카고>는 초연 당시보다 20세기 말 리바이벌되면서 큰 인기를 얻은 대표적인 작품들이다. 1970년대 관객들은 즐겁고 섹시한 보드빌 쇼의 현대판을 기대하고 극장에 왔지만 어둡고 불편한 정치 사회적 메시지를 담은 블랙 코미디 뮤지컬에 당황했을 것이다. 작품의 시니컬한 시각이나 모던한 연출 기법은 20세기 말 관객들에게 더 친근했다. 희극이냐 비극이냐의 이분법으로 정의할 수

없는 <카바레>와 <시카고>는 인생과 사회를 '뮤지컬만의 형식'으로 비판하면서도 즐거움의 요소를 잃지 않으며 브로드웨이 고전이 되었다.

브로드웨이 혁신 아이콘, 스티븐 손드하임

뮤지컬 크리에이터

1930년에 태어나 뮤지컬 황금시대에 청소년기를 보내며 2021년까지 60년 이상 활동한 작곡, 작사가 스티븐 손드하임은 브로드웨이 뮤지컬을 끊임없이 변신시켜온 혁신의 아이콘이다. 황금시대 전통적인 뮤지컬로부터 <컴퍼니>와 같은 콘셉트 뮤지컬, <스위니 토드>와 같은 희비극과 <법정으로 가는 길에 생긴 우스꽝스러운 사건> 같은 코미디까지 장르나 스타일 면에서 한 마디로 정의할 수 없는 작품들을 남겼다.

손드하임은 어려서 오스카 해머스타인 2세 집 근처에 살았는데 해머스타인 2세가 그를 양아들처럼 아꼈다. 음대를 졸업하고 로저스와 해머스타인 2세 콤비의 제자 겸 조수로 활동하면서 뮤지컬 창작을 학습했다. 누구보다 황금시대 쇼튠의 AABA 스타일을 잘 이해하고 있었지만 손드하임 자신은 이러한 스타일이 마음에 들지 않았다. 오히려 그런 틀을 깨고자 했다. 인물의 이야기가 변하고 있는데도 캐릭터가 부르는 넘버의 선율을 반복하거나 변주하는 상황은 새로운 뮤지컬의 음악이 아니라고 여겼다. 그는 뮤지컬 작사와 작곡을 겸하면서, 음악은 감상을 넘어 드라마의 진행에 유기적으로 연결되어야 한다고 생각했다. 구조를 중시하는 관점은 바그너의 총체극과 비슷했지만 감정을 절제하는 이성적인 전개와 풍부한 유머는 손드하임의 트레이드마크였다.

손드하임은 번스타인이 곡을 쓴 <웨스트 사이드 스토리> 작사가로 데뷔했다. 제롬 로빈스, 아서 로렌츠, 해롤드 프린스 등 당시 뮤지컬을 새롭게 만들어보고자 모인 베테랑 가운데 가장 젊었던 손드하임은 대가들과 함께하는 것이 영광스럽기는 했지만 솔직히 작사에 머무는 것이 썩 마음에 들지는 않았다. 작품은 성공했고 작가 아서 로렌츠의 신임을 얻어 차기작 <집시>(1959)에서도 작사를 맡으며 뮤지컬의 구조를 이해해갔다.

손드하임은 로마의 극작가 플로투스의 희극을 각색한 뮤지컬 코미디 <법정으로 가는 길에 생긴 우스꽝스러운 사건 A Funny Thing Happened on the Way to the Forum>(1962)에서 작곡가로 데뷔했다. 풍자와 희극, 보드빌이 섞인 이 작품은 트라이아웃에서 반응이 썩 좋지 않았지만 뮤지컬 코미디의 베테랑 연출가 조지 애보트가 손을 보고 나서는 흥행에 성공했다. <지붕 위의 바이올린>에 출연했던 명배우 제로 모스텔의 코미디는 흥행을 이끌어내는 데 큰 역할을 했고 새롭게 삽입한 '오늘밤 코미디 Comedy Tonight'도 뜨거운 반응을 얻었다. 또한 이 작품은 토니상 작품상을 수상하며 손드하임 뮤지컬의 예술적인 성취도 일찌감치 공인받았다. 로마 시대와 20세기 미국을 연결하는 현대적인 소극笑劇 뮤지컬은 과장이나 흐느낌 없이 가사와 드라마의 플롯을 명료하게 전달하는 손드하임의 음악 스타일을 잘 보여주었다.

차기작 <누구나 휘파람은 불지요 Anyone Can Whistle>(1964)에서도 이런 음악적 경향이 유지되었는데 흥행은 실패였다. 하지만 그의 과감하고 현대적인 음악적 성취는 다음 작품들에서 빛을 보기 시작했다.

프린스와 콘셉트 뮤지컬 〈컴퍼니〉에서 〈스위니 토드〉까지

<웨스트 사이드 스토리>에서 만난 해롤드 프린스와 손드하임은 뮤지컬 혁신 아이디어를 함께 고민하고 있었다. 그들은 황금시대부터 확고한 뮤지컬의 법칙이라고 여기던 노래와 춤, 서사의 통합성만이 뮤지컬 창작에 정답일까 의문을 제기하고 새로운 길을 찾으려 노력했다. 의문에 대한 그들의 답이 '콘셉트 뮤지컬 Concept Musical'이었다. <컴퍼니 Company>(1970), <폴리스 Follies>(1971), <소야곡 Little Night Music>(1973), <태평양 서곡 Pacific Overtures>(1976), <스위니 토드 Sweeny Todd>(1979), <조지와 함께한 일요일 공원에서 Sunday in the Park with George>(1984), <숲 속으로 Into the Woods>(1987), <암살자들 Assassins>(1990) 등 손드하임 대부분의 작품은 콘셉트 뮤지컬 형식이라고 알려져 있다.

콘셉트 뮤지컬이라는 용어를 처음 사용한 사람은 평론가 마틴 고트프리드였다. 황금시대가 한창이던 1940년대 고트프리드는 "미래의 뮤지컬은 문학적인 아이디어가 아닌 음악적인 콘셉트로부터 성장할 것"이라고 예측했다. 그는 "현대 뮤지컬의 결정적인 문제는 책(대본)과의 싸움이 될 것이다. 이야기의 아이디어를 어떻게 재배치할 것인가, 새로운 이야기를 전달하는 새로운 방식을 어떻게 찾을까라는 점"이라고 주장했다. 이 개념은 1960년대와 1970년대 연출, 안무의 시대

프린스(좌)와 손드하임(우). 두 사람이 만든 콘셉트 뮤지컬의 마지막 작품 〈아름다운 시절〉(1981) 리허설에 함께하고 있다. ©NYPL.

를 지나면서 힘을 얻었다. 공식적으로 평론가들이 손드하임의 <컴퍼니>를 '콘셉트 뮤지컬'이라고 명명하면서 확고한 용어가 되었고 이후 브로드웨이의 유행어가 되었다.[48]

콘셉트 뮤지컬은 이야기의 플롯을 강조하는 기존의 뮤지컬 형식과 달리 드라마의 은유와 형식을 중시하고 연출이 생각하는 개념(콘셉트)을 중심으로 전개되는 뮤지컬이다. 전통적인 뮤지컬은 줄거리를 중심으로 만들어졌고 내러티브의 근간은 남녀의 연애였다. 여기에 초점을 맞춰 노래, 춤, 대사의 틀이 뮤지컬 안에서 유기적으로 구성되었다. 이에 비해 콘셉트 뮤지컬은 음악, 주제, 재현방식 중 어떤 한 요소가 중심 아이디어나 이미지로 제시되는 것을 말한다. 이야기와 노래, 춤, 무대 디자인이 적절하게 배분되어 이야기가 감미로운 음악에 따라 장면이 차곡차곡 쌓여 피날레에 도달하는 통합 뮤지컬은 황금시대뿐 아니라 현재까지도 상업 뮤지컬의 기본 형식으로 관객들이 가장 편안하고 즐겁게 쇼를 즐길 수 있는 양식이었다.

20세기 초 시도되던 다양한 예술 영역의 아방가르드 정신은 20세기 중반을 넘어서서는 변방의 도전적 시도를 넘어 주류 문화로 등극했다. 클래식 분야에서도 무조음악이나 불협화음에 대한 탐구는 20세기 작곡가들의 핵심 과제였다. 20세기 중반까지 뮤지컬은 장르의 전통에 도전하고 경계를 넘는 시도가 거의 없었다. 뮤지컬 쇼튠이나 예상 가능한 내러티브는 20세기 중반의 전반적인 예술 사조에 비해 뒤떨어진 편이었다. 새로운 뮤지컬에 대한 열망이 가득한 손드하임과 프린스에게 황금시대의 쇼튠과 닫힌 이야기 구조는 낡아보였다. 인간의 삶은 권선징악, 해피엔딩으로 마무리되지 않았고 단선적이지도 않았다. 그런 삶은 현실 어디에도 존재하지 않았다. 누구도 삶에 대해 확신할 수 없었고 자신이 잘 살아가고 있는지 의심하는 시대였고 예술은 의심과 혼란들을 다양한 양식으로 담아냈다. 그러므로 손드하임은 새로운 시대의 뮤지컬 음악이라면 잘 조정된 화음을 넘어서서 때로는 불협화음과 어긋남까지 포함해야 한다고 생각했다. 손드하임과 프린스가 생각한 '콘셉트 뮤지컬'은 기존 기승전결 구조의 이야기가 중심인 '북 뮤지컬'과 달리 사람 사이의 관계나 의식의 흐름, 시간과 공간의 재구성 등을 보여주는 극이었다.

프린스는 <카바레>를 통해 아방가르드적이며 열린 구조의 뮤지컬이 가능한 시대가 왔음을 확인했다. <카바레>는 주인공이 세상을 있는 그대로 받아들이지 않고 세상을 의심하고 무엇보다 자기 스스로를 들여다보는 '자기반영적인' 뮤지컬의 가능성을 열었다. 손드하임의 새로운 뮤지컬 음악은 프린스의 연출 방향과 잘 맞아떨어졌다. 가끔 손드하임의 뮤지컬이 귀에 남는 넘버나 선율을 찾기 쉽지 않다는 평을 듣기도 하는데 그것은 아름다운 선율보다는 말하려는 주제를 전달하려는 의지가 먼저였기 때문이다. 예측가능한 이야기를, 귀에 쏙 들어오는 음악으로 구성했던 황금시대 뮤지컬은 손드하임에게 있어서 '뮤지컬' 본연의 모습이 아니었다. 그는 감정과 서사를 노래로 부르거나 춤을 추는 순간, 뮤지컬만의 특별한 '양식화'가 필요하다고 보았는데 마치 그것이 자연스러운 이야기가 전개되는 것처럼 음악을 전개하는 것은 모순이라 생각했다. 손드하임이 뮤지컬의 통합성에 의문을 제기한 것이 사실이지만 자신의 새로운 시도를 '콘셉트'라는 틀에 가두는 것도 반대했다. 하지만 그의 시도는 중요했다. 비평가 조안

고든은 손드하임의 콘셉트 뮤지컬을 이렇게 정의했다. "손드하임에게 대본의 구조는 아이디어를 의미한다. 콘셉트 뮤지컬에서 음악, 가사, 춤, 대사, 무대 디자인, 연출은 중심 아이디어를 뒷받침하기 위해 자연스럽게 스며들어야 한다. 중심 콘셉트는 작품 전체를 통제하므로 형식과 내용은 분리될 수 없다."[49]

손드하임의 음악과 가사는 뮤지컬의 고유한 아이디어에서 출발했으므로 음악과 가사는 드라마의 일부가 된다. 손드하임만의 '목소리'를 가지면서도 작품 고유의 모티브를 사용하거나 뮤지컬답지 않은 캐릭터를 표현하는 간단한 아이디어를 발전시켰다. 그는 패스티쉬* 등 다양한 재료를 유쾌하게 섞어 새로운 뮤지컬을 만드는 솜씨 또한 탁월했다.

손드하임과 프린스 콤비가 만든 첫 콘셉트 뮤지컬은 <컴퍼니>였다. <컴퍼니>는 아론슨의 무대와 함께 그들이 꿈꾸었던 뮤지컬의 이상을 구현해낸 작품이었다. 맨해튼에 사는 바비는 여러 여자들을 적당히 사귀면서 결혼할 생각은 없는 독신남이다. 35살 생일 파티에 친구 부부를 초청해서 결혼의 긍정적인 면과 부정적인 면을 듣게 되지만 결론은 없다. 전형적인 뮤지컬이라면 누군가를 만나 결혼해서 행복하게 살았다고 끝났겠지만 <컴퍼니>는 1970년대 여피 싱글 뉴요커 삶의 단면만 제시할 뿐이다. 혼자 사는 것이 가끔은 힘들어도 결혼이라는 제도를 통해 타인에게 감정적으로 온전히 헌신하고 싶지는 않

* 패스티쉬 Pastiche. 혼성모방. 기존 작품을 모방하되 스타일에 대한 찬사나 조롱을 담아 패러디한다.

● 손드하임의 대표 콘셉트 뮤지컬 대표작 〈컴퍼니〉. 1970년대 여피 싱글 뉴요커 삶의 한 단면을 그려냈다. ©NYPL

은 현대인의 모순을 <컴퍼니>는 세밀하게 그려냈다. 일반적으로 뮤지컬에서 인물의 성격은 'I Am Song'*과 같이 자신을 소개하는 선율과 가사를 통해 드러난다. 하지만 손드하임의 <컴퍼니> 주인공 바비는 자신이 누구라고 직접 설명하지 않는다. 손드하임은 바비의 캐릭터를 다른 배역들의 목소리를 모아 드러내는 방식을 선택했다. 공연 내내 친구들이 합창하는 '바비, 바비'라고 부르는 동기는 오프닝부터 시종일관 여러 사운드로 등장한다. 바비의 친구들이 다른 노래를 부를 때나 장면이 바뀔 때도 '바비' 동기가 사용되는데 주인공의 불안 상태를 흥미롭게 표현하는 도구였다.

---

* 등장인물의 성격을 나타내는 뮤지컬 캐릭터 송의 한 종류. 'I Am Song'은 자신을 소개하는 곡으로 〈맨 오브 라만차〉의 '나 돈키호테 I, Don Quixote', 〈라카지〉의 '나는 나야. I Am What I Am' 등이 대표적인 넘버이다. 또 다른 캐릭터 송으로 'I Want Song' 등이 있다.

마이클 베넷의 안무도 새로웠다. 출퇴근하는 뉴요커들을 시적으로 표현한 '또 다른 수백의 사람들 Another Hundred People'은 강박적으로 빠르게 걷는 무브먼트로 손드하임의 불안정한 선율을 시각화했다. 모든 것이 버튼 하나로 움직여지는 뉴욕을 단순한 골조 무대에 단순한 소품 배치만으로 장소를 변환시키는 모던한 디자인, 빠른 장면전환과 디졸브 효과를 살린 프린스의 모던한 연출과 음악은 뮤지컬의 예술적 가치에 대하여 새롭게 조명하게 만들었다. <컴퍼니>는 토니상 시상식에서 작품상을 비롯하여 6개 부문을 휩쓸었고 흥행에도 성공을 거두었다.

손드하임과 프린스 콤비의 두 번째 콘셉트 뮤지컬은 <폴리스>였다. 지그펠트의 폴리스 쇼를 상징하는 이 작품은 몰락한 폴리스 극장 철거를 앞두고 과거 폴리스 멤버 모임에서 재회하는 중년 댄서들의 이야기였다. '폴리스 Follies'는 1920년대 인기를 끌었던 쇼를 의미하는 동시에 '어리석음'이라는 뜻도 내포되어 있다. 폴리스 쇼는 화려했고 아름다웠지만 폴리스 쇼 뒤의 인간의 삶은 어리석음으로 점철되었다는 것이다. <폴리스>의 이중 무대와 흑백·칼라 조명의 대비, 실존 인물과 유령의 대비는 작품의 콘셉트를 분명하게 보여주었다. 아름다운 시절을 추억하는 '아름다운 소녀 Beautiful Girl'의 선율이 보드빌 시대의 레뷰 스타일로 화려한 과거, 하모니가 아름다웠던 과거를 상징한다면, 음악에 어울리지 않은 씁쓸한 가사는 현재의 삶을 반영했다. <폴리스>의 넘버는 1920년대 브로드웨이 쇼튠이나 어빙 벌린 히트곡 스타일과 1970년대의 현대적인 불협화음이 적절히 대조를 이루었다. 베넷의 안무도 중년이 된 과거 폴리스 걸들의 엇박 댄스와 젊은 무희들의 날렵한 춤을 대비시켰다.

<폴리스>는 좋았던 시절에 대한 아련한 향수를 미화하는 쇼가 아니라 '향수의 씁쓸함'에 대한 쇼였다. 한때 온전하다고 믿었던 '순수했던 뮤지컬 시대는 사라졌다'고 선언하는 공연, 황금시대는 정말로 아름답기만 했는지 의심하는 뮤지컬이었다. 쇼가 화려할수록 현재는 고통스럽다는 은유는 현재 시각으로는 그다지 새롭지 않지만 당시로서는 혁신적인 해석이었다. 음악, 가사, 춤, 무대 움직임, 대화가 기승전결의 방향으로 집중되어 따라가기보다는 양탄자 조직의 씨줄과 날줄처럼 하나씩 얽히고 엮이다 보면 새로운 그림이 완성되는 작품이 <폴리스>였다.

<컴퍼니>와 달리 <폴리스>는 흥행에서 참패했다. 화려했던 브로드웨이의 폴리스 시대에 대한 향수가 가득한 작품을 기대한 중년 관객들이 극장을 찾았다가, 자기 현실의 비참함을 깊이 느끼게 하는 뮤지컬에 실망하며 발길을 돌렸다. 수십 년 만에 쓰러져가는 극장에서 만난 중년 남녀들이 결국 과거의 사랑을 찾아 현재를 포기한 것인지 아닌지 분명히 보여주지 않은 채 애매하게 끝나는 뮤지컬을 브로드웨이 관객들은 낯설어했다. 1970년대 최대 제작비였던 70만 달러를 투자한 <폴리스>는 500회 정도 공연을 끝으로 막을 내렸고 약 80만 달러의 손실을 입었다. 하지만 원작이 지닌 힘은 여전하여 1987년 런던, 2001년 브로드웨이 등 여러 차례 리바이벌되었다. 2011년 케네디센터에 이어 2017년 영국 국립극단이 리바이벌한 <폴리스>는 평단의 찬사를 받았다.

모차르트의 실내악곡 '아이네 클라이네 나흐트 무지크 Eine Kleine

Nachtmusik'와 이름이 같은 <소야곡 Little Night Music>은 잉마르 베리만의 영화 <한여름 밤의 미소>를 각색한 뮤지컬이다. '어릿광대를 보내주오 Send in the Clowns'로 유명한 <소야곡>은 65만 달러라는 대자본을 투자했지만 흥행에 또 다시 실패했다. 이후 일본의 가부키 스타일과 하이쿠 시가에서 영감을 받은 <태평양 서곡>과 <스위니 토드>까지 손드하임-프린스 콤비는 왕성한 창작활동을 펼쳤다. 손드하임의 뮤지컬은 평단과 전문가들의 칭찬이 이어졌지만 제작비는 상승하고 관객은 줄어드는 브로드웨이에서 흥행에는 고전을 면치 못했다.

손드하임 뮤지컬 가운데 한국에서 가장 인기 있는 <스위니 토드>는 영국의 살인자 이발사가 주인공인 뮤지컬이다. <컴퍼니>보다는 스토리가 온전하고 캐릭터가 분명한 뮤지컬이지만 음악적인 전개는 손드하임의 독특한 색채가 돋보였다. 아내를 치안판사에 빼앗기고 고향에서 추방당한 가난한 이발사는 수년간 고생한 끝에 고향에 돌아온다. 복수에 눈이 먼 이발사 스위니 토드는 점차 광기에 휩싸이고 끝내 잔인한 살인마로 변하게 된다.

손드하임은 <스위니 토드>에서 뮤지컬 넘버와 대사 전체를 유기적으로 연결시켰고 오케스트라 반주로 서스펜스와 공포감을 조성했다. 배경음악이 무겁고 잔혹했다면 노래는 쾌활하거나 아름다웠다. 러빗 부인과 스위니의 왈츠풍 듀엣 '리틀 프리스트 A Little Priest'는 잔인한 유머가 넘치며, 러브송 '조안나 Johanna'는 부르는 인물에 따라 분위기가 전혀 다르게 느껴진다. 안소니가 조안나를 보고 한눈에 반하여 부르는 넘버는 아름다운 선율이 자연스럽지만 터핀 판사가 입양한 딸 조안나를 아내로 차지하겠다는 욕망을 같은 선율로 노래할 때는 아름다움이 더욱 섬뜩하게 들린다. 복수에 실패한 스위니가 재기를 노리며 분노에 차서 부르는 '에피파니 Epiphani'는 아름다움과 불안함이 공존하는 독특한 기법이 특징이다. 코러스가 주인공 스위니를 소개하고 평하는 합창곡은 브레히트의 색채를 읽을 수 있다. 산업화 시대에 기계에 소외된 인간이 스위니의 분노와 연결되어 있다고 본 프린스는 회전하는 거대한 기계 장치를 통해 소외를 시각적으로 표현했다. <스위니 토드>는 손드하임과 프린스 콤비 콘셉트 뮤지컬의 정점에 놓인 작품이었다.

대중적인 작업을 원했던 프린스와 더 추상적이며 상징적인 뮤지컬로 나아가기를 원했던 손드하임은 <아름다운 시절 Merrily We Roll Along>(1981)을 마지막으로 결별했다. '프린스가 대중이 이해하기 쉽게 콘셉트와 의도를 설명하는 재주가 있었다면 손드하임은 이런 설명을 신뢰하지 않았다. 프린스는 연습 과정을 즐겼고 손드하임은 싫어했다. 그들의 기질적 차이가 잘 융합되었을 때 로저스와 해머스타인에 대한 현대적인 대답이 완성됐다'고 뮤지컬 역사학자 래리 스템펠은 손드하임과 프린스 콤비의 특성을 정리했다.[50)]

손드하임 음악은 한 번 듣고 금세 따라 하기 어렵다. 반복적으로 학습해야 이해하게 된다. 인물들도 독특하다. <폴리스>나 <스위니 토드>에서처럼 인생의 고난에서 힘든 순간과 운명을 만나게 되거나, 결혼을 주저하는 <컴퍼니>의 바비처럼 책임지는 선택을 피하려 한다. 불안하고 불확실한 삶 속에서 자기 자신을 깊이 들여다보려는 손드하임 주인공들은 신데렐라의 성공이나 아메리칸 드림을 신뢰했던 황금시대 뮤지컬 속 인물들과 전혀 달랐다.

라파인과 작가주의 뮤지컬
〈조지와 함께한 일요일 공원에서〉〈숲 속으로〉

1980년대 브로드웨이는 영국에서 온 <캣츠>가 미국 뮤지컬 시장을 강타한 이후 이어지는 메가뮤지컬 성공을 맥없이 지켜보아야 했다. 이 시절 프린스는 앤드루 로이드 웨버와 <에비타>와 <오페라의 유령>을 만들었고 손드하임은 뮤지컬을 심오한 예술로 발전시키려는 작가주의적인 비전에 몰두했다. 프린스와 헤어진 손드하임은 디자이너 출신 작가 제임스 라파인을 만났다. 손드하임이 원한 것은 흥행작이 아니라 예술작품이었고 거창함에 빠진 브로드웨이를 떠나도 상관없다고 생각했다.

손드하임은 시카고 미술관에서 보았던 인상파 화가 조르주 쇠라의 대표작「그랑드 자트 섬의 일요일 오후」를 뮤지컬의 콘셉트로 정했

● 손드하임 뮤지컬 〈조지와 함께한 일요일 공원에서〉의 소재는 프랑스 점묘파 화가 조르주 쇠라의「그랑드 자트 섬의 일요일 오후」였다. 1884. 캔버스에 오일. ©ART INSTITUTE OF CHICAGO.

다. 그림 속 인물을 캔버스에 배치하는 작가의 작업을 오프 브로드웨이 스타일로 만든 뮤지컬이 <조지와 함께한 일요일 공원에서>(1984)이다. 작품은 「그랑드 자트 섬의 일요일 오후」에 등장하는 여러 인물들에 간단한 서사를 부여하고 무대 전체를 하나의 캔버스로 만들어 거대한 그림을 완성해 나간다.

손드하임은 쇠라의 점묘기법을 이 뮤지컬의 중요한 표현 도구로 삼았다. 손드하임은 점을 이어서 작은 모자와 우산을 그려내고 인물을 완성하는 지루하고 고통스러운 과정을 겪는 쇠라의 점묘화 과정이 예술가의 본질이라고 생각했다. 그는 쇠라가 캔버스 위에서 작업하는 점묘화 과정을 '모자 완성 Finishing the Hat' 넘버로 표현했다. 손드하임은 쇠라의 작업이 자신의 뮤지컬 창작 과정과 동일하다고 느꼈다. 1막 마지막에 캔버스 위 모든 인물들이 등장하여 '일요일 Sunday'을 합창하면 앞에서 그림을 그리며 지시하던 쇠라는 마지막 점을 찍고 나서 마치 지휘자처럼 스톱 모션으로 장면을 끝낸다. 쇠라의 걸작이 완성되고 자신의 뮤지컬 1막도 완료된 것이다. 메가뮤지컬이 지배하던 1980년대 오프 브로드웨이로 돌아간 손드하임은 플레이라이츠 호라이즌스 극장에서 시작한 <조지와 함께한 일요일 공원에서>를 브로드웨이까지 진출시키며 화제를 모았다. 상업적으로 큰 성공을 거두지는 않았지만 손드하임의 예술적 비전을 분명한 목소리로 보여준 뮤지컬이었다.

<숲 속으로>(1987)도 손드하임만의 스타일이 살아있는 뮤지컬이었다. '빨간 모자', '신데렐라,' '재크와 콩나무', '라푼젤' 등 친숙한 동화 속 인물들이 등장하여 1막에는 동화 속 행복한 이야기를 보여주고

2막에는 동화 이후 인물들의 불행해지는 삶을 상상으로 보여주었다. 동화는 해피엔딩으로 끝났지만 비루하고 지루한 삶은 지속된다는 현실의 아이러니를 그려낸 것이다. 2년간 공연되어 흥행에 어느 정도 성공했고 1987년에는 <오페라의 유령>과 토니상에서 정면으로 붙어 작품상은 놓쳤지만 작곡상과 극본상을 받았다. 누구도 혼자가 아니라는 정서가 깔려있는 <숲 속으로>는 예술과 상업의 균형을 이룬 예술가로서 손드하임의 건재를 알렸다. 2014년 영화로 제작된 <숲 속으로>는 원작의 정서와 깊이가 담긴 작품이라는 평가를 받았다. 1990년대 들어서도 손드하임은 <암살자들>(1990), <열정>(1994), <로드쇼 Road Show>(2008)까지 다양한 작품을 선보였다. 손드하임은 1980년대부터 90년대 말까지 앤드루 로이드 웨버와 여러 차례 정면으로 승부해야 했다.

8번의 토니상, 8번의 그래미상, 한 번의 퓰리처상을 수상한 손드하임은 브로드웨이 뮤지컬을 쇼 비즈니스 장르에서 예술의 영역으로 부단히 끌어간 혁신자이자 뮤지컬 아티스트였다. 그는 현실을 잊고 회피하는 환상 장르로 인식되는 브로드웨이 주류 뮤지컬에 대하여 줄곧 질문을 던졌다. 브로드웨이의 중심에서 상업적인 뮤지컬 바깥을 넘나들며 뮤지컬 혁신을 주도했고 형식의 실험, 소재의 실험, 정치적인 발언 등 예술로서 뮤지컬이 세상에 해야 할 역할에 대하여 평생 도전했다. 그가 무한히 확장시켜 놓은 뮤지컬 세계는 조나단 라슨을 비롯한 신진들에게 큰 영향을 끼쳤으며 브로드웨이 뮤지컬의 새로운 가능성을 열어주었다.

● 〈캣츠〉 포스터. 에스엔코 제공

제5장

메가뮤지컬의 시대

1980년대

〈캣츠〉는 〈오페라의 유령〉, 〈레미제라블〉 등 영국산 메가뮤지컬의 첫 작품이다. '영원히 forever', '지금 여기 now & here'라는 캐치프레이즈로 시작한 〈캣츠〉의 메가뮤지컬 혁명은 21세기 현재까지 뮤지컬 시장에 깊은 영향을 끼쳤다.

연표5. 뮤지컬과 세계 역사(1980년대)

역사적인 중요 사건	연도	뮤지컬의 중요한 사건과 작품
레이건과 대처의 보수주의 시대 시작 24시간 뉴스전문 채널 CNN 개국	1980	데이비드 메릭 제작 〈브로드웨이 42번가〉
HIV바이러스에 의한 에이즈 첫 발견. 에이즈 공포 위기 IBM PC™이후 개인 컴퓨터 시대 개막 미국 음악전문방송 MTV, 뮤직비디오 시대	1981	매킨토시 제작 메가뮤지컬 〈캣츠〉 런던 초연 〈드림걸즈〉 초연
마이클 잭슨 전설의 음반 「Thriller」 발매 일본에서 최초 CD Player 판매	1982	〈캣츠〉 브로드웨이 초연 조지프 팝 브로드웨이 극장 살리기 운동 "Save the Theaters" 맨켄과 애쉬먼의 오프 뮤지컬 〈공포의 꽃집〉 초연
ARPANET이 TCP/IP 프로토콜을 채택, 인터넷 연결 기반 마련 모토롤라가 최초의 휴대전화 출시 판매용 CD가 등장 마이크로 소프트사 'Word' 프로그램 출시	1983	브로드웨이 극장 지역을 개발 보존하는 뉴욕 법령 제정 승인 게이 부부의 이야기를 다룬 〈라카지〉 초연
	1984	손드하임과 라파인의 협업 시작 〈조지와 함께 일요일 공원에서〉 초연 로이드 웨버 〈스타라이트 익스프레스〉 런던 초연
소련 공산당 서기장 고르바초프 당선 마이크로 소프트 윈도우 최초 버전 출시	1985	쇤베르그&부블릴의 메가뮤지컬 〈레미제라블〉 런던 초연
소련 체르노빌 원전 사고	1986	로이드 웨버의 메가뮤지컬 〈오페라의 유령〉 런던 초연 울바우스와 라이스의 뮤지컬 〈체스〉 런던 초연
	1987	손드하임과 라파인 〈숲 속으로〉 초연
16세기에 있던 글로브극장 자리가 런던에서 발견	1988	〈레미제라블〉 브로드웨이 초연
베를린 장벽 무너짐, 극작가 하벨 체코 대통령 당선 중국 천안문 사태 발발	1989	〈미스 사이공〉 런던 초연 디즈니 애니메이션 〈인어공주〉 출시 로이드 웨버 〈사랑의 이모저모〉 런던 초연

냉전의 약화와 뮤지컬 주도권의 변화

붕괴되는 이념, 커지는 자본

쉽게 끝나지 않을 것 같던 미국과 소련의 냉전이 정치경제적인 이유로 차츰 변화하기 시작했다. 대공황 이후 미국을 지배하던 '뉴딜 정책'은 냉전 체제가 시작되면서 '개발원조'라는 이름으로 전 세계의 자유진영 국가들을 무한 지원하며 영역을 확대하는 방식으로 국제화되었다. 그러나 미국 내 경제가 어려워지자 국제 경제 정책도 자국의 실리를 먼저 챙기는 방향으로 변화했다. 이념과 명분을 지키기 위한 무한 원조는 비판을 받았고 시장중심주의자, 신자유주의자들의 목소리가 커지기 시작했다.

소련의 공산 진영도 경제적인 이유로 사상 통제가 느슨해졌다. 공산 진영의 경제 사정이 빠르게 나빠지면서 냉전 체제를 완력만으로 유지하기가 힘들었다. 동유럽 등 공산 진영 내 식량 자급이 어려워지자 소련은 미국과 캐나다의 곡물 수입을 추진하며 데탕트(긴장완화) 분위기를 모색했다. 1980년대 말까지 미국과 소련의 세력 다툼은 계속되었지만 전면전은 없었고 미국과 소련의 무한정 지원을 받는 국가는 더 이상 존재하지 않았다.

그런데도 1980년대 레이건 정부의 반공주의 정책은 미국 내 보수적인 민족주의자들에게 인기였다. 소련 경제의 파탄으로 자유민주주

● 1989년 베를린 동서 지역을 나누었던 장벽이 무너지며 사회주의 국가의 몰락, 냉전의 종식이 시작되었다.
Zukowsky, John, photographer. ©LOC

의 체제가 우월하다는 것을 쉽게 증명할 수 있었고 이로 인하여 반공 정책에 의외의 힘이 실렸다. 시간이 흐를수록 자본주의와 사회주의의 경제적인 성과의 차이는 크게 벌어졌다. 밀가루를 배급받기 위해 줄을 서는 사회주의 동유럽은 자본주의 서유럽이 얼마나 잘 사는지 알고 있었다. 동독 출신의 헤드윅이 미국 문화를 갈망한 것은 현실이었다. 미국의 지원을 받은 일본, 한국 등 동아시아 동맹국의 비약적 성장은 소비에트 계획 경제와 강렬하게 대비되며 자본주의 국가 보수주의자들에게 힘을 실어주었다.

1985년 소련 공산당 서기장이 된 고르바초프는 사회주의가 큰 위기에 처해 있음을 잘 알고 있었다. 그는 소련이 새롭게 혁신하지 않으

미국과 소련의 이념 장벽이 무너지기 시작한 레이건 미국 대통령과 고르바초프 소련 공산당 서기장의 대화 모습 ©National Archives

면 사회주의가 생존할 수 없다고 믿었다. 고르바초프는 소련의 사회주의를 지키기 위해 '페레스트로이카'와 '글라스노스트'라는 개혁 개방 정책을 선언했다. 계획경제를 포기하고 개인의 자유를 확대하며 국제적으로는 사회주의 연방을 포기하는 선언이었다. 고르바초프의 정책은 동유럽 국가 독립 운동에 불을 댕겼다. 1989년 11월 베를린 장벽이 무너지며 사회주의 국가 동독이 해체되고 독일은 통일국가가 되었다. 이어 우크라이나, 라트비아 등 소비에트 연방에 소속되어 있던 다양한 민족국가들이 독립했고 1991년 12월 소련마저 공식 해체되었다. 1917년 러시아 혁명으로 설립된 사회주의 국가 연합 소련은 74년 만에 역사 속으로 사라졌다.

한편 1980년부터 20세기 말까지 미국과 영국을 지배한 정치세력은 보수주의, 신자유주의자들이었다. 영국에서는 1979년 보수당의 마거릿 대처가 수상이 되어 탄광산업을 민영화하고 노조를 물리력으로 해산하는 무자비한 정책을 펼쳤다. 영국병을 고치겠다며 펼친 대처 수상의 신자유주의 경제정책은 20세기 후반 서방세계 정치경제의 근간이 되었다. 이듬해 미국 대통령에 당선된 레이건 역시 유사한 정책 노선을 추진했다. 오일 쇼크 이후 경기침체로 고통 받던 미국은 1980년대에 들어서자, 국제적인 잉여 자본이 쌓였고 호황을 누리기 시작했다. 자유진영을 대표하는 국가로서 경제 원조를 통한 리더십을 발휘하던 미국의 지원정책은 약소국에 돈을 빌려주고 금리를 챙기는 방식으로 바뀌었다. 약소국은 미국 금리 인상으로 외채가 늘기 시작했다. 1990년 미국과 소련의 이데올로기 전쟁은 끝났지만 자본의 무한경쟁은 새로운 단계를 맞이하게 되었다.

미국과 소련의 이념 경쟁이 희미해지고 국가 간 경계가 허물어지고 자본은 국가 경계를 넘어 흐르기 시작했다. 모든 산업분야가 지구촌 단위로 변화되었는데 특히 오락산업의 국제화와 관광산업의 세계화 속도는 더 빠르게 진행되었다. 자본의 유연성은 문화산업을 확장시켰고 민족과 국가의 경계를 쉽게 넘어서게 만들었다. 문화가 무역이라는 제도 안에서 상품으로 거래되는 일이 잦아졌고 세계에서 통하는 문화를 만드는 것이 문화산업의 근간이 되었다. 이러한 분위기가 무르익던 1980년대는 글로벌 시장을 지향한 메가뮤지컬이 잉태되기 좋은 토양이었다.

약화된 브로드웨이, 부상하는 웨스트엔드

1970년대 후반에도 브로드웨이 경기는 나아질 기미가 보이지 않았다. 미국 경제가 호황을 맞이한 1980년대에도 뉴욕은 범죄와 어둠의 도시 이미지를 벗어나지 못했다. 도시개발을 위한 여러 아이디어들이 쏟아졌고 부동산 개발업자들의 불도저식 개발 방식도 적극 검토됐지만 42번가와 타임스퀘어의 역사와 예술적인 가치를 주장하는 시민, 예술단체들의 저항 속에 개발은 지지부진했다.

1977년 도시 자체가 파산지경에 이르게 되자 뉴욕 시는 관광 수입만이 뉴욕을 정상화시킬 수 있다는 결론을 내리고 '아이 러브 뉴욕 I Love New York'이라는 브랜드 마케팅을 시작하였다. I♥NY 로고와 로고송을 만들어 널리 배포했다. 로고송은 마돈나 등 세계적인 팝스타들이 불러 유명해졌다. 프랑크 시나트라 등 브로드웨이와 할리우드의 유명 배우들이 등장하여 'I Love New York'을 외치는 장면을 TV, 라디오, 신문 등에 꾸준히 광고하면서 뉴욕은 관광도시라는 이미지를 만들었다. 캠페인 첫 해 2천 8백만 달러 수익을 낼 만큼 브랜드 마케팅 효과는 컸지만 뉴욕은 범죄와 매춘의 이미지를 쉽게 벗어나지 못했다. 개발 프로젝트도 구호 수준에 머물렀다.

브로드웨이 뮤지컬은 <코러스 라인>과 <오 캘커타> 외에는 장기 공연되는 작품이 드물었고 제작비는 하염없이 올라갔다. 1971년 대형 뮤지컬이었던 <폴리스>의 제작비가 70만 달러였는데, 1980년대 웬만한 뮤지컬에는 5백만 달러가 소요되었다.[51] 5백만 달러 뮤지컬이 브로드웨이에서 수익을 내려면 최소 2년 이상은 공연을 해야만 했다. 투자는 위험했고 광고는 경쟁적이었으며 비용은 무한히 올라갔다. 1980

년대 브로드웨이를 변화시키는 주체는 대서양 건너 영국에서 왔다. 앤드루 로이드 웨버와 캐머런 매킨토시 팀이 만든 영국산 뮤지컬이 뚜렷한 히트작을 내지 못하던 브로드웨이에 등장하여 1990년대 후반까지 뉴욕 극장가를 지배하며 새로운 활력을 불어넣었다.

메가뮤지컬은 1970년대에 시작되어 1980년대를 지나 21세기 현재까지도 브로드웨이와 전 세계를 지배하고 있는 대형 뮤지컬을 말한다. 이 용어가 처음 등장한 것은 1980년 뉴욕타임스였다. 거대한 뮤지컬이라는 의미의 메가뮤지컬은 초기에는 용어가 정착되지 않아 '스펙터클 쇼', '블록버스터 뮤지컬' 또는 '엑스트라버간자 쇼'라고도 불리기도 했다.[52] 역사물과 같은 거대 서사를 다룬 플롯에 엄청난 세트, 공격적인 마케팅을 특징으로 하는 메가뮤지컬의 위세는 1980년대 내내 브로드웨이를 지배했다. 1980년대 브로드웨이에는 손드하임의 여러 문제작들과 전통의 쇼튠을 발전시킨 <브로드웨이 42번가>, <라카지> 같은 미국 작품들이 지속적으로 올라갔지만 영국발 메가뮤지컬의 기세를 당할 수가 없었다.

<지저스 크라이스트 슈퍼스타>와 <에비타>의 등장은 메가뮤지컬의 시작을 알리는 신호탄이었었다. 전통적인 뮤지컬 쇼튠에 젖어 있던 브로드웨이에 록 음악을 전면에 내세우며 등장한 영국 젊은이들의 도발은 1980년대 <캣츠>, <레미제라블>, <스타라이트 익스프레스>, <오페라의 유령>, <미스 사이공> 등 런던 제작 뮤지컬의 대히트로 이어졌다. 앤드루 로이드 웨버와 팀 라이스뿐 아니라 프랑스 창작팀인 클로드 미셸 쇤베르그와 알랭 부블릴의 작품도 영국 프로듀서 캐머런 매킨토시 손을 거쳐 브로드웨이에 진출했다. 미국 뮤

● 〈캣츠〉로 본격 메가뮤지컬 시대를 연 두 영국인. 프로듀서 캐머런 매킨토시(좌), 작곡가 앤드루 로이드 웨버(우) 에스엔코 제공

지컬을 상징하던 브로드웨이에 진출한 영국산 뮤지컬은 10년 이상 롱런을 하고 전 세계로 수출되면서 브로드웨이를 넘어 지구촌 전체로 퍼져나갔다. 미국 뮤지컬 역사 이래 최초로 미국 뮤지컬이 아닌 작품이 브로드웨이를 지배한 시기였다. 20세기 초반까지는 영국과 유럽의 음악극이 뉴욕에 진출했지만 두 번의 세계대전 이후 브로드웨이 무대는 미국인 작곡가와 작사가, 극작가, 제작자, 연출가와 배우들의 전유물이었다.

1982년 <캣츠>를 시작으로 영국산 뮤지컬이 브로드웨이에 끼친 영향은 깊고 넓었으며 길었다. 영국산 메가뮤지컬에 대하여 뉴욕 비평가들과 뮤지컬 전문가들은 혹평하고 저항했지만 관객들은 환호했다. 뉴요커의 장르, 미국인의 장르로 인식되던 뮤지컬은 세계인이 즐기는 장르가 되었다. 해외 관광객들은 <캣츠>와 <오페라의 유령>을 보러 브로드웨이를 찾았다. 그들은 <캣츠>와 <오페라의 유령>을 브로드웨이 대표 공연으로 받아들였다. 또한 메가뮤지컬은 세계 각국의 언어로 번역되어 프렌차이즈 공연 상품으로 수출되었다. 1980년대부터 1990년대까지 영국산 메가뮤지컬은 런던 웨스트엔드는 물론 브로드웨이와 글로벌 공연시장을 지배했다. 메가뮤지컬의 시대가 본격적으로 시작된 것이다.

영국산 메가뮤지컬은 브로드웨이 제작 시스템을 변화시켰다. 1980년대까지 브로드웨이를 지배한 프로듀서는 뛰어난 비즈니스 감각과 예술적 비전을 가진 개인들이었다. 그러나 거대 자본을 투자한 메가뮤지컬이 시장을 지배하게 되자 브로드웨이가 고집해오던 전통적인 프로듀서의 역할이 축소되기 시작했다. '폴리스쇼'로 20세기 초 브로드웨이를 지배하던 플로렌스 지그펠트부터 조지 애보트, 데이비드 메릭으로 이어지던 브로드웨이 독립 프로듀서의 위치가 위협받기 시작했다. <브로드웨이 42번가>는 데이비드 메릭이 개인 프로듀서로 제작한 브로드웨이 마지막 뮤지컬이었다. 엄청난 물량 투자를 전제로 한 메가뮤지컬 시대에는 더 이상 한두 명 프로듀서가 부티크 형식으로 뮤지컬을 제작하던 방식이 통용되지 않았다.

이제 뮤지컬 프로듀서의 핵심 자질은 개인의 예술적 감각을 비즈니스에 결합하는 능력보다는 자금을 모으는 능력에 초점이 맞춰졌다. 새시대가 요구한 뮤지컬 제작 모델은 예술감독, 행정 감독, 그리고 수백 명의 개인투자자를 관리하는 리드 프로듀서로 구성된 일종의 기업 형태였다. 투자자가 장악한 프로듀서 그룹에서 핵심 멤버는 극장

주였다. 개인 프로듀서보다 극장주의 목소리가 커지기 시작하자 예술적 실험에 대한 투자보다는 안정적인 극장 운영이 중요해졌다. 브로드웨이 극장의 80퍼센트 이상을 소유한 슈베르트, 네덜란더, 주잠신 등 3개 대형 극장주들은 흥행성과에 민감했다. 1970년대 <갓스펠>, <피핀>으로 능력을 확인받은 작곡가 스티븐 슈왈츠조차 20세기 말 내내 흥행에 고전을 하고 극장주와 신경전을 벌였다. <위키드>가 성공하기 전까지 빚에 시달렸던 슈왈츠는 이렇게 투덜거렸다. "최근에 브로드웨이에서 뮤지컬을 하겠다고 하는 사람은 결코 자신이 왜 그것을 하는지 알지 못한다. 프로듀서는 없다. 비즈니스만 하는 극장주만 있을 뿐이다. 슈베르트 그룹에는 예술적인 판단을 하는 사람은 없다. 그들은 얼마나 예술적 열정이 부족한지!"[53)]

1980년대 대표 미국 뮤지컬 〈42번가〉

막이 오르고 전면 무대가 등장하기 전, 커튼 아래로 빠르게 움직이는 배우들의 탭댄스로 <브로드웨이 42번가 42nd Street>(1980)는 시작된다. 브로드웨이 댄스에 대한 오마주로 시작하는 <브로드웨이 42번가>는 '천국에서 만든 뮤지컬'이라는 부제처럼 한없이 즐거워지는 작품이다. <브로드웨이 42번가>는 1930년대 대공황기 난관을 뚫고 '쇼는 계속되어야 한다'는 브로드웨이 명제를 대변했던 1930년대 영화를 뮤지컬로 만들었다. 1970년대 이후 브로드웨이 뮤지컬은 과거의 영광을 찾기 어려웠고 어두운 시절은 계속 이어졌다. 이때 제작자 데이비드 메릭은 일자리도 없고 미래도 불투명했던 대공황 시절을 떠올렸

〈브로드웨이 42번가〉 프로듀서 데이비드 메릭(사진 오른쪽). 보스턴 시장으로부터 감사장을 받는 모습. City of Boston Archives from West Roxbury, United States, CC BY 2.0, via Wikimedia Commons

다. 무모하지만 뜨거웠던 뮤지컬에 대한 열정을 담은 1930년대 영화를 1980년 브로드웨이 무대에 불러냈고 관객은 환호했다.

이 뮤지컬에서 대공황은 불행한 사회현상이 아니라 재수 없이 겪게 된 낭패로 그려졌다. 마쉬는 독불장군 연출가지만 사랑스러운 구두쇠이고 깡패들은 불량스럽지만 위험하지 않다. 페기 소여 혼자 '프리티 레이디'가 되어 스포트라이트를 받지만 누구에게도 해를 끼치지 않는다. 무명배우 페기 소여가 스타가 되는 아메리칸 드림을 그려낸 <브로드웨이 42번가>는 전형적인 뮤지컬을 기대하던 브로드웨이를 열광시켰다. 코러스의 흥겨운 탭댄스와 거대한 동전 위의 댄스, 그림자로 보여주는 댄스, 재즈의 트럼펫 연주와 함께 재즈와 탭댄스를 조화시킨 군무와 경쾌한 비트, 귀에 쏙쏙 박히는 넘버 등 흥행 요소가 풍부했다.

<브로드웨이 42번가>는 내용이나 형식으로 봐서 황금기를 대표하는 작품처럼 느껴지지만 1980년 브로드웨이 윈터가든 극장에서 공식 개막하여 1989년까지 3,486회 공연된 뮤지컬이다. 영국 뮤지컬이 점령한 1980년대 브로드웨이에서 10년간 롱런하며 미국 뮤지컬의 자존심을 지킨 뮤지컬이었다.

워싱턴 케네디센터 트라이아웃에 이어 브로드웨이에 입성하던 날, 연출가 고어 챔피언이 혈액암으로 사망했다. <헬로, 돌리>부터 전통적인 뮤지컬 춤과 연출에 정통했던 챔피언은 개막 공연을 보지 못하고 세상을 떠났다. 오프닝이 성공적으로 마무리되고 객석이 환호하며 연출의 무대 인사를 기다릴 때 프로듀서 메릭은 직접 무대 위에 나가 연출가의 사망 소식을 전했다. "쇼는 계속되어야 한다"는 열정을 새드엔딩으로 연출한 예술가의 부음은 어떤 뉴스보다 크게 보도되었다. 신문의 1면 기사는 작품의 흥행을 도왔다. 얼마 뒤 메릭은 공연 포스터에서 고어 챔피언의 이름을 지우고 '데이비드 메릭의 42번가'라고 타이틀을 바꾸었다. 뮤지컬 영화를 무대화하여 성공한 경우가 드물었던 1980년 메릭이 단독으로 300만 달러를 투자하며 벌인 도박은 1980년대 뉴욕과 런던에서 크게 성공했다.

메릭만의 또 다른 흥행 전략은 독특한 스타 캐스팅이었다. 유명한 스타를 캐스팅하여 쉽게 표를 파는 '스타비히클 Star Vehicle'은 뮤지컬 사업의 중요한 요소였지만 메릭의 스타 활용 방식은 새로웠다. 1960년대까지 브로드웨이 공연은 오리지널 캐스트가 출연 가능한 공연 일정을 최대한 연장하고 난 후, 작품 인지도를 토대로 신인 배우를 캐스팅하여 공연을 이어가는 것이 관행이었다. 황금시대에는 작품 자체만으로 충분히 흥행이 보장되었기 때문에 오리지널 캐스트 공연이 끝나고 신인이나 무명배우를 무대에 세워도 티켓이 팔렸지만 뮤지컬 시장이 위축되자 사정은 달라졌다. 메릭은 오리지널 캐스트 이후에도 신인이나 무명배우가 아닌 또 다른 스타를 연이어 무대에 세웠다. 같은 역할에 여러 명의 스타가 캐스팅되면서 다양한 연령과 계층의 관객이 찾았다. 같은 관객이 여러 번 극장을 찾는 '회전문 관객 Revolving Audience'도 등장했다. 이와 같은 메릭의 스타 캐스팅 전략은 1990년대 <그리스>, <애니여 총을 들어라>, <원더풀 타운>, <시카고> 등 브로드웨이 리바이벌 공연에서도 활용되었다.[54]

1980년대 <브로드웨이 42번가>와 함께 브로드웨이를 지킨 미국 뮤지컬은 <라카지 La Cage aux Folles*>(1983)이다. 1978년 개봉한 프랑스·이탈리아 합작영화 <새장 속의 광인>을 뮤지컬로 각색한 <라카지>는 브로드웨이 작품치고는 드물게 동성애 부부가 등장하여 흥행한 작품이다. 이 뮤지컬은 1960년대를 풍미했던 창작진이 대거 참여했다. <헬로, 돌리>의 작곡가 제리 허먼이 곡과 가사를 썼으며 코미디 작가 하비 피어스타인이 극본을, <웨스트 사이드 스토리> 극본을 쓴 극작가 아서 로렌츠가 연출을 맡았다. '난 나야. I Am What I Am',

---

* 원작 제목에 따르면 '라 카지 오 폴 (La Cage aux Folles)' 혹은 '새장 속의 광인'이라고 해야 하지만 국내 라이선스 뮤지컬 공연 당시 〈라카지〉라고 소개되어 그 명칭을 따랐다. 국내에서 개봉된 동명의 영화 제목은 〈새장 속의 광인〉이다.

• 1983년 〈라카지〉가 초연된 팰리스 극장 앞. 왼쪽부터 하비 피어스타인(극본), 제리 허먼(작곡가), 아서 로렌츠(연출). Bernard Gotfryd, for Newsweek, Public domain, via Wikimedia Commons

'지금이 최고의 순간이야. The Best Time Is Now' 등 히트곡을 남긴 <라카지>는 에이즈 공포가 만연한 1980년대 '게이 커플의 아들 결혼 성사를 위한 대작전'이라는 파격적인 소재로 센세이션을 일으켰다. 하지만 동성애나 젠더 이슈와 같은 성정체성이 핵심 주제로 드러난 작품이라고 보기는 어려웠다. 오히려 전통적인 가족애를 다룬 뮤지컬 코미디였다. 4년간 공연할 정도로 인기를 끈 이 뮤지컬은 1984년 토니상 시상식에서 작품상을 비롯하여 음악상 등 6개 부문을 휩쓸었다.

팝·록 계열 음악 스타일이 돋보인 <드림걸즈 Dreamgirls>(1981)도 4년간 흥행한 브로드웨이 뮤지컬이다. 1960년대 대중음악 시장을 장악하며 성장한 흑인 프로듀서와 걸그룹의 픽션을 다룬 <드림걸즈>는 헨리 크리거의 리듬 앤 블루스 스타일의 음악과 마이클 베넷의 안무와 연출이 돋보였다. 다이애나 로스가 데뷔한 모타운 그룹의 슈프림즈를 연상시키는 스토리가 논란*이 일어났을 만큼 미국 대중음악 시장의 성장사를 본격적으로 다룬 뮤지컬이었다. 2006년 드림웍스와 파라마운트 영화사는 비욘세가 출연한 동명의 영화를 제작하여 성공을 거두었다. 마크 트웨인의 소설 『허클베리 핀의 모험』을 뮤지컬로 만든 <빅 리버 Big River>(1985)도 토니상을 수상한 1980년대 브로드웨이 제작 뮤지컬이었다.

1980년대 오프 브로드웨이에서 주목할 작품은 <공포의 꽃집 Little Shop of Horrors>(1982)이다. 1960년대 동명의 영화를 토대로 알란 멘켄이 곡을, 하워드 애쉬먼이 가사와 대본을 썼다. 블랙 코미디 영화 <공포의 꽃집>을 토대로 만든 뮤지컬은 인간의 피를 요구하는 오드

---

* 특히 주인공인 디아나가 스타 다이애나 로스를 연상시킨다는 논란이 많았다. 연출가 베넷은 디아나 배역에게 다이애나를 연상시키지 않게 연기하라고 강하게 요구했다고 한다.

리2라는 흡혈식물이 주인공처럼 등장한다. 오드리2는 무대 중앙에 위치한 파충류 모양의 거대한 흡혈식물 인형으로 여배우가 목소리만 출연하여 화제였다. 이후 멘켄과 애쉬먼 콤비는 1990년대 디즈니의 뮤지컬 애니메이션 부활을 주도하는 창작진으로 성장하게 된다.

뮤지컬의 브리티시 인베이전

영국 뮤지컬의 전통

영국은 셰익스피어 시대부터 문학과 함께 연극의 전통을 수백 년 이어왔다. 18세기 말 <거지 오페라>는 오페라의 이름으로 오페라를 조롱하는 작품으로 대중적인 인기가 높았다. 19세기 빅토리아 시대에는 산업혁명 이후 늘어나는 중산층의 오락 수요를 감당하기 위한 뮤직홀의 발전도 대단했다. 길버트-설리번 팀의 코믹 오페라는 영국 뮤지컬의 기초가 되었고 전쟁 이전 런던 극장주나 프로듀서들의 비즈니스 감각은 브로드웨이 흥행사들의 모델이었다.

20세기 초 런던에서는 찰스 코크레인이나 노엘 카워드의 레뷰 시리즈 또한 인기가 많았다. 1930년대부터 2차 대전 이후까지 활발하게 활동하던 배우이자 뮤지컬 창작자인 아이버 노벨로는 <어쩌면 꿈일지도 몰라 Perchance to Dream>(1945), <킹스 랩소디 Kings Rhapsody>(1949)와 같이 향수 가득한 작품을 작곡하여 런던의 뮤지컬 발전을 이끌었다. 20세기 초반까지 런던과 뉴욕의 쇼 비즈니스는 활발했다. 하지만 두 번의 세계대전으로 유럽 전체가 폐허가 되었고 세계 각국에 식민지를 지배하던 영국은 인도를 비롯한 식민지를 독립시키고 잉글랜드를 비롯한 유럽의 본토 섬만 남았다. '해가 지지 않는 나라' 영국은 유럽의 한 섬나라로 축소되었고 문화의 주도권은 대서양 건너 미국에게 넘겨주지 않을 수 없었다.

1950년대 런던 극장가는 <오클라호마!>로부터 <마이 페어 레이디>까지 브로드웨이 뮤지컬이 지배했다. 전쟁 후 런던발 뮤지컬이 브로드웨이에 처음으로 진출한 작품은 1953년 제작된 <보이 프렌드 The Boy Friend>였다. 이 작품의 브로드웨이 투어 공연에 출연한 줄리 앤드루스가 현지 제작자들의 눈에 띄어 <마이 페어 레이디>의 주연을 꿰찼고 브로드웨이 황금시대를 대표하는 스타가 되었다. 찰스 디킨스 원작 『올리버 트위스트』를 각색하고 라이오넬 바트가 작사·작곡을 한 <올리버! Oliver>(1960)를 비롯하여 <세상을 멈춰-난 내리고 싶어. Stop the World-I Want to Get Off>(1962), <6펜스 반닢 Half a Six Pence>(1965)이 런던에서 성공한 후 브로드웨이에 진출했다. 일방적인 브로드웨이 수입국이던 영국이 간간히 미국에 진출한 작품들은 전형적인 '영국다움'을 보여주며 앵글로색슨 미국인들의 향수를 자극했다. 뮤지컬의 형식이나 음악적 스타일은 로저스와 헤머스타인 2세 계열에서 크게 벗어나지 않는 황금시대 전형적인 뮤지컬이었다. 영국다움을 즐기면서도 브로드웨이 법칙에 충실하기 위해서 <올리버!>*의 경우 영국 민속음악이나 뮤직홀을 상징하는 넘버를 추가하거나 수정했다. 이는 브로드웨이에 진출하려는 웨스트엔드 프로듀서 다수의 고민이었다. <세상을 멈춰>의 작가인 레슬리 브리쿠스는 "<캣츠> 이전에 국제적인 성공을 거두기 위해서는, 의도했든 그렇지 않든 간에 우리 스스로를 미국화해야 했다"고 고백할 만큼 뮤지컬에 대한 미국의 영향력은 상당했다.[55)]

---

* 〈올리버〉는 1968년 할리우드 영화로 아카데미상을 수상했다. 20세기 마지막으로 아카데미상 작품상을 수상한 뮤지컬 영화였다.

• 1964년 케네디 공항에 도착한 영국 록그룹 비틀스. 영국 대중음악이 미국 시장을 장악한 브리티시 인베이전의 대표적인 장면이다. United Press International, Public domain, via Wikimedia Commons

로이드 웨버와 뮤지컬의 브리티시 인베이전

1964년 영국 리버풀에서 결성된 록그룹 비틀스가 케네디 공항에 도착했을 때 미국 소녀들은 열광했고 미국 팝시장은 그들의 차지였다. 비틀스 이후 더 후, 롤링 스톤스 등 영국의 팝 그룹이 줄지어 미국에 진출했고 1970년대에는 딥 퍼플, 레드 제플린, 블랙 사바스 등이 또 한 번 미국 시장을 흔들었다. 이렇게 영국 팝그룹이 미국 대중음악 시장을 장악한 사건을 대중음악사에서는 '브리티시 인베이전 British Invasion'이라고 부른다. 뮤지컬 역사에서도 영국 뮤지컬이 브로드웨이에 공격적으로 진출하여 메가뮤지컬 시대를 열었는데 이것을 뮤지컬의 '브리티시 인베이전'이라고 한다. 영국 뮤지컬이 브로드웨이를 지배한 메가뮤지컬의 시대는 1980년대였지만 그 출발은 1971년 <지저스 크라이스트 슈퍼스타> 브로드웨이 초연부터로 본다.[56)]

진정한 록 뮤지컬의 시작이라고 평가받으며 논란과 환호 속에 시작된 <지저스 크라이스트 슈퍼스타>에 대해 브로드웨이 평론가들은 냉담했다. 뮤지컬은 토니상 5개 부문 후보로 지명되었지만 한 부문도 수상하지 못했고 공연은 2년 정도 이어졌다. 미국에 비하여 웨스트엔드에서는 <지저스 크라이스트 수퍼스타>가 호평을 받았고 8년간 공연되었다. 짐 셔먼이 연출한 런던 프로덕션은 톰 오호건이 연출한 브로드웨이 뮤지컬보다 덜 자극적이며 진솔하다는 것이 대부분의 반응이었다. 오호건 연출에 불만이 많았던 로이드 웨버도 만족했다고 한다. 뮤지컬은 미국 전역 투어를 여러 버전으로 오랜 시간 지속했으며 프랑스와 독일, 유럽과 일본 등 12개국에 소개되었다. 동명의 영화와 콘셉트 앨범도 세계적인 히트를 기록했다.

사실 <지저스 크라이스트 슈퍼스타>에서 록 음악의 비중은 절대적이지 않았다. 전략적으로 '록 오페라'라는 흥미로운 타이틀을 붙였지만 전통의 뮤지컬 쇼튠부터 팝사운드까지 다양한 음악이 담겨있었다. 로이드 웨버의 록 뮤지컬에서 하드록은 거의 없었고 음악 코드나 비트, 형식 등 엄밀한 의미에서 록이라고 보기 어려웠다. 로큰롤이 팝문화에 강한 영향을 끼쳤지만 브로드웨이에서는 오랫동안 무시되었다. 로이드 웨버와 라이스는 그 영향을 흡수하여 팝·록 스타일을 모방한 트렌디한 쇼튠을 개발한 셈이었다.

뉴욕 평단의 냉랭한 반응 속에서도 영국의 젊은 콤비는 뮤지컬로

● 뮤지컬의 브리티시 인베이전을 예고한 〈지저스 크라이스트 슈퍼스타〉. 예스엔코 제공

정면 승부를 걸며 대중음악 시장과 브로드웨이를 장악해나갔다. 관객들은 화려하고 팬시한 무대에 감정을 폭발적으로 터뜨리는 스펙터클, 거친 사운드와 멜로드라마를 토대로 만든 <지저스 크라이스트 슈퍼스타>를 즐겼다. 작품의 성패에 평론가의 입김이 크게 작용하지 않았다. 젊은 관객들은 자신의 음악과 이야기를 대변하는 뮤지컬에 환호할 뿐이었다. 로이드 웨버는 첫 작품에서 연출의 중요성, 무대화 작업이 가지는 의미, 앨범 사전 출시 효과, 비평가에 대한 입장, 미디어 홍보 전략 등을 학습하는 기회를 얻었다. 이것은 그가 1980년대 이후 발표할 여러 편의 메가뮤지컬에서 드러나게 될 중요한 특징이었다.

로이드 웨버와 라이스의 세 번째 뮤지컬 <에비타>는 런던 초연 성공에 이어 1979년 뉴욕 공연에서도 큰 흥행을 했다. <지저스 크라이스트 슈퍼스타> 브로드웨이 초연이 과격한 연출과 음악으로 고전했다면 미국 연출가 해롤드 프린스가 연출한 <에비타>에 대하여 뉴욕 평론가들은 호의적이었다. 런던 프로덕션의 에비타 역을 맡았던 배우 일레인 페이지 대신 미국 출신 벨팅 가수 페티 루폰이 에바로 출연하여 브로드웨이에서 큰 박수를 받았다. 덕분에 <에비타>는 토니상 작품상, 연출상, 극본상, 음악상, 여우주연상 등 주요 부문에서 수상했고 브로드웨이 오리지널 캐스트 음반은 그래미상을 수상했다. 로이드 웨버는 두 편의 뮤지컬을 함께 제작한 프로듀서 로버트 스티우드와 계약을 종료했다. 그는 자신의 뮤지컬 회사 리얼리 유스풀 그룹 Really Useful Group(이하 RUG)를 세워 직접 자신의 작품을 관리하기 시작했다. 그는 자신이 쓴 뮤지컬 저작권 자산의 중요성을 이해하기 시작했고 투자와 제작의 가치도 인지한 것이다. 사실 로이드 웨버는 대중이 듣고자 하는 곡을 잘 쓰는 작곡가이기도 했지만 자본을 관리하는 능력도 탁월했다.

뮤지컬의 앙팡 테리블, 영국의 로저스와 해머스타인 콤비라고 주목받았던 앤드루 로이드 웨버와 팀 라이스의 하모니는 1979년 <에비타>를 마지막으로 끝났다. 유명해진 두 사람은 서로에 대한 존중과 협업보다 각자의 능력을 더 신뢰하기 시작했다. 시니컬한 태도로 사회적인 메시지를 담고자 했던 라이스와 음악적 판타지를 통한 혁신을 꿈꾸었던 로이드 웨버가 생각하는 뮤지컬의 이상적인 모습은 서로 다른 곳을 향했다. 하지만 이 콤비의 성공은 1980년대 영국산 뮤지컬이 대서양을 건너 뉴욕 무대에 진출하는 듬직한 토대였다. 미국이나 영국 등 특정 지역에 국한하지 않는 보편적인 이야기와 빌보드 팝 차트를 석권하는 대중적인 음악, 과감한 무대 디자인과 연출은 브로드웨이 뮤지컬 전통에 큰 균열을 가져왔다. 미국 평론가들이 로이드 웨버를 무시했지만 역사가 크롤은 로이드 웨버와 캐머런 매킨토시의 잠재력을 일찌감치 발견했다. 그는 로이드 웨버가 역사상 최고의 뮤지컬 작곡가가 될 것이며 매킨토시는 가장 파워풀하고 수완 좋은 서구 문화 최고의 프로듀서가 될 거라고 예언했다.[57] 브로드웨이가 의심의 눈초리로 바라보던 뮤지컬의 브리티시 인베이전은 1980년대에 대표적인 메가뮤지컬의 등장으로 확산되었고 20세기 말까지 이어졌다. 1990년대 디즈니의 대표적인 뮤지컬 <라이온 킹>과 <아이다> 창작팀도 영국인 싱어송라이터 엘튼 존과 작사가 팀 라이스였다.

브로드웨이 주류가 된 메가뮤지컬

이상한 이름, 메가뮤지컬

뮤지컬을 생각할 때 '현란한 스펙터클'과 '엄청난 사운드'를 떠올리게 만든 공식적인 첫 작품은 <캣츠 Cats>(1981, 런던)이다. <캣츠> 관객은 극장에 들어서서 실제보다 더 크게 보고 듣게 하는 스펙터클이 가득한 뮤지컬을 만났다. 영국에서 제작된 <캣츠>, <오페라의 유령>, <레미제라블>, <미스 사이공>, <스타라이트 익스프레스> 등은 뉴욕과 세계 관객들을 매혹시키며 수십 년간 인기를 누렸다. 이와 같이 대형 투자와 마케팅, 글로벌 프렌차이즈 사업으로 확산시킨 20세기 후반 영국산 뮤지컬을 통칭하여 '메가뮤지컬'이라고 부른다.

메가뮤지컬은 1980년대를 대표하는 뮤지컬 스타일이다. 현재까지도 새로운 형식으로 진화하고 있는 메가뮤지컬은 1980년대 10년간 집중적으로 성장했다. 로이드 웨버로부터 시작된 영국 뮤지컬의 브로드웨이 '침공'은 파리에서 런던을 거쳐 브로드웨이에 도착한 쇤베르그-부블릴의 프랑스 팀으로 이어졌다.

메가 Mega라는 말은 크다는 뜻을 가진 접두어로 메가뮤지컬은 대형 뮤지컬을 의미한다. 메가뮤지컬의 첫째 특징은 작품이 다루는 이야기, 플롯이 거창하다는 점이다. 메가뮤지컬은 장편서사, 통속적인 로맨스, 전쟁, 종교, 구원, 삶과 죽음 등의 이야기를 다뤘다. 먼 과거를 배경으로 하는 뮤지컬은 관객들이 특정한 장소나 시대보다 광범위하고 보편적인 이슈에 몰입하게 만들었다. <오페라의 유령>은 1861년 파리의 삶을 그렸다기보다는 시대를 특정할 수 없는 광적인 사랑에 대한 작품이었고, <레미제라블>은 프랑스 혁명사보다는 자유와 용서를 갈구하는 보편적인 인간심리에 초점을 맞췄다.

둘째, 메가뮤지컬의 음악은 웅장하고 대중적인 감성이 풍성했다. 메가뮤지컬 대부분은 대사가 거의 없거나 아주 적게 배치된 성스루 뮤지컬이다. 극적인 상황은 록이나 팝의 선율로 관객의 감정을 고양시켰고 슬픈 장면에서는 또 다른 선율로 관객의 마음을 흔들어 놓았다. 뮤지컬 노래는 웬만한 성악가 수준의 실력을 갖추지 않으면 소화하기가 쉽지 않았다. 선하고 젊은 남자 배역은 테너, 악하거나 문제적인 남자는 바리톤, 젊은 여주인공은 소프라노와 같은 식으로 남녀 배우의 성부에 따라 캐릭터가 일정하게 유지되었다. 마치 오페라 배역 구분과 흡사했다. 이런 이유로 메가뮤지컬 대부분은 팝과 록이 적정하게 배분된 대중적인 스코어를 사용하는데도 브로드웨이 뮤지컬보다 오페라에 가까운 장르처럼 보였다. 실제로 로이드 웨버는 늘 대중적인 음악 스타일을 고수하려 했고 쇤베르그와 함께 팝과 폭넓은 뮤지컬 음악을 사용했다. 메가뮤지컬은 팝 발라드, 컨트리, 블루스, 카바레 음악을 다 불러 모았고 초기 로큰롤의 특징이었던 강력한 업템포 곡과 텔레비전이나 영화에서 보이는 러브 듀엣을 선호했다. 메가뮤지컬의 음악은 오페라적인 앙상블과 전형적인 뮤지컬 스타일을 동시에 보여주었다.[58]

세 번째 특징은 거대한 무대 규모와 첨단 메커니즘을 활용한 무대 장치였다. <캣츠>의 대형 타이어, <오페라의 유령>의 샹들리에,

<레미제라블>의 바리케이트, <미스 사이공>의 헬리콥터와 같은 첨단 무대 기술과 특수효과를 이용한 엄청난 규모는 메가뮤지컬의 대표적인 특징이었다. 거대 서사와 첨단 무대 장치는 19세기에 유행했던 프랑스 그랜드 오페라와 흡사했다. 뮤지컬 앞에 '메가'라는 타이틀이 붙은 것은 오페라에 '그랜드'를 붙인 것과 비슷하다. 이탈리아 오페라가 간결한 드라마와 캐릭터, 음악성을 강조하고 있었다면 프랑스 그랜드 오페라는 마이어베어의 <위그노 교도>처럼 역사물, 전쟁물을 다루면서 수십 명의 출연진과 거대한 무대장치를 자랑했다. 관객의 의식 고양을 선호하는 프랑스 공연 전통은 혁명과 전쟁 속에서 억압과 희망을 노래하는 메가뮤지컬의 또 다른 토대가 되었다. 프랑스 창작진이 만든 <레미제라블>과 <미스 사이공>은 프랑스의 그랜드 오페라 전통에 닿아 있다.

네 번째 특징은 공격적인 마케팅이다. 메가뮤지컬은 뮤지컬 시장의 외연을 넓혀 대형 비즈니스로 만들었다. 작품마다 상징 이미지와 슬로건을 만들어 뮤지컬 하나하나를 브랜딩하고 홍보했다. 이를 주도한 사람은 프로듀서 캐머런 매킨토시였다. 그는 메가뮤지컬을 일반 상품처럼 팔았다. 노란 고양이의 눈에 비친 댄서의 실루엣(<캣츠>), 팬텀의 가면과 붉은 장미(<오페라의 유령>), 헬리콥터 실루엣과 여인의 이미지(<미스 사이공>), 어린 코제트의 얼굴에 비친 석양과 프랑스의 삼색기(<레미제라블>)는 그 자체만으로 세계 어디서든지 각각의 뮤지컬을 떠올리게 했다. 텔레비전을 비롯한 모든 매체에 뮤지컬 광고를 했고 고양이의 눈과 팬텀의 가면은 뉴욕과 런던 도처에서 만날 수 있었다. 관객들은 로고가 박힌 머그컵이나 음반, 티셔츠를 구

● 왼쪽 위부터 〈캣츠〉, 〈미스 사이공〉, 〈오페라의 유령〉, 〈레미제라블〉 포스터의 메인 이미지. 메가뮤지컬은 이와 같이 작품마다 대표 이미지를 강렬하게 만들어 뮤지컬을 하나의 브랜드로 마케팅하는 전략을 구사했다.

매했고 뮤지컬의 주제곡이 담긴 음반과 머천다이징 상품은 주요 관광 상품이었다. 마케팅 상품과 음반 사전 출시를 통해 새로운 뮤지컬이 시작되기 전부터 관객들은 메가뮤지컬을 친숙하게 느꼈다. <지저스 크라이스트 슈퍼스타> 이후 대부분의 영국 뮤지컬은 음반을 사전에 출시하여 음반 차트를 석권하는 전략을 활용했다. 개막 전에 광고와 홍보에 엄청난 물량을 투입하여 관객들이 사전 예매를 유도했고 티켓을 구매한 관객수는 가장 강력한 마케팅의 수단으로 활용됐다. 언론은 공연이 준비되는 전 과정을 추적하여 보도했다. 캐스팅, 무대화 과정, 백스테이지 가십이 계속 기사화됐다. 보도 내용이 호의적이든 부정적이든 작품 홍보에는 도움이 됐다. 상당수 메가뮤지컬은 재정적인 성공을 거뒀다. 메가뮤지컬은 공연업계에서 성공한 돈 찍는 기계라고 불릴 정도였다.[59] 실패한 작품도 많지만 <캣츠>, <오페라의 유령>, <레미제라블> 등 메가뮤지컬 대표작들은 수십 년간 공연되었고 여전히 공연 중이기도 하다.

다섯째로 메가뮤지컬은 평론가의 악평에도 불구하고 관객을 매혹시키며 막대한 흥행을 이루었다. 전통적으로 뉴욕타임스의 공연평은 브로드웨이 박스오피스 매출에 직접적인 영향을 주는 중요한 요소였다. 신문에서 좋은 평을 받지 못하면 공연의 막을 내릴 수도 있었다. <캣츠>는 언론의 비난을 뚫고 성공한 최장 뮤지컬 중 하나였다. 이후부터 상당수의 메가뮤지컬은 <캣츠>와 같은 길을 걸었다. 언론이 혹평을 하거나 미지근한 반응을 보여도 티켓 판매에는 영향이 없었다. 공연 초기에 집중된 광고의 물량공세가 사라진 후에도 관객들은 메가뮤지컬을 보러 극장을 찾았다. 관객은 열광하고 비평가는 냉랭했다. 관객의 취향과 평론가의 선호도 사이에 괴리는 메가뮤지컬을 정의하는 중요한 특징의 하나였다. <오페라의 유령>과 <레미제라블>을 본 한 역사학자는 "메가뮤지컬은 공연을 죽음으로 몰아갈 것"이라고 우려했고 또 다른 학자는 영국 뮤지컬들이 "공연에 대한 생각은 없고 오로지 돈 벌 생각만 한다"며 비난했다.[60] 『메가뮤지컬』의 저자 제시카 스턴필드는 그 이유를 "미국 중심의 뮤지컬 시장에 영국산 대형 뮤지컬이 진출한 데 대한 브로드웨이 내부의 반발이 컸고 심지어는 '악마'로까지 표현하며 메가뮤지컬을 외면했다"고 설명했다. 성공한 메가뮤지컬 대부분은 관객의 취향과 평론가의 선호도 사이의 격차가 컸다.

여섯째 메가뮤지컬은 글로벌 비즈니스를 시도했다. 메가뮤지컬 이후 뮤지컬은 뉴욕과 런던을 넘어 세계적인 현상이 되었다. 1980년대에는 런던에서 뮤지컬을 성공시키고 뉴욕으로 진출한 후 미국 투어를 한 다음에 전 세계로 나가는 경로가 일반적이었다. 20세기 말부터는 메가뮤지컬은 영국뿐 아니라 미국에서도 적극적으로 제작되고 있다. 메가뮤지컬 제작의 필수 요건의 하나가 국제적인 프렌차이즈 영업이었다. 대사가 플롯을 이끌어갔던 전통적인 뮤지컬과 달리 메가뮤지컬은 음악이 스토리를 끌어가므로 언어 장벽을 쉽게 넘어설 수 있었다. 매킨토시는 지역이나 해외 공연 제작사에게 공연 판매권을 주는 대신 런던이나 뉴욕 프로덕션과 동일한 작품성을 유지하는 라이선스 계약 방식을 채택했다.

메가뮤지컬의 라이선스 프렌차이즈는 영어 원작 뮤지컬을 어느 나라 언어로 번역하더라도 세계 어디에서나 똑같은 수준의 공연을 볼 수 있도록, 작품의 원소유자가 제작 과정 전체를 통제하는 방식이었다. 메가뮤지컬은 작품의 브랜드가 중요했고 스타 파워에 크게 의존하지 않았다. 사라 브라이트만이 <오페라의 유령>을 공연한다는 의미보다는 <오페라의 유령>에서 크리스틴 역할을 맡은 배우가 사라 브라이트만이라는 식으로 홍보했다. 포스터부터 관련 상품까지 일관된 이미지를 유지하는 것도 뮤지컬 브랜드 프렌차이즈의 핵심 전략이었다. <오페라의 유령>과 <캣츠>, <레미제라블>과 <미스 사이공>이 뮤지컬의 빅4라는 대표선수가 된 것은 다름 아닌 브로드웨이와 세계 각국 라이선스를 통한 시장 지배 덕분이었다. 영국산이든 유럽산이든 결국 브로드웨이를 대표하는 뮤지컬로 세계 시장에 진출했기에 수익을 낼 수 있었다. 메가뮤지컬의 세계 지배를 통해 뮤지컬은 브로드웨이와 웨스트엔드, 영국과 미국인만의 음악극이 아니라 전 세계인이 즐길 수 있는 글로벌 장르로 확대되었다. 수년에서 수십 년 공연되는 메가뮤지컬은 뉴욕과 런던을 공연의 랜드마크로 만든 핵심 상품이었다.

메가뮤지컬의 시작 〈캣츠〉

팀 라이스와 결별한 앤드루 로이드 웨버가 만난 새 뮤지컬 파트너는 작고한 영국 시인 T.S. 엘리엇과 프로듀서 캐머런 매킨토시였다. 로이드 웨버는 어린 시절 읽었던 엘리엇의 우화시집 『지혜로운 고양이가 되기 위한 지침서』에 등장하는 고양이들에게 노래를 붙여보기로 했다. <지저스 크라이스트 슈퍼스타>와 <에비타>의 성공으로

● 뮤지컬 〈캣츠〉에 등장한 선지자 올드 듀터로노미와 젤리클 고양이들. 에스엔코 제공

20대에 스타 반열에 오른 작곡가 로이드 웨버는 고양이 이야기를 뮤지컬로 만든다는 무모한 계획을 추진했지만 제작 가능성은 불투명했다. 특별한 줄거리도 없고 인간의 갈등도 없이 고양이만 출연하는 우화 뮤지컬은 황당한 계획이었다. 주변 전문가 대부분은 로이드 웨버를 말렸지만 캐머런 매킨토시만이 고양이 뮤지컬 제작에 관심을 보였다. 매킨토시가 <캣츠 Cats>(1981, 런던) 제작을 결정하며 전제한 것은 로이드 웨버 음악 이상의 '어떤 것'이 필요하다는 점이었다. 지금까지 다른 뮤지컬이 하지 못한 '체험'을 제공해야 한다는 생각이었다. 관객들이 고양이의 노래를 듣고 춤을 구경하는 것이 아니라 고양이 세계로 들어가서 경험해야 한다고 보았다. '관극'은 보고 듣는 것이 아니라 느끼고 경험하는 것이라는 매킨토시의 생각은 이후 뮤지컬의

세계를 크게 바꾸어 놓았다.

『지혜로운 고양이가 되기 위한 지침서』의 작가 T.S. 엘리엇의 부인은 남편의 시가 뮤지컬로 제작된다는 소식을 듣고 앤드루 로이드 웨버를 찾아왔다. 그녀는 시집에는 수록되지 않은 남편의 시 '매혹적인 고양이 그리자벨라'를 로이드 웨버에게 소개했다. 시집에 등장하는 다양한 고양이에게 노래를 붙여 공연을 준비하던 로이드 웨버는 미공개 시를 읽자마자 뮤지컬 제작에 자신이 생겼다. 매혹적인 그리자벨라 고양이 이야기가 추가된다면 뮤지컬을 완성할 수 있다고 보았다.

프로듀서 캐머런 매킨토시는 고양이만 등장하는 뮤지컬의 위험성을 감소시킬 전략을 고민했다. 그는 뮤지컬을 감상이 아닌 '체험'으로 접근했고, 공공극장과의 협업도 구상했다. 왕립 셰익스피어 극단 Royal Shakespeare Company(이하 RSC) 예술감독인 트레버 넌에게 연출을 맡기고 RSC나 국립극단 배우, 왕립발레단의 무용수들을 뮤지컬 주역으로 캐스팅했다. 브로드웨이와 달리 국립이나 왕립극장이 공공재로 공연 문화를 주도하는 영국이기에 가능한 제작 형태였다. 한편 트레버 넌도 볼거리의 중요성, 뮤지컬 체험의 의미를 간파했다. RSC의 동료인 무대디자이너 존 내피어와 발레 안무가 질리언 린을 초청하여 뮤지컬 장기 프로젝트를 준비했다.

공연 직전까지 <캣츠>는 변변한 투자자를 유치하지 못했다. 신문광고로 개인 투자자를 모집하고 출연진에게도 투자를 요청하는 등 어렵게 자금을 조달했다. <캣츠>의 대표곡인 그리자벨라를 위한 '메모리' 스코어는 로이드 웨버가 미리 완성해 두었지만 가사는 확정되지 않았다. 팀 라이스부터 돈 블랙까지 다수의 유명 작사가들이 '메모리'

가사를 썼다. 프리뷰 기간 내내 그리자벨라 역의 일레인 페이지는 매일 다른 가사로 '메모리'를 불러야 했다. 공식 개막을 며칠 앞두고 트레버 넌이 엘리엇 시를 토대로 정리한 가사가 최종 채택되었다. <캣츠> 출발은 불안 그 자체였다.

조용히 앉아 노래와 춤을 감상하는 것이 아니라 마치 디즈니랜드에서 느낄 법한 '특별한 체험'을 만들라는 프로듀서의 요구는 만만치 않았다. 안무가 질리언 린은 배우들이 고양이처럼 숨 쉬고 움직이며 춤출 것을 요구했고 노래의 수준도 상당히 높았다. 존 내피어는 배우들이 고양이처럼 보이게 하는 연기와 의상, 분장뿐 아니라 그들이 사는 환경을 만들기 위해 실제 사이즈의 세 배 반이 넘는 폐차장을 세트로 만들었다. 배우들이 폐차장을 뛰어다니는 진짜 고양이처럼 보이도록 디자인한 것이다. 잔털 하나까지 세밀하게 분장을 마치고 무대와 객석을 마구 돌아다니는 고양이 배우를 보는 관객들은 고양이 세계에 초대받은 걸리버와 같은 체험을 했다. 이야기가 완성된 북 뮤지컬 형식이 아닌, 다양한 고양이 캐릭터들이 등장하는 레뷰 쇼 형식이었다. 관객들은 거대한 타이어를 타고 천상으로 날아가는 고양이 등 화려한 볼거리가 가득한 엑스트라버간자 스타일에 감탄했다. <캣츠> 이후, 배우들은 춤과 노래를 모두 다 완벽하게 소화해야만 뮤지컬 배우라고 부르게 되었다. 노래, 춤, 연기가 완벽하게 준비된 '트리플 스렛 Triple Threat'*이 뮤지컬 배우의 기본이 되었다.

---

* 트리플 스렛 Triple Threat : 운동선수나 배우 등 특정 분야에서 세 가지 기술에 능한 사람을 말한다.

제작 초기부터 인간의 이야기가 아니어서 걱정했던 <캣츠>의 인기 비결은 고양이에서 비롯됐다. 존 내피어가 디자인한 거대한 세트로부터 분장과 의상, 질리안 린이 안무한 고양이 특유의 움직임은 캐릭터를 강력하게 만들어 주었다. 단순한 줄거리와 환상적인 무대는 남녀노소에게 환영받았다. 뮤지컬 극장에 가족 관객이 찾아오기 시작했다. 디즈니가 브로드웨이에서 가족 뮤지컬을 시작하게 된 것도 <캣츠>의 영향이 컸다. 뮤지컬의 체험적인 요소는 언어 장벽도 쉽게 무너뜨렸다. 1980년대 뉴욕과 런던의 비영어권 관광객들에게 <캣츠> 관극은 독해하려 애써야 하는 외국의 낯선 문화가 아니라 그저 즐거운 뮤지컬 세상으로의 여행이었다.

<캣츠>의 혁신은 마케팅에서도 돋보였다. 매킨토시는 포스터 디자인을 완전히 바꿨다. 제목과 스타 이름 등 문자 기호를 싹 지우고 작품을 상징하는 이미지 하나만 넣었다. 검은 바탕에 노란 고양이 눈을 강조한 <캣츠>의 이미지가 완성되었고 그것만으로 포스터를 완성했다. <캣츠>의 이미지는 포스터를 넘어 다양한 상품에 활용되었다. 강렬한 칼라와 로고를 활용한 티셔츠나 머그컵 등이 날개 돋친 듯 팔려나가 매출에도 기여했다. <캣츠> 티셔츠를 입고 거리를 활보하는 관객들은 제2의 홍보 요원이었다.

테크놀로지의 측면에서도 <캣츠>는 혁신을 주도했다. 록 뮤지컬이 들어오면서 마이크 사용은 뮤지컬 제작의 필수가 되었다. <헤어>나 <지저스 크라이스트 슈퍼스타>는 배우와 연주자들이 마이크를 사용하여 소리를 증폭시켰다. <캣츠>는 한 발 더 나아가 앙상블을 포함한 모든 배우들이 무선 마이크를 차고 고양이처럼 자유롭게 춤추

며 노래했다. 실제 노래할 때 사고를 대비하여 미리 녹음을 해두었다가 음향 시스템에 사고가 나면 립싱크로 진행할 수 있는 백업 시스템도 마련했다. 조명디자이너 이상으로 음향디자이너는 뮤지컬 제작의 핵심 크리에이터가 되었다. 관객들은 배우들이 노래하는 소리를 직접 듣는 것이 아니라 음향감독이 컨트롤 보드에서 조정해주는 소리를 듣게 된 것이다. <캣츠> 이후 뮤지컬 극장에서는 작품에 맞는 정교한 사운드 환경이 반드시 필요했다. 관객들은 어느 자리에서나 생생하게 노래와 효과음을 즐길 수 있게 되었다.

<캣츠>는 런던에서 1981년부터 2002년까지 21년간 장기공연 되었고 브로드웨이에서도 1982년부터 2000년까지 18년 공연되어 역사적인 작품으로 남았다. 브로드웨이 데뷔 당시 <캣츠>는 미국 비평가들의 혹평을 받았지만 음반의 인기와 런던 공연에 대한 호의적인 입소문 덕분에 사전 판매가 상당히 이루어졌고 막이 오르자 인기는 급상승했다. 고인이 된 시인 T.S. 엘리엇이 수상한 작사상을 비롯하여 작품상 등 6개 부문에서 토니상을 수상한 <캣츠>는 브로드웨이에서 '메가뮤지컬의 승리'를 상징하는 작품이 되었다.[61] 1983년 헝가리와 일본에서 자신들의 언어와 배우들로 공연된 <캣츠> 라이선스 공연이 시작된 이후 15개 언어로 번안되어 30개 국가에서 공연되었다. 2012년까지 <캣츠>의 매출 기록은 3천 5백만 달러를 상회했다.[62]

로이드 웨버는 연출가 넌과 함께 뮤지컬만의 '체험'을 더 확대했다. 기차를 의인화한 <스타라이트 익스프레스 Starlight Express>(1984, 런던)는 디즈니랜드 놀이기구와 같은 세트를 극장 안에 들여놓은 작품이었다. 존 내피어는 런던 아폴로 빅토리아 극장의 2층 갤러리와 무대

앞 특별석을 관통하는 스케이트 트랙을 만들었고 주변에 객석을 배치하여 엄청난 장관을 이뤄냈다. 1984년 런던에서 막이 오른 이 작품은 '지적인 데라고는 손톱만큼도 없다'는 비난을 받았지만 평범한 가족 관객을 열광시키며 18년간 지속되었다. 뉴욕에서 2년 만에 막을 내린 후에도 오락의 도시 라스베이거스에서 장기 흥행을 했다.

뮤지컬의 대명사가 된 〈오페라의 유령〉

가스통 르루의 고딕소설*을 각색한 <오페라의 유령 The Phantom of the Opera>(1986, 런던)은 로이드 웨버를 가장 유명한 뮤지컬 작곡가 겸 제작자로 만든 작품이다. 뮤지컬을 잘 모르는 사람들도 파이프 오르간 반주로 거창하게 펼쳐지는 <오페라의 유령> 오프닝 선율에는 안다는 듯 고개를 끄덕이게 된다. 브로드웨이 최장 공연과 웨스트엔드 세 번째 장기 공연** 기록을 보유한 <오페라의 유령>은 가장 대중적인 뮤지컬의 하나이다.

---

* 고딕소설 Gothic Novel은 18세기부터 19세기까지 유럽 낭만주의 시대 유행한 소설 양식. 중세적 분위기를 배경으로 잔인하고 기괴한 이야기를 통해 신비한 느낌과 소름끼치는 공포감을 유발하는 데 소설의 주안점을 둔다. 고딕소설의 창시자로 알려진 호러스 월폴의 『오트랜토 성(Castle of Otranto, a Gothic Story)』을 비롯하여 메리 셸리의 『프랑켄슈타인』, 브람 스토커의 『드라큘라』 등이 대표적인 소설이다.

** 웨스트엔드 최장 공연은 1952년 시작한 연극 〈쥐덫〉이며 두 번째 장기공연은 1985년에 시작한 〈레미제라블〉이다. 1986년 시작된 〈오페라의 유령〉은 〈레미제라블〉에 비해 1년 뒤졌으며 코로나 팬데믹으로 쉬는 동안 막을 내렸다가 2021년 새로운 프로덕션으로 시작하였다. 〈오페라의 유령〉 브로드웨이 공연은 1988년 시작되어 코로나 팬데믹 기간 쉬었다가 2023년 4월에 종연되었다.

● 〈오페라의 유령〉의 크리스틴과 팬텀. 에스엔코 제공

<캣츠>로 의기투합한 로이드 웨버와 매킨토시는 극작가 켄 힐이 만든 <오페라의 유령 Phantom of the Opera> 리바이벌에 투자자로 참여할 계획이었다.* 1976년 발표한 켄 힐의 뮤지컬은 베르디, 구노, 모차르트의 오페라와 오펜바흐식 오페레타가 혼재된 작품이었다. 1984

* 가스통 르루의 소설 『오페라의 유령』을 뮤지컬로 만든 작품은 웨버와 켄 힐 외에도 모리 예스톤이 작곡한 〈팬텀〉(1991)이 있다.

년 켄 힐의 리바이벌 공연이 마음에 들지 않았던 로이드 웨버는 자신이 곡을 새로 쓰기로 결심했다. 로이드 웨버는 르루의 소설 속 괴기스러운 주인공 팬텀을 외모 트라우마에 시달리지만 치명적인 매력을 지닌 인물로 만들어냈다. 그는 자신의 작품 관리를 위해 만들었던 저작권 회사 RUG를 뮤지컬 제작사로 용도를 변경했다. 이 회사가 직접 제작한 첫 뮤지컬이 <오페라의 유령>이었다. 매킨토시와 RUG가 합작한 뮤지컬은 화려함과 낭만성, 스케일에서 최고를 자랑했다.

끔찍한 외모의 천재 음악가 팬텀은 파리 오페라하우스 지하 은신처에 살면서 종종 극장에 출몰하여 소동을 일으키는 존재이다. 그는 코러스 단원 크리스틴에게 사랑을 느끼고 음악을 가르친다. 팬텀은 극장장을 협박하여 크리스틴을 오페라 주역으로 세우게 한다. 그녀는 음악가로서 팬텀을 존경하고 동정심을 느끼지만 사랑하는 사람은 라울 백작이다. 둘의 사랑에 질투를 느낀 팬텀은 크리스틴을 지하 세계로 납치하며 위협하지만 결국 자신의 사랑을 포기하고 크리스틴을 지상으로 돌려보낸다.

'밤의 음악 Music of the Night', '날 생각해줘요 Think of Me', '오페라의 유령 Phantom of the Opera' 등 로이드 웨버의 넘버는 전형적인 발라드 팝 스타일로 누구라도 쉽게 빠져드는 노래였다. 대중적인 뮤지컬 넘버들은 낭만적이며 풍성한 오케스트라 사운드를 바탕으로 마치 오페라를 보는듯한 착각에 빠뜨렸고 상업과 예술의 절묘한 만남을 완성해냈다. 뮤지컬 속 세 편의 오페라 '한니발', '일 무토', '돈 주앙의 승리'에서는 오페라 아리아와 같은 뮤지컬 넘버가 등장한다. 파리 오페라하우스 로비에서 시작되는 2막 '가면무도회 Masquerade'는 전형적인 뮤지컬의 쇼스타퍼 형식을 띠고 있지만 스토리가 급변하는 중요한 장면이다. 크리스틴과 라울의 사랑을 확인한 팬텀이 가면무도회에서 자신을 드러내며 뮤지컬의 긴장이 고조된다. 무대디자이너 마리아 비욘슨이 설계한 <오페라의 유령> 무대는 극장 객석 위에서 떨어지는 대형 샹들리에 장면부터 배를 타고 팬텀의 지하세계로 가는 매커니즘까지 기존의 뮤지컬이 상상하는 스케일과 무대미학을 넘어섰다.

1986년 1월 발매된 싱글음반은 음반차트 상위권에 링크하며 열 달 후 개막할 뮤지컬 박스오피스에 활기를 불어넣었다. 뮤지컬 <오페라의 유령>은 같은 해 10월 런던 허 마제스티 극장에서 초연한 후 1988년 브로드웨이에서도 공연을 시작했다. 뉴욕과 브로드웨이를 넘어선 <오페라의 유령>은 1986년 초연 이후 37년간 세계 188개 도시에서 17개국 언어로 공연되었으며 전 세계에서 1억 5천만 명이 관람했다.[63] 2016년에 발표된 전 세계 매출액은 60억 달러, 한화로 7조 7천억 원을 상회하는 것으로 알려져 있다.[64] 뮤지컬 매출 1위는 <라이온킹>이 차지하고 있지만 공연의 횟수나 티켓 판매량으로는 <오페라의 유령>이 최고 기록을 보유하고 있다.

<오페라의 유령>은 수상 기록도 화려하다. 영국의 로렌스 올리비에상을 비롯하여 영국 뮤지컬에는 인색했던 토니상에서도 작품상, 연출상, 남우주연상 등 7개 부문을 석권했다. 하지만 로이드 웨버의 오리지널 스코어에 대해서는 지나치게 감상적이며 올드하다는 등 혹평이 많았기에 음악상은 수상하지 못했다. 그해 작곡상은 손드하임의 <숲 속으로>가 수상했다.

로이드 웨버의 당시 부인으로 팝송의 중역대 사운드부터 하이 E까

● 앤드루 로이드 웨버와 당시 아내였던 소프라노 사라 브라이트만. 〈오페라의 유령〉 공연 이전에 뉴욕 카네기 홀에서 로이드 웨버가 작곡한 〈레퀴엠〉에 출연했을 때의 모습. EMI Angel, Public domain, via Wikimedia Commons

지 자유롭게 노래한 소프라노 사라 브라이트만은 <오페라의 유령>으로 세계적인 뮤지컬 가수로 발돋움했다. 팬텀 역을 맡은 배우도 화제였다. 마이클 크로포드는 <헬로, 돌리>, <바넘> 등에서 뮤지컬 배우의 역량을 보여줬지만 1980년대 영국인에게는 시트콤 속 코믹 캐릭터로 각인된 배우였다. 세상을 등지고 사는 어둡고 괴기한 비운의 팬텀과 크로포드의 코믹한 이미지 사이의 간극은 컸다. 하지만 크로

포드는 윤기 있는 목소리와 탄탄한 연기력으로, 두렵고 불길하지만 섹시한 매력의 유령을 완성해냈다. 사라 브라이트만과 마이클 크로포드는 외국인에게 배타적인 브로드웨이에서도 토니상을 수상하며 실력을 인정받았다.

한국에서 <오페라의 유령>은 국내 공연산업의 분기점으로 여겨진다. 2000년대 초반 한국 뮤지컬 시장은 1990년대부터 본격적으로 소개된 <캣츠>, <레미제라블> 투어, <브로드웨이 42번가>, <렌트>를 비롯한 정식 라이선스 공연이 빠르게 소개되기 시작한 때였다. 당시에는 예술의전당이나 세종문화회관 등 대형극장에서는 3주, 호암아트홀 등 중규모 극장에서는 6주 정도가 뮤지컬 한 편이 공연할 수 있는 최장 기간이었다. 이런 뮤지컬 제작 환경에서 1천 석 규모의 LG아트센터에서 <오페라의 유령> 라이선스 공연이 7개월간 지속된 것은 한국 뮤지컬 사상 초유의 사건이었다. 총 관객수 24만 명, 192억 원 매출 기록을 달성한 <오페라의 유령>은 21세기 한국 뮤지컬 시장 확대에 불을 댕겼다. <오페라의 유령> 이후에 한국 뮤지컬 붐은 봇물 터지듯 일어났다. 뮤지컬 전용극장이 만들어졌고 웬만한 영미권 뮤지컬들은 라이선스 작품으로 꾸준히 소개되었다. 한국의 공연 시장을 주도하는 장르가 뮤지컬이 된 것은 <오페라의 유령>부터였다.

매킨토시와 프랑스 창작자들 〈레미제라블〉〈미스 사이공〉

샹송 가수이자 싱어송라이터였던 클로드 미셸 쇤베르그와 작사가 알랭 부블릴은 1970년대 프랑스 대중음악계의 스타 콤비였다. 뉴욕을 다녀온 부블릴이 쇤베르그에게 <지저스 크라이스트 슈퍼스타> 공연 소식을 전했다. 록에 빠져 있던 두 사람은 팝과 록 음악으로 오페라나 뮤지컬을 만들 수 있다는 사실에 흥분했다. 둘은 유럽인이 자랑스럽게 여길 만한 역사적인 순간을 담은 록 오페라 콘셉트 앨범을 만들기로 했다. 그들이 선택한 역사적인 사건은 프랑스 대혁명이었다. 그들은 두 장의 콘셉트 앨범 「프랑스 대혁명 La Révolution Française」(1973)을 먼저 출시한 후 이를 토대로 파리의 '실내 경기장 Palais des Sports'에서 동명의 록 오페라를 공연했다. 음반과 록 오페라 둘 다 프랑스 국내에서는 큰 성공을 거뒀다.

브로드웨이와 웨스트앤드의 뮤지컬에 지속적인 관심을 가지던 알랭 부블릴은 런던에서 <올리버!>를 보고 새 작품의 아이디어를 떠올렸다. 어리고 당찬 올리버 트위스트 캐릭터가 빅토르 위고의 소설 『레미제라블』에 나오는 소년 가브로쉬와 흡사했고 뮤지컬의 매력적인 인물이 될 수 있다고 생각했다. 부블릴은 쇤베르그와 함께 위고의 소설을 토대로 뮤지컬 <레미제라블 Les Misérables>(1980, 파리)을 파리 실내 경기장에 올렸다. 신작 뮤지컬은 19세기의 파리의 가난과 희망, 혁명의 기쁨과 슬픔을 그려내기에 충분했고 프랑스에서는 음반과 공연 모두 큰 인기를 끌었다.

캐머런 매킨토시는 불어판 <레미제라블> 음반을 듣고 서사와 음악의 거대한 힘을 느꼈다. 콘셉트 앨범을 듣는 순간 불어를 잘 모르는 상태에서도 충격을 받았고 쇼를 어떻게 만들어야겠다는 그림이 그려졌다.[65] 출연진 수도 많고 장시간 지속되는 프랑스 역사극을 런던으로 가져오겠다는 생각은 위험한 일이었다. 하지만 매킨토시는 2년간의 작업을 통해 불어판 <레미제라블>을 완전히 새로운 영어 뮤지컬로 바꿨다.

1815년부터 1832년까지의 복잡한 프랑스 혁명사는 영국에도 낯선 이야기였다. 매킨토시는 영어 버전 <레미제라블>(1985, 런던)을 인물 중심의 사회 드라마로 각색했다. 위고 소설의 중심 주제였던 사회와 시대가 규제하는 인간의 조건을 극복하는 과정은 뮤지컬의 핵심 메시지로 살려두었다. 장발장은 모든 사람에게 고유의 선함을 표상하는 주인공으로, 경감 자베르는 장발장을 추격하는 적대자로 캐릭터를 단순화했다.

프랑스 원곡은 인물에 따라 재편되었고 부블릴의 불어 가사는 번역 수준을 넘어 거의 새롭게 쓰였다. 영문학자 허버트 크레츠머가 영어 가사를 맡아 쉽고 평이한 언어로 바꾸었다. 히트곡 제조기 쇤베르그의 음악은 전형적인 팝 뮤지컬로 귀에 꽂히는 곡들이 넘쳤다. 장발장을 쫓는 경감 자베르의 솔로곡 '별 Stars'은 영어 버전에 새롭게 들어간 곡이며 에포닌이 죽기 전에 부르는 '나만이 On My Own'는 불어판에서 팡틴이 부르던 곡을 나눈 넘버였다. 오프닝 합창곡 '낮춰 Look Down'부터 혁명의 주체가 함께 부르는 '민중의 노랫소리가 들리는가 Do You Hear the People Sing?', 장발장이 사지에 몰린 젊은이들의 상황을 안타까워하며 부르는 '집으로 Bring Him Home', 혁명으로 죽은 이들을 그리워하는 '빈 의자, 빈 책상 Empty Chairs and Empty Tables' 등에는 사회적인 메시지가 강렬했다. 가난한 여인 팡틴이 공장에서 쫓겨나며 행복했던 젊은 시절을 떠올리며 부르는 노래 '나는 꿈을 꾸었네 I Dreamed a Dream'나 에포닌의 '나만이 On My Own'는 여성 솔로의 대표 넘버가 되었다.

프랑스 혁명의 거대 서사를 상업 뮤지컬로 제작하는 것은 쉽지 않은 작업이었다. 런던의 공공극장 RSC는 매킨토시의 훌륭한 조력자였다. RSC의 예술감독 트레버 넌은 위고의 소설을 각색한 <레미제라블>이라면 예술적인 완성도가 높은 뮤지컬을 완성할 수 있다고 확신했다. 디자이너 존 내피어가 합류했고 그가 만든 '바리케이트' 구조물은 <레미제라블>의 상징이자 메가뮤지컬의 상징이 되었다.

1985년 10월 RSC의 홈 시어터*인 바비칸 센터에서 영어판 <레미제라블>이 초연되었다. 3시간 50분 동안 이어진 개막 공연이 끝나자 관객은 10분 이상 기립박수로 환호했다. 하지만 런던 평단은 냉랭했다. '우둔한 모조품', '멜로드라마 팝 뮤지컬'이라는 혹평이 언론을 뒤덮었다. 하지만 티켓은 매일 5천 장씩 팔렸다. 공공극장인 바비칸에서 성공하자 런던 상업극장인 웨스트엔드의 팰리스 극장으로 프로덕션을 옮겼다. <레미제라블>은 팰리스 극장에서 20년간 공연하다가 2004년 퀸스 극장으로 옮겨 2019년 7월 극장 개보수를 위해 멈추기 전까지 계속되었다. 대극장 뮤지컬로는 세계 최장기 공연 기록을 가진 <레미제라블>의 오리지널 프로덕션은 1985년 초연 이후 35년 이상 런던에서 계속되고 있다. 뉴욕 프로덕션은 브로드웨이 극장에서 1987년 개막하여 2003년까지 16년간 공연되었다.

---

* 홈 시어터 Home Theatre. 극단이 자신의 집과 같이 자유로이 사용할 수 있는 전용극장, 상주극장을 의미한다. 개인의 가정에 영화관과 같은 시청각 환경을 만드는 홈 시어터와 다른 의미이다.

● 2012년 영화로 출시된 〈레미제라블〉의 바리케이트 장면 세트. 원작 뮤지컬에서는 회전무대를 이용하여 보여주었던 바리케이트를 영화에서는 런던 그리니치에 세트로 세웠다. alev adil, CC BY-SA 2.0, via Wikimedia Commons

마케팅 전략은 다른 메가뮤지컬과 흡사했다. 포스터를 비롯한 모든 홍보물은 어린 코제트와 프랑스 삼색기를 배경으로 한 프랑스 혁명의 이미지로 통일했고 이 로고가 새겨진 다양한 상품을 판매했다. 초연 당시 한 일간지의 <레미제라블> 리뷰 제목 "티켓을 구하지 못했다면 구걸하거나 빌려라. 그렇지 않다면 훔쳐라!"는 뮤지컬 판매 캠페인 카피로 활용했다. 유명한 이 캐치프레이즈는 이후 뮤지컬이 수십 년간 장기 흥행되면서 과장된 선전문구가 아니었음을 증명했다.

<레미제라블>은 1985년 올리비에상 여우주연상을 비롯하여 1987년 토니상 8개 부문을 수상했으며 전 세계적으로 1백 개가 넘는 상을

받았다. 22개의 다양한 언어로 44개국에서 7천만 명이 공연을 관람했다. 2012년에는 매킨토시 프로덕션 최초로 뮤지컬 영화를 만들어 출시했고 상당한 인기를 누렸다. 전 세계에서 성공 신화를 쓴 매킨토시 프로덕션 <레미제라블>은 오직 프랑스에서만 냉대를 받았다. 빅토르 위고의 <레미제라블>이 아니라는 이유에서였다.

1988년 작곡가 쇤베르그는 전쟁 후 베트남 여인의 비극적인 삶이 생생하게 담긴 사진 한 장을 잡지에서 보았다. 베트남 어머니와 미군 아버지 사이에서 태어난 어린 딸을 어쩔 수 없이 미국으로 보내는 모녀의 사진이었다. 이 사진은 작곡가에게 새로운 뮤지컬 아이디어를 자극했다. <레미제라블>이 성공 궤도에 오르며 차기작을 준비하던 매킨토시와 프랑스 창작팀은 베트남 모녀의 사진에서 푸치니의 오페라 <나비부인>을 떠올렸다. 일본 나가사키에 주둔하던 미군과 게이샤의 이야기를 다룬 오페라 <나비부인>을 토대로 베트남 전쟁에 참전한 미군과 베트남 여성의 비극적인 러브스토리로 각색한 뮤지컬이 <미스 사이공 Miss Saigon>(1989, 런던)이었다.

<미스 사이공>은 아시아인이 여주인공으로 등장하는 드문 뮤지컬이었다. 청순한 아시아 소녀의 이미지와 강렬한 목소리를 가진 킴 역을 선발하기 위해 전 세계를 누비며 오디션을 펼쳤고 필리핀 출신 레아 살롱가가 선발되었다. 오디션 과정은 생생하게 보도되었고 공연 전부터 세계적인 관심을 끌었다. 오디션을 마케팅에 활용하는 전략은 <미스 사이공> 이후에 흔한 방식이 되었다. 크리스와 킴의 이중창 '해와 달 Sun and Moon', '나는 여전히 믿어요 I Still Believe' 등은 공연 전부터 팝 차트 상위권을 장식했다.

오페라와 연극을 오가며 활동하던 젊은 연출가 니콜라스 하이트너와 무대디자이너 존 내피어가 합류했다. 거대한 헬리콥터로 유명한 2막 악몽 회상 장면은 거대한 세트 디자인, 실감나는 음향 디자인과 조명 디자인이 결합되어 새로운 스펙터클을 만들어냈다. 그 외에도 거대한 호치민 동상, 아메리칸 드림을 상징한 실제 사이즈의 캐딜락 자동차 등 화려한 볼거리를 선사했다. 붉게 지는 석양을 배경으로 한 반달과 헬리콥터를 단순화 한 뮤지컬의 메인 이미지는 미스 사이공의 얼굴을 연상시켰다. 다른 메가뮤지컬과 마찬가지로 <미스 사이공>도 이 로고를 이용한 다양한 상품을 만들어 판매했다.

런던 왕립 드루리레인 극장에서 1989년 시작된 공연은 런던에서 인기를 끌었지만 1991년 브로드웨이 진출에는 난항을 겪었다. 베트남전의 당사자인 미국의 입장에서 전쟁의 상처가 아물기도 전에 리얼한 소재의 뮤지컬을 다루는 것이 썩 내키지 않았을 것이다. 현실적으로 봉착한 문제는 브로드웨이 배우조합의 반발이었다. 프랑스와 아시아인의 혼혈인 엔지니어 역을 백인 배우 조나단 프라이스가 맡는 것은 인종차별이라는 지적이었다. 런던 공연부터 엔지니어로 참여해 온 조나단 프라이스는 RSC 출신으로 <미스 사이공>에 캐스팅된 정통 연극배우였는데 미국 배우조합은 엔지니어 역을 조합 소속 아시아인이 맡아야 한다고 주장했다. 매킨토시는 몇 달간 개막을 미루며 버티다 차기 프로덕션부터는 아시아인을 캐스팅하기로 조합과 합의하고 조나단 프라이스 출연 승인을 얻어냈다. 런던 캐스팅 그대로 브로드웨이에서 막을 올린 것이다.

배우조합으로서는 30명 남짓한 소수 아시아인을 보호한다는 명목도 중요했지만 수백 명의 고용이 약속된 대형 뮤지컬 제작을 포기할 수 없었다. 브로드웨이의 반발 속에서도 조나단 프라이스와 레아 살롱가는 그해 토니상 남녀 주연상을 수상하며 실력을 인정받았다. 21세기 들어서서 아시아 배우들의 진출이 활발해지자 2014년 런던 리바이벌에서는 필리핀 출신 배우가 엔지니어를 맡아 호평을 받았다. 한국 배우들도 뉴욕과 런던에서 킴과 투이 배역을 맡았다. 1994년 브로드웨이에서 9대 킴을 맡았던 이소정이 일찌감치 화제가 되었다. 최근에는 웨스트엔드와 영국, 미국 투어 공연에서 김수하, 전나영 등이 킴에 캐스팅되었다. 킴의 정혼자인 투이 역은 초연 당시부터 아시아 남자 배우들의 대표 배역이었다. 미국 투어와 브로드웨이 무대에서는 마이클 리가 투이로 무대에 섰고, 웨스트엔드 공연에서는 홍광호에 이어 조상웅이 투이 역할을 맡았다.

브로드웨이 캐스팅 논란과 무관하게 <미스 사이공>은 작품 자체가 젠더, 인종, 페미니즘의 시각에서 논란이 많은 작품이다. 앞선 3편의 메가뮤지컬이 보편적인 주제와 음악으로 글로벌 시장에서 긴 성공을 거두었다면 막내격인 <미스 사이공>은 다른 작품에 비해 지구촌의 보편 가치를 담아내지 못했다. 유럽과 미주 지역에서는 전쟁 속 비극적인 사랑 정도로 볼 수 있을지 모르지만 세계인의 시각에서 보면 불편한 요소가 유난히 많았다. 매킨토시의 이전 작품에 비하여 흥행 성적이 상대적으로 저조한 것도 이와 무관하지 않을 것이다. <미스 사이공>은 웨스트엔드와 브로드웨이 양쪽에서 10년 동안 공연되었지만 <캣츠> 20년, <오페라의 유령> 30년, <레미제라블> 30년 등의 공연 기간과 비교해보면 히트한 메가뮤지컬 중 가장 짧게 공연된 작품이다. 히트곡도 많고 스펙터클 수준도 높았지만 다양성의 가치가 점차 중요해지던 1990년대 <미스 사이공>의 편향된 젠더와 인종의 취향은 대중들의 지지를 오래 유지하기 어려웠다. 냉전시대가 끝난 것도 <미스 사이공> 흥행에는 부정적인 영향을 끼쳤다.

매킨토시와 프랑스 창작팀은 이후 <마틴 기어의 귀환 Martin Guerre>(1996, 런던)으로 다시 한번 전쟁 이야기를 다루었지만 웨스트엔드 공연이 2년 만에 끝났고 브로드웨이에는 공연을 올리지도 못했다.

쇠퇴와 영향

영국에서 출발한 메가뮤지컬이 20년 이상 브로드웨이를 지배할 줄은 누구도 예측하지 못했다. 1971년 로이드 웨버와 라이스가 무서운 아이들로 등장하고 1981년 매킨토시가 고양이들을 극장에 세울 당시 브로드웨이는 영국의 뮤지컬 침공은 일시적인 사건으로 끝날 것이라고 생각했다. 하지만 <캣츠>가 초연부터 사용한 캐치프레이즈인 '영원히 Forever', '지금 여기 Now & Here'가 제시한 메가뮤지컬 혁명은 20세기말부터 현재까지 여러 형태로 영향을 끼쳤다.

매킨토시가 제작에 참여한 <캣츠>, <레미제라블>, <오페라의 유령>, <미스 사이공>은 메가뮤지컬을 대표하는 빅4로 불리지만 영국 작곡가 로이드 웨버와 프랑스 창작 콤비 쇤베르그-부블릴은 스타일과 주제를 다루는 방식이 달랐다. 쇤베르그와 부블릴 팀이 거대한 사회적 이슈를 중심에 두었다면 로이드 웨버는 개인적인 삶에 대한 위로와 카타르시스에 집중했다. 일곱 번의 토니상, 세 번의 그래미상, 여섯 번의 올리비에상을 받은 로이드 웨버는 대중성과 예술성을 자유롭게 넘나들며 20세기를 대표하는 뮤지컬 작곡가가 되었다. 로이드 웨버는 클래식에 정통한 음악가로 오케스트레이션에 밝았고 기존 작품을 패스티쉬 하는 능력도 뛰어났다. <요셉과 놀라운 색동옷>에서는 엘비스 프레슬리를 패러디했고 <캣츠>에서는 푸치니, <오페라의 유령>의 오페라 장면에서는 마이어베어와 모차르트를 패러디하며 시대와 장소를 넘나들었다.

1980년대의 뮤지컬 제작 규모는 이전과는 비교할 수 없을 만큼 상승했다. <캣츠>의 초기 제작에는 4백만 달러가 소요되었는데 <레미제라블>은 4백 50만 달러, <오페라의 유령>에 가서는 8백만 달러, <미스 사이공>은 1천만 달러까지 제작비가 증가했다. 뮤지컬 빅4는 20년 가까이 브로드웨이에서 건재하면서 어마어마한 수익을 올렸다. 거대한 샹들리에가 떨어지는 <오페라의 유령> 오프닝과 숨이 멎을 듯 포효하는 '밤의 음악'을 경험한 관객은 메가뮤지컬 이전의 소박한 아름다움과 유쾌함에 만족하지 못했다. 사람들은 시각적 효과가 엄청난 스펙터클과 함께 로맨틱하고 화려하며 장대한 음악을 기대하며 뮤지컬 극장에 들어서게 되었다. 메가뮤지컬의 흥행은 장르의 다양성을 위축시켰고 새로운 예술적 비전을 향한 통로를 막아 버렸다.

메가뮤지컬의 도도한 흐름 때문에 젊은 창작자의 신선하고 혁신적인 시도들이 솟아날 수 있는 여지가 사라질 것이라는 걱정을 불러왔다.[66] 브로드웨이는 20세기 내내 주장해왔던 뮤지컬 장르의 원산지로서의 자부심, 정체성, 그리고 뮤지컬은 곧 브로드웨이의 것이라는 독점권을 포기하게 되었다. 뮤지컬 비평가 존 스넬슨은 글로벌 장르가 된 뮤지컬에 대하여 이렇게 말했다. "뮤지컬은 더 이상 미국만의 것이 아니다. '브로드웨이 뮤지컬'은 글로벌한 예술 형식으로 다시 정의되어야 한다. 지역적인 색채가 가미된 국가 정체성의 표현으로 말이다."[67]

메가뮤지컬이 글로벌 장르로 수십 년간 성장을 이어간 데에는 영국산 뮤지컬의 음악과 내용이 가진 보편성과 함께 20세기 말 경제·사회 변화의 덕도 컸다. 이념 경쟁이 희미해지며 정치적으로는 평화로웠고 국가 경계는 느슨해졌다. 신자본주의 경제 체제로 세계는 유례없이 가까워졌다. 20세기 말 서서히 높아지던 세계화의 파고에 메가뮤지컬이 성공적으로 올라탄 셈이었다.

1990년대 후반에 들어서자, 로이드 웨버와 매킨토시의 신작 뮤지컬이라는 이름만으로는 성공하기가 어려워졌다. 제작 규모가 커지면서 웬만한 매출로는 성공이라 부르기 어려웠고 엄청난 손실을 감수해야 하는 작품이 계속 늘어났다. <선셋 대로 Sunset Boulevard>(1993, 런던)는 투자자들의 관심이나 넌과 내피어 등 스타 제작진, 원작 영화의 인기, 로이드 웨버의 음악적 성취로 볼 때 <오페라의 유령> 여성 버전이 될 것이라며 기대를 모았다. 그러나 런던 초연부터 평가가 엇갈렸다. 뮤지컬 넘버는 아름답지만 원작 영화의 유머가 사라져 전체적으로 어둡다는 평이었다. 일레인 페이지, 페티 루폰, 페툴라 클락 등 대스타들이 여주인공 노르마 역을 맡아 화제가 되었는데, 미국에서는 페티 루폰, 페이 더너웨이 등 유명 여배우들과 계약 위반으로 소송을 벌이는 등 개막 전부터 스캔들로 얼룩졌다. <선셋 대로>는

4년 공연을 하고도 1천 3백만 달러의 손실을 입어야 했다. 그 외에도 로이드 웨버는 1천 5백만 명이 관람한 <스타라이트 익스프레스>에서도 8백만 달러, <사랑의 이모저모 Aspects of Love>(1989, 런던)에서는 850만 달러의 손해를 보았다. 작사가 팀 라이스가 전설의 팝그룹 아바 ABBA의 멤버였던 비욘 울바우스와 손잡고 야심차게 제작했던 <체스 Chess>(1986, 런던)도 6백만 달러 적자를 기록했다.[68] <레미제라블>로 수익을 얻은 영국의 공공극장 RSC도 로이드 웨버나 매킨토시 없이 스티븐 킹의 소설을 뮤지컬로 만든 <캐리 Carrie>(1988)를 제작했다. 이 작품은 셰익스피어의 고향이며 RSC의 또 다른 홈 시어터가 있는 스트랫포드 어폰 에이본에서 초연하고 같은 해 브로드웨이에 진출했는데 공식 오프닝 후 5회 공연을 끝으로 막을 내리며 8백만 달러의 손실을 입었다. 1990년대 들어서서는 메가뮤지컬 빅4 외에는 런던발 신작 뮤지컬 중 어떤 작품도 화제를 모으지 못했다. 2000년 9월 10일 윈터가든 극장에서 열린 <캣츠>의 폐막 파티는 18년 롱런한 메가뮤지컬 시대가 막을 내리고 있다는 상징이었다.

그럼에도 불구하고 메가뮤지컬의 글로벌 히트는 브로드웨이는 물론 세계 뮤지컬 시장에 큰 영향을 주었다. <오페라의 유령>이나 <레미제라블>과 같은 라이선스 뮤지컬을 경험한 1990년대 유럽 대륙에서 유사한 작품들을 만들어내기 시작했다.

오스트리아 빈에서는 극장협회가 주축이 되어 <엘리자벳 Elisabeth>(1993, 빈)을 만들었다. 극작가 미하일 쿤체와 작곡가 실베스타 르베이 콤비가 만든 독일어판 <엘리자벳>은 미국을 제외한 유럽 대륙과 한국, 일본 등 여러 지역에서 각국 언어로 라이선스 뮤지컬을 만들어 흥행했다. 오스트리아 팀의 <모차르트>, <레베카> 등 여러 편의 독일어 뮤지컬이 등장해 인기를 이어갔다. 로만 폴란스키가 연출한 영화를 각색한 동명의 뮤지컬 <뱀파이어의 춤 Tanz der Vampire>(1997년, 빈)도 독일어로 초연했다. 오스트리아 극작가 미하일 쿤체와 미국 작곡가 짐 스타인먼이 작곡한 이 뮤지컬은 영어로 번역하여 브로드웨이로 진출했다. <뱀파이어의 춤>에는 <오페라의 유령>의 유령 역이었던 마이클 크로포드가 출연하며 화제를 뿌렸지만 56회 만에 막을 내리며 1천2백만 달러의 손실을 입었다. 이 작품은 RSC가 제작한 <캐리>와 함께 '브로드웨이 역사상 가장 값비싼 실패작'으로 기록되었다.

체코 뮤지컬 <드라큘라 Dracula>(1995년. 프라하)를 비롯한 동유럽 국가의 뮤지컬 제작도 왕성했고 네덜란드어로 만든 <시라노 Cyrano>(1992년. 암스테르담)도 유럽 내에서 흥행했다. <시라노> 역시 1993년 브로드웨이에 진출했지만 흥행에는 성공하지 못했다. 1990년대 브로드웨이에서도 19세기 고딕 소설이나 멜로드라마, 역사물을 각색한 '유령' 유사품들이 등장했지만 대부분 흥행에 성공하지 못했다. 워싱턴 케네디센터에서 초연된 <쇼군 Shogun>(1990)은 30명이 넘는 출연진과 거대 서사, 성스루 스타일로 <오페라의 유령>이나 <레미제라블>의 복사본이라는 악평을 들으며 브로드웨이 진출과 동시에 막을 내렸고 <분홍신 Red Shoes>(1993)도 브로드웨이 개막 닷새 만에 막을 내렸다. 팝송 작곡가였던 프랭크 와일드혼은 19세기 고딕 소설 『지킬 박사와 하이드씨』를 각색한 동명의 뮤지컬 <지킬 앤 하이드 Jekyll and Hyde>(1997)을 비롯하여 <스칼렛 핌퍼넬 The Scarlet Pimpernel>(1997), <남북전쟁 Civil War>(1999) 등 세 편의 대형 뮤지컬을 브로드웨이에 올렸다. <지킬 앤 하이드>와 <스칼렛 핌퍼넬>은 4년, <남북전쟁>은 1년간 브로드웨이에서 공연되었는데 세 작품이 총 8백만 달러 손실을 입으며 막을 내렸다. 한국에서 가장 인기 있는 뮤지컬의 하나인 <지킬 앤 하이드>는 '지금 이 순간' 등 히트 넘버에도 불구하고 브로드웨이에서 유사 메가뮤지컬 대접을 받으며 평단의 반응이 좋지 않았다. 브람 스토커의 고딕 소설을 각색한 와일드혼의 뮤지컬 <드라큘라 Dracula The Musical>(2004) 역시 브로드웨이에서는 크게 성공하지 못했다.

메가뮤지컬은 긍정적인 측면과 부정적인 측면 모두에서 큰 영향을 미쳤다. 프랑스 그랜드 오페라나 레뷰 등과 같은 다양한 19세기 음악극 뿌리에서 출발한 메가뮤지컬은 점차 뮤지컬 자신만의 레이블을 갖게 되는 방식으로 진화하며 세계 뮤지컬 시장을 점령했다. 현재 브로드웨이와 웨스트엔드 그리고 전 세계의 영향력 있는 대형 신작 대부분이 메가뮤지컬의 전례 없는 성공 모델을 반영하고 있다는 사실은 부인할 수 없다.[69] 엄청난 규모의 투자를 요하는 메가뮤지컬은 성공의 화려함만큼이나 실패의 그림자도 깊었고 젊고 참신한 뮤지컬의 설자리도 제한했다는 평이 많았다.

● 〈라이온 킹〉 포스터. 에스엔코 제공.

제6장

다시 서는 브로드웨이

1990년대

애니메이션 명가 디즈니는 〈라이온 킹〉을 뉴 암스테르담 극장 무대에 올리며 브로드웨이가 주목하지 않던 어린이와 가족, 관광객을 불러 모았다. 개인 프로듀서가 중심이었던 브로드웨이 뮤지컬 제작 방식을 기업형으로 바꾼 〈라이온 킹〉은 21세기 브로드웨이 대형 뮤지컬 제작 붐을 주도했다.

연표6. 뮤지컬과 세계 역사(1990년대)

역사적인 중요 사건	연도	뮤지컬의 중요한 사건과 작품
독일 통일 협정 발표	1990	
페르시아만 걸프전쟁	1990~1992	
소련 연방 해체, 냉전시대 공식 종료 월드 와이드 웹(www)을 통한 인터넷 보급	1991	〈미스 사이공〉 브로드웨이 초연 디즈니 애니메이션 〈미녀와 야수〉 출시 작사가 하워드 애쉬먼, 마이클 베넷 등 브로드웨이 예술가 다수 에이즈로 사망
	1992	〈아가씨와 건달들〉 리바이벌 히트, 리바이벌 붐 조성 거슈윈 음악 주크박스 뮤지컬 〈크레이지 포 유〉 네덜란드 뮤지컬 〈시라노〉 암스테르담 초연
유럽 연합(EU) 출범	1993	〈선셋 대로〉 런던 초연 오스트리아 히트 뮤지컬 〈엘리자벳〉 빈 초연
북미 대륙간 자유무역 체결	1994	디즈니 애니메이션 〈라이온 킹〉 출시 디즈니 브로드웨이 첫 뮤지컬 〈미녀와 야수〉 초연 토니상 수상 부문에 베스트 리바이벌상 신설
세계무역기구(WTO) 창립 OJ 심슨 무죄 평결	1995	체코 뮤지컬 〈드라큘라〉 프라하 초연
HIV 항바이러스 발견, 에이즈 공포 사라지기 시작	1996	라슨의 뉴 뮤지컬 〈렌트〉 초연, 조나단 라슨 사망 〈시카고〉 리바이벌 히트 시작
아시아 중심 외환 위기 MP3 기술도입으로 소리를 파일로 저장함	1997	뉴 암스테르담 극장 재개장, 디즈니 뮤지컬 〈라이온 킹〉 초연 프랭크 와일드 혼 〈지킬 앤 하이드〉 초연
유럽 연합 중앙은행 설립	1998	〈카바레〉 리바이벌 히트 프랑스 히트 뮤지컬 〈노트르담 드 파리〉 파리 초연
유럽연합 단일화폐 유로 채택	1999	주크박스 뮤지컬 〈맘마미아〉 런던 초연
조지 W 부시 미국 대통령 당선	2000	

신자유주의 등장과 브로드웨이의 변화

가까워진 세계, 신자유주의, 포스트모더니즘

소련이 무너지고 냉전은 끝났다. 지구상에 전쟁의 위험은 사라진 것 같았다. 교통과 통신 발달은 세계를 가깝게 연결했고 미디어는 세계의 문화를 빠르게 공유해 주었다. 눈에 보이는 이데올로기 대립은 사라졌지만 통합된 정치 질서 속 경제 체제는 풍요와 고통을 동시에 의미했다.

세계 유일의 강대국이 된 1990년대 미국은 최고의 호황을 누렸다. 클린턴 대통령은 레이건 대통령, 부시 대통령과 다른 정치 노선을 따랐지만 경제적으로는 신자유주의 노선의 충실한 계승자였다. 1990년대 들어서면서 신자유주의 경제정책은 훨씬 더 공격적이 되었다. 미국은 거의 모든 국가와 자유무역협정을 체결하여 무역, 관세장벽을 무너뜨렸고, 농산물, 서비스, 엔터테인먼트 사업까지 시장개방을 강제하는 협정까지 체결하였다. 미국의 호황은 자국 내 닷컴 경제의 성장의 효과 덕분이었지만 개발도상국과 후발 주자들의 경제 장벽을 무너뜨리며 시장개방을 강제한 결과이기도 했다. 갑작스럽게 무너져 내린 관세 장벽과 시장개방 요구는 그동안 보호무역주의 덕분에 산업을 성장시켜 오던 한국과 같은 동아시아 국가들에게 큰 타격을 주었다. 1997년부터 한국이 IMF 외환위기와 고통스러운 경제난을 겪은 것은 이런 이유였다. 브라질 등 외환위기를 경험한 다수의 개발도상

국들은 한국과 마찬가지로 IMF 프로그램의 이행을 통해 신자유주의로의 전환을 강요받았다.[70)]

거대한 정치 지배 이데올로기는 사라지고 시장 자유화와 탈산업화로 인하여 여가시간은 늘어났으며 노조의 힘은 전체적으로 약화되었다. 국가나 노동조합과 같은 집단 공동의 가치를 추구하던 공동체 의식이 있던 자리에 개인주의적 생활양식의 가치가 들어왔다. 이동용 카세트 플레이어 워크맨이나 컴퓨터 게임의 대중화로 개인 여가활동이 증가했으며 텔레비전의 확대는 소비 패턴을 변화시켰다. 대형 쇼핑몰, 신용카드 확산을 통해 쇼핑이라는 행위는 문화의 한 양식으로 변화되었다.

20세기 놀라운 공학적 성취 중 하나가 소형 컴퓨터의 발명이었다. 1930년대 개발된 후 2차 대전 당시 막대한 투자로 고도화되면서 소형 컴퓨터가 제작되었고 1980년대부터 개인 컴퓨터 시대가 열렸다. 1990년대 컴퓨터 사이의 네트워크 기능이 인터넷으로 발전되면서 전 세계의 정보를 조직적으로 처리하고 연결하는 일이 가능해졌다.

1989년 월드 와이드 웹의 보급과 데이터 표준화 기술은 컴퓨터 네트워크를 통해 접속하는 세계 어느 곳의 누구라도 정보를 공유하며 축적할 수 있게 되었다. 1990년대 개인 컴퓨터는 네트워크로 전 세계를 연결했다. 자유무역 체제와 인터넷의 보급은 시간과 거리의 격차 없이 세계 무역을 가능하게 만들었고 정보를 공유할 수 있게 되었다.

개인 컴퓨터와 인터넷의 보급은 대중문화 확산에도 크게 기여했다. 지구는 하나의 마을과 같이 가까워졌다. 지구촌 시대의 문화는 다양하면서도 균일했다. 대중문화는 국경을 넘어 보편적인 문화로 확산되었다. 애니메이션 <라이온 킹>은 전 세계가 동시에 관람하고 소비하는 문화였다. 문화의 균일화는 전 세계로 시장을 확대하는 동시에 개별 문화의 다양성을 약화시켰다. 산업화 사회로부터 컴퓨터가 지배하는 정보화 사회로 변함에 따라 문화의 중심축은 오페라와 클래식과 같이 소수 엘리트가 전유하던 '고급' 문화에서 전 지구를 지배하는 대중문화로 옮겨갔다. 포스트모더니즘 시대의 지배적인 문화는 대중문화였다. 여행의 비용은 점차 저렴해졌으며 사람들은 재미를 위해 쉽게 먼 여행을 떠났다. 국제 관광은 대형 비즈니스가 되었다. 팝과 클래식 음악, 영화, 연극, 미술 등 예술 전 분야에서 국경을 초월하여 유사한 취향을 공유했다. 20세기 초중반 제국주의에 의한 세계화가 부유한 소수의 전유물이었다면 20세기 말 세계화는 평범한 시민들에게 많은 혜택을 가져다주는 보편적인 실체였다.

다시 기지개를 켜는 브로드웨이

1980년대와 1990년대 브로드웨이는 영국산 메가뮤지컬이나 과거 히트 뮤지컬을 리바이벌한 작품이 흥행을 주도했다. 미국 뮤지컬의 입장에서 브로드웨이 신작의 부재로 뮤지컬의 침체기는 1990년대 초반까지 지속된 셈이다. 스티븐 손드하임의 신작은 토니상이나 평론가들의 관심을 받았지만 시장에는 영향을 주지 못했고 관객들은 여전히 <오페라의 유령>과 같은 대형 뮤지컬을 선호했다.

하지만 앤드루 로이드 웨버나 캐머런 매킨토시의 야심찬 신작들도 1990년대 들어서서는 초기 투자금을 회수하지 못하며 조기 퇴장하는 일이 빈번해졌다. 뮤지컬 제작은 고수익을 보장하는 비즈니스인 만큼 실패 위험이 높은 사업이기도 했다. 4년 이상 브로드웨이에서 롱런해도 투자금을 회수하는 작품이 많지 않았기에 제작자들은 새로운 길을 모색하기 시작했다.

신작 개발보다는 제작비가 적게 드는 기존 작품에 눈을 돌린 것이다. 브로드웨이 20세기 뮤지컬 역사에는 되살릴 만한 유산이 풍부했다. 프로듀서들은 1920년대 재즈 시대부터 대중문화를 주도했던 황금시대, 1970년대 문제작까지 과거의 유산을 들춰보며 뮤지컬 올드 팬의 향수를 자극하는 작품을 구상했다. 과거 뮤지컬의 내용을 변화된 시대정신에 맞게 각색하고 최신 기술을 도입하여 시청각적인 효과를 확장한 리바이벌 작품은 뮤지컬 팬과 새로운 관객 양쪽을 다 만족시켰다. 리바이벌 뮤지컬 제작 붐이 점점 커지자 1994년에 이르러 토니상 수상 부문에 최고 리바이벌상 부문이 신설되었다. 리바이벌 작품 중 상당수는 브로드웨이 박스오피스의 강자로 등장하며 1990년대 흥행을 주도했다.

1970년대부터 시작했으나 지지부진하던 뉴욕 재개발 계획은 1990년대 들어서서 본격화되었다. 1994년 신임 뉴욕 시장이 된 루돌프 줄리아니는 '범죄와의 전쟁'을 선포하며 경찰관 숫자를 늘리는 등 치안을 강화하며 '안전한 뉴욕 만들기' 프로젝트를 강력하게 추진했다. 줄리아니 시장은 뉴욕 도심 재개발 프로젝트를 성공시키기 위해서는 타임스퀘어에 대기업을 유치해야 한다고 생각했다. 황금시대에 빛나던 타임스 타워는 과거의 유물이 되어버렸고 성인용 업소가 타임스퀘어의 주인이었다. 줄리아니 시장은 이 거리에서 포르노 숍을 내쫓고 미디어 기업 본사를 유치하는 등 재개발 사업을 과감하게 추진했다. 거리의 핫도그 가게는 대형 프렌차이즈 레스토랑으로 대체되었고 20세기 초 지그펠트 폴리스 쇼의 상징이었던 뉴 암스테르담 극장에 디즈니가 입성하면서 브로드웨이 개발은 가시화되었다.

성공한 뮤지컬은 브로드웨이 무대나 국내외 투어 수준에만 머무르는 것이 아니었다. 인기만 확보된다면 전 세계 언어로 라이선스 프로덕션을 판매할 수 있었고 음반은 물론 영화, 텔레비전 등 다양한 플랫폼에 저작권을 판매하는 등 새로운 수입원이 늘어났다. 이제 뮤지컬 프로듀서에게는 작품을 고르고 크리에이티브 팀을 구성하는 예술적인 판단뿐 아니라 적절한 마케팅과 펀딩 능력까지 요구되었다. 점차 후자의 역할이 더 중요해지기도 했다. 앤드루 로이드 웨버가 <오페라의 유령>과 <캣츠>와 같은 자신의 저작권을 관리하기 위한 기업 RUG를 설립한 이유는 성공한 뮤지컬 콘텐츠가 만들어낼 수 있는 무한한 가능성 때문이었다.

1980년대 메가뮤지컬의 성공을 지켜보던 미국의 대형 엔터테인먼트 기업들은 브로드웨이의 가능성에 대해 계산기를 두드리기 시작했다. 엔터테인먼트 기업 디즈니의 브로드웨이 진출은 1990년대 뮤지컬 시장 최대의 이슈였다. 많은 뮤지컬 콘텐츠를 확보하고서도 공연사업에는 무관심하던 디즈니의 적극적인 뮤지컬 행보는 20세기 폭스사, 워너 브라더스, 유니버설 스튜디오 등 할리우드 기업에 자극을 주었다. 영화사들은 앞다투어 회사 내에 뮤지컬 제작 파트를 구성했다.

기업이 뮤지컬 제작에 뛰어들자 프로듀서 개인이 인기 콘텐츠를 확보하는 일은 점점 더 어려워지기 시작했다. 인기 있는 이야기는 영화나 텔레비전 등 미디어 기업의 지적 소유물 Intellectual Property(IP)이었고 인지도가 높은 IP는 브랜드화되어 엔터테인먼트 기업이 소유한 음반, 영화, 텔레비전 등 다양한 플랫폼에 사용되었다. 대형 영화사는 캐스트 앨범을 녹음하는 스튜디오는 물론 방송 채널, 라디오, 신문 등 자체 미디어 그룹을 통하여 콘텐츠와 관련 상품까지 홍보하고 판매할 수 있었다. 영화와 공연의 공조, 팝 음악과 공연의 공조가 자연스럽게 늘어나는 환경이 만들어진 셈이었다. 뮤지컬 장르에 기업이 진입하면서 독립 프로듀서뿐 아니라 예술가, 노조, 연극 실무자 사이에서도 브로드웨이의 미래에 대한 염려가 쏟아졌다.[71]

이런 염려에 대한 대답처럼 등장한 새로운 움직임도 있었다. 실험적인 소극장 뮤지컬이나 예술지향적인 뮤지컬을 계속하던 손드하임의 작업에 영향을 받은 30대 신예 조나단 라슨은 브로드웨이 뉴 뮤지컬의 희망이었다. 라슨의 <렌트>는 상업과 예술, 관습과 혁신 사이에서 고민하는 젊은 뮤지컬의 가능성을 보여준 사례였다. 그의 성공은 상업적인 비즈니스에 편향된 브로드웨이에 좌절하는 미래의 작가들에게 용기를 주었다. 그들은 뮤지컬이라는 장르의 경계에 질문을 던지고 다양성 이슈를 본격적으로 다룰 용기를 얻었다. 젊은 뮤지컬 지망생들의 시도는 뮤지컬의 미학적 기준을 조금씩 높여가는 길을 모색하는 여정이었다.

42번가의 디즈니

엔터테인먼트 기업의 등장

1980년대 디즈니사는 만화영화 시장이 위축되어 고전하고 있었다. 창업자 월트 디즈니의 조카 로이 디즈니는 적자 사업임에도 애니메이션 제작을 원했고 새로운 CEO 마이클 아이즈너는 생존을 위해서는 영화와 테마파크 사업에 집중하겠다는 입장이었다. 그러나 전형적인 뉴요커이자 공연 애호가였던 아이즈너는 <캣츠>와 <오페라의 유령>의 성공을 지켜보며 뮤지컬 시장 변화에 관심을 가졌고 브로드웨이 프로듀서 출신 피터 슈나이더를 영입하며 새 사업을 준비했다.

잊혀져가던 디즈니를 살린 작품은 애니메이션 <인어공주>(1989)였다. 오프 브로드웨이 화제작 <공포의 꽃집>의 극작가 하워드 애쉬먼과 작곡가 알란 멘켄이 <인어공주> 팀에 추천됐다. 안데르센의 익숙한 이야기에 오프 브로드웨이 창작팀의 발랄한 작업으로 <인어공주>는 아카데미 작곡상, 주제가상('언더 더 씨 Under the Sea')을 수상했으며 엄청난 흥행을 기록했다. <인어공주>는 '만화에 브로드웨이를 가져온 영화'라는 평을 들을 만큼 전형적인 뮤지컬이었다. 애쉬먼과 멘켄 팀은 차기 애니메이션 <미녀와 야수>(1991)로 성공을 이어갔다. 애쉬먼은 영화 개봉을 보지 못한 채 에이즈로 일찍 세상을 떴지만 멘켄은 그와 구상했던 <알라딘>까지 완성하여 히트시켰고 <뉴시스>, <포카혼타스>, <노트르담의 꼽추>, <헤라클레스> 등에 곡을

〈노틀담의 꼽추〉 창작진. 알란 멘켄(작곡), 스티븐 슈왈츠(작사), 피터 파멜(대본)이 캘리포니아 라호야 극장 초연을 앞두고 있다. 2014년. SilasFlannery, CC BY-SA 4.0, via Wikimedia Commons

쓰며 디즈니 애니메이션 뮤지컬을 대표하는 작곡가가 되었다.

애니메이션 <인어공주>와 <미녀와 야수>가 히트하자 디즈니는 슈나이더를 책임자로 하는 극장사업부 Disney Theatrical Productions (DTP)를 신설했다. 슈나이더는 LA 올림픽 예술축제에서 함께 일했던 프로듀서 토마스 슈마허를 영입하여 본격적인 브로드웨이 뮤지컬을 준비했다. 애니메이션 <미녀와 야수>를 본 뉴욕타임스의 평론가 프랭크 리치는 '멘켄과 애쉬먼 콤비는 1991년 최고의 브로드웨이 음악을 작곡했다'[72]고 호평했다. 애니메이션 뮤지컬에 대한 뉴욕타임스의 찬사는 디즈니의 브로드웨이 진출에 속도를 붙였다. 소규모 뮤지컬에 공동투자자로 이름을 올리며 조심스럽게 브로드웨이 진출을 준비하던 디즈니는 2천만 달러를 투자한 대형 뮤지컬 <미녀와 야수 Beauty and the Beast>(1994)를 제작했다. 애니메이션의 무대화라는 난제를 의상 디자인과 무대 테크놀로지로 해결한 <미녀와 야수>는 브로드웨이에 이어 이듬해 1천만 파운드를 투자한 웨스트엔드 공연으로 확장됐다.

<미녀와 야수>는 2006년까지 13년간 5천 회 이상을 공연하며 디즈니의 브로드웨이 데뷔를 성공시켰다. 멘켄과 하워드의 뮤지컬은 전형적인 브로드웨이의 흥겨운 팝 발라드를 선보였고 사물에서 사람으로 바뀌는 앙상블의 깜짝 쇼에 관객들은 환호했다. 비평가들은 비난 일색이었다. 브로드웨이는 디즈니 테마파크가 들어설 곳이 아니며 뮤지컬은 프로듀서의 미학적 비전이 보여야 한다는 이유였다. 그해 토니상 최우수 작품상을 손드하임의 <열정>에 넘겨주고 <미녀와 야수>는 의상상 한 부문만 수상하는데 그쳤다. 그럼에도 <미녀와 야수>가 공연한 팰리스 극장에는 연일 가족 관객이 몰렸고 음침한 섹스 숍으로 가득하던 브로드웨이는 아이들의 활기가 넘쳤다. 디즈니의 아이즈너 회장은 "토니상 대신 뱅크 오브 아메리카의 상을 받게 되었으니 만족한다"며 노골적인 자부심을 드러낼 정도로 디즈니의 공연계 데뷔는 성공적이었다.[73)]

줄리아니 시장은 브로드웨이에 디즈니를 유치하려고 무진 애를 썼다. 그는 42번가 주변 포르노 산업을 없애고 범죄를 단속하겠다고 직접 약속했지만 디즈니는 의심을 거두지 못했다. 우연히 뉴 암스테르담 극장 현장을 방문하게 된 아이즈너 회장은 무릎까지 물이 차오르던 로비와 새가 날아다니는 객석을 보고 기가 막혔지만 지그펠트 폴

● 〈라이온 킹〉을 개막한 직후인 2000년 6월 뉴 암스테르담 극장. 〈미녀와 야수〉와 〈라이온 킹〉 두 작품을 브로드웨이에 올린 디즈니의 등장은 기업형 뮤지컬 시대를 시작했다. Elisa Rolle, CC BY-SA 3.0, via Wikimedia Commons

리스 시대의 영광을 상징하는 아르누보 디자인의 아우라가 생생한 극장이 마음에 들었다.[74)]

<미녀와 야수>로 브로드웨이 프로듀서가 된 디즈니는 뉴 암스테르담 극장을 뉴욕 시로부터 49년간 장기 임대하여 3천6백만 달러를 투자하는 대대적인 보수공사를 펼쳤다. 극장주 디즈니의 리노베이션

계획은 브로드웨이의 여타 낡은 극장들의 재건축 붐을 자극했다. 브로드웨이의 오래된 극장이었던 민스키 리퍼블릭 극장이 1995년 뉴 빅토리 극장으로 새롭게 출발했고 20세기 초 개관한 리릭 극장과 아폴로 극장이 합쳐져 포드 센터로 재개장했다.* 그 외에도 유명인의 밀랍인형 전시장인 마담 투소 박물관과 전 세계에서 가장 큰 복합상영관 체인인 AMC사의 멀티플렉스 영화관이 들어섰다. 황금시대 이후 버려졌던 타임스퀘어와 42번가는 반짝이는 새 옷을 입고 미국의 대표적인 관광지로 부상하였다. 1977년 시작했던 '아이 러브 뉴욕' 캠페인이 목표 지점에 도달한 셈이었다. 1990년대 말 브로드웨이는 새 시대 뉴욕의 상징이 되었고 <미녀와 야수>는 100년 이상 성인 전유물로 여겨졌던 브로드웨이의 관객층을 바꾸었다.[75]

뮤지컬의 새로운 길 〈라이온 킹〉

디즈니가 리모델링한 뉴 암스테르담 극장의 개막작은 뮤지컬 <라이온 킹 Lion King>(1997)이었다. <인어공주>와 함께 1980년대부터 준비해 온 뮤지컬 애니메이션 <라이온 킹>은 기획부터 쉽지 않았다. 아프리카 동물의 왕국을 배경으로 유년기 사자가 성장하는 과정을 그린 동물 만화영화보다는 인디안 소녀의 이야기 <포카혼타스> 기획서가 디즈니 내부에서 인기가 높았다. 하지만 '사자 털을 쓴 햄릿-정

---

* 현재 리릭 극장은 다시 분리되어 〈해리포터와 저주 받은 아이〉의 전용관으로 사용되고 있다.

작사가 팀 라이스(좌), 작곡가 엘튼 존(우) 에스엔코 제공

글의 왕' 프로젝트는 계속 추진되었다. 골칫거리 애니메이션 프로젝트를 맡은 토마스 슈마허는 4년 동안 수없이 많은 작가, 감독, 그리고 작사가와 작곡가를 만났다. 영화 음악을 위해 먼저 만난 사람은 팀 라이스였다. 미소 냉전 상황을 체스 게임으로 형상화한 뮤지컬 <체스>에 실패하고 좌절해있던 라이스는 디즈니 제안에 솔깃했고 함께 할 작곡가로 엘튼 존을 추천했다.

엘튼 존은 정상의 록 가수이자 싱어송라이터였지만 뮤지컬 음악 작곡 경험은 없었다. 곡을 먼저 쓴 후에 가사를 썼던 팀 라이스는 가사를 먼저 요구한 엘튼 존과의 작업이 불편했다. 팀 라이스는 엘튼 존이 써온 '오늘 밤 이 사랑을 느낄 수 있나요? Can You Feel the Love Tonight?'나 '준비하라 Be Prepared' 등은 뮤지컬 넘버답지 않다고 생각했다. 엘튼 존은 자신이 '하쿠나 마타타 Hakuna Matata' 같은 유치한 곡까지 써야한다는 사실이 불만스러웠고 주제곡 '생명의 순환 Circle of Life'은 가사가 너무 철학적이어서 디즈니 애니메이션에 적합할까 의문이었다.

영화음악 전반을 감독한 한스 짐머가 남아프리카 출신 흑인 가수 레보 엠을 참여시킨 것은 신의 한 수였다. 그가 '생명의 순환' 서두 부분 '여기 사자가 오고 있습니다. 아버지'라는 가사를 줄루어로 바꾸자 시작부터 아프리카 초원의 느낌이 물씬 살아났다. <라이온 킹> 하면 떠오르는 가사 '난츠 이오냐마 바기티 바바'가 탄생한 것이다. 애니메이션 <라이온 킹>의 성공은 대단했다. 미국과 세계 박스 오피스 매출이 7억 8천만 달러를 기록했는데 지금까지도 깨지지 않는 2D 애니메이션 최고의 흥행 성적이다. 아카데미 시상식에서는 <라이온 킹>이 두 부문의 음악상을 받았는데 라이스가 불만을 가졌던 '오늘 밤 이 사랑을 느낄 수 있나요?'가 아카데미 주제가상을 수상했다.

영화 흥행이 한창일 때 디즈니의 아이즈너 회장은 <라이온 킹>의 브로드웨이 진출을 계획했다. 그가 <라이온 킹>을 무대에 올릴 방법을 찾으라고 했을 때 슈마허는 "평생 들어본 중 최악의 계획"이라고 생각했다.[76] 광활한 사바나 배경의 동물 애니메이션을 배우가 출연하는 무대로 가져오는 것은 상상하기 힘든 모험이었다. 애니메이션 <라이온 킹>의 엄청난 흥행 결과도 무대화에는 큰 부담이었다.

디즈니 극장사업부의 프로듀서 슈나이더와 슈마허는 <라이온 킹> 무대화 방향을 원초적인 연극정신, 실험적인 재현 방식으로 정했다. 적임자는 연출가 줄리 테이머였다. 그들은 LA 올림픽 예술축제에서 영국 연출가 피터 브룩이나 독일 탄츠 테아터의 예술감독 피나 바우

연출자 줄리 테이머. 공연만의 특징과 인형극 등 아프리카 원시성을 살린 연출로 호평을 받았다. 에스엔코 제공

쉬의 실험적인 작품들을 미국으로 초청하며 아방가르드 공연에 열정을 쏟았다. 그 당시 만났던 테이머는 브로드웨이에서 실험적인 작업을 지휘할 적임자였다. 그녀는 유럽에서 아방가르드 연극을 공부했고 스리랑카, 인도네시아, 일본 등 아시아 전통극에도 정통한 연출가였다. 테이머는 스트라빈스키의 오페라 <오이디푸스 왕>에서 이오카스테 역을 맡은 소프라노 제시 노먼 머리 위에 가면을 씌우고 얼굴은

그대로 노출시키며 배역의 '이중성'을 드러낸 실험적 연출로 오페라 업계에서는 유명했다. 하지만 브로드웨이와 할리우드에서 줄리 테이머는 무명 아티스트였다.

원작 애니메이션조차 보지 않았던 테이머가 생각한 <라이온 킹> 무대의 핵심은 아프리카 원시성의 구현이었다. '하쿠나 마타타'와 같은 줄루어 가사들은 단정한 애니메이션 스크린보다 무대와 객석 뒤에서 등장하는 아프리카 출신 배우들에게 더 잘 어울릴 것이라고 생각했다. 의상이나 가면, 무대의 질감은 아프리카는 물론 아시아, 남미, 태평양 지역의 공연 전통과 관습을 반영할 수 있는 텍스트라고 확신했다. 테이머는 디즈니의 제안을 승낙하면서 두 가지를 요구했다. 원시적인 무대 미학에 기반한 자신의 아이디어를 기술적으로 구현하는 데 대한 무한 지원과 애니메이션 스토리 일부 수정 요구였다.

<라이온 킹> 스펙터클의 핵심은 기술적인 완성을 통한 깜짝 쇼가 아니었다. 테이머는 '무대'라는 제한된 공간에서 작품을 함께 지켜보며 관객이 상상력을 더해 완성하는 공연만의 문법에 충실한 작품을 계획했다. 동물을 시각화한 가면과 의상, 분장을 갖추어 연기하는 모든 배역들, 사자의 권위를 상징하는 거대한 바위 프라이드 록이 무대 바닥부터 올라가는 장면, 아프리카 초원에서 사자 무파사를 향해 몰려드는 누 떼의 공격, 배우들이 머리에 이고 지고 등장하는 초원의 풍경 등은 <라이온 킹>만의 무대 문법을 대표한다. 아이즈너 회장을 처음 만난 자리에서 테이머는 야생 가젤을 사람이 조작하는 샘플을 시연해 보이며 "인형을 조작하는 사람이 보이지 않는 공연을 원한다면 나를 고용할 필요가 없다"고 말했다.[77] <라이온 킹>에서는 가면을 쓴

배우나 무용수들은 의상이나 가면 뒤에 숨지 않고 자신을 그대로 드러낸다. 테이머가 '더블 이벤트 Double Event'라고 부르는 <라이온 킹>의 연출기법은 공연의 특성을 살리면서 이 뮤지컬이 동물의 세계가 아니라 인간 세계와 휴머니티를 다룬 작품이라는 사실을 명쾌하게 보여준다. 애니메이션의 환상과 다른 '시적인' 무대미학은 브로드웨이와 세계 관객의 마음을 사로잡았다. 위기 요소를 극복하자 오히려 이것이 흥행의 요인이 되었다.

또한 원작 애니메이션에서 잘 드러나지 않던 여성 캐릭터를 강화했다. 실제 사자 세계에서 암사자는 가족을 먹이고 키우는 중요한 구성원인데 애니메이션에서 수사자들의 권력 싸움만이 강조되었던 것을 수정했다. 원작 애니메이션에는 없던 날라의 넘버 '섀도우 랜드 Shadow Land'를 추가하여 투쟁하는 주체인 암사자의 정체성을 분명하게 보여주었으며 애니메이션에서 남자 배우가 더빙했던 개코원숭이 라피키를 흑인 여성 배역으로 바꾸었다. 아프리카 초원의 동물 전체를 불러내는 넘버 '생명의 순환'을 라피키가 노래하며 뮤지컬의 막이 오르게 바꾸었다. 생명의 근원으로서의 여성성이 잘 드러난 오프닝이었다.

뉴욕타임스를 비롯한 주요 언론, 평론가들은 <라이온 킹> 개막 전부터 디즈니에 대하여 불만이 높았다. 전통의 브로드웨이가 어린이 놀이터가 될 것이라는 비판이었다. 언론 대응과 뉴욕 초연 준비를 위해 미니애폴리스 시연을 본 마케터는 평단의 염려를 잠재울 수 있다고 확신했다. <라이온 킹>은 <미녀와 야수>의 수준이 아니었다. 어린이와 가족 관객이 주를 이뤘던 <미녀와 야수>와 달리 <라이온 킹>

• 〈라이온 킹〉의 오프닝 '생명의 순환 Circle of Life' Photo by Joan Marcus 에스엔코 제공

은 예술성을 담보한 새로운 뮤지컬이었다. 마케터는 <라이온 킹>을 먼저 본 관객이라면 자기 가족을 위해 티켓을 사기 전에 자신의 고객 선물용으로 표를 사게 될 것이라고 판단했다. <라이온 킹>은 디즈니 가족 뮤지컬이 아니라 예술작품이라는 것이 마케팅 전략이었고 작품은 이를 증명했다.

디즈니에 냉랭했던 전문가들도 막이 오르자 <라이온 킹>의 완성도를 흔쾌히 인정했다. <라이온 킹>은 1998년 토니상 최우수 뮤지컬상을 비롯하여 연출, 안무, 무대, 조명, 의상 등 6개 부문을 석권했고 영국의 로렌스 올리비에상 2개 부문, 프랑스 몰리에르상에서도 3개 부문을 수상하며 국제적으로도 작품성을 인정받았다. 줄리 테이머는 토니상 연출상 부문을 수상한 최초의 여성 연출가였다. 배역의 대부분이 아프리카계를 비롯한 유색인종이었으며 안무가나 음악가도 다양한 인종의 아티스트가 참여한 브로드웨이 뮤지컬이었다.

브로드웨이 개막 전에 1년 치 티켓을 완판하며 시작한 <라이온 킹>은 매출 총액에 있어서도 단연 1위를 자랑하고 있다. 공연 매출 신화를 써오던 <오페라의 유령>의 1위 자리를 2014년부터 <라이온 킹>이 차지했고 이후 계속해서 1위를 유지하고 있다.*

2017년 포브스 기사에 의하면 <라이온 킹>이 달성한 박스 오피스 매출은 81억 달러(한화로 약 10조 원) 이상이었다. 당시 단일 영화로는 <아바타>가 28억 달러로 최고의 박스 오피스 매출 기록을 작성했고 디즈니가 소유한 <스타워즈> 전 시리즈의 박스 오피스 총 매출이 82억 달러였다. 이는 <라이온 킹>보다 약간 높은 수준이었고 곧 <라이온 킹>이 <스타워즈> 시리즈 티켓 매출을 앞질렀다. 물론 영화 매출은 박스 오피스 수입보다는 관련 상품의 매출이 훨씬 높다. 1977년부터 2017년까지 <스타워즈> 관련 상품 매출이 370억 달러였음을 보면 부가 수입의 규모를 추측할 수 있다. 어찌됐든 박스 오피스 기록으로는 뮤지컬 <라이온 킹>이 엔터테인먼트 사업 전 분야를 망라한 최고의 성과를 기록한 것으로 집계되었다. 또한 스타를 쓰지 않는 <라이온 킹>은 개런티 등 제작비가 상대적으로 낮기 때문에 수익구조는

* 2014년 역전된 뮤지컬 매출 총액 순위는 2022년 5월까지 바뀌지 않았다. 〈라이온 킹〉이 82억 5천만 달러로 1위, 〈오페라의 유령〉이 60억 6천만 달러로 2위, 3위는 〈맘마미아〉로 40억 달러를 기록하고 있다. https://en.wikipedia.org/wiki/List_of_highest-grossing_musical_theatre_productions#:~:text=The%20Lion%20King%20sits%20at,July%202023%20in%20Broadway%20theatres.&text=Ref.

안전한 편이다.[78)]

1997년 브로드웨이 개막 후 외국어로 공연된 <라이온 킹>의 첫 도시는 일본 도쿄였다. 1998년 시키 극단이 일본어 <라이온 킹>을 시작한 이래 현재까지 계속되고 있다. 1999년 런던 웨스트엔드, 2001년 함부르크에서 시작한 <라이온 킹> 전용극장도 현재까지 계속 공연 중이다. 호주나 남아공 등 영어권 외에도 프랑스 등 유럽 5개국과 멕시코와 브라질 등 남미 2개국, 한국과 일본, 대만 등 아시아 3개국 등 세계 9개국 언어로 번역되어 전 세계 1억 1천만 명이 <라이온 킹>을 관람했다. 2019년 6월 기준으로 전 세계 매출이 약 83억 달러에 이르는 것으로 집계되었다.

<라이온 킹>의 한국 라이선스 공연은 특별한 스토리가 있다. 2006년 한국 최초의 뮤지컬 전용극장으로 건립된 샤롯데 시어터 개막작으로 선보인 <라이온 킹>은 공연을 시작한 지 1년 만에 막을 내렸다. 세계 여러 도시에서 오픈런으로 공연되는 <라이온 킹>이었지만 한국 라이선스 공연 1년은 상대적으로 짧은 기간이었다. 흥행 실패에는 여러 가지 이유가 있을 수 있겠지만 제작 주체가 일본 뮤지컬 회사라는 문화적인 반감이 크게 작용했다. 일본 극단 시키가 <라이온 킹>을 한국어로 공연한다는 사실은 반일감정을 자극했고 국내 뮤지컬 생태계를 파괴한다는 문화제국주의 논란까지 더해져 한국의 뮤지컬 제작사와 뮤지컬계를 긴장시켰다. 한국 배우들이 출연을 보이콧해야 한다는 주장이 나올 정도로 저항이 심했다. 게다가 당시까지는 가족 뮤지컬을 어린이용 저가 상품으로 이해한 한국 관객들의 인식도 흥행의 걸림돌로 작용했다. 어린이 뮤지컬로는 비싸다는 평가였다. 오랜 시

간 한국에서 공연되지 않던 <라이온 킹>은 샤롯데 시어터 공연 이후 12년이 지난 2018년 외국인이 출연한 투어 공연에서 거의 전 좌석을 매진시키며 성공을 거두었다.

가장 연극적이며 실험적인 방식으로 상업 엔터테인먼트와 성공적으로 만난 <라이온 킹>은 흥행과 예술성 양쪽에서 성공신화를 썼다. 성공의 열쇠에 대해 프로듀서 토마스 슈마허는 자신 있게 말했다. "공연은 비즈니스가 아니다. 그것은 열정이다. 사람과 그 사람의 아이디어에 관한 것이다. 공연의 비즈니스는 창조 이후에 가능하다."[79)]

브로드웨이 슈퍼 파워

디즈니 극장사업부가 준비하던 <미녀와 야수> 차기작은 원래 <라이온 킹>이 아니었다. 디즈니 애니메이션 목록에 없던 <아이다 Aida>(2000)였다. 에티오피아 공주 아이다와 이집트 왕자 라다메스의 비극적 사랑 이야기인 베르디의 동명 오페라를 뮤지컬로 새롭게 쓴 작품이었다. 기본 구조는 오페라 원작을 따랐지만 실제 텍스트는 소프라노 레온타인 프라이스가 개작한 동화책을 토대로 했다. 뮤지컬 <아이다>는 베르디 오페라보다 이집트 공주 암네리스의 존재가 돋보이고 라다메스 장군보다는 두 여성 캐릭터가 두드러진 작품이다. 엘튼 존의 팝·록 스타일과 밥 크로울리의 화려한 무대와 의상이 돋보인 <아이다>는 토니상 4개 부문을 수상하였고 브로드웨이에서 4년간 공연되었다.

<타잔 Tarzan>(2006), <인어공주 The Little Mermaid>(2007), <알라

〈라이온 킹〉 이후에 디즈니 뮤지컬로 흥행성적이 안정적인 〈알라딘〉. 알라딘과 자스민 공주의 모습. 2013년 캘리포니아 어드벤처 공연. HarshLight, CC BY 2.0, via Wikimedia Commons

딘 Aladdin>(2014), <겨울왕국 Frozen The Musical>(2018), <헤라클레스 Hercules>(2019) 등 20세기 말부터 현재까지 디즈니 극장사업부는 흥행 애니메이션을 브로드웨이 무대 버전으로 계속 제작했다. 디즈니가 보유한 영화를 각색한 뮤지컬로 <메리 포핀스 Mary Poppins>(2004, 런던), <하이스쿨 뮤지컬 High School Musical>(2007), <뉴시즈 Newsis>(2012) 외 여러 편을 무대에 올렸다.

뮤지컬 <메리 포핀스>는 미국 기업 디즈니와 메가뮤지컬의 상징 프로듀서 캐머런 매킨토시가 합작한 특별한 작품이었다. 줄리 앤드루스가 주역을 맡았던 20세기 중반 디즈니의 대표적인 뮤지컬 영화 <메리 포핀스>(1964)는 디즈니가 극장사업부를 출범하고도 라이브 공연 제작을 시도할 수 없었다. 원작자 파멜라 린든 트래버스가 디즈니 영화를 싫어했기 때문이다. 그녀는 영화 속 메리 포핀스가 원작과 달리 너무 부드럽게 그려졌고 셔먼 형제가 만든 '침침체리' 같은 넘버도 마음에 들지 않았다. 결국 그녀는 <메리 포핀스>의 2차 저작물이나 새로운 영화의 저작권을 디즈니에게 주지 않았다. 영화의 엄청난 흥행에도 불구하고 디즈니는 속편은커녕 극장 버전 뮤지컬을 만들 수 없었다. 캐머런 매킨토시는 1993년 원작자 트래버스를 만나 뮤지컬 제작 저작권을 얻어냈다. 그리고 트래버스 사후인 2001년 캐머런 매킨토시는 디즈니의 토마스 슈마허와 만났다. 미국과 영국의 대형 프로듀서는 <메리 포핀스> 공동제작에 합의하고 영국 작곡가 조지 스타일스와 안소니 드류가 새로운 넘버를 추가했다. <메리 포핀스>는 2004년 런던 프린스에드워드 극장 초연에 이어 2006년 브로드웨이를 비롯한 전 세계에서 공연을 이어갔다.

지난 20여 년간 디즈니는 브로드웨이에서 <라이온 킹>을 넘어서는 작품을 내놓지 못하고 있다. 애니메이션으로 공전의 히트를 기록한 <겨울왕국>은 코로나19 팬데믹으로 막을 내린 이후 재개봉하지 않았으며 <인어공주>나 <타잔>도 21세기의 대표적인 망작 리스트에 올랐다. 디즈니 극장 뮤지컬 중에서 안정된 판매 기록을 보유하며 미래를 기약하는 작품은 알란 맨켄의 '아주 새로운 세계 A Whole New World'

로 친숙한 <알라딘>이다. <알라딘>은 무대 버전을 성공시킨 후 실사 영화로도 흥행에 성공했다.

디즈니는 브로드웨이 제작 방식을 크게 변화시켰다. 메가뮤지컬이 이루었던 대작 전통, 스타 캐스팅이 필요 없는 작품의 브랜딩 마케팅 원칙을 유지하면서도 기업의 사업 모델에 따라 뮤지컬을 제작했다. 기업 내 다양한 기능에 따라 전문적으로 제작을 지원하고 이사회가 작품을 결정하는 전형적인 기업 비즈니스 방식을 따랐다. 효율적으로 제작된 뮤지컬은 백화점처럼 화려하고 깨끗한 이미지를 주었다. 드라마는 복잡하지 않고 심각하지도 않았다. 팝 발라드의 달콤한 쇼튠에 관객들은 울고 웃었다. 디즈니 뮤지컬에서는 프로듀서 개인의 취향과 미학을 읽어내는 즐거움은 사라졌다. 과거 부티크 프로덕션이 주었던 소소한 활기, 뜻하지 않은 휴머니즘을 만나기 어렵게 된 셈이다. 투자 대비 이윤의 규모는 훨씬 더 거대해졌다.

21세기 현재 수많은 대형 뮤지컬들이 브로드웨이를 오르내리지만 더 이상 과거와 같은 개인 프로듀서, 소수 제작자의 작품은 만나기 어렵다. 기업형 뮤지컬 제작 시스템은 브로드웨이의 기본 방식이 되었고 전 세계적으로 보편화되었다.

복고와 향수

과거가 살린 브로드웨이, 리바이벌 붐

프로듀서들이 투자금 모집과 안정된 회수에 집중하면서 어떤 콘텐츠가 덜 위험하고 안정적인가에 더 많은 관심을 갖게 되었고 친숙한 과거의 뮤지컬 목록을 살펴보기 시작했다. 고전이 된 과거 뮤지컬들은 수십 년이 지나면서 캐릭터나 주제의식에는 문제가 있었지만 뮤지컬 속 히트 넘버들은 대중 매체 음악 프로그램, 할리우드 영화음악으로 소개되면서 인기가 여전했다. 프로듀서들은 인기곡을 유지하면서 시대정신을 반영한 고전 뮤지컬 각색을 본격적으로 고민했다. 시대정신, 기술 변화 등을 반영하여 새롭게 제작된 리바이벌 작품들이 전문가 평가나 흥행 면에서 나쁘지 않았다. 1994년부터 1999년까지 브로드웨이에 25편이 넘는 뮤지컬이 리바이벌되었으며 상당수가 투자금을 회수하였다.[80)]

<아가씨와 건달들>(1992), <그리스>(1994), <시카고>(1996) 등 1990년대에 새롭게 조명된 리바이벌 뮤지컬이 브로드웨이 박스오피스 판도를 바꾸기 시작했다. 1994년 신설된 토니상 베스트 리바이벌 부문 최초 수상작은 황금시대 뮤지컬 <회전목마>였다. <미스 사이공> 초연 연출을 맡았던 니콜라스 하이트너가 1992년 런던에서 리바이벌한 공연을 브로드웨이에 진출시킨 작품이었다.

뮤지컬의 리바이벌이 1990년대 처음 시도된 것은 아니었다. 1950

년대에도 20개 브로드웨이 공연 중 대다수가 리바이벌이었고 한 시즌에 신작은 한두 편에 불과했다. 리처드 로저스의 작품을 메트로폴리탄 오페라극장 무대로 옮겨 리바이벌하는 경우부터 단순한 재공연까지 다양했다. 하지만 1990년대 리바이벌은 '재공연'의 수준을 의미하지 않았다. 새로운 의미를 부여하고 발전된 기술을 반영하여 동시대와 호흡하는 새로운 뮤지컬 제작을 의미했다.

당시까지 브로드웨이에서 가장 오랜 기간 재공연을 거듭한 작품은 1977년부터 시작하여 1989년까지 12년간 공연된 <오 캘커타>였지만 1990년대가 정의하는 '리바이벌' 작품과는 거리가 있었다. 새로운 의미의 리바이벌 공연으로 흥행 성적이 좋았던 뮤지컬은 존 칸더와 프레드 엡의 <카바레>와 <시카고>였다. 초연 당시 은유적이며 냉소적인 시선으로 부분적인 성공을 거두었던 두 작품이 20세기 말 새롭게 조명되었다.

특히 1996년 리바이벌된 <시카고>는 당시 미국 사회를 뜨겁게 달구었던 OJ 심슨 사건, 마이클 잭슨의 성추행 사건 등과 함께 상승효과를 일으켰다. 셀럽의 스캔들과 미디어 조작, 법적 논쟁의 허점 등 원작의 메시지는 매일 뉴스에 보도되는 사건들과 중첩되면서 대중들은 <시카고>의 메시지를 쉽게 이해할 수 있었다. 빌리 플린이 벨마와 록시의 살인죄를 변호하고, 법정을 한 편의 쇼로 만드는 과정과 범죄자를 스타로 만드는 언론과 대중의 행태는 OJ 심슨 사건을 보도하는 텔레비전의 뉴스쇼와 정확하게 일치했다.

1998년 영국 연출가 샘 멘데스와 안무가 롭 마셜이 새롭게 해석해낸 <카바레>도 화제였다. 런던 돈마웨어하우스 예술감독이었던 멘

● 1990년대 새롭게 제작하여 브로드웨이 최장 리바이벌로 기록된 〈시카고〉 2018년 극장 외경. ⓒ정효재

데스는 자신의 극장에서 <카바레> 리바이벌을 시작하여 뉴욕 오프 브로드웨이 라운드어바웃시어터를 거쳐 브로드웨이로 진출시켰다. 그는 극장 전체를 1930년대 베를린 '킷 캣 클럽' 분위기로 바꾸었다. 테이블과 빨간 등이 장식된 극장 객석에 들어선 순간 관객은 나치 치하 베를린 클럽 고객으로 시공간을 이동하여 술을 마시고 쇼를 관람했다. 관객의 참여가 가능한 공연 형식이었다. 멘데스의 <카바레>는 프린스가 연출한 초연보다 훨씬 더 어둡고 무거웠지만 1990년대 관객들은 쇼를 충분히 즐겼다. 선악 구분이나 정체성이 애매모호한 MC 캐릭터, 셀럽이 되려고 목숨을 거는 샐리 보울스의 맹목성도 충분히 받아들일 수 있었다.

<시카고>는 1997년 토니상 시상식에서 리바이벌 부문 작품상을 비롯하여 남녀주연상, 연출상, 안무상 등 6개 부문에서 수상했고 21세기 내내 공연을 이어가며 브로드웨이 대표 롱런 리스트 상위를 차지하고 있다. <카바레> 리바이벌도 1998년 토니상 4개 부문을 수상하고 2004년까지 6년간 공연되었다.

황금시대 뮤지컬 콤비들의 작품은 1990년대 프로듀서들에게도 흥행을 보장해주는 금광이었다. 중장년층 관객에게는 향수를 자극하고 젊은 관객에게는 듣기 좋은 음악이 풍성한 새 작품으로 소개할 수 있었기 때문이다. <쇼보트>, <왕과 나>, <애니여 총을 들어라> 등이 토니상 베스트 리바이벌상을 수상했고 손드하임의 <컴퍼니>, <법정으로 가는 길에 생긴 우스꽝스러운 사건>과 함께 1970년대를 추억하는 <그리스>, <애니> 등 다양한 작품들이 새 옷을 입고 20세기 말 관객과 다시 만났다.

올드 팝의 향수, 주크박스 뮤지컬

브로드웨이 한쪽에서 오래된 먼지를 털어내고 과거의 악보를 새롭게 읽어내어 리바이벌 뮤지컬을 만들었다면 다른 한편에서는 올드 팝 목록을 재구성해서 드라마로 엮는 주크박스 뮤지컬이 만들어지기 시작했다. 주크박스Jukebox는 도넛 모양으로 생긴 싱글앨범이 가득 들어있는 기계에 동전을 넣고 선곡을 하면 왕년의 히트곡을 들려주는 음악상자이다. 주크박스 뮤지컬은 이처럼 흘러간 과거의 인기곡을 가져와 무대용 콘텐츠로 재가공한 뮤지컬을 말한다.[81] 1960년대

● 주크박스. 도넛 모양의 싱글음반이 가득한 기계에 동전을 넣고 선곡하면 음악이 나오는 일종의 자동판매기. 식당이나 바에서 흔히 볼 수 있었다. Daderot, CC0, via Wikimedia Commons

까지 미국의 웬만한 식당이나 가게에서 쉽게 볼 수 있던 주크박스는 워크맨과 시디플레이어가 나오면서 사라진 기계로 '왕년의 음악'을 추억하게 하는 대표적인 노스탤지어 기계였다. 주크박스 뮤지컬 정서의 출발도 '향수'였다. 올드팝으로 레트로 감성을 자극하는 뮤지컬이었다.

주크박스 뮤지컬의 역사는 18세기까지 올라갈 수 있다. 영국의 뮤지컬 <거지 오페라>는 당시 인기곡을 모아 편집한 음악극으로, 주크박스 뮤지컬의 원조라고 할 수 있다. 황금시대에도 히트곡을 섞어 만든 뮤지컬 영화는 흔했다. 20세기 초반에는 조지 거슈윈의 히트 넘버를 편곡한 음악을 배경으로 진 켈리가 출연했던 <파리의 아메리카인>이나 MGM 소속 작곡가의 넘버와 브로드웨이 히트송을 엮어 만든 <사랑은 비를 타고> 등이 대표적이었는데 당시에는 주크박스 뮤지컬이라는 용어를 사용하지 않았다.

1980년대에 들어서면서 <리더 오브 팩 Leader of Pack>(1984), <버디-버디 홀리 이야기 Buddy-The Buddy Holly Story>(1989), <금단 행성으로의 귀환 Return to the Forbidden Planet>(1989)이 등장하며 관심을 모으기 시작했다. 특정 가수의 콘서트처럼 이어지는 주크박스 뮤지컬은 '스토리 앨범 뮤지컬'이나 '이야기가 담긴 앤솔로지(선집)'로 이해되었는데 노래가 먼저 있고 그에 맞는 플롯과 이야기를 얼기설기 엮는 방식을 말했다. 1930년대 조지 거슈윈의 뮤지컬 코미디 <걸 크레이지>를 토대로 거슈윈의 다른 곡을 추가하여 만든 <크레이지 포 유 Crazy for You>(1992)는 독특한 주크박스 뮤지컬이었다. 수잔 스트로만이 안무를 맡았던 이 작품은 1992년 토니상에서 최고 뮤지컬 작품상을 수상하며 호평을 받았다.

1980년대 음악팬을 뮤지컬의 잠재고객으로 호소하는 틈새시장 전략으로 조금씩 시도되던 주크박스 뮤지컬은 20세기 말 웨스트엔드에서 올라간 <맘마미아! Mamma Mia!>(1999, 런던)로 획기적인 전환점

팝 그룹 아바 1974년 모습. 주크박스 뮤지컬 〈맘마미아〉의 원곡을 부른 팀이다. AVRO, CC BY-SA 3.0 NL, via Wikimedia Commons

을 맞았다. 1972년부터 1982년까지 활동했던 스웨덴 팝 그룹 아바는 빌보드 톱40에서 14개의 싱글차트를 석권했고, 3억5천 장 음반을 판매한 저력의 록 밴드였다. 그들의 가사는 평이했고 음악은 듣기 편했기에 누구나 흥얼거리며 쉽게 따라 불렀다. 영국인 프로듀서 주디 크레이머는 뮤지컬 <체스>에서 무대감독으로 일하면서 아바의 멤버인 베니 앤더슨과 비욘 울바우스를 만났다. 일찌감치 크레이머는 아바 음악으로 뮤지컬을 만들 계획을 세우고 있었다. 그녀는 <체스> 실패 이후 뮤지컬을 쳐다보지도 않겠다던 울바우스를 설득하여 아바 음악을 뮤지컬에 사용하는 허락을 얻어냈다.

● 〈맘마미아!〉 2019년 한국 공연. 도나 역 최정원, 타냐 역 홍지민, 로지 역 박준면 출연. 신시컴퍼니 제공

창작팀은 뮤지컬 초심자들로 구성되었다. <맘마미아!>로 프로듀서에 데뷔한 크레이머, 날카로운 현실주의 드라마 작가로는 유명했지만 뮤지컬 대본을 써본 적 없던 캐서린 존슨, 연극이나 오페라만 연출했던 필리다 로이드 등 세 명의 중년 여성은 아바와 무관한 새로운 이야기로 뮤지컬을 완성했다. 아바 멤버의 전기나 기존 이야기가 아닌, 1990년대 자신들과 비슷한 40대 중년 여성의 현실적인 고민을 담은 이야기를 아바 음악 22곡에 녹여냈다.

친숙한 음악과 새로운 스토리의 결합으로 성공을 이룬 <맘마미아!>는 주크박스 뮤지컬의 모델이 되었다. 아바 음악은 개인의 내밀한 감정이나 지성에 호소하는 대신 많은 사람들에게 일상의 기쁨과 슬픔을 나누는 감동을 표현하기에 적합했다. 한 부모 가정의 꿋꿋한 모녀 이야기에 아바 음악은 잘 어울렸다. 심각한 이야기와 장중한 오케스트레이션이 주종을 이루던 시대에 등장한 신나는 뮤지컬은 21세기 주크박스 뮤지컬의 붐, 향수를 자극하는 행복한 복고 스타일의 대유행을 예고했다.

'맘마미아 Mamma Mia', '허니 허니 Honey Honey', '댄싱 퀸 Dancing Queen', '머니, 머니, 머니 Money, Money, Money', '음악에 감사해 Thank You for the Music' 등 히트곡 행진만으로도 뮤지컬은 관객의 흥분을 자아냈다. 또한 <맘마미아!>는 음악과 스토리를 통한 자신의 젊은 시절을 추억하는 중년의 우정과 엄마를 새롭게 이해하게 되는 젊은 세대가 함께 누리는 뮤지컬이었다. 공연이 끝나고 배우와 관객이 하나 되어 '댄싱 퀸'이나 '워털루'를 함께 부르며 춤을 추는 커튼콜은 <맘마미아!>를 특별한 뮤지컬로 만들었다. 가벼움을 정확한 흥행 포인트로 살렸고 '위장된 콘서트'라는 뮤지컬 전문가들의 의심은 아예 콘서트 형식의 커튼콜을 추가하여 장점으로 부각시켰다.

대중적인 아바 음악의 사용은 <맘마미아!>가 히트할 수 있는 시장이 보장된 요소였지만 다른 한편으로 안이하다는 평을 들을 수 있는 양날의 칼이었다. 그러잖아도 '현실도피' 장르로 의심받는 뮤지컬이 가벼운 팝송 대행진으로 타락했다며 전문가들은 막이 오르기도 전부터 냉소를 퍼부었지만 박스 오피스는 뜨거웠다. 1999년 시작된 런던 공연은 코로나로 멈추었다가 2021년 재개되었다. 브로드웨이 공연은 2001년 10월 개막하여 2015년까지 15년간 지속되었다. <맘마미아!>는 웨스트엔드와 브로드웨이뿐 아니라 세계 10개 언어로 번역되어 50개국에서 6천5백만 명이 관람하여 엔터테인먼트 글로벌 비즈니스의

정점을 달리고 있다.[82]

관객의 뜨거운 반응에 비해 <맘마미아!>는 로렌스 올리비에 여우조연상이 유일한 주요 수상 기록일 정도로 평단의 반응은 미지근했다. 지나친 현실도피와 안이한 구성이라는 비판을 받았지만 메가뮤지컬이 지배하던 1980년대 이후 사라진 뮤지컬의 '즐거움'을 돌려주었다는 긍정적인 평가를 받기도 했다.[83] <맘마미아!>가 20세기 말 시작한 주크박스 뮤지컬의 인기는 다음 세기로 이어졌다.

새로운 뮤지컬의 등장

브로드웨이 키즈의 뉴 뮤지컬 〈렌트〉

1980년대 미디어는 텔레비전이 완전히 장악했고 음악은 듣는 장르에서 보는 장르로 변화했다. 음악 시장은 마이클 잭슨, 마돈나, 프린스, 휘트니 휴스턴 등 슈퍼스타 중심이었으며 음악 전문 채널 MTV의 뮤직비디오는 젊은이들의 열광적인 지지를 받았다. 영국 밴드 버글스는 '비디오가 라디오 스타를 죽였다 Video Killed the Radio Star'며 비디오 중심의 대중문화를 비판했지만 젊은이의 취향을 되돌릴 수는 없었다.

1960년에 태어난 이십대 조나단 라슨은 로큰롤과 MTV 세대 브로드웨이 배우 지망생이었다. <오즈의 마법사>와 <헤어> 같은 뮤지컬을 보며 어린 시절을 보냈던 그는 <스위니 토드>를 보고 손드하임의 후계자를 꿈꾸기도 했다. <오페라의 유령>과 <레미제라블>이 지배하는 브로드웨이에서 라슨은 <지저스 크라이스트 슈퍼스타>와 <헤어>의 강렬한 록 비트를 그리워했다.

뉴욕 레스토랑에서 아르바이트를 하며 "브로드웨이에 로큰롤을 되찾아 오겠다"는 꿈을 꾸던 라슨은 HIV 바이러스 보균자인 친구와 자신의 이야기를 담은 뮤지컬 <틱틱붐! Tic, Tic... Boom!>*을 쓰고 있

* 미완성 악보 〈틱틱붐〉은 라슨 사후에 극작가 데이비드 오번이 3인조 극으로 완성하여 2001년

었다. 그러다 푸치니 오페라 <라보엠>을 20세기 뉴욕을 배경으로 각색하고 있던 작가 빌리 아론슨을 만나게 되었다. 아론슨은 업타운 웨스트 사이드를 배경으로 한 뉴욕판 <라보엠>을 원했지만 라슨은 자신이 살고 있는 가난한 동네 다운타운 이스트 빌리지를 배경으로 해야 한다고 주장했다. 가난한 예술가들이 값싸게 살던 건물이 개발로 사라지는 뉴욕의 현실을 고발하고 에이즈로 죽어가던 예술가들과 친구들의 삶을 뮤지컬에 담으려 했던 것이다.

〈렌트〉 작사, 작곡을 맡은 조나단 라슨. 1996년 오프 브로드웨이 초연을 앞두고 대동맥 혈전으로 갑자기 사망했다. 1990년대 디즈니와 메가뮤지컬이 주도하던 뮤지컬 시장에 젊은 창작자의 뉴 뮤지컬 붐을 몰고 왔다. ©LOC

1988년 뉴욕 재개발로 버려진 건물에서 불법으로 기거하거나 아주 싼 임대료로 살고 있던 이들이 집에서 쫓겨나게 되자 시내 한 공원에서 대규모 데모를 벌였다. 노숙자, 펑크족, 마약상, 예술가들이 참여한 시위는 데모와 마약이 뒤섞인 행위였다. 범죄와의 전쟁을 선포한 뉴욕 경찰은 시위 참가자가 예술가든, 마약사범이든 가릴 것 없이 강력하게 진압했다. 강제진압에 대한 언론과 예술가들의 비판이 있었지

오프 브로드웨이에서 공연하였다. 2021년 린 마누엘 미란다가 뮤지컬 영화의 감독을 맡아 넷플릭스에서 개봉되었다.

만 재개발 계획은 계속 추진되었다.

이 사건은 라슨과 친구들의 이야기였다. 그는 20세기 보헤미안의 삶을 '빌린 것'이라고 보았고 <라보엠> 뉴욕 버전의 제목을 '렌트 Rent'라고 정했다. 집을 빌려서 살아야 하는 대도시 빈민의 '집세'라는 1차적인 의미와 인간의 삶 자체가 질병이나 가난, 소외로부터 '빌려온 것'이라는 뜻을 포함한 제목이었다.

20세기 흑사병이라 불리던 에이즈는 1980년대와 90년대 뉴욕을 공포에 몰아넣었다. <코러스 라인>의 연출가 마이클 베넷, <인어공주> 작사가 하워드 애쉬먼, 현대무용의 대가 엘빈 에일리 등 당대 최고의 예술가들이 에이즈로 사망했다. 치사율은 높고 치료법은 없던 새로운 질병에 대한 공포는 근거 없는 편견의 진원지였다. 동성애, 문란한 성생활, 마약에다 특정 인종이 바이러스를 옮긴다는 소문은 소수자들에 대한 폭력을 정당화했다. 사회적인 폭력과 질병의 공포 속에서도 라슨은 새로운 희망을 보았다. HIV 바이러스 양성반응자인 친구가 참석하는 모임에서 죽음을 기다리는 사람들이 오히려 삶을 축하하며 위엄 있게 죽음을 맞이하려 애쓰는 모습은 라슨이 새로운 뮤지컬을 만드는 원동력이 되었다.

라슨은 아론슨과 합의하여 작품의 권리를 인계받아 <렌트>의 대본과 가사, 작곡을 혼자 도맡아 뉴욕 시어터 워크숍에서 리딩 공연을 올렸다. 음악과 가사는 주목받았지만 극적으로 빈틈이 많았던 <렌트>는 1994년 오프 브로드웨이 니콜라 극장에서 올린 워크숍을 통해 드라마를 손보았다. 손드하임의 추천으로 받은 리처드 로저스 장학금 4만 5천 달러를 워크숍에 투자했고 뉴욕 시어터 워크숍의 협력연출을

<렌트>는 클래식, 가스펠, 재즈, 로큰롤, 힙합 등 다양한 음악 스타일을 선보이며 1990년대 브로드웨이 새 바람의 주역이 되었다. 로커 출신 아담 파스칼, 히스패닉계 클럽 가수 다프네 루빈-베가, 이디나 멘젤을 무대에서 확인할 수 있다. Joan Marcus, CC BY-SA 4.0, via Wikimedia Commons

맡고 있던 연출가 마이클 그라이프가 드라마투르기를 투입하여 플롯과 캐릭터를 강화하였다. 이 과정을 거쳐 1830년대 파리를 배경으로 한 오페라 <라보엠>은 20세기 말 뉴욕 이스트 빌리지의 뮤지컬 <렌트 Rent>(1996)로 태어났다.

바느질로 생계를 잇던 오페라 속 미미는 섹시한 클럽 댄서 미미, 시인 로돌포는 록 가수 로저, 화가 마르첼로는 다큐멘터리 감독 마크, 가수 뮤제타는 행위 예술가 모린으로 바뀌었다. 음악가 쇼나르는 드랙퀸 엔젤, 철학자 콜리네는 MIT 대학 철학강사 콜린으로 등장한다. 가장 흥미롭게 바뀐 역할은 뮤제타(모린)의 새 애인이다. <라보엠>에서 뮤제타가 가난한 화가 마르첼로를 버리고 택한 귀족 알친도로는 <렌트>에서 여성 흑인 변호사 조앤으로 바뀌었다. 알친도로가 돈만 밝히는 노인으로 조롱의 대상이었다면 모린의 레즈비언 파트너 조앤

● 〈렌트〉 2020 한국 공연. '라 비 보엠 La vie Bohème' 합창 장면. 신시컴퍼니 제공.

은 집주인들의 횡포와 무자비한 공권력에 저항하는 젊은 예술가들의 공연을 지지하는 공익 변호사이다. 오페라에서는 가난한 젊은이들인 미미와 로돌포, 뮤제타와 마르첼로의 사랑이 중심 플롯이었다면 뮤지컬에서는 미미와 로저의 사랑을 중심으로 뉴욕의 젊은 예술가들의 현실적인 고통과 고민을 담았다. 예술가로 성공할 수 있을지 모르는 막연한 미래에 대한 두려움 속에서 젊은이들은 뉴욕의 비싼 물가와 집세를 힘겹게 견디며 1990년대 도시를 짓누르던 HIV 바이러스의 공포에 떨고 있다. 미미, 로저, 엔젤 등 등장인물 다수가 바이러스 보균자로 언제 죽음이 닥칠지 모르는 상황이다.

푸치니가 작곡한 <라보엠> 속 '뮤제타의 왈츠'는 <렌트>에서 전자기타 연주로 여러 차례 변주되어 등장한다. 리듬과 비트가 강했던 <렌트>는 클래식, 가스펠, 재즈, 로큰롤, 힙합 등 다양한 음악 스타일을 선보이며 1990년대 브로드웨이 새 바람의 주역이 되었다. 출연진도 로커 출신 아담 파스칼, 히스패닉계 클럽 가수 다프네 루빈-베가, 이디나 멘젤을 새롭게 발굴하여 뮤지컬 배우의 세대교체에도 한 몫을 했다.

세기말 기대주로 주목받으며 언론 인터뷰까지 마친 조나단 라슨은 1996년 1월 25일 오프 브로드웨이 공식 개막일 하루 전날 대동맥 혈전으로 갑자기 세상을 떠났다. 신진 예술가의 갑작스런 죽음은 신화가 되었다. 뮤지컬 속에서 미미가 로저에게 '오직 오늘뿐 No Day But Today'이라며 지금 이 순간을 강조했던 넘버는 작곡가 라슨의 죽음으로 드라마틱한 예언곡이 됐다. 뮤지컬 안에서 로저가 '멋진 곡 하나 One Song Glory'를 쓰겠다며 갈망하던 꿈은 실제 작곡가 라슨의 마지막 뮤지컬이 된 <렌트>와 중첩되어 작품의 메시지를 강렬하게 전했다.

1990년대 뉴욕이 직면했던 에이즈, 마약, 동성애, 무분별한 개발 등의 사회문제와 젊은 예술의 위기를 정면으로 고발한 뮤지컬에 젊은이들이 열광했다. 전도유망한 청년 예술가를 상실한 슬픔 속에 관객들은 줄을 이었다. 빌 클린턴 대통령을 비롯한 저명인사들도 <렌트> 관람 행렬에 동참했다. 150석 박스오피스가 연일 달아올랐고 <렌트>는 오프 브로드웨이 개막 몇 달 만에 브로드웨이로 이전을 검토해야 했다. 타임스퀘어 재개발 지역 바깥에 위치한 네덜란더 극장은 브로드웨이의 대극장이었지만 허름한 외관과 지저분한 주변 환경이 작품과 잘 어울렸다. 제작진은 극장 외벽에 그래피티를 그려 넣고 간판 로고를 실크스크린으로 디자인하여 젊은 느낌을 살렸다. 극장 안팎을 이스트 빌리지 분위기로 만든 것이다. 안내원 복장도 정장 대신 티셔츠와 청바지 차림으로 차별화했다. 이전까지 뮤지컬 마케팅에는 지하철 광고판을 활용한 적이 없었다. 브로드웨이 대부분 관객들은 지하철보다는 택시나 자가용을 이용했기 때문이었다. 하지만 <렌트>는 지하철에 이런 광고를 실었다. "여러분은 뮤지컬이란 말을 혐오하시나요?"라는 카피였다. 브로드웨이와 뮤지컬에 반감이 심했던 젊은 관객을 적극적으로 공략한 것이다. 주인공들의 힙합 패션도 인기를 끌어 뉴욕의 블루밍데일 백화점에서 특별 코너를 만들 정도였다. 늙어가는 브로드웨이에 젊은이의 열광을 끌어낸 '렌트 현상'을 상징하는 한 장면이었다.

문제는 67.5 달러나 하는 브로드웨이 티켓 가격이었다. 이 가격은 미미나 로저와 같은 뉴욕의 보헤미안들에게 너무 비싼 금액이었다. 제작진은 젊은 관객을 위한 20달러짜리 '러시 티켓'을 과감하게 도입했다.* 이전에는 학생증을 소지한 관객에 한하여 1층 맨 뒷줄 좌석만을 러시 티켓에 배치했다면 <렌트>는 1층 맨 앞 두 줄 전체를 러시 티켓으로 제공했다. 러시 티켓의 양이 두 배로 늘었고 좌석 위치도 최상급으로 바뀌었다. 젊은 관객이 앞줄에서 열광적인 반응을 보이면서 작품 분위기를 이끄는 효과도 생겼다. 공연 시작 두 시간 전에 판매하는 러시 티켓은 큰 인기였다. 표를 사기 위해 젊은이들은 극장 주변에 줄을 섰고 급기야 텐트를 치고 밤을 새우는 이들도 생겼다. 브로드

* 〈미스 사이공〉에서 시작한 러시 티켓(Rush Ticket)은 브로드웨이 공연 티켓 가격이 높아지면서 학생이나 경제적으로 어려운 사람들이 공연을 볼 수 있도록 매일 일정 분량의 티켓을 싸게 내놓고 정해진 시간에 극장 앞에서 선착순 현금 구매를 목적으로 시작되었는데 〈렌트〉부터 본격적으로 확산되었다.

〈렌트〉 2020년 한국 공연. 미미 역에 김수하. 신시컴퍼니 제공

웨이에 진을 친 젊은이들은 '렌트-헤즈 Rent-heads'*로 불리며 언론에 연일 보도되었다. 열광하는 팬들을 보도하는 뉴스는 <렌트>의 홍보거리였지만 범죄가 발생할 우려도 커졌다. 결국 제작진은 러시 티켓 대신 공연 시작 2시간 전부터 매일 추첨으로 20달러 티켓을 판매하는

* 렌트-헤즈 Rent-heads는 네덜란더 극장 주변에서 러시 티켓을 기다리던 사람을 부르던 명칭이었는데 이후 특정 작품에 컬트적으로 열광하는 매니아 집단을 작품 이름에 헤즈라고 붙여 부르게 되었다.

'로터리 티켓'* 제도를 만들었다. 길게 줄 서지 않고도 운 좋고 부지런하다면 누구라도 브로드웨이 티켓을 싸게 살 수 있는 '로터리 티켓'은 이렇게 생겨났다.

1996년 4월 29일 네덜란더 극장 개막 공연은 할리우드 블록버스터 시사회를 방불케 했다. 시고니 위버, 미셸 파이퍼, 조지 클루니 등이 참석했고 공연 전에 출연진 전원이 무대 위에 올라 "<렌트>를 조나단 라슨에게 바친다"는 인사와 관객의 기립박수로 공연이 시작됐다. 뉴욕타임스는 라슨을 두고 "미라가 되어가던 브로드웨이가 그토록 기다렸던 젊음의 불꽃"[84]이라고 평했고 "펑키하고 느슨한 플롯, 대안문화 스타일의 노래와 발라드로 구성된 록 오페라는 <헤어>를 떠올리게 한다"며 브로드웨이 전통을 미래로 연결하는 작품을 쓴 아티스트로 평가했다.[85] 1997년 토니상 시상식에서는 1천5백만 달러가 투자된 <빅터/빅토리아 Victor/Victoria>, 1천만 달러가 투자된 <빅 Big> 등 대형 작품의 홍수 속에서 350만 달러가 투자된 <렌트>가 작품상, 극본상, 작곡상과 남우조연상을 수상했고 퓰리처상도 수상하며 작품성과 사회적 가치를 고루 인정받았다.

1990년대 가장 센세이셔널한 뮤지컬로 평가받은 <렌트>는 브로드웨이 공연을 12년간 이어갔으며 280만 달러 이상의 수익을 내는 흥행작이 되었고 전 세계 25개 언어로 공연되었다. 한국에서도 브로드

---

* 로터리 티켓 Rotary Ticket. 응모해서 추첨에 당첨되면 저렴한 가격으로 볼 수 있는 할인 제도. 공연 시작 2시간 전부터 극장 앞에서 응모하는 방식으로 오프라인 중심으로 시작되었는데 2015년 이후에는 온라인 응모 채널도 늘어나고 있다.

웨이 초연 4년 만인 2000년 예술의전당 오페라극장에서 라이선스로 공연된 이래 2020년 공연까지 수차례 한국어로 공연되었다.

21세기 초반에 HIV 바이러스 치료법이 등장하여 사망자 수는 크게 줄어들었다. 에이즈 위험은 완전히 끝나지 않았지만, HIV 바이러스 양성 판정이 더 이상 사형선고를 의미하지는 않는다. <렌트>는 한 시대의 종말을 그려낸 뮤지컬이었다.

안티뮤지컬, 포스트모던 사회의 상징 〈헤드윅〉

뮤지컬 역사가 래리 스템펠은 <렌트> 이후 20세기 말 브로드웨이 주류와 반대되는 방식으로 뮤지컬을 쓰는 젊은 창작진들을 주목하며 이들의 작업을 '안티뮤지컬 antimusical'이라고 이름 붙였다.[86] '안티뮤지컬'은 사회적인 주제, 정치적인 이슈, 엔터테인먼트 산업 주변부에 관심을 갖는 뮤지컬로 대부분 작품들이 흥행에서는 성공하지 못하고 자기만족의 즐거움에 머물러야 했다. 그 가운데서도 뮤지컬 장르의 한계를 확장하며 다음 세기를 뮤지컬을 준비한 시도들은 일부 평단의 주목을 받았다.

1990년대 안티뮤지컬 가운데서 드물게 흥행에서 성공을 거둔 작품이 <팔세토들 Falsettos>(1992)과 <헤드윅 Hedwig and the Angry Inch>(1998)이었다. <팔세토들>은 윌리엄 핀이 작곡하고 손드하임과 작업하던 제임스 라파인이 극본과 연출을 맡은 성스루 뮤지컬로 1992년 토니상 극본상과 음악상을 수상했다. 에이즈, 동성애, 유대인 가족 등을 다룬 <팔세토들>은 당시 뉴욕을 괴롭히던 여러 이야기와 고민

• 존 캐머런 미첼이 쓰고 스티븐 트래스크가 작곡한 〈헤드윅〉. 고은성이 헤드윅으로 출연한 한국 2021년 공연. 쇼노트 제공.

을 담았다는 점에는 좋은 평가를 받았고 흥행에도 성공을 거두었다.

<헤드윅>은 존 캐머런 미첼이 쓰고 스티븐 트래스크가 작곡한 드랙퀸 뮤지컬이다. 짙은 화장과 긴 금발머리, 화려한 새틴 의상과 거창한 망토를 걸치고 하이힐을 신은 로커 헤드윅의 자전적인 이야기를 다뤘다. 1994년 트래스크가 운영하는 드랙퀸 클럽에서 미첼과 주변의 이야기를 들려주는 스탠딩 코미디 형식으로 시작된 즉흥 쇼는 가상의 인물 '헤드윅' 스토리로 발전되었다. 인기가 높아지자 1998년에 오프브로드웨이에서 뮤지컬 <헤드윅> 타이틀로 공연되었다.

베를린 장벽이 세워진 1961년 동독에서 엄마와 단둘이 사는 소년 한셀은 미국의 팝송과 록 음악을 몰래 들으며 서방세계를 동경한다.

그는 베를린에 주둔한 미군 루터가 결혼을 제의하자 성전환 수술을 받고 헤드윅이라고 여성 이름으로 바꾸어 미국으로 건너간다. 하지만 동독의 싸구려 수술은 그의 성기에 1인치의 살덩어리를 남겼다. 남자도 여자도 아닌 채로 철의 장벽을 넘어 미국에 간 헤드윅은 루터에게 버림받고, 그 사이에 베를린 장벽도 무너졌다. 혼자 된 헤드윅은 소년 토미를 만나 음악을 가르쳐주고 사랑에 빠지지만 배신당하고 토미는 세계적인 록 스타가 된다. 헤드윅은 공연 중 만난 크로아티아 출신 드랙퀸 이츠학과 결혼하고 동유럽 인종청소 위협에서 그를 탈출시키지만 루터가 그에게 여성을 강요했듯 이츠학에게는 여성 복장을 금하고 남성을 강요한다. 토미가 찾아와 용서를 구하자 헤드윅은 숨겨두었던 가슴의 토마토를 벗어던지며 스스로를 인정하고 이츠학에게도 금발 가발을 씌워주며 용서를 구한다.

<헤드윅>의 넘버는 하나하나 완성도가 있는 독립적인 노래 구조를 가지고 있으면서도 주인공이 세상에 대해 외치고 싶은 메시지를 드라마틱하게 전달한다. 성전환 수술로 남게 된 살덩이를 분노의 펑크 록으로 노래하는 '앵그리 인치 Angry Inch', 헤드윅이 토미에게 불러준 '사악한 작은 마을 Wicked Little Town' 등 힘찬 넘버들은 팝, 펑크, 록 등 다양한 음악으로 구성되어 있다. 플라톤이 『향연』에서 주장했던 사랑의 기원은 <헤드윅>에서 절실한 갈망이 반영된 노래로 탄생한다. 원래 남녀 한몸이었던 인간이 신의 저주로 둘로 나뉘게 되어 언제나 서로를 그리워한다는 '사랑의 기원 Origin of Love'은 갈라지기 전, 한몸으로 양쪽의 아름다움을 모두 간직했던 높은 차원의 인간 존재를 찬미하는 발라드이다.

<헤드윅>의 표제어는 '포스트 펑크 네오 글램 록 뮤지컬'*이다. 펑크의 저항정신과 글램 록의 위악적 화려함이라는 새로운 이미지는 <헤드윅>에서 뮤지컬 형식으로 발현되었다. 뮤지컬 <헤드윅>은 주인공으로 분장한 배우가 등장하여 음악과 함께 자신의 이야기를 들려주는 콘서트 무대를 '뮤지컬' 형식으로 만들었다. <헤어>와 <지저스 크라이스트 슈퍼스타>의 록 뮤지컬 또는 록 오페라를 <렌트>가 계승했다면 <헤드윅>은 록 콘서트와 뮤지컬이라는 다른 장르의 전통을 하나로 통합하여 또 다른 형식을 만들었다.

뮤지컬은 '극'의 특성상 창작자 자신이나 배우들의 존재를 드러내지 않는 것이 암묵적인 약속이다. <틱틱붐>은 라슨의 실제 이야기를 다룬 뮤지컬이지만 배역 존과 창작자 조나단이 동일인인가 하는 문제는 중요하지 않았는데 <헤드윅>은 달랐다. 헤드윅이라는 인물의 정체성도 궁금하지만 캐릭터와 배우가 동일인인지 그렇지 않은지도 궁금하게 만들었다. 창작자 캐머런 미첼은 클럽 공연부터 오프 브로드웨이 공연까지 헤드윅 주인공으로 출연했으며 2001년 영화에서도 감독과 주연을 도맡으며 이 혼란을 가중시켰다. <헤드윅>이 영화에서

* 펑크 Funk는 주류가 되어 명품 선글라스와 리무진 자동차를 탄 로커들을 비판하며 록의 저항정신으로 돌아가자는 철학을 담은 음악으로 댄스 본위적인 강한 리듬과 귀를 끄는 멜로디, 보컬과 악기 사이에 이루어지는 연주, 반복적인 교차리듬이 패턴이 특징이다.(『미국 대중음악』 476쪽) 반면, 글램 록(Glam Rock)은 1970년대 영국 록 그룹에서 시작한 스타일로 두꺼운 화장을 한 화려한 외모, 반짝이 의상과 밑창이 두터운 부츠를 신고 연주하는 유행을 말한다. 데이비드 보위가 자신과 다른 허구적 페르소나를 만들어 음반을 구성하였던 「지기 스타더스트」에서 시작된 글램 미학은 마이클 잭슨이나 프린스, 마돈나가 이미지를 변신하는 모습으로 수용되었다. (『미국 대중음악』 428쪽).

성공하자 미첼에 대한 강력한 팬덤 효과에 갇혀있던 <헤드윅>은 컬트 뮤지컬의 한계를 벗어났다. 대중들의 이해를 받게 된 <헤드윅>은 2014년 브로드웨이로 무대로 옮겼고 리바이벌 뮤지컬도 성공을 거두었다. 2015년 이후 한국에서 공연되는 <헤드윅>은 2014년 브로드웨이 대극장 버전이다.

남자인지 여자인지, 동인지 서인지 알 수 없는 중간자적인 존재, "이제 그 벽이 무너졌으니 우리가 어디에 있는지도 모르겠다"는 가사처럼 <헤드윅>은 작가의 이야기인지 배역의 이야기인지 모호한 형식으로 그 중간에 있는 '사이의 존재'[87], 세상의 아웃사이더를 주인공으로 내세웠다. 공연 장르로서도 전통적인 뮤지컬과 펑크 록 공연의 크로스오버의 특징이 두드러진 <헤드윅>은 진정성과 위악적인 패스티쉬, 젠더와 성전환, 자전적 이야기와 환상 사이를 넘나들며 경계를 애매모호하게 만든 작품이다. 탈이데올로기 시대, 포스트모던 시대의 상징 <헤드윅>은 20세기 말 현대적이고 진보적인 뮤지컬의 길을 열어 놓았다.

• 〈해밀턴〉 2023년 브로드웨이 공연 간판 촬영. ©고희경

제7장

21세기

새로운 황금기를 꿈꾸며

21세기 브로드웨이의 새로운 황금기는 기업이 투자한 대형 뮤지컬과 오프 브로드웨이의 새로운 뮤지컬이 주도하고 있다. 〈렌트〉가 열어놓은 뉴 뮤지컬의 길에서 수많은 실험작들이 성공을 거두었다. 그 중에서도 〈해밀턴〉은 힙합과 다인종 캐스팅으로 흥행과 비평 양쪽에서 성공을 거둔 게임체인저이다. 21세기 브로드웨이, 나아가 예술계 최고의 이슈는 인종과 젠더, 예술 형식과 주제의 다양성이기 때문이다.

연표7. 뮤지컬과 세계 역사(2000년 ~ 2023년)

역사적인 중요 사건	연도	뮤지컬의 중요한 사건과 작품
9.11테러 미국 아프가니스탄 침공	2001	브로드웨이 코미디의 귀환 〈프로듀서스〉 초연 〈맘마미아〉 브로드웨이 초연
	2002	이후 코미디 큰 인기 〈헤어스프레이〉
미국 이라크 침공 온라인 소셜미디어 플랫폼 페이스북 출시	2003	젊은 콤비 막스와 로페즈의 〈애비뉴 Q〉, 〈위키드〉와 경쟁하여 토니상 대거 수상
	2004	매킨토시와 디즈니가 합작한 〈메리 포핀스〉 런던 초연
	2005	무비컬의 대명사 〈빌리 엘리어트〉 런던 초연 무비컬 제작 붐. 〈슈렉〉〈알라딘〉〈겨울왕국〉〈비틀쥬스〉 〈미세스 다웃파이어〉 등 주크박스 뮤지컬로 토니상 최초 수상한 〈저지 보이스〉 초연
세계 최초 스마트폰 iphone 출시	2007	〈스프링 어웨이크닝〉 토니상 다수 수상 이후 오프 실험작 인기 부상. 정신과 치료를 주제로, 퓰리처상 수상한 〈넥스트 투 노멀〉 초연 〈빌리 엘리어트〉 브로드웨이 초연
월스트리트 대형 금융사 붕괴로 세계 금융 위기 버락 오바마, 미국 대통령 당선	2008	린 마누엘 미란다 브로드웨이 데뷔작 〈인 더 하이츠〉 초연
영화 〈아바타〉 상영	2009	
	2010	RSC가 제작한 〈마틸다〉 런던(2010), 브로드웨이(2013) 초연
페이스북, 트위터, 유튜브 등 SNS 플랫폼 급부상	2011	종교 소재 코미디 〈북 오브 몰몬〉 초연 테이머와 U2의 대형 뮤지컬 〈스파이더 맨〉 초연 3년만에 흥행 실패 종연
	2013	팝스타 신디 로퍼가 작곡한 〈킹키부츠〉 초연
	2015	뮤지컬의 게임체인저, 미란다의 히트작 〈해밀턴〉 초연
도널드 트럼프 미 대통령 당선	2016	미첼의 문제작 〈하데스타운〉 오프 초연
	2017	청소년 문제와 sns를 소재로 한 〈디어 에반 핸슨〉 초연
	2019	해롤드 프린스 사망
영국 브렉시트 선언	2020	토니상 작품상 후보에 〈물랑 루즈!〉, 〈티나〉, 〈재기드..〉 등 주크박스 뮤지컬만 지명
	2020-2021	브로드웨이, 웨스트엔드 등 세계 다수 극장 폐쇄
코로나19 전세계로 확산	2020-2023	
아프가니스탄에서 탈레반에게 미국 패전	2021	팬데믹 이후 브로드웨이, 웨스트엔드 재개장 스티븐 손드하임 사망
러시아 우크라이나 침공	2022-	
	2023	〈오페라의 유령〉 브로드웨이 35년 공연 폐막

새로운 천년의 시작

세계화의 명암과 브로드웨이

2000년을 맞이하며 세계는 새로운 천년이 시작된다는 기대에 부풀어 있었다. 세계대전과 같은 전면적인 전쟁의 공포나 이데올로기의 대결이 사라진 20세기 말 세계는 어느 시대보다 평화롭게 보였다. 세계무역기구WTO와 같은 경제적인 자유 거래 시스템과 함께 인터넷의 보급은 빠르고 폭넓게 진행되었다. 신자유주의 역사학자 프랜시스 후쿠야마는 『역사의 종말』에서 자유민주주의가 전 세계로 확산되어 평화롭고 통일된 세상이 만들어지는 신세계가 펼쳐질 것이라는 낙관적인 예언을 내놓았다.[88]

2001년 9월 11일 뉴욕 세계무역센터 쌍둥이 빌딩과 알링턴 펜타곤을 습격한 비행기 테러가 일어났다. 평화로운 일상 속에 미국 본토 심장부에서 일어난 9.11 테러로 3천여 명이 희생되었고 미국은 충격과 함께 공포, 슬픔, 증오의 감정에 휩싸였다. 새로운 천년의 희망을 가득 품고 맞이한 2001년 미국에서 일어난 9.11 테러는 21세기 최대의 테러 사건인 동시에 20세기에 유지되던 세계 질서에 변화를 가져온 출발점이었다.[89] 생존 자체가 중요했던 과거에는 드러나지 않던 종교, 민족, 문화적인 갈등이 초래한 테러였다. 이를 계기로 미국을 비롯한 서방 세계는 중동의 특정 지역과 집단을 테러리스트로 규정하

2001년 9.11 테러 직후의 세계 무역센터 모습. 세계화에 대한 순진한 기대를 무너뜨렸다. ©LOC

고 이들과 긴 전쟁을 치렀고 미국과 유럽의 자국 이기주의가 노골적으로 드러나게 되었다.

한편 신자유주의 경제 엘리트들은 미국과 함께 중국, 브라질 등 세계 신흥 부국이 성장하는 것을 보면서 경제 분야에서의 세계화는 성공했다는 확신에 차 있었다. 웬만한 국가의 시민들은 자유무역 덕분에 개발도상국에서 저가의 공산품과 농산물을 쉽게 접하는 '세계화의 풍요'를 즐겼다. 닷컴 기업 등 디지털 신생 기업군의 성장과 과열된 주식시장, 개인과 국가 간의 심각한 빈부격차 등에 대한 경고음은 잘 들리지 않았다. 세계화의 흥분을 냉각시킨 것은 9.11 테러와 함께 온 금융위기였다. 테러와의 전쟁과 미국 내 닷컴 버블의 붕괴는 주식시장 하락을 가져왔다. 지난 몇 십 년간 경제의 성장 엔진이었던 주식시장의 하락으로 미국 경제는 급속하게 침체기에 접어들었다. 경제가 둔화되자 부동산 가격이 하락하고 주택을 담보로 한 증권에 투자한 금융회사가 파산하기 시작하면서 서브프라임 모기지 사태가 일어났다. 2008년 100년 역사를 자랑하는 리먼 브라더스 등 대형 금융회사가 잇따라 파산하였다. 세계 금융의 중심 뉴욕에서 발생한 위기는 전 세계로 번졌고 경기 대침체가 시작되었다. 새천년 10년간 겪은 테러와 경제 위기로 '세계화'에 대한 무한 희망은 조금씩 의심되기 시작했다.[90)]

브로드웨이는 1990년대 마지막 시즌에 10퍼센트 이상의 가파른 상승세를 보이며 21세기를 힘차게 시작할 것으로 기대했지만[91)] 9.11 테러로 첫 시즌부터 충격에 빠졌다. 2001년 시즌은 관객 수나 매출이 20세기 마지막 시즌보다 10퍼센트 감소했다. 하지만 브로드웨이는 테러의 충격을 비교적 빠르게 회복하여 2019년까지 꾸준한 상승 곡선을 그렸다.* 21세기 브로드웨이는 잠시 주춤했지만 과거 황금시대가 돌아온 것이 아닐까 기대할 만큼 왕성하게 성장했다. 2018-2019년 브로드웨이 시즌 총 관람객은 20세기 마지막 시즌보다 287만 명이 늘어난 1천 477만 명으로 집계되었다. 매출 총액은 18억 2천9백만 달러를 기록했다. 관객 수는 약 30퍼센트, 매출은 270퍼센트가 증가했다. 브로드웨이 극장 수가 늘어나지 않았는데도 관객 수가 증가한 것은 장기공연 뮤지컬이 시장을 주도하고 있다는 반증이었다. 1980년대 메가뮤지컬 <오페라의 유령>를 비롯하여 <시카고> 리바이벌 공연과

---

* 2019년 12월 코로나19 발생으로 2020년부터 전 세계가 봉쇄되었고 브로드웨이를 비롯한 세계의 극장가도 대부분 2년 가까이 문을 닫았던 바 2019년을 가장 최근 기준연도로 제시하였다.

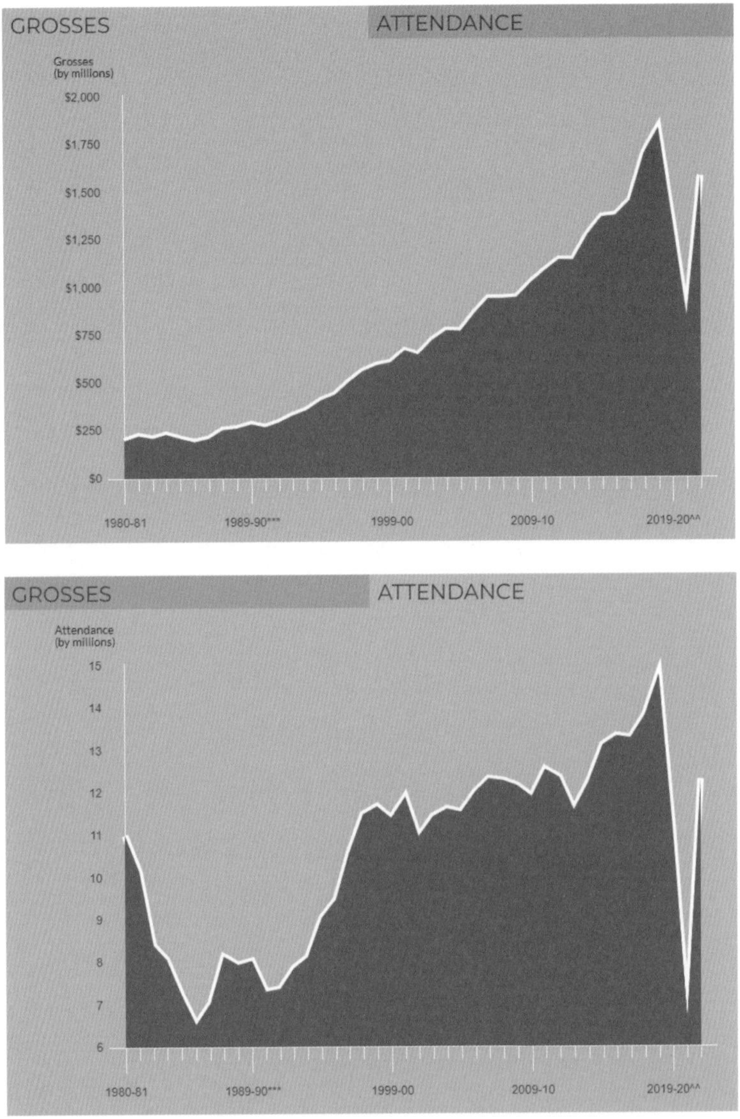

● 1980년부터 2021년까지 매년 브로드웨이 티켓 판매 총액(위)과 총 관람객수(아래)의 변화를 보여주는 그래프. 2001년 테러와 코로나19로 인한 급감이 뚜렷하다. ⓒBroadway League

<라이온 킹>은 20년 이상 공연하고 있으며 새천년에 시작된 <위키드>, <북 오브 몰몬>, <해밀턴>도 장기간 순항했다. 21세기에 시작

했던 <맘마미아!>, <저지 보이스>, <킹키부츠>, <프로듀서스>는 브로드웨이에서만 6년간 공연했다.[92]

위 두 개의 그래프는 2000년 이후 브로드웨이 성장과 함께 코로나 19의 무서운 결과도 함께 보여준다. 전 세계가 셧다운 되었던 2019-20 시즌은 매출이나 관객수 모두 0에 가까운 수치를 보여준다. 2020년 3월 21일 브로드웨이 41개 극장이 전면 폐쇄되었고 1년 6개월이 지난 2021년 9월이 되어서야 브로드웨이가 움직이기 시작했다, <웨이트리스>와 같은 일부 작품이 2021년 8월부터 시범적으로 공연을 시작하다가 2021-2022 시즌을 개막하는 9월부터 <해밀턴>, <위키드>, <하데스타운> 등 일부 작품이 막을 올렸다.[93] 2022-2023년 시즌부터 브로드웨이는 정상을 되찾았다.

황금시대 이후 대중문화의 주류에서 멀어졌던 브로드웨이 뮤지컬은 21세기 들어서면서 영화, 대중음악과의 깊은 연관을 맺으며 대중문화 한복판에 재등장했다. 디즈니나 유니버설 스튜디오 등 글로벌 엔터테인먼트 기업이 브로드웨이의 핵심 프로듀서가 되었으며 리바이벌, 노스탤지어 열풍은 새천년 브로드웨이를 지배하는 기본 정서였다. 경기침체와 만연해진 테러의 공포는 '현실 도피' 성향과 편안한 웃음에 대한 기대를 불러일으켰고, 브로드웨이에서 사라졌던 뮤지컬 코미디를 다시 소환했다. <프로듀서스>부터 <북 오브 몰몬>까지 이어지는 코미디의 인기는 황금시대를 능가할 정도였다.

대중문화의 인기 콘텐츠는 뮤지컬 제작의 중요한 출발점이 되었다.[94] 황금시대에 뮤지컬의 중요한 소재였던 희곡이나 소설은 영화나 텔레비전 드라마와 같은 영상매체로 대체되었다. 올드팝을 엮어 만

● 대형 뮤지컬과 오프의 실험작이 공존하며 새로운 활기를 띠는 브로드웨이. 2014년. ©고희경.

드는 주크박스 뮤지컬의 인기 역시 식을 줄 몰랐다. 보통 1천만 달러 이상을 투자하고도 발표작의 20퍼센트도 흥행하지 못하는 브로드웨이 뮤지컬 제작 환경은 안전한 제작 방식에 집착하게 만들었다. 실험적인 작품이나 사회적인 발언을 외면하고 현실 도피나 퇴행적인 취향, 익숙한 이야기나 음악, 스타 등 다양한 셀러브리티 효과에 의지하는 경향이 높아졌다. 다만 원재료가 영화든 대중음악이든 자신만의 문법으로 각색하며 소화해내는 브로드웨이의 능력은 더욱 향상되었다.

뮤지컬 언어는 영어가 유일하다고 보던 시각도 변화되었다. 브로드웨이와 웨스트엔드로 대표되던 뮤지컬이 20세기 후반부터 유럽, 아시아로 수출되고 번역되면서 이제는 각 지역이 영미 라이선스 뮤지컬을 수용하는 단계를 넘어 자신들의 언어로 오리지널 뮤지컬을 만들게 되었다. 유럽뿐 아니라 아시아 각국의 언어로 만들어진 뮤지컬은 브로드웨이나 웨스트엔드에 진출하든 그렇지 않든 자국 내에서 수용되거나 각 지역 간 협력으로 영미 뮤지컬과 다른 색채를 만들어 내고 있다.

다양성 이슈가 보편화된 브로드웨이

21세기 브로드웨이 뮤지컬에 활기를 가져온 또 다른 축은 새로운 창작자들의 도발이었다. 브로드웨이가 대형 자본이 투입되는 기업 뮤지컬로 극단적인 상업 뮤지컬을 추구했다면 오프 브로드웨이와 오프오프 브로드웨이, 프린지 페스티벌*에 등장한 젊은 뮤지컬들은 브로드웨이에 새바람을 몰고 왔다. 엘튼 존, 알란 멘켄, 스티븐 슈왈츠, 데이비드 야즈벡 등이 20세기 말부터 21세기까지 브로드웨이와 할리우드 뮤지컬에서 활약했다면 21세기에는 젊고 새로운 창작자들이 대거 등장했다. 린 마누엘 미란다, 로버트 로페즈, 톰 키트, 제닌 테소리, 벤지

* 프린지 페스티벌 Fringe Festival. 다양한 예술인들의 자유로운 상상력과 실험정신을 엿볼 수 있는 '대안문화축제'로, 특정 기준에 따라 작품을 선정하지 않으며 아마추어에서 전문 예술단체에 이르기까지 누구나 자유롭게 참여할 수 있는 축제. 1947년 에딘버러국제페스티벌에 공식 초청받지 못한 8명의 아티스트가 공터에서 무허가로 시작한 공연에서 프린지 페스티벌의 명칭을 얻으며 메인 축제와 함께 열리고 있다. 대부분의 축제에서 비경연 축제는 프린지 페스티벌로 불린다.

파섹과 저스틴 폴 등 신진 예술가들은 오프 브로드웨이에서 의미 있는 작품을 시도하며 성장하였다. 2010년 이후에 이들은 브로드웨이 대형 뮤지컬, 할리우드 뮤지컬 영화에서도 왕성한 창작력을 보여주며 새로운 뮤지컬 대중화에 중요한 역할을 맡고 있다. 오프의 새로움과 신진 아티스트의 왕성한 생산력은 브로드웨이 주류 뮤지컬까지 바꾸며 새로운 황금기가 도래하고 있다는 기대를 품게 할 정도다. 신진 창작진이 다루는 뮤지컬의 주제와 소재는 음악, 퍼포먼스 스타일과 함께 무한 확장 중이다. 특히 정치사회적으로 보편화되며 폭을 넓혀가는 다양성 이슈가 뮤지컬에서도 중요한 소재와 주제로 등장했다.

백인 남성 엘리트를 중심에 두고 '나머지'를 타자화시키는 사고방식은 20세기 내내 비판받고 변화를 겪었다. 흑인 인권운동, 페미니즘 운동 등 문화다양성 운동이 활발하게 전개되었고 대중문화에서 인종과 젠더의 전형성은 비판의 주 메뉴였다. 신데렐라 스토리는 여성에 대한 왜곡된 서사로 비판받았고 얼굴에 검정을 칠하고 흑인을 조롱하던 민스트럴 쇼 전통은 반드시 사라져야 할 부끄러운 역사로 교육되었다. 20세기 후반에는 정규 교육 과정에서 왜곡된 역사를 비판적으로 학습하는 수업이 늘어났고 순수예술이나 대중예술 모든 분야에서 다양성 철학을 담은 작품이 활발해졌다. 관객의 호응도 높아지면서 다양성은 소수의 정치적인 이슈가 아니라 주류 담론이 되었다. 2008년 미국은 역사상 최초로 흑인 대통령을 선출했다. 초선 상원의원 출신의 젊은 대통령 버락 오바마는 다양성을 표방하는 21세기 미국의 '담대한 희망'을 상징했다. 당시 미국 대선은 최초의 흑인 대통령과 최초의 여성 대통령 중 누구를 선택할 것인지 고민하는 선거였다.

지난 100년간 브로드웨이 뮤지컬은 인종, 젠더, 섹슈얼리티 등 다양성 문제를 여러 가지 양상으로 담아내며 변화시켜왔다. 흑인의 음악 스타일은 래그타임, 블루스, 재즈, 로큰롤에 이르기까지 20세기를 주도한 대중음악의 원천 자원이었다. <쇼보트>는 인종 갈등의 문제를 1920년대에 본격적으로 다뤘으며 <포기와 베스>도 흑인들의 인종문제를 미국식 오페라로 만든 작품이었다. 1950년대 <웨스트 사이드 스토리>는 피부색이 다른 가난한 이민자 청소년들의 갈등을 본격적으로 다루며 화제가 되었다. 황금시대 뮤지컬에서 중요한 궤적을 차지한 이 작품들은 인종의 문제를 정면에 내세웠지만 21세기의 시각에서 보면 유색인종에 대한 편견이 깔린 스토리나 전형성이 흔하게 드러났고 비판에서 자유롭지 못했다.

1980년대 문화계에서 동성애자 문제는 두드러진 이슈였다. 당시 급격히 확산되던 에이즈의 공포로 동성애 이슈는 다소 위축되는 듯했지만 성정체성의 문제는 중요한 문화계의 담론이었다. 이후 에이즈의 질병 원인과 전염에 대한 과학적 설명이 보편화되었고 치료제가 개발되면서 성정체성 담론은 더욱 활발하게 전개되었다. 1980년대 초반 게이를 주인공으로 세운 뮤지컬 <라카지>는 흥행에는 성공했지만 다양성 이슈를 핵심 주제로 다루지는 못했다. 반면에 인종, 성소수자, 에이즈, 젠트리피케이션 등을 작품의 핵심 주제로 다룬 <렌트>는 1990년대 다양성 뮤지컬의 상징이 되었다. <라이온 킹>을 연출한 줄리 테이머는 '아프리칸 미국인'이 왕으로 추앙받는 작품을 모든 어린이들이 거부감 없이 볼 수 있게 되었다며 다양성과 정치적 올바름

에 대한 자부심을 표현하기도 했다.[95]

21세기 뮤지컬에서 다양성 이슈는 핵심 소재나 주제로 부상했다. 조나단 라슨의 후예를 자처하는 젊은 아티스트들의 작업은 뮤지컬의 다양성 가치와 궤를 같이 했다. <캐롤라인, 혹은 체인지>는 피부색과 신분, 나이가 다른 사람들 사이의 우정을 다루었고, <칼라 퍼플>은 가난한 동성애 흑인 여성을 통해 인간 해방의 문제를 조명했다. <애비뉴 Q>가 2003년에 조심스럽게 게이 커밍아웃을 다루었다면 2014년 <펀 홈>은 게이 아버지와 레즈비언 딸의 갈등과 화해를 정면으로 내세우며 한 발 더 나아갔다. <인 더 하이츠>와 <해밀턴>은 소수 인종의 문제를 정면으로 내세워 성공한 뮤지컬이었다. <해밀턴>은 '그레이트 화이트 웨이'라는 백인 중심 브로드웨이 문화를 바꾸는 '게임 체인저'라는 별칭을 얻었다. <위키드>나 <킹키부츠>와 같은 전형적인 상업 뮤지컬에서도 문화다양성은 중요한 이슈이자 흥행코드였다.

그럼에도 불구하고 브로드웨이에서 다양성 이슈는 여전히 논쟁적이다. 작품의 메시지나 주제가 다양성을 지향한 것은 관객을 확장하는 마케팅 전략으로 의심받거나, 여전히 작품 속에는 구시대적인 전형성의 잔재가 남아있는 경우도 적지 않다. <위키드> 속 녹색마녀 엘파바는 백인이 아닌 주인공이었지만 글린다와 한 남자를 두고 삼각관계에 빠지는 것처럼 보이는 전통적인 여성상을 고집했다든지, <칼라 퍼플>은 LGBT 흑인 여성을 마케팅 요소로만 활용했다는 비판을 받았다.

다양성 문제는 뮤지컬의 내용뿐 아니라 실제 제작 현장 인력의 성비 문제이기도 하다. 브로드웨이 창작자, 배우들이 인종이나 성정체성 등의 측면에서 인구 분포에 맞는 균형을 유지해야 실질적인 진보가 이뤄진 것이기 때문이다. 아메리칸 시어터 윙 American Theater Wing과 아시안 아메리칸 퍼포머 액션 어소시에이션 Asian American Performer Action Association이 조사한 바에 의하면 2017-2018 시즌의 브로드웨이와 오프 브로드웨이 공연 중 유색인종 창작자는 20퍼센트, 브로드웨이 출연진 60퍼센트 이상, 연출은 94퍼센트가 백인이었다.[96] 최근 블라인드 캐스팅 등으로 인종이나 젠더에 대한 편견을 배제하려는 사회적인 인식이 높아지고 변화를 모색하고 있지만 전반적으로는 미흡하다는 평가다. 토니상의 경우 지난 50년간 연출, 제작, 작곡, 무대 디자인과 같은 프로덕션 부문에서 남성 수상자의 수가 압도적인 우위를 점하고 있으며 여성 수상자는 연기자상과 의상상 부문에 치우쳐 있었다. 1998년에 와서야 <라이온 킹>으로 줄리 테이머가 여성으로는 처음으로 토니상 연출상을 받았으나 2000년대에도 줄곧 남성 수상자들이 창작 부문을 독식했다. 2010년 이후에 <펀 홈>, <킹키부츠>, <하데스타운> 등에서 여성 창작자들이 수상자 명단에 이름을 올렸고 아직도 이러한 사실이 뉴스로 보도될 만큼 드문 일이다.

한편, 신체장애를 가진 배우들은 브로드웨이 뮤지컬 무대에 서기 어려운 상황이었지만 2015년 <스프링 어웨이크닝> 브로드웨이 리바이벌에서 청각 장애인이 출연한 프로덕션이 주목을 받았으며 2019년 <오클라호마!> 리바이벌에서 아도 애니 역으로 출연한 배우 알리 스트로커는 휠체어를 타고 연기했다. 그녀는 신체장애인 최초로 토니상 여우주연상을 수상했다.

코로나19 이후 브로드웨이의 다양성 지수는 빠르게 높아지는 양상이다. 2022년 토니상 작품상, 극본상을 받은 <스트레인지 루프 A Strange Loop>에는 뮤지컬 작가를 꿈꾸는 '뚱뚱한 퀴어 흑인 청년'이 주인공으로 등장한다. 작사, 작곡, 극본을 맡은 마이클 R. 잭슨 역시 아프리카계 미국인이다. 이 작품은 '인종, 성정체성, 신체 사이즈' 등 다양성 이슈의 집합체였다. 2023년 토니상에서도 다양성이 화제였다. 여우주연상 수상자인 보니 밀리건은 신체 사이즈나 인종, 색깔 등을 구분하지 않는 사회운동 '자기 몸 긍정주의 Body Positivity'를 옹호하는 배우였으며 <& 줄리엣 & Juliet>에서 남우조연상 후보에 오른 저스틴 데이비드 설리번은 제3의 성을 주장하는 '논바이너리 Nonbinary'로서 남/녀를 구분한 토니상 배우 시상 제도 자체에 의문을 제기하며 후보를 사퇴했다. 브로드웨이의 다양성 범위는 지속적으로 확장 중이다.

왕성한 브로드웨이

9.11 테러와 브로드웨이의 대응

21세기 브로드웨이를 강타한 첫 뮤지컬은 전통적인 코미디 <프로듀서스 Producers>(2001)였다. 2001년 4월 세인트 제임스 극장에서 시작한 <프로듀서스>는 1968년 개봉한 동명의 영화를 각색한 대형 뮤지컬로 작품상을 비롯한 토니상 14개 전 부문에 노미네이트되어 12개 부문을 수상했다. 거대 서사와 세미클래식 스타일의 메가뮤지컬이 20년 이상 지배하던 브로드웨이에 오랜만에 등장한 익살과 풍자의 미국산 성인 코미디는 시작 전부터 화제였다. 투자자 14명을 '프로듀서들'로 모아 최대 제작비 1천만 달러를 투자하며 제작 규모로 관심을 끌었다. 티켓 판매가 시작되자 하루에 300만 달러 티켓을 판매하는 기록을 세웠고 1년치 티켓을 사전에 매진시키며 공연을 시작하는 기염을 토했다. <프로듀서스>의 흥행과 인기는 1950년대 브로드웨이 황금시대를 다시 보는 것 같았다.

2001-2002년 브로드웨이 시즌은 들뜬 분위기로 시작되었다. 유명 뮤지컬 출연진 대다수가 참여한 9월 9일 시즌 개막 콘서트에서 줄리아니 뉴욕 시장은 "아름답고 행복한 9월의 나날을 브로드웨이에서 보내는 것만큼 흥분되는 것은 없다"며[97] 축하인사를 보냈다. 이틀 후 9월 11일 뉴욕 도심에서 가공할 만한 테러가 벌어졌고 세계무역센터

쌍둥이 빌딩 두 채가 무너졌다. 뉴욕 시민들은 친구와 가족을 잃었고 세계무역센터 다음으로 테러의 표적은 타임스퀘어라는 소문도 파다하게 퍼지며 공포와 슬픔에 빠졌다.

9.11 테러 다음날 줄리아니 시장은 텔레비전에 등장하여 13일부터 시청, 증권거래소와 함께 브로드웨이 극장을 열겠다고 공언했다. 배우와 스태프의 반발 속에서도 9월 13일 <오페라의 유령>, <레미제라블>, <라이온 킹> 등 주요 뮤지컬은 공연을 재개했다. 브로드웨이를 관장하는 미국 극장 및 프로듀서 연맹League of American Theatre and Producers은 비용 절감 조치를 논의했다. 극장주는 임대료를 조정하고 재개한 공연에 출연한 배우, 무대 스태프, 음악인들은 한 달 동안 25퍼센트의 급여를 삭감하기로 했다. 프로듀서 입장만 대변한다는 불만이 있었지만 워낙 큰 위기였기에 관계자들은 삭감 안에 합의했다. 브로드웨이 스타들이 출연한 TV 광고는 세계 20개국에서 방영되었다. 뉴욕시 자체 예산으로 250만 달러 상당의 브로드웨이 공연 티켓을 구입하여 시민에게 배포하는 캠페인도 펼쳤다. 뉴욕의 식당이나 소매점에서 500달러를 소비한 영수증을 제출하면 브로드웨이 공연 티켓 2장씩을 나눠주는 방식이었다. 소비를 진작하고 혜택을 브로드웨이에 돌려주자는 의도였다. 지급된 티켓은 1백만 달러 상당 금액이었다. 브로드웨이는 1백만 달러를 뉴욕시로부터 지원받은 셈이다. 테러가 일어난 지역에서 더 가까웠던 오프나 비영리극장이 혜택을 받지 못해 불만이 있었지만 세상은 브로드웨이와 뉴욕을 동일시했다. 브로드웨이가 살아나면 뉴욕이 살아날 것이라고 믿었다.[98]

개막 전 2천만 달러 티켓이 판매된 <맘마미아!>가 개막을 기다리고 있었으나, 제작자는 이런 상황에 흥겨운 주크박스 뮤지컬을 올리기가 부담스러웠다. 뉴욕 시장과 브로드웨이 관계자들은 정상적인 개막을 요청했고 <맘마미아!>는 예정대로 10월 18일 막을 올렸다. <키스 미 케이트> 리바이벌 등 4편의 공연은 테러 직후 즉시 종료되었지만 전반적으로 브로드웨이는 슬픔 속에서도 공연을 재개했고 서서히 회복되었다. 이듬해인 2002년 3월 상황은 테러 이전의 2001년 3월 시즌에 비하여 전체 매출이 5퍼센트 정도만 감소하였고 이후에는 거의 정상화되었다.[99]

브로드웨이 경제가 부분적으로라도 살아나게 된 것은 미국이 테러의 아픔을 딛고 문화적 이미지를 건강하게 되찾고 있음을 확인시키는 상징적인 의미가 컸다. 브로드웨이는 사람들이 모여 서로의 존재를 확인하고 공동체로서의 인식을 공유하는 장소였기 때문이다. 평론가 로버트 사이먼은 "공연은 그 자체로 공동체가 되었다. 같은 장소에 함께 있다는 것, 공연을 통해 다른 관객들과 생각을 나누고 있다는 것이 자랑스러웠다"고 그날의 기분을 회고했다.[100]

9.11 테러를 소재로 뮤지컬이 만들어진 것은 2017년에 이르러서였다. 비행기 테러가 벌어졌던 그 순간에 미국 영공에서 비행 중이던 38대의 민간 항공기 보호 작전을 소재로 한 뮤지컬이었다. 38편의 미국 비행기는 캐나다의 작은 섬 뉴펀들랜드 갠더 공항으로 긴급 착륙시켜야 했다. 이 당시 섬에서 일어난 사건을 다룬 뮤지컬이 <컴 프롬 어웨이 Come From Away>(2017)였다. 낯선 작은 섬 갠더 공항에 착륙한 7천여 명의 민간 항공기 승객은 섬 주민 총인구에 육박하는 엄청난 인원이었다. <컴 프롬 어웨이>는 수천 명의 외지인에게 자신의 집을 내

어주고 음식을 나누며 테러의 공포를 함께 이겨냈던 갠더 섬의 실화를 토대로 만들었다.

뮤지컬 코미디의 부활

황금시대 이후 잊혔던 뮤지컬 코미디가 주목받기 시작한 것은 <천사의 도시 City of Angels>(1989)부터였다. 21세기 들어서서는 <풀 몬티 Full Monty>(2001)를 시작으로 뮤지컬 코미디가 브로드웨이에서 가장 대중적인 장르가 되었다. 테러로 인한 공포와 슬픔이 가득한 뉴욕 시민들은 극장에서 웃음과 위로를 찾았다. 황금시대 전통적인 코미디 <프로듀서스>부터 좌파적인 정치 코미디 <유린타운>까지 2001년에 신작으로 올라간 코미디의 기세는 2000년대 초반 내내 강세를 유지했다. 2001년부터 2005년까지 토니상 작품상은 모두 코미디가 가져갔다.*

<프로듀서스>는 코미디 귀재 멜 브룩스가 1967년 본인이 쓰고 감독했던 동명의 영화를 토대로 만든 작품이다. 한물간 제작자 맥스와 뮤지컬 몽상에 빠진 청년 회계사 레오. 이들은 쇼 비즈니스의 허점을 이용하려 한다. 뮤지컬이 성공하여 이익이 나면 투자자에게 수익을

---

* 2001년부터 5년간 토니상 작품상은 〈프로듀서스〉(2001), 〈속속들이 모던한 밀리〉(2002), 〈헤어스프레이〉(2003), 〈애비뉴 Q〉(2004), 〈스팸어랏〉(2005) 등이 수상작이었으며 작품상 후보작 리스트만 보아도 〈풀 몬티〉(2001), 〈화려한 사기꾼〉(2005), 〈스펠링 비〉(2005) 등 코미디 영화를 무대로 옮긴 뮤지컬이 대세였다. 이후에도 〈게으른 샤프롱〉(2006), 〈금발이 너무해〉(2007), 〈시스터 액트〉(2009) 등 뮤지컬 코미디의 인기는 지속되었다.

〈프로듀서스〉 뉴욕 공연 포스터. 에스엔코 제공

나눠야 하지만 실패하면 원금을 돌려주지 않아도 된다는 점을 노렸다. 맥스와 레오는 공동 프로듀서가 되어 장부를 조작하고 투자금을 모아서 빠르게 실패할 뮤지컬을 만들기로 했다. 게이 연출가와 어리바리 배우를 선발하고, 브로드웨이가 싫어하는 주제인 정치, 나치, 동성애 문제가 다 들어있는 최악의 시나리오를 선택하지만 결과는 의

외로 대성공. 두 프로듀서는 이중장부를 들키고 벌을 받는다.

멜 브룩스는 <라카지>를 쓴 제리 허먼에게 곡을 의뢰했는데 허먼은 영화에서 브룩스가 썼던 몇 곡이 재미있었다면서 브룩스 스스로 곡을 쓰라고 권했다. 배우 출신으로 악보를 제대로 쓸 줄 모르던 브룩스는 흥얼거리며 뮤지컬 전체의 작사와 작곡을 완성했고 브로드웨이 최고 편곡자 더그 베스터맨의 손을 거쳐 쇼튠 형식으로 완성됐다. 멜 브룩스의 넘버들은 풍자가 뛰어났고 선율도 대중적이어서 많은 사람들의 사랑을 받았다. 안무가 수잔 스트로만이 제작 중 세상을 떠난 남편 대신 연출까지 맡아 <프로듀서스>를 멋지게 완성해냈다. 스트로만은 영국 국립극장이 리바이벌한 <오클라호마!>에서 아그네스 드 밀의 안무를 자신만의 스타일로 바꾸어 큰 박수를 받았고, 링컨센터에서 공연한 '댄스컬' <콘택트>를 연출하여 '춤으로 스토리를 쓰는 작가'라는 평을 들었던 터였다. 그녀는 뮤지컬 영화 <프로듀서스>(2004) 감독으로도 데뷔했다. 애니메이션 <라이온 킹>에서 심바와 티몬 더빙으로 입을 맞췄던 배우 매튜 브로데릭(레오)과 네이선 레인(맥스)의 코믹 연기는 흥행을 이끈 또 다른 축이었다. 토니상 남우주연상 후보에 두 명이 동시에 올라 경쟁하고 남녀 조연상을 모두 휩쓸었다. 두 주역이 뮤지컬에서 하차하자 하늘 높은 줄 모르고 치솟던 <프로듀서스> 박스 오피스 매출은 급격히 떨어졌다.

멜 브룩스가 쓴 넘버들은 지그펠트 폴리스 쇼부터 황금시대 유명 뮤지컬 넘버들을 패러디하거나 비튼 곡이었다. 익숙한 멜로디에 입힌 우스운 가사는 객석의 폭소를 자아냈다. 겉으로는 브로드웨이 프로듀서들의 이면을 적나라하게 비판하는 코미디였지만 사실은 황금시대 브로드웨이 뮤지컬에 대한 향수 어린 러브레터였고 메가뮤지컬에 대한 조롱을 담고 있었다. <오페라의 유령>식 뮤지컬의 거창함을 히틀러의 사치품에 비유하는 농담은 브로드웨이 관객의 환호를 받았다. 영국산 메가뮤지컬이 뮤지컬의 본산지 브로드웨이를 지배하고 있는 현실에 대한 미국인의 불쾌감을 자극한 덕분이었다. 정통 브로드웨이 뮤지컬 코미디를 오랜만에 만난 관객들은 열광했다.

인기는 매출로 나타나 브로드웨이 판매 기록을 매주 갈아치웠다. <브로드웨이 42번가> 이후 미국산 뮤지컬에 이런 매진행진은 없었다며 언론도 흥분했다.[101] 1년치 티켓이 사전에 매진되자 암표 가격이 1,500달러까지 치솟았다. 제작사와 극장 측은 암표상을 퇴치한다는 이유로 매회 50석을 프리미엄 가격으로 판매하기로 했다. 100달러 좌석을 480달러에 판매한다는 것이었다. 매표 수입을 프로덕션에 돌려주자는 취지에는 동의했지만 '부자가 아니면 브로드웨이 공연을 보지 말라'고 공식화한 판매 시스템에 대한 비판이 이어졌다. 다른 공연들이 <프로듀서스>의 프리미엄 가격 정책을 당장 따르지는 않았지만 결국 비싼 좌석을 제작사가 만드는 구조는 브로드웨이의 관례가 되어버렸다. 2016년 개막한 <해밀턴> 프리미엄 티켓 공식 가격이 829달러까지 치솟았다.

존 워터스 감독의 독립영화를 뮤지컬로 만든 <헤어스프레이 Hairspray>(2002)는 현대적인 메시지를 담은 따뜻한 코미디였다. 인종차별이 극심했던 1960년대 초 볼티모어를 배경으로 한 <헤어스프레이>는 유쾌한 뚱보 소녀 트레이시가 멋진 남자친구를 사귀고 텔레비전 방송국 댄스 경연대회에서 우승하며 스타덤에 오른다는 분홍빛 꿈

● 〈헤어스프레이〉 소녀 트레이시가 댄스 경연대회에서 춤추는 모습. 신시컴퍼니 제공

의 실현 과정을 그렸다. 젊고 예쁜 뮤지컬 여주인공의 전형과는 거리가 먼 트레이시가 고도비만으로 바깥출입을 하지 않던 엄마 에드나, 그리고 다인종 친구들과 함께 차별의 시선을 뛰어넘어 꿈을 이룬다는 스토리는 어두워진 브로드웨이에 웃음과 위로를 선사했다. 엄마 에드나 역을 게이 코미디언 하비 피어스타인*이 맡아 완벽한 여성 연기를 선보였다. 토니상 남우주연상을 받은 피어스타인이 여우주연상까지 가져가는 것이 아니냐는 농담을 들을 정도였다. 영화 버전에는 1970년대 아이돌 스타로 <그리스>에 출연했던 존 트라볼타가 엄마 애드

---

* 하비 피어스타인은 배우이며 작가이다. 그는 〈토치송 3부작〉, 〈라카지〉로 토니상 극본상을 받았으며 〈킹키부츠〉, 〈뉴시즈〉 극작으로 토니상 후보로 지명되었다.

● 토니상 작품상을 거머쥔 〈애비뉴 Q〉. 작사를 맡은 제프 막스(좌)와 작곡을 맡은 로버트 로페즈(우). Jeff Marx, CC BY-SA 3.0, via Wikimedia Commons

나 역으로 출연해 화제가 되었다.

2000년대 초반 뮤지컬이 온건하고 푸근한 코미디였다면 젊은 창작진의 신작 뮤지컬 코미디는 작고 엣지 있으며 신랄했다. 2,30대 신진 작가들은 신자유주의 이후 빠르게 보수화된 미국의 기득권층을 조롱하는 코미디 코드로 웃음을 유발했다. <유린타운 Urine Town>(2001)이 새천년을 열었다면 진정한 뉴 밀레니엄의 젊은 코미디는 <애비뉴 Q Avenue Q>(2003)였다. 당시 20대 후반, 30대 초반이었던 로버트 로페즈와 제프 막스가 작곡·작사한 <애비뉴 Q>는 <세서미 스트리트> 성인 버전 뮤지컬이었다. 그들은 주제나 공연의 형식 등 기존의 뮤지컬 코미디와는 완전히 다른 풍자 코미디를 만들어냈다. '애비뉴 Q'는

〈세서미 스트리트〉의 인형들이 성장한 이후의 모습을 배우들이 조작하며 연기한 〈애비뉴 Q〉의 한 장면. 에스엔코 제공.

거리 이름을 제목으로 쓴 텔레비전 프로그램 <세서미 스트리트>*에 대한 오마주로, 뉴욕 외곽의 가난한 동네를 상정했다. 뉴욕에서 성공을 기대하지만 불투명한 미래와 생활고에 시달리던 뮤지컬 창작 준비생 로페즈와 막스는 어려서 보았던 <세서미 스트리트>의 인형들은 늘 똑같은 모습인데 그들이 성인이 된다면 어떤 생각을 할까라는 질문에서 뮤지컬을 쓰기 시작했다.

<세서미 스트리트>의 순진한 인형들은 20대 청년으로 성장하여 뉴욕시 애비뉴 Q의 허름한 아파트에 살고 있다. 연애는 꼬이고 섹스는 불만스러우며 취업할 가능성은 불투명하다. 인터넷 포르노의 유혹에 쉽게 빠져들거나 타인의 불운에 통쾌해하는 모습이 한심하게

---

* 애비뉴와 스트리트는 모두 길을 나타내는 용어로 뉴욕 맨해튼에서 Avenue는 남북으로 뻗은 도로, Street는 동서로 뻗은 도로를 가리킨다.

보인다. 무대에는 인형과 그것을 조작하는 인형술사 4명, 그리고 실제 배우 3명이 등장한다. 케이트, 프린스턴, 니키 등 인형 캐릭터를 움직이는 인형술사는 검은 무대 의상을 입고 인형을 조종하고 대사와 노래를 한다. 실제 배우가 연기하는 인물은 브라이언과 그의 약혼녀 크리스마스이브, 그리고 게리 콜맨 등이다. 게리 콜맨은 실존 인물로 미국에서 가장 유명한 아역 배우였지만, 어른이 된 후 과거의 영광은 다 사라지고 허름한 아파트의 관리인이 된 상황이다. 변하지 않고 늘 착한 캐릭터로 살아가는 <세서미 스트리트>의 인형들과 달리 <애비뉴 Q>의 인형들은 성인이 되어 변화된 세상에 적응하느라 우왕좌왕한다. '영문학사 학위로 무엇을 할지 What Do You Do with a B.A. in English' 고민하거나 인종 차별에 시달리다가 인터넷 포르노 속으로 도피한다. 비속어와 노골적인 성적 묘사 그리고 동성애자의 커밍아웃 고민 장면에서 <애비뉴 Q>의 코믹 터치는 빛났다. '엿 같은 내 인생 It Sucks to Be Me'은 등장인물들 각자가 자기 인생이 더 시궁창 같다며 자조하는 넘버인데 매력적인 선율과 솔직한 대사로 젊은이로부터 인기가 많았다.

2003년 오프 브로드웨이 공연은 시작과 동시에 큰 호응을 얻어 4개월 만에 브로드웨이로 옮겨졌다. <애비뉴 Q>는 브로드웨이에 신세대가 등장했음을 알린 뮤지컬이었다. 유니버설 영화사가 제작한 대형 뮤지컬 <위키드>와 토니상 시상식에서 대결한 <애비뉴 Q>는 '다윗과 골리앗의 싸움'에 비유되었다. 도발적인 젊음을 상징한 <애비뉴 Q>는 작품상과 극작, 작곡상을 수상했다. 규모도 작고, 미숙하며, <세서미 스트리트>라는 TV쇼 이름만 익숙한 새로운 작품이 과연 브

로드웨이에서 성공할 수 있을까 하는 우려는 열광적인 리뷰와 젊은 관객들의 환호 속에 사라졌다.[102)]

로페즈는 신랄한 B급 코믹 만화『사우스 파크』를 제작했던 트레이 파커, 맷 스톤과 함께 기상천외한 풍자 뮤지컬을 만들어 또 한 번 히트에 성공했다. 뮤지컬 코미디 <북 오브 몰몬 Book of Mormon>(2011)이었다.

몰몬교는 신·구약 성경과 함께 몰몬경을 경전으로 믿는 미국 신흥 종교이다. 이 종교는 술, 담배, 커피, 동성애를 금지하고 정장 차림의 2인 1조 청년 선교단을 전 세계에 파견한다. 집집마다 벨을 울리며 '헬로!' 하고 인사하는 뮤지컬 오프닝은 몰몬교의 공격적인 선교 활동을 유쾌하게 그린다. 뮤지컬 <북 오브 몰몬>은 범생이 선교사 프라이스와 얼간이 선교사 아놀드 커닝햄이 한 조가 되어 파견된 아프리카 우간다 선교 과정에서 벌이는 코미디이다. 부족 간 전쟁과 군부 독재, 기아와 에이즈가 난무하는 아프리카 현실 앞에 책으로만 공부한 미국 선교사의 지식은 무용지물이다. 우간다 부족장으로부터 '하사 디가 에보와이'라는 인사를 들은 미국인 선교사들은 <라이온 킹>의 넘버 '하쿠나 마타타(문제없어!)'로 이해하며 환영의 의미인 줄로 알고 기뻐한다. 하지만 이 우간다어는 '신이여, 엿이나 먹으라'는 뜻이었다. 선교사에게 노골적으로 신성모독 발언을 하지만 이들은 이해하지 못한다. 우등생 프라이스가 책에 쓰인 대로 선교하며 아프리카에서 고전하는 동안 얼간이 커닝햄은 몰몬 경전과 상관없는 영화 <스타워즈>의 요다 이야기 등을 지어내며 신자를 늘려간다. 커닝햄의 거짓말이 몰몬교 본부의 등장으로 들통 나지만 우여곡절 끝에 우간다 주민들이 아놀드 커닝햄을 신으로 모시는 새로운 경전 '북 오브 아놀드'를 믿는 신앙인이 된다는 황당한 코미디이다. 선교를 떠나면서도 우간다가 어디 있는지 모르고 아프리카는 <라이온 킹>이 전부라고 믿는 미국인들의 어리석음을 확인할 때마다 객석에서는 웃음이 터졌다.

<북 오브 몰몬>은 낯선 문화를 무시하고 이해하려 하지 않는 미국의 거만한 대외정책을 몰몬교 선교라는 일방향 행위로 상징한 작품이다. 게다가 한쪽으로 치우치기 쉬운 미국 여론, 동성애 포비아 등 미국인의 이면을 닥치는 대로 조롱하고 해부했다. 뮤지컬의 풍자와 코미디는 신성모독 수준이지만 관객들은 미국 사회의 수많은 모순에 공감하며 웃음을 터뜨렸다. 그런 이유에서인지 <북 오브 몰몬>에 대해 가장 불쾌감을 갖지 않는 집단이 오히려 몰몬교라는 말이 있을 정도이다.[103] 종교라는 심각한 소재를 다루었지만 형식은 욕설과 성적 비유가 난무하는 배꼽 잡는 코미디였고 로버트 로페즈의 음악은 전형적인 브로드웨이 쇼튠 스타일에 귀에 쏙쏙 들어오는 유쾌한 넘버가 많아 관객들을 즐겁게 했다.

2011년 토니상을 수상한 <북 오브 몰몬>에 이어 2014년 <젠틀맨스 가이드 Gentlemen's Guide to Love and Murder>도 토니상 작품상을 받은 정통 코미디였다. 로이 호니먼의 소설 『이스라엘 랭크: 범죄자의 자서전』과 영화 <친절한 마음과 화관>을 원작으로 한 뮤지컬이다. 런던에서 가난하게 살아가던 몬티 나바로는 자신이 고귀한 다이스퀴스 가문의 8번째 후계자라는 사실을 알게 된다. 그는 백작의 자리에 오르기 위해 가문의 후계자들을 하나씩 제거한다. 연쇄살인극이지만

코미디이며 음악은 오페레타 스타일이다. 배우 한 명이 책임지는 멀티 캐릭터인 성직자, 한량, 은행가, 자선사업가 등 8명의 다이스퀴스 귀족들은 탐욕스럽고 위선적이다. 순수한 듯 보이지만 귀족이 되려는 욕망에 불타는 몬티가 다이스퀴스 귀족 가문의 일원을 하나하나 죽이는 과정이 기발하고 우스꽝스러워 관객들은 부담 없이 웃을 수 있다. 8명의 다이스퀴스를 맡은 배우가 장면마다 캐릭터를 변신하며 여러 가지 방식으로 죽어가는 모습을 지켜보는 것이 이 작품의 결정적인 웃음 포인트다. 공연계의 신인이었던 로버트 프리드먼과 스티븐 러트박은 <젠틀맨스 가이드>에서 신랄한 재미가 가득한 리브레토와 선율로 길버트와 설리번을 떠올리게 했다.

그 외에도 애니메이션 스폰지 밥을 뮤지컬로 만든 <스폰지 밥 SpongeBob SquarePants>(2017), 더스틴 호프만이 남장 여자로 등장했던 1982년 영화를 뮤지컬로 만든 <투씨 Toosie>(2018), 이상한 저승사자와 소녀 이야기를 다룬 팀 버튼 감독 영화를 뮤지컬로 만든 <비틀쥬스 Beetlejuice>(2018) 등이 2010년대 후반 브로드웨이 박스 오피스를 주도한 뮤지컬 코미디였다.

대세가 된 무비컬

21세기 뮤지컬 프로듀서는 콘텐츠를 수직계열화하여 제작할 수 있는 대형 미디어 기업이나, 영화사, 다수의 투자자가 모인 '프로듀서들'의 집단 조직이 대부분이었다. 기업형 프로듀서들이 검증된 이야기로 투자 위험을 최소화하고 흥행을 어느 정도 담보할 수 있는 안정된 뮤지컬을 찾는 것은 당연한 이치였다. '익숙함'과 '향수'에 적합한 소재를 찾던 브로드웨이 프로듀서들에게 히트 영화는 신작 뮤지컬 소재의 보고였다. 21세기 내내 영화를 원작으로 하는 무대 뮤지컬 수가 늘어나면서 이런 장르를 '무비컬'*이라고 부르기 시작했다.

브로드웨이 최고 권위를 자랑하는 토니상 수상작과 후보작 명단만 보면 21세기 뮤지컬에서 영화 원작이 얼마나 강세인지 알 수 있다. 2000년대 20년간 토니상 작품상 수상작 8편이 무비컬이었고 작품상 후보 82편 중 절반이 넘는 42편이 영화 기반 뮤지컬이었다. 작품상을 수상한 8편의 무비컬은 <프로듀서스>(2001), <속속들이 모던한 밀리>(2002), <헤어스프레이>(2003), <스팸어랏>(2004), <빌리 엘리어트>(2008), <원스 Once>(2012), <킹키부츠 Kinky Boots>(2013), <밴드 비지트 The Band Visit>(2018)였다.

할리우드도 21세기 들어서면서 황금시대 이후 잊고 지냈던 뮤지컬에 관심을 가지기 시작했고 브로드웨이에 제작자로 직접 등장했다. 디즈니나 드림웍스와 같은 애니메이션 기업과 유니버설 스튜디오, 20세기 폭스사, 소니, 워너브라더스 등 거의 모든 대형 영화사가 뮤지컬 제작을 위한 독립 부서를 만들었다. 영화사들의 뮤지컬 참여 방식은 단순한 영화 저작권 양도계약부터 단순 투자, 투자와 제작을 동시에 맡는 프로듀서의 역할에 이르기까지 다양했다.

---

* 국내에서는 무비컬이라는 용어가 흔하게 사용되며 원종원의 『뮤지컬』(2013)에서도 뮤지컬의 한 장르로 다루었다. 『The Cambridge Companion to the Musical 2nd Edition.』(2008)에서 21세기 뮤지컬의 주요 흐름으로 영화 기반 뮤지컬을 중점적으로 다뤘고, L.Stempel의 『Show Time』에서도 상세히 다루었다.

브로드웨이에 새바람을 몰고 온 디즈니 극장사업부의 뮤지컬 제작은 21세기에도 왕성하게 이루어졌다. 디즈니는 <메리 포핀스>, <타잔>, <인어공주>, <알라딘>, <겨울왕국>, <헤라클레스> 등 애니메이션 기반 뮤지컬과 극영화를 각색한 <하이스쿨 뮤지컬>, <뉴시즈>까지 21세기 내내 대형 뮤지컬을 제작했다. 또한 디즈니는 뮤지컬 <미세스 다웃파이어 Mrs. Doubtfire>(2020)를 제작하고 있던 20세기 폭스사의 극장사업 부문을 합병하여[104] 자신의 콘텐츠를 더욱 확장하고 있다.

황금시대 뮤지컬 영화로 한 시대를 풍미했던 MGM도 뮤지컬 개발을 위해 'MGM On Stage'를 독립시켜 브로드웨이에 등장했다. 1968년 셔먼 형제가 작곡한 뮤지컬 영화 <치티 치티 뱅뱅 Chitty Chitty Bang Bang>을 2002년 런던에 이어 2005년 브로드웨이 무대에 올렸고 <화려한 사기꾼 Dirty Rotten Scoundrels>(2005), <프리실라 The Adventures of Priscilla, Queen of the Desert>(2006, 호주), <금발이 너무해 Legally Blond>(2007) 등 영화를 원작으로 한 뮤지컬을 다수 제작했다.

워너브라더스도 2003년 연극과 뮤지컬을 제작하는 시어터 벤처 그룹을 독립시켰다. 이 회사가 제작한 첫 뮤지컬은 <라이온 킹>과 <아이다>로 히트한 엘튼 존과 팀 라이스 콤비가 쓴 <레스타 Lestat>(2006)였는데 흥행에 참패했다. 워너 브라더스의 극장 벤처 그룹은 <미저리>나 <한밤중에 개에게 일어난 신기한 일들>과 같은 연극을 브로드웨이에 올렸다. 워너브라더스는 영화를 토대로 한 뮤지컬 <엘프 Elf>(2010), <크리스마스 이야기 Christmas Story>(2012), <메디슨 카운티의 다리 The Bridges of Madison County>(2014), <비틀

쥬스>(2019) 등을 선보였다. <메디슨 카운티의 다리>는 토니상 음악상을 수상하며 평단으로부터 호평을 받았지만 대중적인 인기는 영화를 능가하지 못했다. 가장 최근에 만들어진 <비틀쥬스>는 브로드웨이 윈터가든 극장에서 막을 올린 지 1년 만인 2020년 서울에서 라이선스 뮤지컬로 공연되었다.

애니메이션 기업 드림웍스도 <슈렉>을 각색하여 브로드웨이에 진출했다. 저주에 걸린 아름다운 공주를 용감한 왕자가 구한다는 전형적인 동화 구조를 뒤집은 애니메이션 <슈렉>은 공전의 히트를 기록했다. 드림웍스는 못생긴 녹색 괴물 슈렉과 용감한 피오나 공주, 귀여운 당나귀 동키 등 매력적인 캐릭터가 가득한 뮤지컬 <슈렉 Shrek the Musical>(2008)을 브로드웨이에 내놓았다. <애비뉴 Q>로 주목받은 제이슨 무어가 연출자로, 제닌 테소리가 작곡을 맡아 신선한 에너지를 담은 대형 뮤지컬이 될 것으로 기대를 모았다. 2천 5백만 달러를 투자한 드림웍스의 야심작은 브로드웨이에서 1년 남짓 공연하고 막을 내렸다. 어린이들은 열광했지만 평론가들은 새로울 것 없는 애니메이션 뮤지컬이라고 혹평했다.[105)]

코미디나 가족용 뮤지컬이 아닌, 진지한 무비컬로 작품성과 흥행 양쪽에서 성공한 작품은 <빌리 엘리어트>, <원스>, <킹키부츠> 등이 대표적이다. 영국 영화사 워킹타이틀이 제작하고 미국의 유니버설 영화사가 배급한 영화 <빌리 엘리어트>를 원작으로 한 뮤지컬은 2005년 웨스트엔드에서 초연하고 2008년 브로드웨이에서 막을 올렸다. <빌리 엘리어트>는 2009년 토니상 작품상을 비롯한 10개 부문에서 수상했다. 저예산 영화를 뮤지컬로 만든 <원스>. 더블린 거리에서

● 망해가던 구두공장을 되살린 BBC 다큐를 토대로 만든 〈킹키부츠〉 브로드웨이 공연 장면 2013년 ©고희경

버스킹을 하는 '가이'와 체코 출신 피아니스트 '걸'이 우연히 만나 사랑을 하게 되는 이야기를 다룬 영화 <원스>는 잔잔한 스토리와 아름다운 음악으로 블록버스터급 인기를 끌었다. 영국 연출가 존 티파니는 전형적인 대형 뮤지컬 스타일을 버리고 미니멀한 연출로 원작의 맛을 무대화하는 데 성공했다. 오프에서 시작한 뮤지컬 <원스>에서는 배우들이 악기를 연주하는 액터 뮤지션actor musician으로 등장하여 무대를 더블린의 펍으로 만들었다. 무대에는 일부 관객이 펍의 손님으로 앉아있도록 배치했고 배우들도 자신이 출연하지 않는 순간에는 펍의 의자에 앉아 고객의 역할을 했다. 무대와 객석이 혼재된 티파니의 연출은 신선했다.

2017년 호주 시드니 공연에 참석한 〈킹키부츠〉 작곡가 신디 로퍼 Eva Rinaldi from Sydney Australia, CC BY-SA 2.0, via Wikimedia Commons

<킹키부츠>(2013)는 왕년의 팝 스타 신디 로퍼가 뮤지컬 작곡가로 데뷔하여 토니상 작품상과 음악상까지 수상한 작품이다. 신디 로퍼는

토니상 최초로 음악상을 수상한 여성 작곡가였다. 드랙퀸 부츠를 만드는 JW 브룩스 공장의 성공 스토리를 담은 BBC 다큐를 영화화한 원작을 기초로 뮤지컬이 제작되었다.

<킹키부츠>는 아버지의 인정을 받지 못하던 두 남자가 등장한다. 구두공장 사장 찰리와 드랙퀸 롤라. 전혀 다른 성격의 두 사람은 죽어가던 전통의 구두공장을 드랙퀸 롱부츠인 킹키부츠를 만드는 회사로 탈바꿈하여 회생에 성공하고 서로를 이해하며 우정을 나누게 된다. 부츠를 신은 드랙퀸 앤젤들과 공장 노동자가 함께 걷는 밀라노 런웨이 장면은 화합을 상징하는 유명한 엔딩 씬이다. 안무가 제리 미첼은 <킹키부츠>가 인기있는 이유는 "성소수자가 주인공인 뮤지컬이기 때문이 아니라, 한 사람이 변하면서 그 주위 사람들까지 변화시키고 관객을 행복하게 만드는 뮤지컬"이기 때문이라고 말했다. 신작 뮤지컬이지만 어딘지 익숙한 신디 로퍼의 음악이 1980년대를 추억하게 하면서 6년 가까이 롱런했다. 한국 라이선스 <킹키부츠>도 인기가 높다.

<밴드 비지트>(2018)는 2007년 출시된 이스라엘 영화를 토대로 만든 뮤지컬로 오프에서 브로드웨이로 진출한 작품이다. 디즈니의 블록버스터 뮤지컬 <겨울왕국>과의 대결에서 작품상을 거머쥔 <밴드 비지트>는 데이비드 야즈벡이 음악을 맡아 브로드웨이에서는 1년 정도 공연되었다.

무비컬의 인기와 함께 영화사들의 브로드웨이 진출이 상당히 늘어났지만 모든 작품이 성공한 것은 아니었다. 영화 규모에 못지않은 자본과 기술력이 투자되었지만 영화에서의 히트가 브로드웨이 흥행

을 담보하지는 못했다. 오히려 블록버스터 영화를 원작으로 한 21세기 무비컬은 투자 규모가 큰 만큼 실패의 폭도 컸다. 디즈니가 제작한 <타잔>을 비롯하여 20세기 최고의 블록버스터 영화의 하나였던 <킹콩 King Kong>(2018)과 <록키 Rocky>(2014)는 브로드웨이에서 크게 실패했다. 21세기 초 블록버스터 영화를 원작으로 한 뮤지컬 <반지의 제왕 King of the Lord>(2007, 런던)은 브로드웨이에 진출조차 하지 못하는 수모를 겪었다.

2000년대 초반 브로드웨이 제작자들이 뮤지컬 각색 대상으로 가장 관심을 가졌던 영화는 <스파이더맨> 시리즈였다. 친근한 동네 캐릭터로 사랑받은 히어로 <스파이더맨>의 뮤지컬 작업에는 소니 픽처스를 중심으로 다수의 프로듀서들이 참여했다. <라이온 킹>의 줄리 테이머가 연출을 맡았고 세계적인 로커 U2의 보노와 디 엣지가 음악을 맡은 뮤지컬 <스파이더맨 Spider-Man: Turn Off the Dark>(2011)은 참여한 아티스트 이름만으로도 화제였다. 공중을 날아다니며 벽을 타는 '스파이더맨'을 극장 공간에서 어떻게 표현할지는 모든 사람들의 관심사였다. 그러나 <스파이더맨>은 21세기 뮤지컬의 대재앙 사례로 남았다. 10년 이상을 준비하고 최고의 아티스트로 창작팀을 꾸렸지만 자금 부족, 스턴트맨의 사고와 기술 결함으로 인한 제작 지연, 가장 긴 프리뷰 기간 등 여러 가지 오명을 남기며 2014년 6천만 달러의 손실을 안고 막을 내렸다.

● 서쪽 마녀 엘파바와 동쪽 마녀 글린다의 우정을 그린 〈위키드〉. Photo by Joan Marcus. 에스엔코 제공.

21세기형 메가뮤지컬 〈위키드〉

유니버설 스튜디오는 브로드웨이 뮤지컬 제작에 20세기 말부터 관심을 가지고 있었다. 2003년에 개막한 <위키드 Wicked>를 비롯하여 <블러디 블러디 앤드루 잭슨 Bloody Bloody Andrew Jackson>(2010), <뮤지컬에 출연하다 Bring it on the Musical>(2012), <못된 여자들 Mean Girls>(2018)을 뮤지컬로 만들었으며 <포기와 베스>(2010), <회전목마>(2018) 등 황금시대 뮤지컬 리바이벌에도 적극적이었다.

그레고리 맥과이어의 장편소설 『위키드 : 서쪽나라 마녀 이야기』는 1995년 출간과 동시에 베스트셀러가 되었다. 『오즈의 마법사』의 사전 이야기로 구성된 맥과이어의 소설은 친숙한 캐릭터가 가득했다. 유니버설 스튜디오는 극영화와 뮤지컬 영화 제작을 위해 일찌감치 소설의 판권을 확보했다. 작곡가 스티븐 슈왈츠도 이 작품의 뮤지컬 제작에 관심이 있었다. 뮤지컬 <가스펠>과 <피핀>, 애니메이션 <포카혼타스>와 <이집트의 왕자> 작곡·작사로 이름을 날리던 슈왈츠는 맥과이어의 소설을 읽자마자 뮤지컬에 맞춤한 책이라고 판단했다. 먼치킨들과 착한 마녀, 악한 마녀가 나오는 동화 속 이야기를 무대 연출로 보여줄 재밋거리가 바로 떠올랐기 때문이었다. 슈왈츠는 유니버설 스튜디오와 손잡고 <위키드>를 브로드웨이 뮤지컬로 먼저 제작했다. 판권을 두고 다툼을 벌이던 슈왈츠와 영화사가 협력하게 된 것은 브로드웨이 애호가인 프로듀서 마크 플랫* 역할이 컸다.[106]

1천5백만 달러를 투자한 <위키드>는 2003년 초연 이후 계속 공연되는 21세기 최장 히트작이다.[107] 브로드웨이에서 10억 달러 이상의 매출을 기록한 작품은 <라이온 킹>과 <오페라의 유령>뿐이었는데 <위키드>는 가장 짧은 기간 안에 세 번째로 10억 달러 매출을 기록했으며 2018년까지 46억 달러의 수익을 거두었다.[108] 미국뿐 아니라 16개국에서 6천만 명이 관람했고 한국에서도 2021년 세 번째 공연이 코로나19 상황에서도 매진되었을 만큼 인기가 높았다.

뮤지컬은 소설의 여러 에피소드 중에서 엘파바와 글린다의 우정

---

* 마크 플랫은 영화 프로듀서로 〈금발이 너무해〉 3부작, 〈라라랜드〉, 〈크루엘라〉 등 히트 영화와, 〈알라딘〉, 〈인 투 더 우즈〉, 〈디어 에반 핸슨〉 등 뮤지컬 영화도 다수 제작했다. 브로드웨이 뮤지컬 〈위키드〉 외에 라운드어바웃 시어터와 함께 〈팔 조이(Pal Joy)〉(2008) 리바이벌에도 참여하였다. 〈디어 에반 핸슨〉으로 브로드웨이 최고 스타 반열에 오른 배우 벤 플랫의 아버지이기도 하다.

과 성장 스토리가 중심으로 전개된다. 어두운 분위기의 원작과는 달리 뮤지컬은 동화적이며 환상적으로 끝난다. 그럼에도 2000년대 작품답게 인종, 페미니즘, 사회정의 등 정치적인 다양성 이슈가 풍성하게 담겨있다. 엘파바는 영주의 딸이지만 초록색 피부 때문에 혐오의 대상이 된다. 그녀는 늘 사악한 존재로 취급을 받았기에 성장하면서 선과 악의 모순을 일찌감치 느낀다.

뮤지컬이 소설의 음침한 톤은 상당히 약화시켰지만 '사악함'에 대해 던지는 질문의 무게는 가볍지 않았다. '악한 자, 넌 위키드 No One Mourns the Wicked', '비극의 시작 No Good Deed'이 이런 질문을 드러내는 대표적인 넘버*이다. 스스로 선한 의지로 행동할 때마다 나쁜 결과로만 이어졌던 자신의 삶을 되돌아보는 엘파바가 더 이상 자신의 의지대로 행동하지 않고 사람들이 자신을 판단하는 대로 살겠다고 결심하는 2막 넘버 '비극의 시작'은 '사악함'이 어떻게 만들어지는지 보여준다. <위키드>에서 가장 인기 있는 넘버는 엘파바가 빗자루를 타고 날아오르며 부르는 '중력을 넘어서 Defying Gravity'와 글린다의 '파퓰러 Popular'로, 전혀 다른 두 주인공의 캐릭터가 대비된다.

프로시니엄 아치 꼭대기에서 연기를 뿜어내는 거대한 타임 드래곤을 비롯하여 놀라운 마술의 세계를 보여주는 무대 매커니즘, 다양한 녹색이 변주되는 350여 벌의 의상 등 쉴 새 없이 등장하는 황홀한 볼거리는 21세기 대기업 뮤지컬다운 면모를 보여주었다. 거대 자본과

---

* 이 넘버의 우리말 제목은 한국 공연의 번역을 따랐다.

거창한 세트의 <위키드>는 유럽식 메가뮤지컬의 잔영이 짙게 드리워져 있다. <위키드>는 2004년 토니상 10개 부문에 후보에 올랐지만 여우주연상 등 3개 부문 수상에 그치고 말았다. 작곡이나 극작 등 뮤지컬 창작 분야에서는 한 부문도 수상하지 못했다.

『메가뮤지컬』의 저자 제시카 스턴필드는 <위키드>의 토니상 수상 실패의 이유를 20세기 말 브로드웨이를 지배했던 메가뮤지컬에 대한 증오의 결과로 보았다. 토니상 심사위원들은 '메가뮤지컬이라는 악당'에 맞선 약자 <애비뉴 Q>에게 승리를 안겨주고 싶었다는 것이다. 물론 뮤지컬 <위키드>는 원작 소설이 보여주었던 풍성한 '다양성' 가치를 충분히 살려내지 못했고 뮤지컬 속 엘파바의 캐릭터가 지나치게 납작해지면서 오히려 글린다가 관객으로부터 더 환영을 받게 만들었다는 부정적인 평가를 듣고 있다. 하지만 스턴필드는 21세기 뮤지컬로서 <위키드>의 의미를 다음과 같이 긍정적으로 평가했다.

"<위키드>는 심각하고 직설적이며 장대한 1980년대 메가뮤지컬의 정서와는 거리가 멀다. 오히려 <위키드>는 주인공의 흥망성쇠 대신 두 여성의 우정을 중심 구조로 두고 주변에 유머와 아이러니를 가득 채운, 로맨틱한 플롯과 독특한 페미니즘 톤이 살아있는 작품이다"[109). <위키드>가 비판적인 평단의 시각 속에서도 20년 가까이 전 세계에서 인기를 누리는 것은 이러한 평가와 무관하지 않을 것이다.

주크박스 뮤지컬의 진화

<맘마미아!>가 9.11 테러의 비극을 뚫고 브로드웨이에서도 승승

장구하자 뮤지컬 프로듀서들은 오래된 팝송집을 꼼꼼히 들여다보기 시작했다. 또한 1970년대 팝 그룹 아바의 존재가 브로드웨이와 할리우드에서 새롭게 부각되는 것을 본 많은 싱어송라이터나 작곡가들도 주크박스 뮤지컬의 제작은 자신의 옛 노래를 현재로 소환할 수 있는 호재라고 여겼다.

실제로 주크박스 뮤지컬의 인기는 21세기 내내 상승했다. 미국에서만 주크박스 뮤지컬 80편이 만들어졌고 절반 이상이 브로드웨이에 입성했다. 2010년부터 2019년까지 10년간 발표된 주크박스 뮤지컬만 50편이 넘었고 관심도 뜨거웠다. 2020년 토니상 시상식에서는 <물랑루즈 Moulin Rouge!>, <티나 Tina: Tina Turner Musical>, <재기드 리틀 필 Jagged Little Pill>* 등 작품상 후보 3편 모두가 주크박스 뮤지컬이었다. <물랑루즈>가 작품상과 함께 연출상 등 주요 10개 부문을 휩쓸며 인기몰이를 했지만 작곡가에게 수여하는 음악상은 뮤지컬 영역에서 수상하지 못했다. 2022년 토니상에서 남우주연상을 수상한 뮤지컬 <MJ> 역시 마이클 잭슨의 음악과 삶을 다룬 주크박스 뮤지컬이다.

기존의 팝송을 뮤지컬로 만드는 방식은 다양하다. 아바나 마이클 잭슨 등 특정 뮤지션의 음악만을 넘버로 선택하는 트리뷰트 뮤지컬 tribute musical과 다양한 가수와 작곡가의 인기곡을 엮은 컴필레이션 뮤지컬 compilation musical 로 크게 나뉜다. 트리뷰트 뮤지컬에는 <맘마미아!>와 같이 뮤지션의 삶이나 이야기와는 전혀 관계없이 새로운

* 〈재기드 리틀 필〉은 캐나다 여성 로커 앨라니스 모리셋의 1990년대 히트 음반 제목으로 새로운 이야기에 다양한 팝송을 엮은 컴필레이션 주크박스 뮤지컬이다.

이야기를 담는 뮤지컬과 <저지 보이스>와 같이 한 뮤지션의 삶을 그의 노래에 맞춰 전개하는 전기 傳記 뮤지컬 두 가지가 있다. 컴필레이션 뮤지컬은 <물랑루즈>와 같이 이야기를 구성하고 그에 맞는 팝송을 다양하게 선곡한 경우를 말한다.

<맘마미아!>가 흥행을 거두자 그룹 퀸 음악으로 만든 <위 윌 록 유 We Will Rock You>(2002, 런던), 엘비스 프레슬리 음악으로 만든 로맨틱 코미디 <올 슉 업 All Shook Up>(2005) 등이 뮤지션과 상관없는 새로운 스토리를 만드는 주크박스 뮤지컬 형식을 따랐다. 하지만 어색한 이야기와 원곡의 완성도보다 떨어지게 들리는 음악 때문에 크게 흥행하지는 못했다.

<무빙 아웃 Movin' Out>(2002)은 주크박스 뮤지컬이면서도 댄스 중심의 독특한 양식으로 화제가 되었다. '피아노 맨'으로 유명한 빌리 조엘의 노래에 세계적인 현대무용가 트와일라 타프가 안무한 댄스 뮤지컬이었다. <무빙 아웃>은 1960년대 롱아일랜드 소도시 고등학생들이 일으킨 소동을 그린 뮤지컬로, 무대에는 5명의 무용수만 등장하여 드라마는 춤으로만 표현하고 음악은 무대 위에 배치된 밴드와 한 명의 가수 겸 피아니스트가 빌리 조엘의 노래를 부르는 형식이었다. 빌리 조엘의 음악을 충분히 즐기면서 춤으로 표현한 드라마를 통해 가사를 새롭게 해석해볼 수 있는 점이 호평을 받아 토니상 안무상과 편곡상을 수상했다.

2000년대 초반 미국산 주크박스 뮤지컬로 흥행한 작품은 <저지 보이스 Jersey Boys>(2005)였다. <저지 보이스>는 뉴저지 출신 1960년대 보이 그룹 포시즌스 Four Seasons 멤버들의 삶을 다룬 전기 뮤지컬이

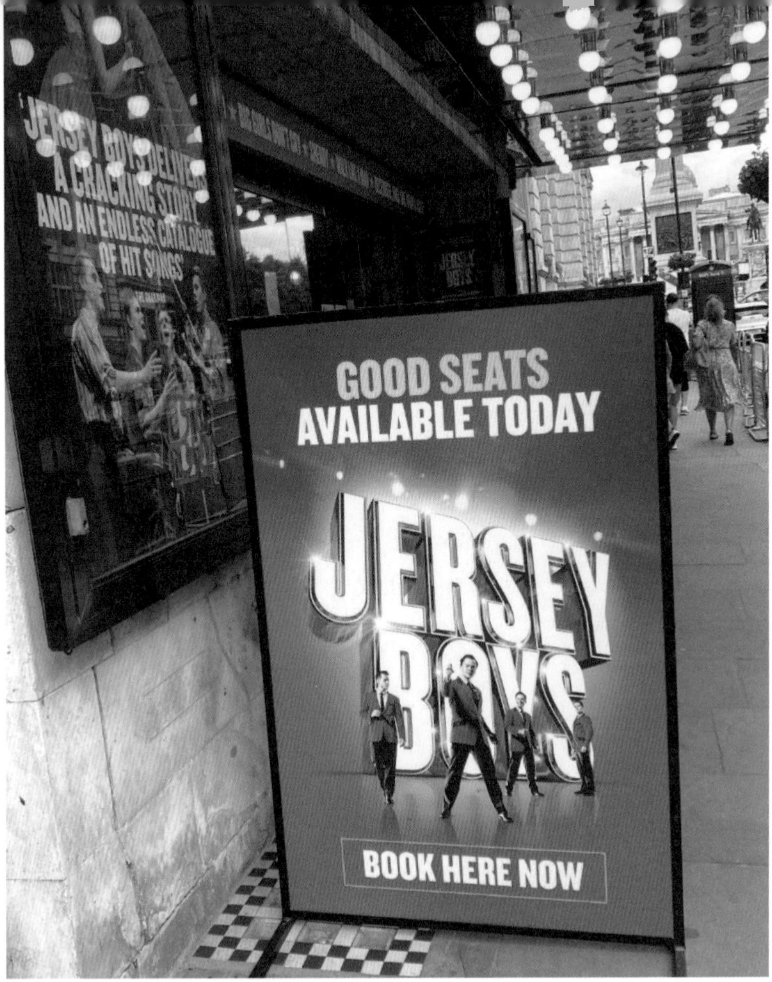

〈저지 보이스〉 2018년 런던 공연 이미지 ©고희경

다. '당신에게서 눈을 뗄 수가 없어요 Can Take My Eyes Off You'로 널리 알려진 포시즌스는 비틀스와 비슷한 시기에 활동한 인기 록그룹이었다. 음악 인기에 비해 멤버들의 개인사는 잘 알려지지 않았던 포시즌스 구성원이었던 '뉴저지 소년들'의 이야기를 뮤지컬로 구성했다. 포시즌스 4명의 멤버와 함께 이들을 스타로 만든 프로듀서 밥 고디오가 주인공으로 등장한다. 공연은 봄, 여름, 가을, 겨울 각 계절마다 한 명의 멤버가 해설자로 등장하는 다큐멘터리 형식이었다. 네 명의 멤버

각자가 기억하는 과거는 서로 달랐고 그 이야기들이 어긋나고 만나는 대목들을 음악으로 표현하여 새로운 형식을 만들어냈다. 캘리포니아 라호야 극장에서 개발되어 브로드웨이에 입성한 <저지 보이스>는 2006년 토니상 시상식에서 작품상을 비롯한 4개 부문을 수상했고 올리비에상에서도 뉴 뮤지컬 상을 수상했다. <맘마미아!>가 중요 시상식에서 외면받았던 것과 달리 <저지 보이스>는 작품성을 공인받은 첫 주크박스 뮤지컬이었다. 브로드웨이에서 12년 동안 공연되었고 런던과 세계 각지에서도 공연이 이어졌다.

<저지 보이스> 외에 단일 가수의 삶을 다룬 전기 뮤지컬로는 <뷰티풀: 캐롤 킹 Beautiful: Carol King Musical>(2014)이 대표적이다. 팝송 '당신에겐 친구가 있어 You've Got a Friend'로 익숙한 캐롤 킹은 1999년까지 빌보드 핫100에서 118개의 팝 히트곡을 발표한 전설적인 싱어송라이터였지만 인생은 잘 알려지지 않은 가수였다. 1960년대 데뷔초부터 음악 파트너로 만난 작곡가 남편과의 결혼과 이혼, 친구이자 라이벌이었던 다른 뮤지션들과의 갈등, 고단한 스타의 삶을 솔직하게 표현했다. <뷰티풀>에서는 20세기 대중음악 환경에서 자신만의 목소리와 음악을 찾아가는 여성 싱어송라이터의 여정을 잔잔한 울림으로 만나게 된다. 그 외에도 비틀스의 존 레논, 록 스타 로드 스튜어트, 디스코 디바 도나 섬머와 로큰롤의 여왕 티나 터너, 팝의 황제 마이클 잭슨까지 20세기 팝의 전설들의 삶이 뮤지컬의 소재가 되었다.

다이애나 로스, 마빈 게이, 마이클 잭슨, 스티비 원더 등을 키워낸 전설의 프로듀서 베리 고디의 자서전을 토대로 한 <모타운 Motown the Musical>(2013)도 색다른 형식의 전기 뮤지컬이었다. '모타운'은 미

국 대중음악사에서 가장 큰 족적을 남긴 프로듀서, 음반사의 대명사이다. 뮤지컬 역시 디트로이트 출신 흑인 프로듀서 고디가 세계적인 레이블 모타운을 만드는 과정을 담았다. 이 뮤지컬은 당시 대중음악과 함께 엔터테인먼트 비즈니스의 세계를 엿보는 재미가 있다. 다만 마이클 잭슨의 경우 어린 잭슨만 다루다보니 잭슨 파이브 시절의 노래만 듣게 된다든지 모타운 레이블의 많은 히트곡들이 짤막하게 스치듯 들리게 만든 편곡이 평단의 부정적인 반응을 받았다. 주어진 음반 속 많은 팝송 목록 가운데에서 이야기에 맞는 선곡을 해야 하는 주크박스 뮤지컬의 한계가 <모타운>에서도 여지없이 드러난 셈이다.

여러 가수들의 인기곡을 엮어 만든 컴필레이션 방식의 주크박스 뮤지컬도 꾸준하게 제작되었다. 1980년대 글램 록을 모은 <락 오브 에이지 Rock of Ages>(2006)가 히트했고, 동명의 영화를 기반으로 만든 <프리실라>는 더 웨더 걸스의 '잇츠 레이닝 맨 Its' Raining Man', 글로리아 게이너의 '난 괜찮아. I will Survive' 등 다양한 시대와 여러 아티스트들의 팝 명곡이 등장하여 인기를 모았다.

성공적인 컴필레이션 주크박스 뮤지컬이라면 단연 <물랑루즈! Moulin Rouge!>(2019)를 꼽을 수 있다. 롭 마셜 감독의 영화가 출시된 후 장시간 개발 끝에 브로드웨이 뮤지컬로 등장했다. 가수의 원곡보다 영화 OST 음반의 인기가 높았을 만큼 호평을 받은 마셜의 뮤지컬 영화를 무대 버전으로 각색하는 작업은 부담이 컸다. 시간이 확보된 만큼 2000년대 초반 영화가 담지 못한 최신 곡까지 70여 곡을 선곡하여 뮤지컬 넘버를 크게 늘렸다. <사운드 오브 뮤직> 넘버부터 마돈나의 '속물적인 여자 Material Girl', 아델의 '깊은 사랑에 빠진 Rolling in

롭 마셜 감독의 영화를 기반으로 만든 뮤지컬 〈물랑루즈〉 한국 공연. 블루스퀘어 2023년 ©고희경

the Deep', 케이티 페리의 '불꽃놀이 Firework'까지 시대와 범주를 초월한 히트곡들의 퍼레이드가 펼쳐졌다. 새롭게 삽입된 최신 팝송은 원작의 플롯을 더 탄탄하게 하고 로맨스나 캐릭터를 생생하게 만들어 주크박스 뮤지컬이 할 수 있는 최고의 작품이라는 찬사를 받았다. 팬데믹 셧다운 전까지 티켓 판매 총액은 260회 공연에 총 7천2백만 달러 매출을 기록하며 인기를 입증했다. 아카데미 미술상을 받은 영화를 공연으로 만든다고 할 때 난제의 하나는 무대 스펙터클이었다. 제작비 2천8백만 달러를 들인 초대형 뮤지컬 <물랑루즈!>는 극장 로비부터 파리 몽마르트르의 카바레를 연상시키는 붉은 조명과 핑크빛 장식으로 화려하게 치장했다. 객석에 들어서면 프로시니엄 무대 양쪽으로 거대한 풍차와 코끼리 인형을 배치하여 관객들이 벨 에포크 시대 파리로 여행을 떠나는 것 같은 효과를 주었다.

늘어나는 주크박스 뮤지컬의 인기에도 불구하고 싸늘한 평단의 반응은 여전하다. '대중음악에 얹혀 가는 뮤지컬'로 프로듀서의 안이함이나 브로드웨이 창작을 고갈시키는 퇴행적인 장르라는 비난에서 자유롭지 못했다. 기존의 음악에 기대어 이야기를 구성하다 보면 스토리는 엉성하고 캐릭터는 오글거리기 십상이다. 무엇보다 원곡의 감성이 사라지는 경우가 많다 보니 '팝 음악의 밀랍인형 박물관'이니 '강압적인 기립박수'의 동원이라는 혹평이 이어졌다.

평단의 차가운 반응 속에서도 작품 수가 늘어나고 경쟁이 치열해짐에 따라 주크박스 뮤지컬 가운데서도 음악의 친숙함을 넘어 뮤지컬 자체로 작품성을 인정받는 사례가 늘어나고 있다. 주제와 소재가 다양해지고 음악은 원곡보다 풍성한 사운드를 만들어내며 무대의 스펙터클을 강화시키는 등 브로드웨이 뮤지컬로서 안착시키려는 노력이 성과로 나타나고 있는 것이다. 할리우드 리포터의 데이비드 루니 기자는 "이제 관객들은 익숙한 팝송에 맞춰 박수를 치고 따라 부르고 싶은 집단적 충동을 일으키고 있으며, 이는 '새천년 공연의 요청 사항'이 되어버렸다"며 주크박스 뮤지컬 붐을 인정했다.[110] 줄곧 주크박스 뮤지컬에 비판적인 입장을 고수하던 뉴욕타임스에서도 세 명의 평론가가 모여 '평론가들이 주크박스 뮤지컬을 사랑하는 법을 배울 수 있을까'라는 주제의 좌담[111]을 열었다. '길티플레저guilty pleasure'의 대표적인 장르로 비난받아 오던 주크박스 뮤지컬의 성장과 가치를 주요 언론에서도 인정하고 어떻게 발전시킬 것인가에 대해 진지하게 논의하기 시작했다.

혁신의 새 경로, 오프와 신진 작가들

주류에 반발하는 신호들

<렌트>는 20세기 말 브로드웨이에 비주류를 소재로 한 뮤지컬을 성공적으로 안착시키며 새로운 뮤지컬 시대의 가능성을 보여주었다. 그러나 젊은 창작자 라슨의 사망으로 <렌트>의 성공은 예외적인 사건이 되어 버렸다. 메가뮤지컬과 기업 뮤지컬이 주도하는 브로드웨이에 더 이상 <렌트>와 같이 젊고 도발적인 작품이 등장하게 될 것이라는 기대를 포기하게 만들었기 때문이다. 하지만 <렌트>의 성공을 지켜본 몇몇 젊은이들이 브로드웨이 주변에서 미래를 꿈꾸고 있었다. 그들은 공식, 비공식 교육기관에서 새로운 뮤지컬을 시도했고 오프 브로드웨이나 프린지 페스티벌, 지역 공공극장, 워크숍 등 다양한 플랫폼에서 새로운 천년을 준비했다.

오프 브로드웨이에서 시작한 <유린타운>과 <애비뉴 Q>가 브로드웨이에 당당히 입성하며 제2의 라슨들이 등장하기 시작했다. <유린타운>은 미국 뮤지컬 역사상 가장 좌파적인 뮤지컬이라고 평가받는 1920년대 <요람은 흔들리리라>를 계승했다고 할 만큼 정치적인 메시지가 강했다. <유린타운>은 시민들의 화장실 사용과 같은 본능의 문제를 권력과 자본이 통제하는 사회를 우화적으로 비판한 정치 코미디였다. <애비뉴 Q>는 미래가 불투명한 청년들의 현실 고민을

적나라한 가사와 캐릭터로 풀어낸 코미디 뮤지컬로 토니상을 휩쓸었다. 비주류 문화를 다양한 스타일의 뮤지컬로 만들며 실험하던 젊은이들에게 두 작품의 성공은 희망과 자신감의 원천이었다. 새로운 뮤지컬을 탐색하던 대기업 프로듀서나 뮤지컬 기업들도 오프 브로드웨이에서 활동하는 젊은이들을 주목하기 시작했다.

2000년대 중반에 이르자 장르를 혁신하는 새로운 뮤지컬의 성공작이 한두 편씩 늘어나기 시작했다. 오프 브로드웨이에서 활동하는 젊은 창작진이나 뮤지컬 아웃사이더들이 만든 브로드웨이 진출작은 더 이상 예외적인 성공이 아니었다. 그들은 브로드웨이 변화를 주도하는 주류 세력으로 성장했다.

<스프링 어웨이크닝>(2007), <인 더 하이츠>(2008), <원스>(2012), <젠틀맨스 가이드>(2014), <펀 홈>(2015), <해밀턴>(2016), <디어 에반 핸슨>(2017), <밴드 비지트>(2018), <하데스타운>(2019) 등 2011년부터 2019년까지 토니상 작품상 수상작 20편 중 10편이 오프 브로드웨이 출신의 작품들이었다. <해밀턴>을 비롯한 몇몇 작품들은 2020년대까지 박스 오피스 최상위에 오르며 브로드웨이 스타일을 혁신하는 주인공으로 왕성한 활동을 펼치고 있다.

이들은 자본과 노동의 문제, 인종, 젠더 등 21세기의 중요한 다양성 이슈와 정치적 발언을 과감하게 뮤지컬 소재로 다루었다. 연출이나 음악에서 새롭게 선보인 스타일은 실험 수준에 머물지 않고 흥행의 성공으로 이어지며 브로드웨이 뮤지컬의 주류가 되었다. 인종문제로 정면 승부한 <해밀턴>, 젠더 이슈와 LGBT를 핵심 소재로 만든 <펀 홈>, 그리스 고전을 통해 현대 자본주의 사회를 비판한 <하데스

타운> 등의 성공은 21세기 브로드웨이에서 흥행을 보장하는 대표적인 모델의 하나였다. 주류에 반발하는 신호, 예외적인 성공 정도로 치부되던 젊은 창작진과 뮤지컬 아웃사이더들의 실험은 2010년대 이후부터는 브로드웨이 변화를 주도하는 핵심 주체로 성장했다.

실험과 개발, 교육부터 오프까지

오프 브로드웨이 성장을 주도한 극작, 작사, 작곡, 연출 등 신진 아티스트들이 대거 등장한 데에는 뮤지컬을 공부하거나 실험해볼 수 있는 교육과정과 플랫폼이 늘어났기 때문이었다. 식당 웨이터로 일하며 뉴욕에서 작곡가로 데뷔하기 위해 틈틈이 곡을 쓰고 프로듀서를 찾아다니며 초조한 삶을 살아가던 라슨의 미완성 뮤지컬 <틱.틱.붐!>의 스토리는 뮤지컬 초심자들의 일상 풍경이었다. 경험이 없는 젊은 예술가의 새로운 아이디어가 브로드웨이 무대로 오르는 길은 멀고도 험했다. 작은 아이디어부터 리딩 공연을 거쳐 극장 무대에 오르기까지는 수 년간의 개발 과정이 필요하고 그 사이에서 상당한 작품들은 사라졌다. 정규 프로그램이든 비정규 프로그램이든 뮤지컬 창작을 위한 교육과정과 워크숍을 통해 아이디어를 발굴하고 소규모 리딩 공연에서 인정받으면 프린지 페스티벌이나 오프 오프 브로드웨이에서 공연을 올릴 기회를 얻게 된다. 뮤지컬은 무대화 과정을 거쳐야만 발전시킬 수 있는 장르여서 일정한 자금이 투자되어야 자신의 악보와 원고를 뮤지컬 장르로서 확인할 수가 있다. 비영리 법인의 상금 지원과 전국의 비영리 공공극장의 제작 지원 시스템, 다양한 축제의 뮤지컬 개발 플랫폼 등은 '오로지 수익만을 기대하는 브로드웨이 뮤지컬'에 대해 반감을 가진 젊은 뮤지컬 지망생들의 숨통을 틔워주었다.

뮤지컬 작가 발굴의 출발점은 교육 프로그램이었다. 브로드웨이에서 가장 역사가 깊은 뮤지컬 작가 양성 프로그램은 BMI 레먼 엥겔 뮤지컬 워크숍이다. 황금시대를 누볐던 작곡가이자 음악감독이었던 레먼 엥겔과 미국의 대표적인 공연 저작권 관리 조직인 BMI Broadcast Music Inc.가 1961년 공동으로 뮤지컬 창작 워크숍을 설립했다. 창립 이후 1982년까지 창립자 엥겔이 책임을 맡아 워크숍을 운영하였고 이 워크숍 출신으로 <나인>과 <타이타닉>을 작곡한 모리 예스턴이 엥겔 이후부터 계속 책임을 맡아 운영하고 있다.

이 워크숍을 통해 수많은 미래의 작사가, 극작가, 작곡가들이 뮤지컬을 쓰는 기술을 연마하고 파트너를 만나, 뮤지컬 제작 엔진의 시동을 켜왔다. 작곡가와 작사가 워크숍은 3개 레벨로 구성되어 있으며 극작 과정은 별개로 운영된다. 1단계에서는 특정 주제나 과제에 대한 협업과 뮤지컬 글쓰기 기초를 학습하여 10분짜리 작품을 발표하고 2단계에서는 완전한 뮤지컬 스코어를 완성하여 선발을 위한 최종 발표를 마친다. 선발된 소수만이 고급단계 수업을 받아 졸업하게 된다. 역사도 오래됐고 체계적인 뮤지컬 쓰기 과정을 진행해온 이 워크숍의 졸업생 면면은 매우 화려하다.

<코러스 라인> 작사가 에드워드 클레반부터 <래그타임> 작곡가 스티븐 플래허티, <미녀와 야수>의 알란 멘켄까지 20세기의 대표 창작자들을 브로드웨이에 데뷔시켰다. 2000년 이후 워크숍 성과는 더욱 눈부셨다. <유린타운>의 마크 홀만, <애비뉴 Q>의 제프 막스,

<북 오브 몰몬>과 <겨울왕국>의 로버트 로페즈와 크리스틴 앤더슨-로페즈, <넥스트 투 노멀>의 톰 키트와 브라이언 요키, <펀 홈>의 제닌 테소리 등 다수의 흥행작을 쓴 작곡가, 작사가들이 BMI 레먼 엥겔 워크숍을 거쳤다. BMI 레먼 엥겔 워크숍은 뉴욕 외의 미국 내 다른 지역으로 확장하였고 유망한 신인을 지속적으로 배출해냈다. BMI 워크숍의 성과는 다른 뮤지컬 조직에도 교육 프로그램을 만드는 자극제가 되었다.

또 다른 저작권 관리 조직인 미국 작곡가, 작가, 출판인 협회 ASCAP American Society of Composers, Authors and Publishers 에서도 스티븐 슈왈츠가 주관하는 뮤지컬 워크숍과 장학제도를 신설하며 후진 양성에 나섰다. ASCAP 워크숍은 BMI 레먼 엥겔 워크숍과 같이 체계적인 교육과정과 함께 다양한 레벨의 신진들이 실험할 수 있는 기회를 제공한다. <젠틀맨스 가이드>를 작곡한 스티븐 루트박이 ASCAP 워크숍 졸업생이며 조나단 라슨이나 앤드루 리파 등이 이 워크숍의 개발 과정에 참여했다.

1981년에는 정규 대학원 과정에 뮤지컬 창작과정이 신설되었다. 뉴욕대학교 티쉬 대학원은 다운타운의 플레이라이츠 호라이즌스 극장과 협력하여 뮤지컬 창작 3년 MFA 과정을 통해 새로운 작가를 양성하고 있다. 그 외에도 조나단 라슨이 받았던 리처드 로저스의 뉴 호라이즌 어워즈, 글리마와 곤살레스 파야 재단의 뮤지컬 어워즈, 클레만 뮤지컬 시상식 등은 젊은 창작진에게 상금을 수여하여 작품 제작의 발판을 만들어주는 비영리 기관들이었다. 디즈니 극장사업부 내부에도 개발 워크숍을 만들어 신작 개발에 투자하고 있다.

아이디어를 완성된 뮤지컬로 발전시키기 위한 중요한 플랫폼은 극장이다. 교육기관이나 장학제도에서 극장 대관 비용을 지원해주거나 뮤지컬 초기 개발을 지원해주었지만 충분하지는 않았다. 전국에 포진되어 있는 다수의 비영리극장이 뮤지컬 개발에 적극적으로 나서면서 새로운 뮤지컬을 발굴하는 경우가 늘어났다. 20세기 후반부터 브로드웨이 바깥의 뮤지컬 창작 활동이 활발해진 것이다.

지역에서 가장 오랜 시간 뮤지컬 창작과 개발에 투자해온 대표적인 극장은 코네티컷주에 위치한 굿스피드 오페라하우스이다. 굿스피디 오페라하우스는 <맨 오브 라만차>(1965), <셰난도 Shenandoah>(1975), <애니 Annie>(1977) 등 10여 편의 작품을 브로드웨이에 진출시켰다. 코네티컷주의 또 다른 공공극장인 오닐극장이 운영하는 전국 뮤지컬 컨퍼런스 National Musical Theatre Conference(NMTC)도 활발하게 신작 개발을 지원하고 있다. <애비뉴 Q>와 <인 더 하이츠>가 오닐극장에서 개발되었다.

미국 서부에서 가장 활발한 공공극장은 캘리포니아의 라호야 플레이하우스이다. 이곳에서는 <빅 리버>, <속속들이 현대적인 밀리>에 이어 주크박스 뮤지컬 <저지 보이스>가 초연됐다. 캘리포니아의 또 다른 비영리극장인 올드 글로브 시어터도 <숲 속으로>, <댐 양키스>, <풀 몬티> 등을 제작하여 브로드웨이에서 좋은 평가를 얻었다. 아담 게텔이나 라키우사를 지원한 미국 뮤지컬 보이스 프로젝트 The American Musical Voices Project는 알링턴에 있는 시그니처 극장의 대표 프로그램이다. 이러한 지역 극장들은 무명작가들에게 새로운 뮤지컬을 무대화할 수 있도록 극장을 제공하고 제작비를 지원하면서 신작 개발의 중요한 플랫폼 역할을 맡아왔다.

미국의 여러 지역의 공공극장에서 다양한 지원정책과 개발 프로그램으로 활발하게 신작을 개발하고 있지만 여전히 뮤지컬 작가라면 뉴욕에서 기회를 얻으려는 열망이 더 크고 성과도 뚜렷했다[112]. 극장의 크기나 영리·비영리와 무관하게 뮤지컬 개발에 있어 뉴욕의 오프와 오프 오프 브로드웨이 극장들이 생각하는 '신작 개발' 미션은 작가나 극장 양쪽 모두에게 중요했다. 실험적인 오프의 신작이 성공을 하게 되면 비영리극장의 예술적인 미션을 달성하는 것뿐 아니라 성공작에 대한 저작권 수입이 보장된다. 극장의 안정적인 재정 자원의 확보라는 측면에서 뮤지컬 개발은 상당한 효과를 기대할 수 있다.

링컨센터 비비안 버몬트 극장은 브로드웨이 리그 소속 대극장이지만 리그 내의 유일한 공공극장으로서 손드하임의 <열정>, 수잔 스트로만의 댄스 뮤지컬 <콘택트 Contact>(2000), 아담 게텔의 <광장의 빛 the Light in the Piazza>(2003) 등을 올리며 새롭고 특색 있는 뮤지컬 개발에 중요한 역할을 맡고 있다.

<렌트>가 시작되었던 오프 브로드웨이의 뉴욕 시어터 워크숍 New York Theatre Workshop(NYTW)은 브로드웨이 바깥의 대표적인 실험극장이다. 토니상 8개 부문을 수상한 아나이스 미첼의 <하데스타운>도 NYTW에서 오프 브로드웨이 초연되었다. <그레이트 코멧>과 <하데스타운>을 연출한 레이첼 차브킨은 NYTW 소속 아티스트이다.

뉴욕대 티쉬대학원과 교육 프로그램을 함께 수행하는 플레이라이츠 호라이즌스 극장도 오프 브로드웨이의 대표적인 비영리극장

이다. 손드하임의 <조지와 함께한 일요일 공원에서>와 <암살자들>을 공연한 이곳은 1990년대 아담 게텔의 <플로이드 콜린스 Floyd Collins>(1996)를 올리며 화제를 모았고 <그레이 가든 Gray Garden>(2006)을 초연하여 브로드웨이로 진출시켰다.

오프 브로드웨이 문제작의 중요한 생산지는 역시 <헤어>와 <코러스 라인>으로 1970년대부터 주목받던 퍼블릭 극장이다. 1990년대 인종문제를 가장 과감하게 보여준 작품인 <브링 인다 노이즈, 브링 인다 펑크 Bring in'da Noise, Bring in'da Funk>(1996)를 통해 미국 흑인 역사를 탭 댄스와 음악으로 보여주었다. 2000년대 들어서자 퍼블릭 극장이 개발한 작품은 지난 세기의 영향력을 훨씬 더 크게 넘어섰다. 미국 최고의 문제적 작가 토니 쿠슈너가 극본을 쓰고 제닌 테소리가 곡을 쓴 <캐롤라인, 혹은 체인지 Caroline or Change>(2003)를 개발하여 브로드웨이에 진출시켰고, 영화의 성평등 지수를 테스트하는 벡델 지수를 개발한 작가 엘리슨 벡델의 자전적 이야기를 토대로 만든 <펀 홈>, 린 마누엘 미란다의 문제작 <해밀턴>이 이곳에서 개발되었다. 21세기 최신작 세 편은 모두 브로드웨이에 진출하였고 토니상 여러 부문을 수상하며 이 극장은 금세기 가장 주목받는 곳으로 다시 떠올랐다.

20세기 말부터 다양한 뮤지컬 축제가 신작을 발표하는 플랫폼으로 새롭게 등장했다. 뉴욕 국제 프린지 페스티벌 FringeNYC, 뉴욕 뮤지컬 페스티벌 NYMT, 뮤지컬 전국 연합 NAMT 조직 등이 뮤지컬 신작 개발을 이끄는 주요 플랫폼이다. 1997년에 설립된 뉴욕 국제 프린지 페스티벌은 <유린타운>을 브로드웨이에 진출시켜 주목을 받았다. 매년 10월 뉴욕에서 3주간 열리는 이 축제에는 약 20여 편의 작품이 상연된다. <알타 보이즈 Altar Boyz>(2005), <구텐버그! Gutenberg! Musical!>(2006) 등은 오프 브로드웨이에 진출한 이 축제의 대표작이다. 2004년 시작한 뉴욕 뮤지컬 페스티벌은 <넥스트 투 노멀> 등을 브로드웨이에 올렸고, 대구 국제 뮤지컬 페스티벌 DIMF과 협력하는 행사로 한국에도 친숙하다. 1985년 설립된 뮤지컬 전국연합 National Alliance Musical Theatre(NAMT)은 160개의 뮤지컬 단체와 개인이 소속된 뮤지컬 커뮤니티의 협력조직이다. 여기에서는 1999년부터 매년 8편을 선정하여 전국의 프로듀서를 위해 45분짜리 리딩 발표를 하는 뉴 뮤지컬 페스티벌을 열고 있다. 축제 선발 작품 중 75퍼센트가 이후 정식 뮤지컬로 발전했다. 대표작으로는 <속속들이 모던한 밀리>, <게으른 샤프롱>, <아이 러브 유 비코즈 I Love You Because>(2006) 등이 있다.[113)]

최근에는 미국을 벗어나서 영국이나 캐나다, 호주 등의 비영리극장이나 조직에서 지원을 받아 작품을 개발하는 경우도 있다. <하데스타운> 개발 과정은 멀고도 흥미로웠다. 작곡가가 뉴욕의 작은 클럽에서 음반을 발매하며 수년간 발전시킨 후에 캐나다 앨버타주 시드먼턴 극장에서 시연을 하고 오프 브로드웨이 뉴욕 시어터 워크숍으로 옮겨 공연을 올린 후, 런던의 국립극장에서 대극장 버전으로 발전시킨 다음 브로드웨이 무대에 올랐다.

라슨의 후예들

1990년대부터 다양한 목소리로 새로운 뮤지컬을 준비하던 작곡가와 작가들은 새천년을 맞이하여 브로드웨이에 활기를 가져왔다. <렌트>가 비주류 사회의 이야기를 주류 뮤지컬로 성공한 20세기 말 예외적인 문제작이었다면 21세기 뮤지컬은 주류와 비주류의 경계를 넘나드는 다양한 주제와 소재의 작품들이 흥행에 성공했다. 브로드웨이든 오프 브로드웨이든 더 이상 남녀가 사랑하고 갈등하는 전형적인 로맨스로는 히트할 수 없었다. 변화하는 세상에 대한 메시지와 즐거움을 동시에 제공해야 했다. 뮤지컬이 다루는 주제들은 엄청나게 넓어졌다. 인종문제, LGBT 이슈, 정신의학, 청소년 문제, 노동과 자본 등 다루는 소재의 폭이 넓어졌다. '위대한 흰 불빛의 거리'를 다양한 피부색의 무대로 변화시키고 LGBT의 무지개 색채를 입히는 일은 라슨 후예들의 주된 작업이었다.

제닌 테소리 Jeanine Tesori (1961년생)

신디 로퍼가 <킹키부츠>로 여성 최초로 토니상 음악상을 수상했을 때 다음 여성 수상자로 기대를 모은 사람은 제닌 테소리였다. 창작진 전반에 여성이 드문 브로드웨이에서 제닌 테소리는 1990년대부터 주목받는 여성 작곡가였다.

라슨의 동년배인 테소리는 황금시대 뮤지컬 <성공시대 How to Succeed in Business Without Really Trying>(1995) 리바이벌 편곡자로 데뷔했다. 이후 테소리는 <바이올렛 Violet>(1997)을 작곡하여 주목받았고 <캐롤라인, 혹은 체인지>, <속속들이 모던한 밀리>로 토니상 음악

● 제닌 테소리. The Tony Awards, CC BY 3.0, via Wikimedia Commons

상 후보에 올라 기대를 모았다. <캐롤라인, 혹은 체인지>는 1999년 퍼블릭 극장 워크숍을 거쳐 2003년 퍼블릭 극장, 2004년 브로드웨이 유진 오닐 극장에서 공연되었다. 1963년 미국 남부 루이지애나를 배경으로 흑인 하녀 캐롤라인과 집주인 아들 노아의 우정을 그린 작품으로 케네디 대통령 암살 사건과 인종 문제를 정면으로 다루었다.

테소리는 2014년 <펀 홈>에 이르러서야 토니상 음악상을 수상했다. 동성애자로서도 드물게 레즈비언 주인공이 등장한 뮤지컬 <펀 홈>은 벡델 테스트로* 유명한 만화가 앨리슨 벡델의 자전적 회고록을 토대로 만든 뮤지컬이다. 레즈비언인 벡델이 아버지가 돌아가신 후 지난날을 회고하며 아버지가 동성애자임을 숨기고 결혼한 클로짓 게이였음을 알게 된다. <펀 홈>은 성정체성을 커밍아웃하는 난관극복의

---

* 벡델 테스트. 1985년 엘리슨 벡델이 영화에 남성 중심의 서사가 얼마나 많은지 측정하기 위해 고안한 영화 성평등 테스트의 기준. 벡델 테스트에 의하면 1) 이름을 가진 여성 인물이 등장해야 하고, 2) 이들이 대화를 나누어야 하며, 3) 이야기의 주제가 남성 이외의 것이어야 여성 영화로 평가할 수 있다.

성장 서사 이상의 의미를 지닌 작품이었다. 어느 가족이나 서로에게 털어놓지 못하는 비밀이 있다는 보편적인 가정 드라마를 그려낸 <펀 홈>은 '브로드웨이 관광객을 위한 작품이 아닌, 새롭고, 신선하며 창의적인 작품'으로 평가받았다.

테소리는 <바이올렛>이나 <캐롤라인, 혹은 체인지>, <펀 홈>과 같이 개성이 뚜렷한 작품에 뛰어난 음악가인 동시에 <속속들이 모던한 밀리>, <슈렉> 등 대중적인 스코어에도 탁월한 능력을 보였다. 2019년 초연한 오페라 <블루>는 경찰의 폭력에 희생된 아프리카계 미국인 소년의 이야기를 다룬 작품으로 퓰리처상을 수상했다. 테소리는 스티븐 스필버그가 감독한 <웨스트 사이드 스토리> 편곡과 음악감독을 맡기도 했다.

2023년 제닌 테소리는 <킴벌리 아킴보 Kimberly Akimbo>로 토니상 작품상과 작곡상을 수상하며 이 상을 두 번 받은 작곡가가 됐다. 10대 소녀지만 70대 할머니로 보이는 조로증 환자 킴벌리의 행복 여정을 다룬 이 작품은 인종, 노인, 페미니즘, 자기 몸에 대한 긍정주의와 같은 다양성 문제를 유쾌하게 표현했다.

마이클 존 라키우사 Michael John LaChiusa (1962년생)

뮤지컬과 오페라 작사, 작곡가로 활동하는 라키우사 역시 라슨과 동년배로 1990년대 데뷔하였다. 정식 음악 공부를 한 적은 없지만 BMI 레먼 엥겔 워크숍 출신으로 <마리 크리스틴 Marie Christine>(1999), <와일드 파티 Wild Party>(2000)로 브로드웨이 뮤지컬을 썼다. 닉슨부터 레이건까지 미국 역대 대통령의 딸과 가족이 등장하는 역사 판타지 <퍼스트 도터 모음곡 First Daughter Suite>(1993, 2015), 구로자와 아키라의 영화 <라쇼몽>을 뮤지컬로 만든 <씨 왓아이 워너 씨 See What I Wanna See>(2005), 로르카의 연극 <베르나르다 알바의 집>을 토대로 한 <베르나르다 알바 Bernarda Alba>(2006) 등 오프 브로드웨이에서도 문제작을 낸 아티스트이다.

● 마이클 존 라키우사. AbramsArtistsAgency, CC BY-SA 4.0, via Wikimedia Commons

아담 게텔 Adam Guettel (1964년생)

● 아담 게텔. ASOASO2015, CC BY-SA 4.0, via Wikimedia Commons

뉴욕의 줄리어드 스쿨 이사장인 마리 로저스와 극장 개발 펀드의 임원이었던 헨리 게텔의 아들인 아담 게텔은 리처드 로저스의 외손자이다. 그는 15살에 돌아가신 외할아버지 영향으로 작곡에 관심을 가졌다. 클래식뿐 아니라 록과 재즈에 심취하였고 밴드의 베이스 연주자와 가수로도 활동하였다. 그는 1990년대 문제작 <플로이드 콜린스>로 데뷔한 후 뮤지컬과 오페라 양쪽에서 다양한 작품을 쓰고 있다. 2005년에는 브로드웨이 뮤지컬 <광장의 빛>으로 토니상 음악상을 수상하였다.

제이슨 로버트 브라운 Jason Robert Brown (1964년생)

• 제이슨 로버트 브라운. Wes Washington, CC BY–SA 3.0, via Wikimedia Commons

뉴욕 이스트만 음악학교 출신 제이슨 로버트 브라운은 오프 브로드웨이 쇼 <송 포 어 뉴 월드 Song For a New World>(1995)로 두각을 나타내며 주목받기 시작했다. 1999년 <퍼레이드 Parade>, 2014년에는 <메디슨 카운티의 다리 The Bridges of Madison County>로 토니상 음악상을 두 번 수상했다. 2인극 <더 라스트 파이브 이어즈 The Last Five Years>(2002)는 미국의 지역 극단이 선호하는 작품으로 영화로도 흥행에 성공했다. 풍부한 팝 감수성과 전통적인 뮤지컬 기법을 혼합하여 대중적으로 쉽게 다가서는 음악으로 유명하다.

로버트 로페즈 Robert Lopez (1975년생)

크리스틴 앤더슨 로페즈와 로버트 로페즈 부부. The Tony Awards, CC BY 3.0, via Wikimedia Commons

21세기 뮤지컬 시장에서 가장 핫한 작곡가 중 한 명이 로버트 로페즈이다. 예일대 출신으로 BMI 레먼 엥겔 워크숍에서 제프 막스와 함께 <애비뉴 Q>를 개발하며 무서운 아이들로 등장하더니 <북 오브 몰몬>까지 연거푸 두 번의 토니상과 그래미상을 받았다. 아내인 크리스틴 앤더슨 로페즈와 공동작곡한 디즈니의 <겨울왕국>에 나오는 '렛 잇 고 Let it Go', 픽사 필름의 <코코>의 넘버 '나를 기억해줘 Remember Me'로 아카데미 주제가상을 두 차례 받는 등 21세기 뮤지컬 영화와 브로드웨이의 핵심 인물로 부상했다. 에미상, 그래미상, 오스카상, 토니상을 모두 받은 수상자를 EGOT라고 부르는데 로페즈는 39세에 최연소 EGOT 수상자가 되었고 <코코>로 두 번째 오스카상을 받으며 더블 EGOT를 달성했다.

톰 키트 Thomas Robert Kitt와 브라이언 요키 Brian Yorkey(1974년생)

뉴욕 출신으로 컬럼비아 대학교에서 경제학을 전공한 톰 키트는 학교에서 만난 극작가 겸 작사가 브라이언 요키와 함께 다양한 작업을 해왔다. 두 사람이 BMI 레먼 엥겔 워크숍에서 정신과 치료에 관하

• 톰 키트(좌). The Tony Awards, CC BY 3.0, via Wikimedia Commons
브라이언 요키(우). MTV International, CC BY 3.0, via Wikimedia Commons

여 만든 10분짜리 단막 워크숍 작품이었던 <넥스트 투 노멀 Next to Normal>(2008)은 브로드웨이에 성공적으로 진출했다. 이 작품은 토니상 음악상과 함께 '정신질환을 앓고 있는 가정사를 다루어 뮤지컬 영역을 확장했다'는 공을 인정받아 2010년 퓰리처상도 수상했다. 10년간 개발해온 <넥스트 투 노멀>이 브로드웨이에서 1년 이상 공연하며 좋은 성적을 거두자 모험적인 브로드웨이 뮤지컬이 살아있는 증거로 소개되기도 했다. 키트와 요키는 이후 이디나 멘젤이 1인 2역을 맡아 두 가지 인생을 선택해보는 <이프/덴 If/Then>(2013)을 브로드웨이에 올렸고 1990년대 영화를 원작으로 한 무비컬 <데이브 Dave>(2018)를 워싱턴에서 공연했다. 톰 키트 밴드 리더로 활동하는 키트는 무비컬 <아메리칸 이디엇 American Idiot>(2009)과 <스폰지밥>, 주크박스 뮤지컬 <재기드 리틀 필>의 뮤지컬 편곡과 음악감독을 맡기도 했다.

린 마누엘 미란다 Lin Manuel Miranda (1980년생)

린 마누엘 미란다. Gage Skidmore from Peoria, AZ, United States of America, CC BY-SA 2.0, via Wikimedia Commons

린 마누엘 미란다는 대학교 2학년이던 1999년에 뉴욕 맨해튼의 북쪽 끝, 히스패닉과 라틴계 이민자들이 살고 있는 빈민가 워싱턴 하이츠에서 3일간 일어난 일을 다룬 <인 더 하이츠 In the Heights>를 학교 공연으로 만들었다. <인 더 하이츠>는 긴 개발 과정과 오프 브로드웨이를 거쳐 2008년 브로드웨이 무대에 올랐다. 그는 데뷔작으로 토니상 작품상과 작곡상을 수상했다. 미란다는 푸에르토리코 이민자 집안에서 태어난 라틴계 미국인으로 브로드웨이와 할리우드에 드문 유색인 창작자이다. 그는 배우에서 극작, 작곡, 연출까지 뮤지컬의 모든 분야에서 탁월한 재능을 보였다.

<인 더 하이츠>에 이은 미란다의 출세작 <해밀턴>은 다인종 국가 미국의 '용광로' 이데올로기를 뮤지컬에 성공적으로 표현한 작품이다. 음악적으로도 미란다는 브로드웨이에서 잘 사용되지 않던 힙합과 랩을 뮤지컬에 성공적으로 들여와 브로드웨이 미래를 기대하게 만든 인물로 평가받는다. 그는 뮤지컬 영화 <메리 포핀스 리턴스>에서 잭 역할로 출연했으며 디즈니 애니메이션 <모아나>, <엔칸토>의 대

표곡들도 작곡했다. 자신이 쓰고 출연한 <인 더 하이츠>의 영화 제작자는 물론, 조나단 라슨의 자전적 뮤지컬 <틱틱붐!>에서는 영화감독까지 맡아 할리우드에서도 활발한 활동을 펼치고 있다.

벤지 파섹 Benj Pasek과 저스틴 폴 Justin Paul (1985년생)

<디어 에반 핸슨 Dear Evan Hansen>(2016)으로 2017년 토니상 작품상과 음악상을 수상한 벤지 파섹과 저스틴 폴은 브로드웨이와 할리우드가 주목하는 젊은 팀 중 하나이다. 미시간대에서 뮤지컬 전공으로 만난 둘은 <엣지스 Edges>라는 대학 뮤지컬을 쓰며 파섹과 폴이라는 타이틀로 공동 작업을 시작했다. 조나단 라슨 재단, 리처드 로저스 뉴 호라이즌상 등을 수상하며 진정한 라슨의 후예로서 미래를 준비했다. 이들의 작업은 워너 브라더스의 눈에 띄어 뮤지컬 <크리스마스 이야기>로 브로드웨이에 데뷔하고 그해 토니상 음악상 후보가 되었다. 같은 해 동명의 영화를 뮤지컬로 만든 <도그파이트 Dogfight>(2016)도 작곡했다. 애니메이션 <톰과제리>, <트롤> 등에 곡을 쓰던 그들은 2016년 영화 <라라랜드>의 'City of Stars' 가사로 아카데미 주제가상*을 수상하며

● 벤지 파섹과 저스틴 폴. Kerry Long, CC BY-SA 3.0, via Wikimedia Commons

---

* 〈라라랜드〉 영화음악 작곡가는 저스틴 가브리엘 허위츠이다

할리우드의 관심을 끌더니 <위대한 쇼맨>을 작곡하며 뮤지컬 영화 붐에 중요한 역할을 했다.

뮤지컬 <디어 에반 핸슨>은 벤지 파섹이 고등학교 때 겪었던 사건을 토대로 만든 작품으로 사회불안장애, 청소년 자살, 소셜 미디어 중심의 인간관계 등 현대 청소년 사회의 문제를 다룬 뮤지컬이다. <디어 에반 핸슨>은 2014년 오프 브로드웨이의 뮤직 박스극장을 거쳐 브로드웨이 무대에 올라갔다. 싱글맘과 살며 사회불안 장애를 가진 고등학생 에반 핸슨이 치유를 목적으로 스스로에게 쓴 편지가 우연히 동급생의 자살과 엮이면서 일어나는 이야기로 평범한 가정 어디에서나 일어날 수 있는 미국의 현재를 다루었다. <디어 에반 핸슨>은 2021년 뮤지컬 영화로도 출시되었다.

파섹과 폴 팀은 영화나 뮤지컬 속 히트 넘버가 많은 콤비다. <디어 에반 핸슨>의 '우리가 당신을 찾을 게요. You Will Be Found' '창 너머로 손을 흔들어요. Waving Through a Window', <위대한 쇼맨>의 '디스 이즈 미 This is Me' 등은 대중적인 인기를 누리고 있다.

아웃사이더의 약진 〈스프링 어웨이크닝〉〈하데스타운〉

<라이온 킹> 이후 라이브 공연에서의 관객과 무대의 약속을 통한 새로운 연출기법은 '콘셉트 뮤지컬'이라는 특정 장르를 넘어 현대 뮤지컬의 핵심 과제가 되었다. <유린타운>은 브레히트 방식으로, <애비뉴 Q>는 인형극과 연극의 하이브리드 퍼포먼스로 뮤지컬 형식의 새 장을 열었다.

독특한 퍼포먼스 양식으로 주목을 받은 새천년 뮤지컬은 <스프링 어웨이크닝 Spring Awakening>(2006)이다. 코미디가 대세이던 2000년대 초 브로드웨이 분위기를 반전시킨 이 작품은 독일 작가 프랑크 베데킨트가 1890년 발표한 '어린이 비극' 『눈뜨는 봄 Flühings Erwachen』을 각색한 뮤지컬이었다. 몸은 자라고 아이들은 성에 대해 눈을 뜨기 시작하지만 어른들은 제대로 설명하지 않고 어정쩡한 태도를 취하다 아이들을 잃는다. 사춘기의 문제와 이중적인 어른들 태도를 적나라하게 묘사하며 세상의 모순을 고발한 베데킨트의 원작은 출간 당시 검열로 공연되지 못했다. 희곡이 출간된 지 15년이 지난 1905년에야 독일에서 초연되었다. 19세기 말 베데킨트 원작을 바탕으로 21세기 미국에서 만들어진 뮤지컬도 통렬하고 신랄했다. 뉴욕 등 대도시 관객에게는 환호를 받았지만 보수적인 소도시에서의 반응은 엇갈렸다. 무거운 주제도 그렇지만 무대 가운데서 배우가 섹스를 실연하고, 동성애 문제를 드러내는 등 자녀들과 함께 관람하는 부모에게는 불편한 쇼였다.[114)]

어두운 주제로 새천년 뮤지컬 분위기를 반전시킨 <스프링 어웨이크닝>을 쓴 작가들은 뮤지컬의 아웃사이더였다. 인디 씬에서 활동하던 싱어송라이터 던컨 쉬크가 스티븐 세이터와 함께 독일 희곡을 인디 록 스타일로 각색했다. 이들의 작업은 연출가 마이클 메이어를 만나 구체적으로 발전했다. 메이어는 작품의 시각적 장치로 스팀펑크록*을 제안했다. 빅토리아 시대의 고풍스런 소품과 의상이 증기기관

* 스팀펑크 Steampunk. 산업혁명이 일어나던 빅토리아 시대 증기기관(Steam)을 가상의 과거로

시대의 스팀을 상징했다면 간결한 무대나 핸드마이크, 인디록 음악, 빌 T 존스의 자유분방한 안무까지 현대적인 장치가 펑크 룩을 나타냈다. 과거(스팀)과 현재(펑크)를 결합한 공연은 신선한 재현 방식으로 주목을 받았다.

벤들라와 소녀들이 분노하는 '나를 지루하게 하는 엄마, Mama Who Bore me', 멜키어가 라틴어 교사에게 모리츠를 변호하고 교사에 반대하는 넘버 '내가 아는 모든 것 All That's Known', 모리츠와 친구들이 부르는 '엿 같은 인생 the Bitch of Living' 등 청소년 배역들이 부르는 노래는 기성세대에 대한 분노를 표출하는 양식으로 사용했다. 강렬한 전자기타 반주가 울리기 시작하면 숨겨둔 핸드마이크를 꺼내 발을 구르고 춤과 노래를 시작한다. 어둡던 조명은 환하게 바뀌고 어른 배역들은 동작을 멈춘다. 이 순간 숨 막히는 19세기 독일 사회 속 드라마의 시간은 멈추고 아이들 가슴속 깊이 눌러두었던 목소리를 터뜨리는, 뮤지컬 퍼포먼스의 판타지가 시작된다.

뮤지컬은 7년의 개발 과정 후에 2006년 오프 브로드웨이 애틀랜틱 극장 무대에 올랐고 3개월 만에 브로드웨이 유진 오닐 극장으로 옮겨 2년간 공연되었다. 디즈니의 <메리 포핀스>가 야심찬 신작으로 토니상 후보로 등장했지만 <스프링 어웨이크닝>의 기세를 당하지 못했다. 적나라한 세대 갈등, 전통적인 통합 뮤지컬의 관습을 깨뜨린 춤과 음악, 차분한 드라마의 시간과 분노의 록 콘서트 시간을 분절한 재현

설정하고 그런 과거에서 설정한 가상의 현재나 미래를 스팀펑크라고 한다. 증기기관 시대의 과학기술이 현재를 추월하여 미래적으로 여겨질 만큼 고도화된 상황을 가정하는 대체역사 기법이다.

● 〈하데스타운〉을 쓴 싱어송라이터 아나이스 미첼. 에스엔코 제공

방식 등 모든 면에서 새로운 뮤지컬을 시도한 작품은 토니상 8개 부문을 수상하는 기염을 토했다.

브로드웨이에서 막을 내린 지 6년 후 2015년에 리바이벌된 <스프링 어웨이크닝>은 청각장애인 배우들이 출연하여 수화 연기와 밴드 연주를 맡아 화제가 되었다. 청각 장애인에 대한 교육이 미비하던 19세기 상황에서 제대로 된 성교육을 받지 못한 청각 장애인 청소년들의 소통 부재로 인한 비극으로 각색됐다. 이 리바이벌 공연은 '소통 문제'를 또 다른 차원에서 조명하여 호평을 받았다.

또 다른 뮤지컬 변혁을 시도한 아웃사이더는 <하데스타운 Hadestown>(2019) 창작진이었다. 그리스 신화인 오르페우스와 에우리디케 이야기를 21세기형 뮤지컬로 만든 <하데스타운>은 <프리티 우먼>, <투씨>, <비틀쥬스>, <킹콩> 등 대형 영화사가 지원하는 무비컬의 위세를 뚫고 2019년 토니상 15개 부문에서 14개 후보에 올랐고, 8개 부문을 수상했다.

● 〈하데스타운〉 뉴욕 공연. 헤르메스 역의 안드레 드 쉴즈, 페르세포네 역의 앰버 그레이와 앙상블. 에스앤코 제공

싱어송라이터이며 극작가인 아나이스 미첼은 2006년부터 <하데스타운>이라는 포크 오페라로 소규모 워크숍 공연을 올리며 천천히 작품을 숙성시키고 있었다. 뮤지컬로 속도를 내게 된 것은 연출자 레이첼 차브킨이 합류한 이후부터였다. 차브킨이 연출한 <그레이트 코멧 1812 Natasha, Pierre & The Great Comet of 1812>를 보고 자신의 작품을 만들 연출자를 찾았다고 확신했다. 레이첼 차브킨이 연출한 <그레이트 코멧>은 톨스토이 장편소설 『전쟁과 평화』 일부를 단면으로 잘라 만든 록 오페라였다. 그녀는 오프 브로드웨이의 아르스 노바 극장을 19세기 러시아 펍으로 연출하여 관객이 술집 손님으로 참여하는 이머시브 양식으로 화제를 일으켰다. 미첼이 곡을 쓰고 차브킨이 함께 발전시킨 <하데스타운>은 토니상까지 거머쥐었다. 미첼과 차

브킨 콤비는 <펀 홈>의 테소리, 크론 팀에 이어 토니상 작품상, 연출상, 음악상을 수상한 두 번째 여성 창작 콤비였다.

이야기를 끌고 가는 메신저 헤르메스나 해설자 역할을 하는 세 명의 여신을 서사극적 양식으로 활용했고 무대 위 관객이나 펍의 분위기는 브로드웨이 뮤지컬에 이머시브 형식을 접목했다. <하데스타운>은 스펙터클이 강한 대형 뮤지컬 홍수 속에서 미니멀하고 연극적인 장치로 전통적인 뮤지컬 문법을 깼지만 오히려 드라마와 음악에 몰입할 수 있는 작품이라는 평을 받았다. 글룩의 오페라, 오펜바흐의 오페레타 소재였던 오르페우스와 에우리디케 신화를 21세기 브로드웨이 뮤지컬에서는 자본주의의 모순과 폭력, 사랑에 대한 의심으로 인한 불행 등 심각한 주제로 정면승부를 걸었다. '기다려줘. Wait For Me', '에픽 Epic' 등 재즈풍의 넘버는 브로드웨이 전형적인 쇼튠과 다른 분위기로 무대 위 밴드와 함께 음악적 완성도를 높였다. 지하 세계를 지배하는 하데스 남작이 경제적인 불평등과 계급의 차이를 당연하게 여기면서 자신의 힘을 과시하는 노래 '우리는 왜 벽을 세웠나 Why We Build the Wall'는 트럼프 대통령이 멕시코 국경에 벽을 세운 사실을 연상시키며 화제가 되었다. 이 곡은 트럼프 선거 운동 10년 전에 만든 곡이었지만 절묘하게 현실 상황과 맞물렸다. 미첼과 차브킨 팀의 <하데스타운>은 본격적인 정치 이슈를 브로드웨이에서 흥행시킨 특별한 뮤지컬이었다.

뮤지컬 게임 체인저 〈해밀턴〉

<해밀턴 Hamilton>(2015)은 대사 없이 노래와 랩으로만 이루어진 성스루 뮤지컬이다. 10달러 지폐에 새겨진 인물 알렉산더 해밀턴의 인생과 그를 둘러싼 미국 역사를 다룬 <해밀턴>은 조지 워싱턴을 비롯한 미국을 세운 건국의 아버지들* 가운데 한 사람인 알렉산더 해밀턴을 중심으로 건국 배경을 노래한다. 뉴욕에서 태어난 푸에르토리코

● 미국 건국 초기 재무장관을 지낸 알렉산더 해밀턴의 초상화. 존 트럼불 그림.(1805) ©WHITEHOUSE. ARCHIVES

* 미국 건국의 아버지들(Founding Fathers of America)은 미국 역사학자 존 모리슨이 처음 언급한 표현으로 대영제국으로부터 독립전쟁을 주도하고 미합중국을 세운 지도자 7명을 말한다. 존 아담스 , 벤자민 프랭클린, 알렉산더 해밀턴, 존 제이, 토머스 제퍼슨, 제임스 매디슨, 조지 워싱턴.

이민자 집안의 린-마누엘 미란다가 대본, 작사, 작곡, 주연(알렉산더 해밀턴 역)을 맡았다. <해밀턴>은 브로드웨이에서 가장 비싸고 티켓을 구하기 어려운 공연의 하나였다. 코로나19 이전 브로드웨이 티켓 판매 1위는 당연히 <해밀턴>의 몫이었다. <해밀턴>은 1주간 330만 달러 이상 매출을 8번 기록하며 주간 최고 매출 기록을 갈아치웠다. 프리미엄 티켓 가격은 829달러까지 치솟았다. <해밀턴>은 불과 4년 만인 2019년 매출 총액 기준으로 <라이온 킹>, <오페라의 유령> 등에 이어 7위를 기록했다.

<인 더 하이츠>로 브로드웨이에 혜성같이 등장한 미란다는 카리브해 이민자 출신 해밀턴의 전기를 읽고 그에게 반했다. 그는 곧바로 해밀턴과 조지 워싱턴 등 건국의 아버지들의 이야기를 담은 '해밀턴 믹스테이프'라는 음악 프로젝트를 시작했다. 미란다는 오바마 대통령의 백악관에서 열리는 콘서트에서 '해밀턴 믹스테이프' 프로젝트를 위해 써두었던 '알렉산더 해밀턴' 랩 넘버를 선보였다. 첫 흑인 미국 대통령의 백악관에서 조지 워싱턴, 토머스 제퍼슨 등 건국의 아버지들 역사를 유색인 가수가 랩으로 전하는 콘서트는 빅 뉴스였다. 오바마 대통령 부부가 열광하는 미란다의 랩이 전국에 방송으로 중계되었고 뮤지컬이 시작되기 전부터 <해밀턴>은 화제였다. 이후 미란다는 해밀턴 전기의 역사 검증을 하는 등 여러 차례의 워크숍을 거쳐 2015년 1월 퍼블릭 극장에서 공연을 시작했다. 막이 오르자마자 평단과 관객들은 열광했다. 곧바로 <해밀턴>은 브로드웨이 리처드 로저스 극장으로 옮겨 인기리에 공연되었다.

뮤지컬의 부제인 'An American Musical'은 <해밀턴>의 성격을 정

2016년 오바마 대통령 백악관에서 〈해밀턴〉 팀이 공연하는 모습. 왼쪽 끝이 작가이자 해밀턴 역의 린 마누엘 미란다(Official White House Photo by Amanda Lucidon) ©WHITEHOUSE.ARCHIVES.

버락 오바마 대통령이 〈해밀턴〉 브로드웨이 리차드 로저스 극장에서 공연을 보고 전 출연진에게 감사 인사를 하고 있다. 뒷모습으로 보이는 왼쪽이 린 마누엘 미란다, 오른쪽이 오바마 대통령. ©Official White House Photo by Pete Souza

확하게 정의하고 있다. 린-마누엘 미란다는 2015년 당시 '미국 뮤지컬이란 무엇이어야 할까'라는 질문에 대한 '하나의 대답'으로 이 작품을 내놓았고 그의 대답에 다수가 동의하였다. 뉴욕타임스의 벤 브랜틀리는 <해밀턴>을 '역사와 연극을 변화시키는 젊은 혁명'이라며 "나는 사람들에게 인기 있는 브로드웨이 쇼의 티켓을 구하기 위해 집을 담보로 내놓으라고 할 수는 없지만 미란다가 출연하는 <해밀턴>은 그만한 가치가 있다![115]"고 흥분했다.

<해밀턴>에 대해서는 비평가들과 창작자들이 한 목소리로 호평했고 브로드웨이 극장가를 넘어 하나의 문화적인 현상으로 받아들이고 있다.[116] 뮤지컬 <해밀턴>을 대표적인 브로드웨이 뮤지컬 혁신상품, 게임 체인저라는 별명으로 부르고 있다. 그런 호칭을 얻게 된 배경은 몇 가지가 있다.

첫째 캐스팅이다. 연극이나 영화에서 배역의 인종이나 성별을 무시하거나 역으로 캐스팅하는 경우가 늘어나고 있다. 정통 연극에서는 20세기 말부터 흑인 햄릿 등의 시도가 종종 있었지만 뮤지컬에서는 보기 힘들었다. 히스패닉인 알렉산더 해밀턴 장관과 흑인 조지 워싱턴 대통령의 캐스팅은 놀라운 선택이었는데 오바마 대통령을 선출한 미국의 '현재'를 이보다 더 드라마틱하게 반영할 수 없었다. 18세기 미국의 정치사극을 백인이 아닌 현재 미국 사회를 이루고 있는 여러 인종의 배우에게 맡긴 것이다. 해밀턴의 친구이자 정적인 아론 버는 아프리카계 미국인, 해밀턴의 아내 안젤리카는 아시아계 미국인 등 다양한 문화를 배경으로 한 배우들이 200년 전 미국을 세웠던 사람들로 등장했다. 백인 배우는 영국 왕 조지 3세가 유일했다. 2023년에

도 디즈니 실사 영화 <인어공주>의 주역을 유색인종이 맡게 되어 논란이 있었던 것을 고려해보면 <해밀턴>의 다인종 캐스팅은 매우 전략적인 선택이었으며 쉽지 않은 결정이었음을 이해할 수 있다. '이민자의 나라' 미국의 건국을 다양한 인종의 목소리로 전달하겠다는 생각은 영리한 선택이었다.

두 번째는 새로운 음악과 사극을 결합한 공연 형식이다. <해밀턴>의 넘버는 전형적인 뮤지컬 쇼튠부터 R&B, 소울, 록, 랩까지 다양하다. <해밀턴>에서 랩과 힙합은 내러티브를 이끄는 핵심적인 음악 장치다. 랩과 힙합은 1990년대 대중음악의 중심 장르로 자리 잡았고 젊은이를 상징하는 문화현상이 되었지만 뮤지컬 음악에 들어오기는 쉽지 않았다. <해밀턴>보다 1년 전에 브로드웨이에서 개막한 힙합 대부 투팍 샤커의 음악을 토대로 만든 뮤지컬 <내 말 들으면 외쳐 Holler If Ya Hear Me>(2014)는 공연 한 달 만에 막을 내렸다. 이는 뮤지컬 장르에 랩이 진입하는 것이 얼마나 어려운지를 보여준다. 미란다에게 힙합은 자신과 친구들의 음악이었다. 뉴욕의 소외지역인 워싱턴 하이츠를 배경으로 한 <인 더 하이츠>에서 힙합과 라틴음악은 어색하지 않게 이야기와 자연스럽게 연결되었지만 <해밀턴>의 힙합은 또 다른 의미가 있다. 힙합은 원래 가난한 도시의 게토 지역 젊은이들이 자신의 무기력함과 소외감을 표현한 장르이다. 영국 식민지 치하의 정치인들이었던 해밀턴과 조지 워싱턴 등은 자신들이 '젊고 상처 입었으며 배고픈 사람'이라고 노래한다. 힙합의 정신이 미국 건국의 아버지들의 마음이라는 것이다. 지루할 수밖에 없는 정파 싸움인 '국무회의 논쟁 Cabinet Battle'의 랩 배틀 장면은 21세기형 역사 뮤지컬의 현재를 명쾌하게 보여주었다. 미국 건국 당시의 술집 분위기에 프록코트와 무릎 블리치 같은 시대의상을 입은 아프리카와 라틴계 유색인종 배우들이 랩과 R&B로 미국 역사를 들려주는 <해밀턴>은 뮤지컬의 판타지 형식을 활용하여 세련된 역사 드라마를 완성했다. 코러스를 적절히 활용한 앤디 블랑켄뷸러의 안무는 캐릭터를 도드라지게 함으로써 극의 전개를 돕는 것은 물론 종종 무대 배경까지 만들어 내며 <해밀턴>만의 스타일을 만들어냈다.

세 번째는 내용이다. 외국인에게는 낯선 이야기였지만 미국인에게는 이민자의 나라가 어떻게 세계 강국이 되었는지를 친절하게 설명해주는 역사 교육극이었다. 트럼프 정부의 부통령이었던 펜스나 언론 재벌 루퍼트 머독과 같은 대표적인 보수주의자들까지 이 뮤지컬에 대한 지지를 이끌어 낸 것은 내용 때문이었다. 노예제도와 같은 미국 역사의 오점도 영리하게 처리했다. 건국의 아버지들이 죽고 난 후 덧붙인 엔딩 곡 '누가 살고, 누가 죽으며, 누가 너의 이야기를 들려주나 Who Lives, Who Dies, Who Tells Your Story'에서 "노예제도는 잘못된 것이다. 당신들은 그때 고쳤어야 했다"며 남녀 주역들과 컴퍼니가 합창하면 뒤에 서있던 워싱턴 동상이 사과하는 제스처를 보여준다. 잘못된 역사에 대한 에필로그 넘버 덕분에 뮤지컬은 좌파와 우파, 백인과 유색인종을 아우르며 관객의 박수를 받았다.

<해밀턴>은 미국 중심의 내용이나 랩의 특성 때문에 우리말로 노래하는 라이선스 공연이 쉽지 않을 것 같다. 브로드웨이 현장에 가서 봐도 외국인의 입장에서 불편한 느낌이 없지 않았는데 미국 바깥으로 어떻게 확장될 수 있을지에 대한 문제도 남는다. 하지만 분명한 것

은 브로드웨이 뮤지컬 역사의 물꼬를 바꿀 '게임체인저'라는 사실에는 다수가 동의했다. <해밀턴>은 앞으로 브로드웨이 뮤지컬이 어디를 향해 변화해갈 것인지 궁금하게 만드는 작품이다.

여전한 웨스트엔드

복고, 무비컬, 주크박스

21세기 브로드웨이가 활기를 되찾으면서 런던 웨스트엔드까지 그 영향을 미쳤다. 2010년 이후 런던 박스오피스에는 <위키드>, <해밀턴>, <저지 보이스>, <디어 에반 핸슨>과 같은 미국산 뮤지컬이 상위권을 점유하며 위세를 떨쳤다. 대규모 투자 뮤지컬이 주도하는 흐름은 웨스트엔드도 마찬가지다. 무비컬, 주크박스 뮤지컬, 리바이벌 등 복고 취향이 지배적인 것도 흡사하다. 영국산 무비컬로 히트한 작품만 봐도 <빌리 엘리어트>(2005), <시스터 액트 Sister Act>(2009), <고스트 Ghost>(2011), <보디가드 Body Guard>(2012), <스쿨 오브 락 School of Rock>(2015) 등 다양하다.*

<맘마미아!>의 성과에 가장 먼저 반응한 주크박스 뮤지컬은 <위 윌 록 유>(2002)였다. 퀸의 기타리스트 브라이언 메이가 프레디 머큐리 사후 잊혀져가던 퀸의 음악을 살리려는 의도로 음악감독으로 참여했다. 런던에서는 흥행이 잘 되어 2014년까지 공연되었지만 브로드웨이 공연은 성사되지 못했고 북미 도시와 세계 여러 지역 투어나 라이선스로 공연되었다. 로큰롤의 여왕 티나 터너의 삶을 다룬 전기 뮤지컬 <티나>(2018)는 브로드웨이에 진출하여 2020년 토니상 후보에 오

---

* 영국 제작 뮤지컬을 소개하는 이 장에 표기된 공연 연도는 런던 초연을 기준으로 했다.

21세기 런던 구시가지 대표적인 극장가 웨스트엔드. 〈빌리 엘리어트〉, 〈마틸다〉, 〈찰리와 초컬릿 공장〉 등 블록버스터급 가족 뮤지컬의 인기가 높다. ⓒ고희경

르는 등 인기를 누렸다.

20세기 말 런던을 세계 뮤지컬의 중심으로 만든 로이드 웨버와 캐머런 매킨토시는 금세기에 들어서는 신작을 왕성하게 내놓기보다는 리바이벌, 영화 제작, 텔레비전 뮤지컬 프로그램 제작 등에 몰두하고 있다. 로이드 웨버는 <사운드 오브 뮤직> 리바이벌을 위해 BBC 텔레비전 오디션 프로그램으로 새로운 '마리아'를 선발했다. 젊은 세대에게 황금시대 뮤지컬은 새로운 작품이나 마찬가지였고 <사운드 오브 뮤직>의 인지도를 높이는 데 텔레비전 프로그램은 적절했다. 뮤지컬 프로듀서의 대명사 매킨토시의 2000년대 신작은 디즈니와 공동

제작한 <메리 포핀스>(2004)였다. 그 외에는 <올리버!> <헤어> 등의 리바이벌과 <해밀턴> 런던 버전을 제작했고 뮤지컬 영화 <레미제라블>을 만들었다.

뮤지컬 리바이벌은 상업극장뿐만 아니라 국립극장 등 공공극장에서도 활발하게 추진됐다. 1990년대 말부터 영국 국립극장은 상당수의 황금시대 미국 뮤지컬을 변화된 시대에 맞게 리바이벌했다. <캣츠>와 <레미제라블>을 연출한 트레버 넌에 이어 <미스 사이공>을 연출한 니콜라스 하이트너가 국립극장의 예술감독을 맡았는데 중요한 연극 레퍼토리와 함께 고전 뮤지컬을 리바이벌하여 국립극장의 대표 작품으로 만들었다. 로저스와 해머스타인의 <회전목마>, <남태평양>, <오클라호마!>를 비롯하여 손드하임의 <컴퍼니>, <스위니 토드>, <폴리스> 등이 영국의 국립극장 레퍼토리로 리바이벌되었다. 1997년 <회전목마>는 토니상 리바이벌 부문 첫 수상작이 되었으며 <오클라호마!> 리바이벌도 브로드웨이에서 1년간 공연되었다.

21세기 런던 뮤지컬 중 흥행을 이끌며 흐름을 주도한 작품들은 가족 친화적 뮤지컬, 혹은 어린이나 청소년이 주인공인 뮤지컬이었다. 엘튼 존의 야심작 <빌리 엘리어트>, 로알드 달 동화책을 기반으로 한 <마틸다>(2010)와 <찰리와 초콜릿 공장>(2013)은 물론 디즈니 영화를 리바이벌한 <메리 포핀스>, <스쿨 오브 락>도 어린이 주인공의 비중이 큰 작품이었다. 어른의 눈으로 본 대상으로서의 어린이가 주인공으로 등장하는 것이 과거의 가족뮤지컬이었다면 빌리나 마틸다는 자신의 세계관이 뚜렷하고 어른들과 맞서가면서 성장하는 이야기를 담았다.

2020년대 웨스트엔드 최고의 히트작은 <식스 Six>(2019)였다. 1994년생 토비 말로와 1973년생 방송 작가 루시 모스가 쓴 이 작품은 2017년 에든버러 프린즈 페스티벌에 소개된 후 빠르게 웨스트엔드와 브로드웨이를 장악했다.

16세기 잉글랜드의 왕 헨리 8세는 이혼과 재혼을 거듭하여 6명의 부인을 두었다. 그는 자신의 이혼을 위해 로마 교황청의 지시를 무시하고 영국식 기독교 성공회를 만들어 종교와 국가 양쪽의 수장이 되었다. '천일의 앤'으로 알려진 앤 불린을 비롯하여 첫 부인 아라곤 등 헨리 8세의 부인 6명이 등장한다. 왕비들은 각자 핸드마이크를 들고 자신들이 남편에게 어떻게 버려졌고 죽임을 당했는지 록 콘서트 형식으로 이야기한다.

21세기 런던 뮤지컬이 그동안 목소리를 내지 못했던 소수자나 어린이들에게 관심을 가지며 그들에게 귀를 기울였다면 <식스>는 역사 속에서 이름만으로 등장했던 여인들에게 마이크를 주었다는 점에서 화제였다. 첫 부인 아라곤의 넘버 '말도 안돼 No Way'는 비욘세의 음악에서 영감을 얻은 곡이며 앤 불린의 넘버 '정신 좀 챙겨 Don't Lose Your Head'는 에이브릴 라빈의 펑키한 음악과 흡사하다. 그 외에도 아리아나 그란데, 브리트니 스피어스 등 여성 팝스타의 음악과 유사한 분위기의 노래가 많다. 실제 공연도 헤드뱅잉과 떼창이 함께하는 록 콘서트 분위기이다. 2023년 한국에서도 공연되었다.

특별한 가족뮤지컬

<빌리 엘리어트 Billy Elliot>는 영국 영화사 워킹타이틀이 제작한 영화를 토대로 만든 대표적인 무비컬이다. <빌리 엘리어트>는 엘튼 존의 음악에 리 홀(극작), 스티븐 달드리(연출), 피터 달링(안무) 등 영화 제작진이 그대로 뮤지컬 각색에 투입되었다. 드라마의 감동은 영화에서 이미 확인되었지만 이것을 뮤지컬로 옮기는 일은 수많은 숙제들과의 싸움이었다. 영화는 촬영과 편집을 전제로 하지만 공연은 모든 것이 무대에서 실시간으로 동시에 이뤄져야 하기 때문이었다.

1980년대 영국 탄광 노조의 파업과 폭력적인 대처 정부의 대응에 대한 정치적인 비판 메시지와 가난한 소년이 발레리노로 성장하는 이야기를 판타지로 교차시킨 대목은 영화 <빌리 엘리어트>의 중요한 흥행 포인트였다. 영화에서는 광부들의 심각한 시위 현장과 아이들의

● 2010년 〈빌리 엘리어트〉 웨스트엔드 초연 5주년을 기념하여 리암 무어 등 그동안 참여한 빌리들과 어린 출연진이 빅토리아 팰리스 극장에 모였다. DenP Images, CC BY-SA 2.0, via Wikimedia Commons

• 〈빌리 엘리어트〉 한국 공연. 파업에 들어간 탄광 마을 사람들. 신시컴퍼니 제공.

천진난만한 발레 교습 장면을 다양한 편집 기술로 전달할 수 있었지만 무대에서 이런 장면을 구현한다는 것은 만만치 않은 과제였다. 더 큰 문제는 뮤지컬의 주인공 빌리 캐스팅이었다. 영화의 빌리는 일정한 연기력만 있으면 되었지만 뮤지컬 속 10대 소년 빌리는 노래와 연기는 물론 발레, 아크로바틱, 탭댄스, 포크댄스 등을 공연 내내 완벽하게 보여주어야 했다.

뮤지컬 제작의 난제는 흥행의 열쇠가 되었다. 환상과 현실이 교차되는 드림발레 장면은 차이코프스키 '백조의 호수' 위에 엘튼 존의 음악이 자연스럽게 얹히고, 성인 발레리노와 함께 춤을 추던 빌리가 하늘로 날아오르는 장면으로 연출되었다. 현실의 문제를 떨치고 날아가려는 빌리의 꿈을 형상화한 드림발레 장면은 뮤지컬의 명장면 중 하나가 됐다. 빌리가 춤을 출 때의 감정을 표현한 '전기 Electricity' 장면도 무대 에너지가 폭발한다. 또한 노동자의 투쟁과 무장 경찰의 진압 사이에서 어린 발레리나들이 함께 춤을 추는 '모두 다같이 Solidarity' 역시 '연대'의 중요성을 무대 연출로 유쾌하면서도 드라마틱하게 보여주었다. 마거릿 대처를 조롱하며 죽음을 기다린다는 유쾌한 넘버 '메리 크리스마스 매기 대처 Merry Christmas Maggie Thatcher'도 거의 매번 박수가 터지는 곡이다. 2013년 대처 전 수상이 사망했을 때 망자를 조롱하는 곡을 불러야 하나 고민했지만 관객들은 투표로 그대로 노래할 것을 요청하여 원곡 그대로 공연되었다.

<빌리 엘리어트>에서 단체 행동을 위해 파업에 무조건 동참해야 하고 남자라면 권투를 배워야한다고 확신하는 아버지 세대의 행동은 실패하고 우아한 발레리노가 되겠다는 소년 빌리와 친구들의 꿈은 성공한다. 젊은 세대의 성공과 아버지 세대 실패의 대비를 통해 어린 주인공의 주체적인 에너지가 승리한다는 희망을 보여준 셈이다. 성인 이상으로 자기 배역을 소화해내는 어린 배우들의 기량은 주체적인 빌리의 이미지를 완성하는 중요 포인트였다.

로알드 달은 영국의 대표적인 동화작가이다. 많은 동화 가운데서도 가장 인기를 누린 책은『마틸다』,『찰리와 초콜릿 공장』이었다. 두 편 모두 영화와 뮤지컬로 만들어졌고 뮤지컬은 모두 영국에서 제작되었다. <마틸다 Matilda the Musical>(2010)는 공공극장인 왕립 셰익스피어 컴퍼니(RSC)가 제작하여 런던 웨스트엔드 캠브리지 극장에서 공연되었다. 브로드웨이에서는 2012년부터 2017년까지 공연되었다. 세계적인 연출가 샘 멘데스가 연출을 맡은 <찰리와 초콜릿 공장 Charlie and Chocolate Factory>(2013)은 런던 4년, 브로드웨이에서는 1년 공연 후에 조용히 막을 내렸다.

〈마틸다〉 한국 공연. 어린이 코러스가 그네를 타고 등장하는 '어른이 되면'. 신시컴퍼니 제공

로알드 달의 소설 가운데서도 어린이들의 모습을 가장 적나라하고 솔직하게 그린 작품이 『마틸다』이다. 작가 나이 일흔이 넘어 쓴 『마틸다』는 손녀의 비평을 들으며 고쳐 쓴 것으로도 유명하다. 『마틸다』는 TV를 좋아하고 책은 싫어하는 부모와 멍청한 오빠, 폭력적이고 아이들을 싫어하는 교장, 그리고 아이들을 사랑하고 성실한 담임 선생님 사이에서 성장하는 어린 천재소녀와 친구들을 중심으로 전개되는 블랙 코미디이다. 유머와 위트, 풍자와 환상을 넘나드는 로알드 달의 원작 분위기를 뮤지컬 스타일로 만드는 일은 만만치 않은 작업이었다.

RSC는 뮤지컬 각색에 데니스 켈리, 연출은 매튜 워처스를 선정하여 런던 최고의 전문가를 신작 뮤지컬에 투입했다. 켈리는 심각한 성

● 〈마틸다〉 한국 공연. 천재적인 지적 능력과 의지가 강한 마틸다. 걸 임파워먼트의 상징이다. 신시컴퍼니 제공

인 희곡을 주로 쓰는 작가였는데, 로알드 달의 시니컬한 분위기를 유지하기에 적합하다고 보았으며 연극 <아트>, <햄릿> 등으로 유명한 연출가 워처스는 뮤지컬 무대화의 안정성을 담보하는 카드였다. 뮤지컬의 핵심인 작사와 작곡은 신예인 팀 민친을 선택했다. 민친은 카바레 코미디 배우 겸 작곡가였다. 연출가 워처스는 민친의 카바레 공연을 보고 그의 신랄한 풍자와 재치 있는 음악이 <마틸다>에 어울릴 것

이라고 판단했다. 호주에서 배우로 활동하며 뮤지컬에도 간간히 출연한 적이 있던 민친은 호주 어린이 극단 공연을 위해 로알드 달에게 <마틸다> 저작권을 문의했을 만큼 작품에 관심이 있었다. RSC가 노련미와 신선함을 조화시킨 창작진 선택은 탁월했다.

2003년 시작한 <마틸다>는 2010년 셰익스피어 고향 스트랫포드 업폰 에이번에 있는 RSC 홈 시어터 코트야드에서 첫선을 보이고 2011년 런던 웨스트엔드 캠브리지 극장, 2013년 브로드웨이 공연으로 이어졌다. 환상과 현실을 넘나들며 알파벳 퍼즐을 아이디어로 만든 무대 디자인과 절묘한 안무 그리고 7살 소녀의 똑 부러지는 연기와 어린이, 성인 배우들의 앙상블이 감동을 주었다. <마틸다>는 로렌스 올리비에 작품상을 비롯한 7개 부문, 토니상에서도 4개 부문을 수상했다.

마틸다는 천재적인 지적 능력과 마술까지 가능한 어린이지만 그녀의 가장 큰 힘은 스스로 문제를 해결하려는 의지이다. 책을 좋아하는 마틸다도 동화 속 주인공이 책에 있는 대로 사는 것이 불만이다. "불공평하고 또 부당할 때/ 한숨 쉬며 견디는 건 답이 아냐/ 꾹꾹 참고 또 참으면 보나마나 또 그럴"거라면서 세상을 살기 위해서는 너무 순종적인 것보다는 약간의 '똘끼 Naughty'*가 필요하다고 외친다. 착하지만은 않은 똑똑한 소녀가 철없고 못된 어른들을 혼내주는 영웅담에 어른아이 할 것 없이 통쾌함을 느꼈다. 아이들의 유쾌하고 신랄

---

* 〈마틸다〉 한국 공연에서 'Naughty'를 '똘끼'로 번역했다.

한 복수극이 이어지지만 작품 전반에는 따뜻한 정서가 흘렀다. 어린이 코러스가 그네를 타고 부르는 '어른이 되면 When I Grow Up'은 서정적인 선율에 시각적인 효과가 잘 어우러지면서 잔잔한 감동을 주었다. '어른이 되면 무슨 문제든 해결할 것 같다'며 아이들이 미래에 대한 기대를 하며 노래하는 순간 성인 관객들도 무엇이든 할 수 있을 거라 꿈꾸었던 자신의 어린 시절을 자연스럽게 떠올리게 된다. 어른이 되어도 그럴 수 없다는 사실을 아는 관객들은 달콤 씁쓸한 행복감에 빠지게 되는 장면이었다.

<마틸다>는 이야기, 음악, 춤, 무대가 통합적으로 잘 만들어진 전통적인 뮤지컬의 규범을 따르면서도 메시지는 21세기다웠다. 뉴욕타임스는 "스스로 강해지는 소녀에 대한 신나는 이야기… 영국에서 온 뮤지컬 중 가장 만족스럽고 전복적인 작품이며 가사, 대본, 음악은 <오클라호마!>처럼 고전적"이라고 칭찬했고 타임지는 "<라이온 킹> 만큼이나 많은 뮤지컬의 아이디어, 정신, 그리고 장르 자체를 다시 정의하는" 작품[117]이라고 평했다.

로이드 웨버의 <스쿨 오브 락 School of Rock>(2015)은 잭 블랙의 연기로 화제가 되었던 2003년 영화를 원작으로 한 뮤지컬이었다. 40년 만에 록 뮤지컬로 복귀한 로이드 웨버의 <스쿨 오브 락>은 "청소년 문제를 록 음악으로 다루었던 <스프링 어웨이크닝>, <렌트>와 뮤지컬 <마틸다>의 교훈을 흡수하여 새로운 세대에게 전해준 작품"이라는 평을 들었다.[118] <스쿨 오브 락>은 전통의 질서를 고집하는 영국의 사립학교 안에서 엉뚱한 교사가 아이들에게 금지된 록 밴드를 가르치면서 어른과 아이가 함께 성장하는 드라마이다. 어린 배우들이 악

기를 연주하는 액터 뮤지션으로 프로다운 공연을 보여주어 큰 박수를 받았다. 그 외에도 드랙퀸을 꿈꾸는 고등학생의 실화를 다룬 <제이미 Everybody's Talking About Jamie>(2017)도 청소년의 성 정체성 문제를 본격적으로 다룬 문제작이었다.

영국의 21세기 뮤지컬은 <스프링 어웨이크닝>의 청소년 배역들보다 더 어린 10대 소년소녀가 드라마를 이끌며 어른 중심의 세계관에 유쾌하고 아름답게 도발한 작품들이 대세였다. 어린이가 대거 등장하는 웨스트엔드 연극 <해리 포터 저주받은 아이>의 인기도 여느 뮤지컬 못지않다. 21세기 웨스트엔드의 주역은 새천년에 태어난 어린이들이었다.

맺음말

세계가 만드는 뮤지컬

뮤지컬은 미국과 영국인의 것이라는 공식은 20세기 후반부터 금이 가기 시작했다. 브로드웨이 뮤지컬을 경험한 유럽과 아시아 각국에서는 자신들의 언어로 뮤지컬을 만들었고 히트작도 등장했다. 뮤지컬 역사는 혼란에서 시작되어 다양한 문화가 뒤섞이면서 발전했다. 이민자 국가인 미국에서 발전한 뮤지컬은 유럽의 오페라나 오페레타와 같은 음악극, 뮤직홀과 카바레 등의 대중문화를 흡수하는 한편 아프리카와 중남미 이민자들의 음악과 춤을 뒤섞으며 양식화했다. 이제는 전 세계가 브로드웨이와 웨스트엔드 뮤지컬에 각국의 고유한 문화의 특성을 살려 새로운 뮤지컬 스타일을 만들어내고 있다.

오페라와 연극 전통을 강조하며 공공극장이 공연 문화를 주도해 온 유럽 대륙에서 뮤지컬은 오랫동안 변방에 머물러 있었다. <캣츠>나 <오페라의 유령> 같은 메가뮤지컬이 글로벌 시장을 강타하며 대륙에서도 뮤지컬을 즐기는 관객이 늘어나자 분위기가 달라졌다. 유럽은 1990년대 말 각자 다른 스타일로 뮤지컬을 만들어내기 시작했다. 유럽산 뮤지컬은 미국과 영국에 일부 소개되기도 했지만 한국과 일본 등 아시아 지역에서 큰 인기를 누렸다. 20세기 내내 서구 문물을 학습하느라 바빴던 아시아 국가들도 자신의 언어와 문화를 토대로 한 뮤지컬을 왕성하게 생산하고 있다. 한국을 비롯한 일본, 중국 등 동아시아 국가들은 21세기 세계 뮤지컬 시장에서 중요한 플레이어로 떠오르고 있다.

19세기 말 벨 에포크 시대를 주도하던 파리와 빈은 20세기 말 영미 뮤지컬과 다른 유럽식 뮤지컬을 생산하는 중요 도시로 재조명 받기 시작했다. 파리는 1970년대 <지저스 크라이스트 슈퍼스타>를 불어 공연으로 소개하고, <스타마니아 Starmania>(1974)라는 불어 뮤지컬을 만들어냈지만 인기는 별로 없었다. 프랑스 창작진이 쓰고 카메론 매킨토시의 손길로 세계적인 히트작이 된 메가뮤지컬 <레미제라블>이 가장 냉대를 받은 곳이 프랑스였다. 그러던 프랑스의 분위기를 바꾼 작품은 <노트르담 드 파리 Notre-Dame de Paris>(1998)였다. 빅토르 위고의 동명 소설을 토대로 하여 작사가 뤽 플라몽동과 작곡가 리카르도 코치안테가 쓴 <노트르담 드 파리>는 수천 명이 관람하는 아레나 무대에서 록 콘서트 형식으로 시작했다. 배우들은 녹음 반주에 맞춰 노래만 부르고 춤은 댄서와 아크로바틱 배우들이 담당하며 붐 마이크도 숨기지 않고 과감하게 노출시킨 색다른 양식이었다. '살리라 Vivre', '아름다워 Bell', '대성당의 시대 le Temps de Cathedral' 등 뮤지컬 속 여러 넘버가 프랑스 음반 차트를 석권하며 인기를 끌었고 유럽 각 지역에 투어와 라이선스 뮤지컬 모두 히트했다. 런던 공연은 실패했고 브로드웨이는 진출하지도 못했지만 한국에서는 등장과 동시에 인기를 얻었다. 2006년 한국에서 첫 투어 공연을 한 이후 10년 이상 한국어 라이선스 공연의 시즌을 넘겼다. <노트르담 드 파리>는 한국 내 유럽 뮤지컬의 인기에 불을 댕긴 첫 작품이라고 할 수 있다.* 이런 인기 덕분에 <로미오 앤 줄리엣 Romeo et Juliette>(2001), <모차르트 오페라 락 Mozart, l'Opera Rock>(2009) 등 콘서트 형식의 프랑스 뮤지컬 여러 편이 한국에 소개되었다. 뮤지컬 영화 <쉘부르의 우산>으로 유명한 미셸 르그랑이 작곡한 <벽을 뚫는 남자 Le Passs Muraille>(1996)는 록 콘서트 형식의 프랑스 뮤지컬과는 달리 드라마가 강한 뮤지컬이다. 한국에서 꾸준하게 공연되는 이 작품은 브로드웨이에 <아무르 Amour(사랑)>라는 타이틀로 진출했지만 성공하지는 못했다.

오스트리아의 빈은 뮤지컬 <엘리자벳 Das Musical Elisabeth>(1992)을 시작으로 또다른 유럽식 뮤지컬 제작의 중심 도시가 되었다. 빈 극

---

* 1998년에 예술의전당 오페라극장에서 초연된 체코 뮤지컬 〈드라큘라〉가 한국어로 제작된 첫 유럽 뮤지컬이지만 대중적인 영향력으로는 〈노트르담 드 파리〉의 한국 초연이 중요한 의미가 있다.

장협회를 중심으로 하여 작가 미하엘 쿤체와 작곡가 실베스타 르베이 콤비가 주도한 오스트리아 뮤지컬은 합스부르크 왕가의 마지막 공주 이야기를 다룬 <엘리자벳>을 비롯하여 <모차르트! Mozart!>(1999), <레베카 Rebecca>(2006) 등을 선보였다. 그중에서도 <엘리자벳>은 한국, 일본, 헝가리 등 7개 국어로 번역되며 국제적인 명성을 얻었다. 빈 뮤지컬은 역사물이나 비극 작품을 팝·록 스타일의 대중음악으로 호소하는 것이 특징이다.

노와 가부키 등 전통적인 음악극 장르가 발달했던 일본은 일찌감치 서양식 뮤지컬에 관심이 많았다. 1913년 창단한 다카라즈카 가극단은 일본 전통에 서양 뮤지컬을 혼합한 독특한 음악극 단체로 <베르사이유의 장미>(1974) 등 자신들만의 뮤지컬을 100년 이상 제작해 왔다. <라이온 킹>, <캣츠> 등 브로드웨이 뮤지컬을 주로 제작하는 시키와 엔터테인먼트 기업으로 뮤지컬 제작에도 활발한 토호 등이 주도하는 일본의 뮤지컬 시장은 라이선스가 중심이다. 전체 시장 규모에 비하여 일본 창작 뮤지컬의 제작이 상대적으로 적은 편이다.

홍콩을 시작으로 뮤지컬을 경험하던 중국은 엄청난 인구와 경제성장을 배경으로 영미 뮤지컬이 가장 주목하는 시장으로 떠올랐다. 중국에서는 자국의 뮤지컬도 왕성하게 만들어내고 있으며 베이징, 상하이 등 대도시를 중심으로 대규모 극장에서 영미 뮤지컬이 빠르게 소개되고 있다. 하지만 사회주의 경제 체제와 같은 근본적인 제약으로 다른 분야에 비해 빠르게 성장하지는 못하는 것 같다.

현재 가장 뜨거운 뮤지컬의 신흥 시장은 한국이다. 대한민국에서는 브로드웨이와 웨스트엔드 뮤지컬뿐 아니라 유럽 뮤지컬도 수없이 공연된다. 한국의 중대형 프로듀서들은 브로드웨이와 웨스트엔드의 주요 투자자로도 활동 중이다. 무엇보다 한국은 국내에서 독자적으로 생산하는 뮤지컬의 숫자가 엄청나다. 제작하는 작품 편수로는 창작 뮤지컬이 해외 라이선스 작품 편수를 훌쩍 넘어선다. 신작이 발표되는 양적 수준으로 보면 전 세계에서 가장 주목해야 할 뮤지컬의 도시가 서울일 것이다. 뮤지컬 역사학자 밀리 테일러는 2022년에 발간한 『뮤지컬의 역사들-내러티브의 확장』 서문에서 뮤지컬이 주목할 국가로 대한민국을 특별히 지목하기도 했다.[119]

판소리와 창극 전통을 가진 한국은 1966년 한국 소재와 창작팀이 만든 <살짜기 옵서예>로 시작하여 60년 가까이 브로드웨이 라이선스 뮤지컬과 한국 창작 뮤지컬*을 꾸준히 만들었다. 대표적인 한국식 메가뮤지컬로 평가받는 <명성황후>(1995)는 책과 역사를 기반으로 한 뮤지컬 창작의 모델이 되었다. 이 작품은 개발 초기부터 과감

* '창작' 뮤지컬은 국내에서 외국에서 수입한 라이선스 뮤지컬과 구분하여 한국에서 새롭게 제작된 뮤지컬을 말한다. 과거에는 한국 창작팀이 만든 작품을 창작 뮤지컬이라고 불렀으나 한국 프로듀서가 제작하였으나 해외 창작진이 참여한 작품도 한국 창작 뮤지컬 범주에 넣고 있다.

한 해외 진출을 시도하여 1997년과 1998년 뉴욕, 2002년에는 런던과 토론토에서도 공연하며 화제를 모았다. 넌버벌 뮤지컬 <난타>(2004)는 오프 브로드웨이에서 아시아 최초로 1년 6개월이라는 장기 공연 기록을 세웠다.*

<사랑은 비를 타고>(1995)와 <빨래>(2005), <김종욱 찾기>(2006) 같은 소극장 스테디셀러 창작 뮤지컬과 <베르테르>(2000), <프랑켄슈타인>(2014), <레드북>(2016) 등 대극장 뮤지컬까지 흥행 기록을 세우며 창작 뮤지컬이 늘어나고 있다. 한국 출신의 작가, 작곡가, 연출가들로만 만들던 창작 뮤지컬에 해외 작가들도 참여하고 있다. 한국 뮤지컬 제작사 EMK뮤지컬컴퍼니가 제작한 <웃는 남자>(2018)는 빅토르 위고의 원작을 토대로 프랭크 와일드혼이 음악을 맡고 로버트 요한슨과 잭 머피가 극본과 가사를 맡은 한국 뮤지컬이다.

레이먼드 냅은 미국의 국가 정체성을 대표하는 장르로 뮤지컬을 언급했지만 뮤지컬은 더 이상 특정 국가의 전유물이 아니다. 영국의 로열 셰익스피어 컴퍼니는 일본 음악가 히사이시 조의 음악과 지브

---

* 〈난타〉의 경우는 이 책이 다루는 범주에서는 다소 벗어난다. 이 책은 음악과 가사가 있는 뮤지컬을 다루었으며 넌버벌 장르는 따로 언급하지 않았다. 1990년대부터 2000년대 초반 탱고, 아이리쉬댄스, 아프리카 전통 공연을 토대로 한 '비언어' 장르들이 한때 브로드웨이에서 큰 인기를 누렸는데 이 책에서는 다루지 않았다. 하지만 아시아 최초로 브로드웨이에서 1년간 공연한 기록은 의미 있다고 판단하여 소개했다.

리 애니메이션 <이웃집 토토로>를 토대로 영어 뮤지컬을 만들었다. 한국의 프로듀서도 미국과 유럽의 창작진에게 작품을 직접 의뢰하고 한국어로 공연하며 그 저작권을 중국에 판매한다.

뮤지컬은 국가의 경계와 언어의 장벽을 뛰어넘으며 지구촌을 자유롭게 흘러 다니며 새로운 양식을 창조하고 있다. 문화사학자 도날드 서순은 더 많이 오염되고 덜 순수한 음악이 더 멀리, 더 오래 퍼진다고 했다. 뮤지컬은 여러 민족과 인종의 문화, 다양한 젠더와 담론이 자유로이 섞이며 변화를 두려워하지 않는다. 한국의 창작 뮤지컬도 더 이상 특정 지역의 뮤지컬이 아니다. 새롭게 탄생한 하나의 '뮤지컬'일 뿐이다.

참고자료 주석

제1장

1) 도널드 서순(오숙은,이은진,정영목,한경희 옮김), 『유럽문화사 III』, 뿌리와 이파리, 2012. p.25.
2) 아르놀트 하우저(염무웅,반성완 옮김), 『문학과 예술의 사회사』, 창비, 1987. p.79.
3) ibid., p.127.
4) 도널드 서순, op. cit., p.27.
5) Perston, K. (2017). 'American Musical Theatre before the Twentieth Century.' in, *The Cambridge Companion to the Musical.* Cambridge: eds. W. Everett & P. Laird Cambridge University Press, 2008. p.19.
6) Joel H. Kaplan, 'Introduction', in *The Edwardian Theatre: Essays on Performance and the Stage,* ed. Michael R. Booth and Joel H. Kaplan, Cambridge, 1966, p.1.
7) 레이먼드 냅, 『미국 뮤지컬과 국가정체성의 형성』, 2020, p.121.
8) ibid., p.139.
9) ibid., p.136.
10) ibid., p.135.
11) 데이비드 핸슨, 키네스 피커링(고희경,이윤정 옮김), 『뮤지컬워크북』, 연극과인간, 2018. p.123.
12) 레이먼드 냅, op. cit., p.64.

제2장

13) David Stevenson, *Armaments and the coming of war: Europe, 1904-1914,* Oxford University Press Oxford, New York 1996, p.129.

14) 도날드 서순(오숙은,이은진,정영목,한경희 옮김), 『유럽문화사 IV』, 뿌리와 이파리, 2012, 440쪽.

15) 래리 스타, 크리스토퍼 워터먼(김영대, 조일동 옮김), 『미국대중음악-민스트럴시에서 힙합까지』, 한울, 2015. p.78.

16) ibid., p.96.

17) ibid., p.98.

18) 제임스 트라웁(이다희 옮김), 『42번가의 기적』, 도서출판 이후, 2007, p.113.

19) ibid., p.113.

20) 래리 스타, 크리스토퍼 워터먼, op. cit., p.111.

21) 제임스 트라웁, op. cit., p.76. 재인용

22) 데이비드 햄슨, 키네스 피커링, op. cit., p.128.

제3장

23) 에드워드 로스 디킨슨(정영은 옮김), 『21세기 최고의 세계사 수업』, 아름다운사람들, 2020, p.18.

24) 이주영, 『미국사』, 대한교과서주식회사, 2005, p.270.

25) John Kenrick, *Musical Theatre: A History,* The Continuum International Publishing Group Inc, 2008, p.265.

26) Julie Andrews, narr., Broadway: The American Musical: Episode 4, PBS Home Video, 2004. 손드하임 인터뷰 중에서.

27) 존 앤드루스, 린다 보조 외(임소연 옮김), 『세계의 뮤지컬』, 시그마북스, 2016, p.59.

28) Julie Andrews, narr., Broadway: *The American Musical: Episode 4,* PBS Home Video, 2004.

29) 존 앤드루스, 린다 보조 외, op. cit., p.68.

30) Julie Andrews, narr., *Broadway:* The American Musical: Episode 4, PBS Home Video, 2004.

31) Ann Sears, 'The Coming of the Musical play: Rogers and Hammerstein', *The Cambridge Companion to the Musical 2nd Edition,* Cambridge University Press, 2008, p.107.

32) 세상 키의 극장 개봉사, https://blog.naver.com/merenguero/221736774151

33) Julie Andrews, narr., *Broadway: The American Musical: Episode 5,* PBS Home Video, 2004.

34) 존 앤드루스, 린다 보조 외, op. cit., p.88.

35) Stefan Kyriazis, 'Fair Lady: Julie Andrews' extraordinary 'revenge' over Audrey Hepburn', *Express,* December 30, 2021

36) 존 앤드루스, 린다 보조 외, op. cit., p.122.

37) Julie Andrews, narr., *Broadway: The American Musical: Episode 5,* PBS Home Video, 2004.

제4장

38) 래리 스타, 크리스토퍼 워터먼, op. cit., p.310.

39) 이주영, op. cit., p.349.

40) Larry Stempel, *Showtime: A History of Broadway Musical Theater,* W.W.Norton & Company Inc., 2010, p.510.

41) ibid., p.511에서 재인용.

42) ibid., p.605.

43) Jack Poggi. *Theatre in America: The Impact of Economic Forces, 1870–1967,* Cornell Univ Press, 1969, p.165.

44) Larry Stempel, op. cit., p.532.

45) Gerald Bordman, *American Musical Theatre: A Chronicle 4th Edition,* Oxford University Press, 2011, pp.663–665.

46) Julie Andrews, narr., *Broadway: The Musical: Episode 2,* PBS Home Video, 2004.

47) Julie Andrews, narr., *Broadway: The American Musical: Episode 6,* PBS Home Video, 2004.

48) Martin Gottfried, *A Theater Divided, the Postwar American Stage,* Lit–

tle, Brown; First Edition, 1967. p.501.

49) Larry Stempel, op. cit., p.533에서 재인용.

50) Larry Stempel, op. cit., p.531.

제5장

51) Julie Andrews, narr., *Broadway: The American Musical: Episode 6,* PBS Home Video, 2004. 해롤드 프린스 인터뷰 중에서.

52) Jessica Sternfeld, *The Megamusical,* Indiana University Press, 2006, p.1.

53) Larry Stempel, op. cit., p.605.

54) Bud Coleman, 'New Horizons: the Musical at the Dawn of the Twenty-First Century', *The Cambridge Companion to the Musical,* 2008, pp.284-301.

55) Larry Stempel, op. cit., p.609.

56) Jessica Sternfeld, op. cit., p.3.

57) ibid에서 재인용, p.78.

58) ibid., p.76.

59) ibid., p.67.

60) ibid., p.84.

61) John Kenrick, op. cit., p.347.

62) 'Money, Money, Money : Musicals are booming', The Economist, May 3. 2013.

63) 고승희, "수천 가지 감정을 새겼다...'조승우표 유령'의 탄생 〈오페라의 유령〉, 『헤럴드경제』, 2023.4.3.

64) Seymour, Lee ,'Over The Last 20 Years, Broadway's 'Lion King' Has Made More Money For Disney Than 'Star Wars''. *Forbes,* December 18, 2017.

65) BBC Documentary Program, *The Story of Musicals: Episode 2,* BBC Four, London:UK, 2012.1.

66) Paul Pierce and William A. Everett, 'The Megamusical: the Creation,

Internationalisation and Impact of a Genre', *The Cambridge Companion to the Musical,* 2008, pp.250–269.

67) Larry Stempel, op. cit., p.629.

68) ibid., p.628.

69) Jessica Sternfield, op. cit., p.352.

제6장

70) 윤상우, 'IMF 위기 이후 신자유주의의 내부화 과정: 한국과 브라질 비교', 「아세아연구」 제56권 3호, 2013.

71) Steven Adler, 'On Broadway: Art and Commerce on the Great White Way', New Horizons: the Musical at the dawn of the twenty–first century', *The Cambridge Companion to the Musical,* 2008, pp.284–301에서 재인용

72) Michael Riedel, *Singular Sensation–The Triumph of Broadway,* Avid Readers Press, 2020, p.384.

73) ibid., p.202.

74) Julie Andrews, narr., *Broadway: The American Musical: Episode 6,* PBS Home Video, 2004.

75) Dan Dietz. *The Complete Book of 2010s Broadway Musicals,* The Row–man & Littlefield Publishing Group Inc.,2020, pp.154–156.

76) S&CO, 『라이온 킹 프로그램북(2022년 1월 서울 공연)』, 2022.

77) Michael Riedel, op. cit., p.213.

78) Saymore Lee, op. cit..

79) 줄리 테이머, 『라이온 킹 브로드웨이 신화 탄생』, 지안출판사, 2006, p.50.

80) Jessica Sternfeld, 'Revisiting Classic Musicals: Revivals, Films, Televi–sions And Recordings', *The Cambridge Companion to the Musical 2nd Edition,* 2008, pp. 325–338.

81) 원종원, 『뮤지컬』, 커뮤니케이션 북스, 2013. p.10.

82) Jessica Sternfeld, op. cit., pp. 325–338.

83) BBC Documentary Program, *The Story of Musicals: Episode 3,* BBC Four, London:UK, 2012.1.

84) Ben Brantley, “Enter Singing Young, Hopeful and Taking on the Big Time“, *The New York Times,* April 20, 1996.

85) Ben Brantley, “THEATER REVIEW;Rock Opera A la 'Boheme' And 'Hair'”, *The New Work Times,* Feb. 14, 1996

86) Larry Stempel, op. cit., pp.656–657.

87) Symond Dominic, ‘Drag, Rock, Authenticity and In–Betweenness Hedwig and the Angry Inch’, in Rodosthenous, George(ed.), *Twenty–First Century Musicals from Stage to Screen,* Routledge, 2018. pp.18–33.

제7장

88) 프랜시스 후쿠야마 (이상훈 옮김), 『역사의 종말』, 한마음신서, 1992, pp.121–127.

89) David Skies, ‘Is the War on Terror Transforming Contemporary Politics?’, *International Relations and Public Diplomacy,* June 22, 2009.

90) 이언 커쇼 (김남섭 옮김), 『유럽 1950–2017』, 이데아, 2020, P.920

91) Miriam Souccar, “Broadway Record”, *Crain's New York Business,* June 4. 2001.

92) The Broadway League, ‘Longest Running Broadway Shows’, 2020. 2019년까지 자료를 기준으로 함.

93) Michael Paulson, “Curtains Up! How Broadway Is Coming Back From Its Longest Shutdown”, *New York Times,* Sep. 13, 2021.

94) Laura E. Felschow, ‘Broadway Is a Two–Way Street: Integrating Hollywood Distribution and Exhibition’, *Media Industries,* Volume 6, Issue 1, 2019.

95) Julie Andrews, narr., *Broadway: The American Musical: Episode 5,* PBS Home Video, 2004.

96) Sarah Bahr, “White Actors and Directors Still Dominate Broadway Stages”, *The New York Times,* 2020.10.1

97) Michael Riedel, op. cit., pp.255–256

98) ibid., p.280.

99) Jessica Sternfeld, op. cit., p.345.

100) Robert Simonson, 'A 9/11 Reflection: Broadway Looks Back', *Playbill,* Sep. 11, 2016.

101) Robin Pogrebin, 'Ticket Sales for 'Producers' Set a Broadway Record', *The New York Times,* April 21, 2001.

102) Gerald Bordman, op. cit., p.845.

103) 존 앤드루스, 린다 보조 외, op. cit., p.320.

104) Ashley Lee, 'What the Disney-Fox Deal Could Mean for Broadway', *The Hollywood Reporter* Nov. 16, 2017.

105) 존 앤드루스, 린다 보조 외, op. cit., p.319.

106) Paul R. Laird, 'The Creation of a Broadway musical: Stephen Schwartz, Winnie Holzman, Wicked', *The Cambridge Companion to the Musical,* Ed. by William A. Everett and Paul R. Laird-2nd ed. pp.340-352.

107) 브로드웨이 뮤지컬 롱런 순위 참조
https://en.wikipedia.org/wiki/List_of_the_longest-running_Broad-way_shows

108) Marc Hershberg, 'NBC Universal Basks in Own Success with 'Wicked' Anniversary Telecast', *Forbes,* Oct. 19, 2018.

109) Jessica Sternfield, op. cit., pp.349-351.

110) Dan, Dietz, op. cit., P.173에서 재인용.

111) Jesse Green, Ben Brantley, Elisabeth Vincentelli and Scott Heller, 'Can Critics Learn to Love the Jukebox Musical?', *The New York Times,* Aug. 29, 2018.

112) Larry Stempel, op. cit., p.675.

113) Steven Adler, op. cit., pp.284-301

114) 존 앤드루스, 린다 보조 외, op. cit., p.309.

115) Ben Brantley, 'Review: 'Hamilton,' Young Rebels Changing History and Theater'. The New York Times, Aug. 6, 2015.

116) Erik Piepenburg, 'Why 'Hamilton' Has Heat", *The New York Times,* June 12, 2016

117) Dan Dietz, op. cit., p.144에서 재인용, 144쪽.

118) David Cote, 'Theatre Review 'School of Rock', *Timeout,* Aug. 17, 2015.

맺음말

119) Millie Taylor, Adam Rush, 'Musical Theatre Histories: Expanding the Narrative Kindle Edition', *Methuen Drama; 1st edition,* 2022. p.10

참고문헌

국내 출간 도서

- 권혁인, 『뮤지컬 산책』, 푸른길, 2016.
- 김광선, 『디오니소스 제전에서 뮤지컬까지』, 연극과인간, 2009.
- 김미혜, 『브로드웨이를 넘어』, 연극과 인간, 2018
- 데이비드 핸슨, 키네스 피커링(고희경, 이윤정 옮김), 뮤지컬 워크북, 연극과인간, 2018.
- 도널드 서순(오숙은, 이은진, 정영목, 한경희 옮김), 『유럽문화사 III, IV, V』, 뿌리와 이파리, 2012.
- 래리 스타, 크리스토퍼 워터먼(김영대, 조일동 옮김), 『미국대중음악-민스트럴시에서 힙합까지』, 한울, 2015.
- 레이먼드 냅(백현미, 최승연, 이진주 옮김),『미국 뮤지컬과 국가정체성의 형성』, 소명출판, 2020.
- 린다 허천(손종흠, 유춘동, 김대범, 이진형 옮김), 『각색 이론의 모든 것』, 앨피, 2017.
- 바네사 R. 슈와르츠(노명우 역), 『구경꾼의 탄생』, 마티, 2006.
- 박돈규, 『뮤지컬 블라블라』, 숲, 2012
- 박병성, 『뮤지컬 탐독』, 마인드빌딩, 2019.
- 스티븐 시트론(정재왈, 정명주 옮김), 『뮤지컬』, 미메시스, 2001.
- 아르놀트 하우저(염무웅, 반성완 옮김), 『문학과 예술의 사회사』, 창비, 1987.
- 앤드루 램(정영목 옮김), 『150년 뮤지컬의 역사』, 풀빛, 2008.
- 앨런 브링클리(황혜성 조지형 이형효 손세호 김연진 김덕호 옮김), 『있는 그대로의 미국사3 미국의 세기-제1차세계대전에서 오바마 행정부까지』, Humanist, 2011.

- 에드워드 로스 디킨슨(정영은 옮김), 『21세기 최고의 세계사 수업』, 아름다운사람들, 2020.
- 에드윈 윌슨, 앨빈 골드퍼브(김동욱 옮김), 『세계연극사』, HS MEDIA, 2010.
- 오스카 G 브로케트(김윤철 옮김), 『연극개론』, HS MEDIA, 2009.
- 원종원, 『뮤지컬』, 커뮤니케이션북스, 2013.
- 이수진,조용신, 『뮤지컬 스토리』, 숲, 2004.
- 이주영, 『미국사』, 대한교과서주식회사, 2005.
- 이언 커쇼(김남섭 옮김), 『유럽 1950-2017』, 이데아, 2020.
- 제임스 트라웁(이다희 옮김), 『42번가의 기적』, 도서출판 이후, 2007.
- 존 앤드루스, 린다 보조 외(임소연 옮김), 『세계의 뮤지컬』, 시그마북스, 2016.
- 줄리 테이머(송경옥 옮김), 『The Lion King 브로드웨이 신화 탄생』, 지안출판사, 2006.
- 지혜원, 『브로드웨이, 브로드웨이』, 도서출판 숲, 2015
- 최민우, 『뮤지컬 사회학』, 이콘, 2014
- 타일러 코웬(임재서.이은주 옮김), 『상업문화예찬』, 나누리, 2001.
- 프리드리히 니체(김남우 옮김), 『비극의 탄생』, 주식회사열린출판, 2014.
- 프랜시스 후쿠야마(이생후 옮김), 『역사의 종말』, 한마음신서, 1992
- S&CO 편집, 『<라이온 킹> 프로그램』(2022년 1월 서울 공연), 2022.

해외 출간 도서

- Altman, Rick(ed.), *Genre: The Musical,* Routledge, 1981.
- Atkey, Mel, *A Million Miles from Broadway Revised and Expanded Edition: Musical Theatre Beyond New York and London Kindle Edition,* The Friendlysong Company, Inc.; 2nd edition. 2019.
- Barnes, Grace, *Her Turn on Stage : the role of women in musical theatre,* McFarland & Company inc.,Publishers, 2015
- Block, Geoffrey, *Oxford Handbook of the American Musical,* Oxford University Press, 2011.

- Bordman, Gerald, *American Musical Theatre:A Chronicle 4th Edition.,* Oxford University Press, 2011.
- Dietz, Dan, *The Complete Book of 2010s Broadway Musicals,* The Rowman & Littlefield Publishing Group Inc., 2020.
- Dyer, Richard, *Only Entertainment,* Routledge, 1992.
- Everett, William A. and Laird, Paul R. (ed.), *The Cambridge Companion to the Musical 2nd Edition,* Cambridge University Press, 2008.
- Filichia, Peter, *The Book of Broadway Musical Debates, Disputes, and Disagreements Kindle Edition,* Applause, 2022.
- Gottfried, Martin, *A Theater Divided, the Postwar American Stage,* Little, Brown; First Edition, 1967.
- Green, Julius, *How to Produce a West End Show,* Oberon Books, London, 2012.
- Green, Stanley, *Broadway Musicals Show by Show 9th Ed,* Applause, 2019.
- Kaplan, Joel H. 'Introduction', in *The Edwardian Theatre: Essays on Performance and the Stage,* ed. Michael R. Booth and Joel H. Kaplan Cambridge, 1996.
- Kenrick, John, *Musical Theatre: A History,* The Continuum International Publishing Group Inc, 2008.
- Kerman, Joseph, *Opera as Drama 2nd Edition,* University of California Press, 2005.
- Kirle, Bruce, *Unfinished Business: Broadway musicals as workers-in-progress,* Southern Illinois University Press, 2005.
- Knapp, Raymand, *The American Musical and the Performance of Personal Identity,* Princeton University Press, 2006.
- Marshall, Bill and Stilwell, Robynn(eds), *Musicals: Hollywood and Beyond,* Exeter and Portland, 2000.
- McMillin, Scott, *The Musical as Drama,* Princeton University Press, 2006.
- Miller, Scott, *The ABC's of Broadway Musicals: A Civilian's Guide,* Library of Congress Cataloging-in-Publication Data, 2020.
- Purdy, Stephen, *Flop Musicals of the Twenty-First Century: How they happened,*

when they happened (and what we're learned), Routledge, 2020.

- Poggi, Jack, *Theatre in America: The Impact of Economic Forces, 1870-1967*, Cornell Univ Press, 1969
- Riedel, Michael, *Singular Sensation*, Avid Readers Press, 2020.
- Rodosthenous, George(ed.), *Twenty-First Century Musicals from Stage to Screen*, Routledge, 2018.
- Salzman, Eric et al., *The Music Theatre*, Oxford University Press, 2008.
- Stempel, Larry, *Showtime: A History of Broadway Musical Theater*, W.W.Norton & Company Inc., 2010.
- Sternfeld, Jessica, *The Megamusical*, Indiana University Press, 2006.
- Steven, Adler, *On Broadway: Art and Commerce on the Great White Way*, Southern Illinois University Press; First Edition, 2004.
- Stevenson, David, *Armaments and the coming of war : Europe, 1904-1914*, Oxford University Press Oxford, New York 1996
- Swift, Laura, *Greek Tragedy:Themes and Contexts*, Bloomsbury Academic, 2016.
- Tailor, Mille, *Musical Theatre, Realism and Entertainment*, Routledge, 2016.
- Tailor, Mille, & Symonds, Dominic, *Studying Musical Theatre: Theory and Practice*, Palgrave, 2014.
- Woolford, Julian, *How Musicals Work (and How to Write Your Own)*, Nick Hern Books Ltd., 2012
- Tailor, Mille, Rush Adam, *Musical Theatre Histories; Expanding the Narrative*, Methuen Drama; 1st ed. e, 2022

방송자료

- Julie Andrews, narr., <Broadway: The American Musical: Episode 1-6,> PBS Home Video, 2004.
- BBC Documentary Program, <The Story of Musicals: Episode 1-3> BBC Four, London:UK, 2012.1.

논문 및 자료

- Adler, Steven, 'On Broadway: Art and Commerce on the Great White Way,' *Bud Coleman, New Horizons: the Musical at the dawn of the twenty-first century, 2004*
- Atkey, Mel. "International Musical Theatre: a New Way of Looking at Musical Theatre History." Brock Review 12.2, 2012.
- Finnighan, Lucy. ""Who Lives, Who Dies, Who Tells Your Story?" Hamilton and Narrative Power." University of York , 2019.
- Galella, Donatella. "Being in 'The Room Where It Happens':Hamilton, Obama, and Nationalist Neoliberal Multicultural Inclusion." Theatre Survey 59.3 (2018): 363–385. Web.
- Gentry, Katy. Changing Scenes: The Rise and Success of Diversity on Broadway, Steffen Guenzel's Spring 2017.
- Lee, Hyunjung, 'Performing Korean-ness on the Global Stage: Ho-Jin Yoon's Musical The Last Empress', *Theatre Research International,* Volume 35, Issue 1, March 2010
- MacDonald, Laura. "The Sound of Musicals: Japan and Korea Have Embraced and Nurtured Western-Style Musicals. Can China Be Far behind?" American Theatre .2017
- Mariani, Luciano. The '40s and '50s of this Dossier dedicated to the musical genre, Film and Media Studies, 2019.
- Shishko, Besmir. "Lin-Manuel Miranda: Hamilton, a New Era of Broadway Musicals." Thesis .2019.
- Skies, David. "Is the War on Terror Transforming Contemporary Politics?", *International Relations and Public Diplomacy,* June 22. 2009.
- The Broadway League, 'Longest Running Broadway Shows', 2020.

언론 보도

- 고승희, "수천 가지 감정을 새겼다…'조승우표 유령'의 탄생 <오페라의 유령>, 헤럴드경제, 2023.4.3.
  http://news.heraldcorp.com/view.php?ud=20230403000773

- 블로그 세상 키의 극장 개봉사 https://blog.naver.com/merenguero/221736774151\
- Bahr, Sarah, "White Actors and Directors Still Dominate Broadway Stages", The New York Times, October 1. 2020.
  https://www.nytimes.com/2020/10/01/theater/new-york-theater-diversity-report.html
- Brantley, Ben, "Review: 'Hamilton,' Young Rebels Changing History and Theater". The New York Times. August 9. 2015.
  https://www.nytimes.com/2015/08/07/theater/review-hamilton-young-rebels-changing-history-and-theater.html
- Brantley, Ben "Enter Singing Young, Hopeful and Taking on the Big Time", The The New York Times, April 20. 1996.
  https://www.nytimes.com/1996/04/30/theater/theater-review-enter-singing-young-hopeful-and-taking-on-the-big-time.html
- Felschow, Laura E. "Broadway Is a Two-Way Street: Integrating Hollywood Distribution and Exhibition", *Media Industries,* Volume 6, Issue 1, 2019.
  DOI: https://doi.org/10.3998/mij.15031809.0006.102
- Hershberg, Marc, "NBC Universal Basks in Own Success with 'Wicked' Anniversary Telecast," Forbes, October 29, 2018.
  https://www.forbes.com/sites/marchershberg/2018/10/29/nbcuniversal-basks-in-own-success-with-wicked-anniversary-telecast/?sh=44c5d3023a5b
- Jesse Green, Ben Brantley, Elisabeth Vincentelli and Scott Heller, "Can Critics Learn to Love the Jukebox Musical?", The New York Times, August 29. 2018.
  https://www.nytimes.com/2018/08/29/theater/jukebox-musicals-broadway.html
- Kyriazis, Stefan, "My Fair Lady: Julie Andrews' extraordinary 'revenge' over Audrey Hepburn", December 30, 2021.
  https://www.express.co.uk/entertainment/films/1542805/My-Fair-Lady-Julie-Andrews-revenge-Audrey-Hepburn-Eliza-Doolittle-musical-film-sing-dubbed
- Lee, Ashley, "What the Disney-Fox Deal Could Mean for Broadway", The Hollywood

Reporter, December 16. 2017.

- Miriam Souccar, "Broadway Record". Crain's New York Business, June 4. 2001. Businesshttps://www.crainsnewyork.com/article/20010602/FREE/106020704/broadway-record
- Paulson, Michael, "Curtains Up! How Broadway Is Coming Back From Its Longest Shutdown".New York Times, 2021.9.13. https://www.nytimes.com/2021/09/13/theater/broadway-reopening.html
- Piepenburg, Erik, "Why 'Hamilton' Has Heat", The New York Times, June 12. 2016. http://www.nytimes.com/interactive/2015/08/06/theater/20150806-hamilton-broadway.html
- Pogrebin, Robin. "Ticket Sales for 'Producers' Set a Broadway Record", The New York Times, April 21. 2001. https://www.nytimes.com/2001/04/21/theater/ticket-sales-for-producers-break-broadway-record.html
- Saymore Lee, "Over The Last 20 Years, Broadway's 'Lion King' Has Made More Money For Disney Than 'Star Wars'", Forbes, December 18. 2017. https://www.forbes.com/sites/leeseymour/2017/12/18/the-lion-king-is-making-more-money-for-disney-than-star-wars/?sh=a108c061ff0a
- Simonson, Robert, "A 9/11 Reflection: Broadway Looks Back", Playbill, September 11. 2016. https://www.playbill.com/article/a-9-11-reflection-when-the-curtain-came-down-on-the-american-heart-com-330295
- The Economist, "Money, money, money :Musicals are booming", The Economist, May 3rd 2013. https://www.economist.com/graphic-detail/2013/05/03/money-money-money

찾아보기(인명)

가나다순

찾아보기(작품명)

가나다순. 도시별 초연 연도 병기.
(뉴욕은 브로드웨이, 런던은 웨스트엔드 초연 기준)

뮤지컬의 탄생
변화를 두려워하지 않는 뮤지컬 150년의 역사

초판 1쇄 발행 2023년 11월 27일

지은이 고희경
펴낸이 서재필
펴낸곳 마인드빌딩

출판신고 2018년 1월 11일 제395-2018-000009호
전화 02)3153-1330
이메일 mindbuilders@naver.com

ISBN 979-11-92886-34-3 (93680)